JAHRBUCH ÖKOLOGIE
2017/18

„Leitkultur" Ökologie?

DAS JAHRBUCH ÖKOLOGIE

→ informiert über die ökologische Situation und die Belastungstrends in den verschiedenen Bereichen der natürlichen Umwelt
→ analysiert die staatliche und internationale Umweltpolitik
→ dokumentiert historisch bedeutsame, umweltbezogene Ereignisse und Initiativen
→ beschreibt positive Alltagserfahrungen und entwirft Visionen für eine zukunftsfähige Welt
→ wendet sich an eine sensible Öffentlichkeit, die sich der Umweltkrise bewusst ist
→ und nach tragfähigen Alternativen im Umgang mit der Natur sucht
→ ist einem breiten Ökologiebegriff verpflichtet, der im Alltag verankert ist und das Verhältnis von Mensch und Natur, von Gesellschaft und Umwelt umfasst
→ ist ein referiertes, sorgsam editiertes und gut verständliches Sachbuch, das gleichermaßen
→ hohen wissenschaftlichen Ansprüchen genügt und wertvolle Anregungen für die Praxis bietet.

BEIRAT

Christine Ax, Hamburg; Thea Bauriedl, München; Jan C. Bongaerts, Freiberg; Paul J. Crutzen, Mainz; Hartmut Graßl, Hamburg; Rainer Grießhammer, Freiburg; Gjalt Huppes, Leiden; Martin Jänicke, Berlin; Ruth Kaufmann-Hayoz, Bern; Stephan Kohler, Berlin; Jobst Kraus, Bad Boll; Hans-Jochen Luhmann, Wuppertal; Barbara von Meibom, Berlin; Klaus M. Meyer-Abich, Hamburg; Benno Pilardeaux, Berlin; Werner Schenkel, Berlin; Walter Spielmann, Salzburg; Michael Succow, Greifswald; Barbara Unmüßig, Berlin; Christine von Weizsäcker, Emmendingen.

BEGLEITENDE INSTITUTE

BAUM – Bundesdeutscher Arbeitskreis für umweltbewusstes Management, Hamburg; Deutsche Umweltstiftung, Neckarmühlbach; Ecologic Institut, Berlin; Forschungszentrum für Umweltpolitik, Berlin; ifeu – Institut für Energie- und Umweltforschung, Heidelberg; IFF – Institut für Soziale Ökologie, Wien; INFU – Institut für Umweltkommunikation, Lüneburg; IÖW – Institut für Ökologische Wirtschaftsforschung, Berlin; ISOE – Institut für sozial-ökologische Forschung, Frankfurt a.M.; IZT – Institut für Zukunftsforschung & Technologiebewertung, Berlin; Öko-Institut, Freiburg/Darmstadt/Berlin; UfU – Unabhängiges Institut für Umweltfragen, Berlin/Halle; Umweltbundesamt, Berlin/Dessau; Wuppertal Institut für Klima, Umwelt, Energie; WZB – Wissenschaftszentrum, Berlin.

JAHRBUCH ÖKOLOGIE
2017/18

„Leitkultur" Ökologie?
Was war, was ist, was kommt?

Herausgegeben von Maja Göpel, Heike Leitschuh,
Achim Brunnengräber, Pierre Ibisch, Reinhard Loske, Michael Müller,
Jörg Sommer und Ernst Ulrich von Weizsäcker

S. Hirzel Verlag Stuttgart

REDAKTION JAHRBUCH ÖKOLOGIE
Greifswalder Straße 4
10405 Berlin
redaktion@jahrbuch-oekologie.de

Das Jahrbuch Ökologie im Internet: www.jahrbuch-oekologie.de.

Das Jahrbuch Ökologie wird herausgegeben von Maja Göpel, Heike Leitschuh, Achim Brunnengräber, Pierre Ibisch, Reinhard Loske, Michael Müller, Jörg Sommer und Ernst Ulrich von Weizsäcker.

Redaktion dieser Ausgabe: Jörg Sommer und Pierre L. Ibisch.

Die Herausgeber danken Bernd Marticke, Michael Golze, Lennart Bertels und Leonie Zimmermann für ihre redaktionelle Unterstützung.

Ein Markenzeichen kann warenrechtlich geschützt sein, auch wenn ein Hinweis auf etwa bestehende Schutzrechte fehlt.

Bibliografische Information der Deutschen Nationalbibliothek
Die Deutsche Nationalbibliothek verzeichnet diese Publikation in der Deutschen Nationalbibliografie; detaillierte bibliografische Daten sind im Internet unter https://portal.dnb.de abrufbar.

Jede Verwertung des Werkes außerhalb der Grenzen des Urheberrechtsgesetzes ist unzulässig und strafbar. Dies gilt insbesondere für Übersetzungen, Nachdruck, Mikroverfilmung oder vergleichbare Verfahren sowie für die Speicherung in Datenverarbeitungsanlagen.

ISBN 978-3-7776-2744-1 (Print)
ISBN 978-3-7776-2749-6 (E-Book, PDF)
ISSN 0940-9211

Innenteil: 90 g/qm Fly 05 Spezialweiss – FSC Mix
Umschlag: 240 g/qm Invercote – FSC Mix

© 2018 S. Hirzel Verlag
Birkenwaldstraße 44, 70191 Stuttgart

Printed in Germany
Einbandgestaltung: deblik, Berlin unter Verwendung eines Fotos von UMB-O/shutterstock.com
Satz: celin.design
Druck und Bindung: Kösel, Krugzell

www.hirzel.de

Inhalt

Zu diesem Jahrbuch 8

Prolog

25 Jahre Jahrbuch Ökologie 11
Ein Interview mit Udo E. Simonis

I. Was war?

Von der Wirksamkeit der Wissenschaft 27
Der lange Weg vom Wissen zum Handeln
Hartmut Graßl

Ökologie und Naturschutz 38
Zusammenarbeit und Widersprüche
Wolfgang Haber

Eine kleine Geschichte der Biodiversität 54
Ein Konzept und seine Bedeutung für den Naturschutz
Carsten Neßhöver, Kurt Jax

Weiter zum Entscheidenden 61
Die Ökologie muss zum Ausgangspunkt der sozial-ökologischen Transformation werden
Michael Müller, Andreas Troge

25 Jahre Umweltbewegung 70
Erfolge – Utopien – verlorene Gewissheiten
Hubert Weiger

25 Jahre Nachhaltigkeitsmanagement 80
Endlich auf dem Weg in den Massenmarkt?
Michael Otto

Wenn Themen vom Himmel fallen 90
Umweltjournalismus: Vom Waldsterben bis zum Crowdfunding fürs Überleben
Joachim Wille

II. Was ist?

Neue Akteure in die Forschungspolitik 97
Warum eine Forschungswende Gebot der Stunde ist
Steffi Ober

Ökologie und Religion 103
Über die Potenziale einer mächtigen Partnerschaft
Wilhelm Barthlott

Für Rechts zu radikal, für Linke suspekt 118
Warum die politische Linke sich so wenig um Nachhaltigkeit kümmert
Heike Leitschuh

Die Energiewende 122
Zwischenbilanz eines Jahrhundertprojektes
Claudia Kemfert

III. Was kommt?

Vom Wissen, Handeln und Nichthandeln 134
Die schwierige Beziehung von Wissenschaft und Politik im Klimawandel
Manfred Stock

Wann hören wir die Signale? 148
Ökosystemversagen, Ignoranz und die möglichen Folgen
Pierre L. Ibisch

Das strahlende Risiko 161
Nukleare Anlagen in einer Welt zunehmender Konflikte
Veronika Ustohalova, Matthias Englert

Verantwortung für eine zukunftsfähige Gesellschaft 173
Das Memorandum der Gesellschaft für Nachhaltigkeit
Michael Müller, Peter Hennicke, Kai Niebert, Helmut Rogall, Jörg Sommer

Neue Aufklärung für die Volle Welt 182
Die Zukunftsagenda des Club of Rome
Ernst Ulrich von Weizsäcker

Transformabilität als Ergebnis einer neuen Aufklärung 187
Wie Denken die Welt verändert und warum wir heute groß umdenken sollten
Maja Göpel

Der anthropogene Code 199
Von der Notwendigkeit einer sozial-ökologischen Transformation
Michael Müller, Jörg Sommer

Der „grüne" Fortschritt ist gescheitert 207
Nachhaltige Transformation und die Wachstumsfrage
Niko Paech

Scheitern an der Mobilität? 221
Ohne politischen Mut und Konfliktbereitschaft keine neue Mobilität
Reinhard Loske

Ernährungssicherheit durch Ernährungssouveränität? 231
Zur Ernährung einer wachsenden Weltbevölkerung
Franz-Theo Gottwald

Epilog

Frühling 2043 241
Auf dem Weg zu einer ökologischen und gerechten Gesellschaft
Pierre L. Ibisch, Maja Göpel, Jörg Sommer

Wie weiter? 254

Autorinnen und Autoren 255

Zu diesem Jahrbuch

„Ein neuer Aufbruch für Europa. Eine neue Dynamik für Deutschland. Ein neuer Zusammenhalt für unser Land" – so die Überschrift des im Frühjahr 2018 unter schwierigen Umständen zustande gekommenen Koalitionsvertrages von SPD und CDU/CSU. Aus ökologischer Sicht ist erfreulich, dass trotz der großen Hektik und der offenkundig stark widerstrebenden Interessen der Akteure zumindest eine Palette von Themen vertreten ist.

Zuvor zeigte der Koalitions-Streit um die deutsche, vom geschäftsführenden Landwirtschaftsminister Schmidt im Alleingang zu verantwortende Zustimmung zur europäischen Entscheidung, das Pestizid Glyphosat für weitere 5 Jahre zuzulassen, wie sehr eine verantwortungsvolle Umweltpolitik auf der Kippe steht. Positiv, dass auf EU-Ebene überhaupt endlich eine solche Entscheidung über ein mögliches Verbot herbeigeführt wurde – traurig, dass sie an Deutschland scheiterte. Schon vor anderthalb Jahrzehnten (vgl. u. a. *JAHRBUCH ÖKOLOGIE 2003, 2004*) wurde die Agrarwende gefordert und umrissen. Manche Mühlen mahlen langsam, und zuweilen scheint es, dass die Steine, die ins Mahlwerk geraten, eher gröber und härter werden. Positiv ist, dass im aktuellen Regierungsprogramm die Einschränkung der Glyphosatverwendung eingeleitet wird.

Der Glyphosat-Fall zeigt aber auch, wie Umweltpolitik nach wie vor funktioniert: Gift für Gift, Schadstoff für Schadstoff und Problem für Problem. Umweltpolitik ist nach wie vor eine rein reaktive Krisenbewältigungsmaschinerie. Erst, wenn ein Thema in der Öffentlichkeit dank Kampagnen oder akuten Krisen eine kritische Aufmerksamkeitsdichte erreicht wird, kommt es zum Handeln. Es mangelt nach wie vor an der systematischen Umsetzung des Vorsorgeprinzips, und die Strategien sind nahezu ausschließlich reaktiv.

Angesichts der globalen Herausforderungen reicht das nicht. Die deutsche Umweltpolitik ist visionsfrei und wirkungsarm. Sie bietet keine Antworten auf die aktuellen Widersprüche und Umbrüche: Noch nie wussten wir so viel über den Klimawandel, noch nie produzierten wir so viele Treibhausgase. Immer mehr wissenschaftliche Erkenntnisse drängen auf eine globale Neuausrichtung von Wirtschaft und Gesellschaft. Immer mehr demokratische Gesellschaften erweisen sich als labil bis gefährdet, immer öfter wird Politik nicht mehr durch ethische Prinzipien, wissenschaftliche Erkenntnisse oder demokratische Willensbildung bestimmt, sondern durch populistische, oft demokratiefeindliche und menschenverachtende Strömungen.

Eine Entwicklung, die den Herausforderungen der Zeit völlig entgegenläuft. Nicht erneuerbare Ressourcen, insbesondere fossile Energieträger und metallische Rohstoffe, sind ebenso begrenzt wie die Kapazitäten der Ökosysteme, biogene Ressourcen zu Verfügung zu stellen oder Emissionen aufzunehmen. Planetare Belastungsgrenzen, deren Einhaltung für das menschliche Leben essentiell ist, werden bereits überschritten. Wenn alle Menschen bereits so leben, wirtschaften und konsumieren würden wie die Menschen in Westeuropa oder den USA, wäre dieser Planet vermutlich in noch weitaus stärkerem Maße von ökologischen und humanitären Katastrophen geprägt. Die ökologische Selbstvernichtung der Menschheit wird denkbar.

Unbegrenztes Wachsen, Verbrauchen und Wegwerfen sind nicht möglich, denn der Artenverlust nimmt dramatische Ausmaße an, Süßwasser wird zum knappen Gut, Meere werden vermüllt, der Flächenverbrauch steigt ungebrochen, Nähr- und Schadstoffe überlasten Böden und Gewässer, die Erderwärmung schreitet anscheinend unaufhaltsam und mit zunehmender Geschwindigkeit voran.

Die Menschheit steuert auf einen großen Kipppunkt zu. Hauptbetroffen von den globalen Umweltschädigungen sind schon jetzt arme Weltregionen, die gar nicht über die finanziellen, technischen und organisatorischen Mittel verfügen, sich z. B. gegen zunehmende Wetterextreme, Wasserknappheit oder Holzmangel zu schützen. Dabei ist der ökologische Fußabdruck zum Beispiel in Nordamerika mehr als sieben Mal größer als in Afrika. Die Ausweitung des ressourcenintensiven Wirtschaftsmodells auf über sieben und schon Mitte des Jahrhunderts auf fast zehn Milliarden Menschen ist schlichtweg nicht möglich.

Politik darf nicht gegen, sondern muss mit der Natur stattfinden. Die Überschreitung der planetaren Belastungsgrenzen macht auch die Unzulänglichkeiten der bisherigen Nachhaltigkeitspolitik deutlich: Nachhaltigkeit verstanden als Ausgleich zwischen sozialen, ökologischen und ökonomischen Interessen ist gescheitert. Wann immer es ernst wird, werden soziale und ökologische Ansprüche zugunsten wirtschaftlicher Interessen an den Rand gedrängt. Im Anthropozän müssen die Grenzen des quantitativen Wachstums ernst genommen werden: Nachhaltigkeit ist Wirtschaften zur Befriedigung sozialer Bedürfnisse, zur Beseitigung von Hunger, Armut und Ungleichheit – und das kann nur innerhalb dieser Grenzen, also innerhalb der ökologischen Tragfähigkeit, stattfinden.

Der Widerspruch zwischen dem Wissen über die Zukunftsgefahren und dem alltäglichen Verhalten von Individuen und Gesellschaften wird größer. In den kommenden Jahren wird sich entscheiden, ob es uns gelingt, diesen Widerspruch zu überwinden. Das stellt die Umweltbewegung und -wissenschaft vor riesige Herausforderungen.

Seit über 25 Jahren versucht das JAHRBUCH ÖKOLOGIE hier seinen bescheidenen Beitrag zu leisten. Ein Vierteljahrhundert ist eine lange Zeit, sie geht auch am Kreis der Herausgeber nicht spurlos vorüber. Mit dem vorliegenden Jahrbuch läuten wir deshalb einen Generationswechsel ein. Mit Gerd Michelsen und Udo Simonis verlassen zwei Menschen aus Altersgründen den Herausgeberkreis, die das Jahrbuch über viele Jahre hinweg maßgeblich geprägt haben. Mit unserem langjährigen Redakteur Udo Simons haben wir deshalb ein langes Gespräch geführt, das wir in diesem Jahrbuch dokumentieren.

Diese Ausgabe selbst, die 26. seit 1992, wird ein Scharnier zwischen dem bisherigen Konzept und einer behutsamen Erneuerung in Verantwortung der neuen (und teilweise alten) Herausgeber sein. Wir glauben, dass wir auch angesichts der eingangs geschilderten globalen Herausforderungen ein spannendes Jahrbuch vorgelegt haben, dass sich im Wesentlichen in drei Teilen mit den Umbrüchen beschäftigt: Nach einigen kritischen Betrachtungen der vergangenen 25 Jahre Umweltpolitik ziehen im zweiten Teil unsere Autorinnen und Autoren eine Art Bilanz des Status Quo, um dann im dritten Teil einige, durchaus divergierende, Blicke auf die Herausforderungen und Szenarien der kommenden 25 Jahre zu werfen.

Die Herausgeber danken den vielen Beitragenden in dieser Ausgabe, aber auch in den vergangenen 25 Jahren. Sie danken ganz besonders den bisherigen Mitherausgebern Gerd Michelsen und Udo Simonis sowie dem engagierten Team des Hirzel Verlages, insbesondere unserer Lektorin Angela Meder.

Wir wünschen eine inspirierende Lektüre.

Die Herausgeber, im März 2018

Prolog

25 Jahre Jahrbuch Ökologie
Ein Interview mit Udo E. Simonis

> Als im Herbst 1992 im C.H. Beck Verlag, München, ein dickes Taschenbuch erscheint, trägt es einen wenig spektakulären, aber ernstzunehmenden Titel: JAHRBUCH ÖKOLOGIE. Nach 25 Jahren und 25 Jahrbüchern hat Udo Simonis den Staffelstab als Mitherausgeber und allein verantwortlicher Redakteur an eine jüngere Generation übergeben. Aus diesem Anlass führten die Redakteure des vorliegenden Bandes, Pierre Ibisch und Jörg Sommer, im August 2017 ein langes Interview mit ihm. Aus dem mehrstündigen Gespräch zur Geschichte des Jahrbuchs und der Umweltbewegung in den vergangenen 25 Jahren dokumentieren wir hier die wichtigsten Auszüge, begleitet von einer kurzen Darstellung der bisherigen 25 Bände und ihrer zentralen Inhalte.

Jörg Sommer: Das neue JAHRBUCH ÖKOLOGIE erscheint 2018. Es orientiert sich in Konzeption und Gestaltung eng an den bisherigen Ausgaben, wird aber von einem teilweise neuen Herausgeberkreis verantwortet. Von den bisherigen Herausgebern sind nur noch Heike Leitschuh, Ernst Ulrich von Weizsäcker und ich dabei. Gerd Michelsen und du sind aus Altersgründen ausgeschieden. Mit dir verliert das Jahrbuch seinen langjährigen Antreiber und verantwortlichen Redakteur. Zeit, wie wir meinen, für einen Rückblick. Auf ein Vierteljahrhundert JAHRBUCH ÖKOLOGIE, aber auch auf die Umweltpolitik, auf Umweltwissenschaft und Umweltbewegung, in deren Dreieck das JAHRBUCH ÖKOLOGIE seine Themen, seine Autoren und seinen Wirkungskreis fand. Das erste JAHRBUCH ÖKOLOGIE erschien 1992. Uns interessiert natürlich sehr die Entstehungsgeschichte. Gab es einen zentralen Impuls für die Herausgabe? Wer war beteiligt? Wie sahen die Ziele der damaligen Mitbegründer aus?

Udo Simonis: Natürlich hat das JAHRBUCH ÖKOLOGIE eine Vorgeschichte. Ich selbst war von 1981 bis 1987 Direktor des Internationalen Instituts für Umwelt und Gesellschaft (IIUG) am Wissenschaftszentrum Berlin (WZB). Wir arbeiteten strikt wissenschaftlich, aber hatten damals schon das Gefühl, wir müssten uns intensiver darum bemühen, unsere Erkenntnisse auch einem breiten Publikum zugänglich zu machen. Es gab schon einige Jahre das Freiburger Öko-Institut. Anlässlich des kürzlich begangenen 40. Jahrestages dieses Instituts sagte ich in meinem Vortrag, „das Öko-Institut hat die Ehre der deutschen Wissenschaft gerettet, indem es das Ökothema überhaupt erstmal breit formuliert hat." 1987 ging meine Zeit als Direktor am IUG zu Ende, ich erhielt das Angebot auf eine Forschungsprofessur am WZB und hatte so endlich Luft für neue Aktivitäten. Für mich stand damals fest: „Jetzt aber musst du was machen."

J. S.: Nun war das Jahrbuch aber von Anfang an ein Gemeinschaftsprodukt mehrerer Herausgeber. Wie kam es dazu?

U. S.: Für mich war von vornherein klar, dass ich dieses Projekt nicht allein auf die eigene Kappe nehmen sollte. Das wäre ja ein Konstruktionsfehler als solcher gewesen, wenn man für Interdisziplinarität steht und diese generell einfordert. Ob man ein Jahrbuch allein oder lieber mit Kolleginnen und Kollegen herausgibt, ist nicht allein eine Frage der Bequemlichkeit oder der Arbeitsteilung; sie gehört auch zum Inhalt, weil man sich selbst ja höchst selten kritisiert, sich aber von anderen durchaus belehren lässt.

Eine enge inhaltliche Abstimmung ist im Sinne der Herausgeber und im Interesse der Leser, es setzt die verlässliche Zuarbeit vieler guter Autorinnen und Autoren voraus. Und wenn das Themenspektrum gar breit und strittig und seine Komplexität groß ist, dann ist ein gut kooperierendes Herausgebergremium nicht nur nützlich, sondern essenziell – auch und gerade wenn es darum geht, Einseitigkeiten im Zugang zum Thema zu vermeiden und Mehrheiten für das Thema zu gewinnen.

Ich lud also zu einem ersten Gespräch ein, an dem der Biologe und Theologe Günter Altner, die Politologin Barbara Mettler-Meibom, der Philosoph Klaus Michael Meyer-Abich und der Biologie Ernst Ulrich von Weizsäcker teilnahmen. Beteiligt war auch der damalige Leiter des Campus Verlages.

Schnell wurde dabei klar, dass wir und der Verlag ganz unterschiedliche Vorstellungen hatten. Der Verlag wollte einen dicken Band für über 70,– DM Verkaufspreis produzieren, der in Kleinstauflage in Bibliotheken verstaubt wäre. Wir aber wollten eine breite Leserschicht ansprechen, was sich letztlich auch in Format, Ausstattung und Verkaufspreis widerspiegeln musste. Meyer-Abich stieg deshalb sofort wieder aus.

Wir anderen vier fanden schließlich zum C.H. Beck Verlag, bei dem das Jahrbuch dann bis 2007 erschien. Mit einer Auflage von über 7000 Exemplaren erreichten wir recht viele Menschen in der damals noch sehr überschaubaren Öko-Szene.

Pierre Ibisch: Wieso wurde es letztlich ein Jahrbuch und nicht eine lose Folge von Einzelbänden? Damit setzten sich Herausgeber und Verlag ja auch unter einen enormen Zeitdruck.

U. S.: Dafür hatten wir uns sehr bewusst entschieden. Ein Jahrbuch ist ja weit mehr als ein Buch, das Jahr für Jahr erscheint. Es ist eine Institution, ein kommunikatives Netzwerk, oder sollte es zumindest sein. Wer ein Jahrbuch herausgeben will, muss also mit ein paar Grundfragen beginnen – oder besser: sich möglichst ehrliche Antworten auf mehrere Fragen geben. Ist die Zeit reif für ein Jahrbuch, hat das Forschungsgebiet, auf dem es stehen soll, den

JAHRBUCH ÖKOLOGIE 1992

Im Jahr des historischen Erdgipfels von Rio de Janeiro erscheint das erste und umfangreichste Jahrbuch. Es vereint zahlreiche Beiträge zu großen Perspektiven und konkreten Projekten. Es lotet bereits frühzeitig die Potenziale der damals (nach Scheitern der Großwindanlage GROWIAN, 1983–87) immer noch exotischen Windenergie in Schleswig-Holstein aus, diskutiert die Gefahren des klimawandelprovozierten Öko-Kolonialismus und widmet sich gleich fünf Schwerpunktthemen: den ökologischen Auswirkungen des Golfkrieges, der aktuellen Klimapolitik, dem Chemiediskurs, den ökologischen Chancen einer erfolgreichen Europäischen Integration sowie der aktuellen Mülldebatte vor dem Hintergrund einer Analyse des in den „Neuen" Bundesländern erfolgreich betriebenen SERO-Systems. Auf der Erde leben rund 5,5 Milliarden Menschen.

JAHRBUCH ÖKOLOGIE 1993

Günter Altner eröffnet das zweite Jahrbuch mit einem viel beachteten Beitrag über den „offenen Prozess der Natur". Es folgen nur vier Schwerpunktthemen, denen aber jeweils deutlich mehr Seiten gewidmet sind. Den größten Raum nimmt eine Analyse der ökologischen Erbschaften und Perspektiven der DDR und anderer ehemals sowjetisch geprägten osteuropäischen Länder ein. Diskutiert werden außerdem ökologische Facetten der Rüstungskonversion und das Scheitern der bisherigen Verkehrspolitik. Die Ergebnisse des Rio-Erdgipfels werden kritisch beleuchtet und insbesondere Fragen der Nord-Süd-Gerechtigkeit diskutiert. Das Bundesamt für Naturschutz (BfN) entsteht.

JAHRBUCH ÖKOLOGIE 1994

Die fünf Schwerpunkte des dritten Jahrbuches sind eine Mischung aus klassischen und heute teilweise exotisch anmutenden Themen. Neben der Artenvielfalt und der Kreislaufwirtschaft diskutieren einige Beiträge die Möglichkeiten von ökologischer Politik in den Zeiten der 90er-Rezession. Barbara Mettler-Meibom und andere denken über die Umweltwahrnehmung in der modernen Mediengesellschaft nach. Vier Beiträge entwickeln Konzepte für die Idee einer nötigen Reifegrad erreicht für ein Vorhaben, das eine „kleine Ewigkeit" dauern, eben nachhaltig sein soll?

J. S.: Da spielt ja auch eine persönliche Frage mit hinein: Ist man selbst bereit, sich längerfristig auf etwas einzulassen, ohne die anderen interessanten Sachen des Lesens und Schreibens aus dem Auge zu verlieren?

U. S.: Ja, auf jeden Fall. Ich selbst hatte dank meiner Forschungsprofessur endlich die Möglichkeit eines langfristigen Engagements. Aber es gab noch einige andere, nicht unwesentliche Fragen: Was ist mit dem Konzept, wie und mit wem setzt man es um? Es gibt „Jahrbücher", die sich so nennen, obwohl sie nichts anderes als konventionelle Sammelbände sind, langweilig und teuer, wie so vieles, was heutzutage aus dem Elfenbeinturm kommt. Das Konzept musste also stimmen. Es sollte anders als das übliche, es sollte innovativ und zugleich flexibel sein, eine gewisse Kontinuität vermitteln, aber zugleich für Überraschungen offenbleiben.

P. I.: Wie trivial ist die Frage, warum das JAHRBUCH ÖKOLOGIE heißt? Sind verschiedene Namen diskutiert worden?

U. S.: Für mich war das von Anfang an gesetzt. Diskutiert wurden allerdings immer wieder auch Titel-Alternativen wie zum Beispiel: „Jahrbuch Umwelt", „Umweltjahrbuch", später dann „Jahrbuch für Nachhaltigkeit". Meine Position dazu findet sich in einigen Passagen der Selbstdarstellung des JAHRBUCH ÖKOLOGIE:

„Das JAHRBUCH ÖKOLOGIE informiert über die ökologische Situation und die Belastungstrends in den verschiedenen Bereichen der natürlichen Umwelt, wendet sich an eine sensible Öffentlichkeit, die sich der Umweltkrise bewusst ist und nach tragfähigen Alternativen im Umgang mit der Natur sucht, ist einem breiten Ökologiebegriff verpflichtet, der im Alltag verankert ist und das Verhältnis von Mensch und Natur, von Gesellschaft und Umwelt umfasst."

Das ist ein starker Satz. Wir wollten, dass die verengte Ökodebatte durch die wenigen professionellen Ökologen grundlegend erweitert wird. Deswegen haben wir diese Definition immer beibehalten, jedoch durch einen erläuternden Zusatz ergänzt:

„Das JAHRBUCH ÖKOLOGIE ist ein referiertes, sorgsam editiertes und gut verständliches Sachbuch, das gleichermaßen hohen wissenschaftlichen Ansprüchen genügt und wertvolle Anregungen für die Praxis bietet."

J. S.: Übrigens war das auch eine Diskussion im neuen Herausgeberkreis, teilweise mit denselben Vorschlägen und Argumenten. Die Diskussion dauerte lang und verlief sehr engagiert. Das Endergebnis war: Das JAHRBUCH ÖKOLOGIE muss und soll auch weiter so heißen. Spannend, dass die Diskussion 25 Jahre später zum gleichen Ergebnis führt.

U. S.: Ich muss gestehen, dass ich da auch emotional stark betroffen war und noch bin. Es war ja viel und sehr früh die Rede von der „Harmonie von Ökonomie und Ökologie". Eines meiner erfolgreichsten Bücher erschien bereits 1980 zu diesem Thema. Auch die Politiker haben das immer wieder nachgebetet: „Kein Konflikt zwischen Ökonomie und Ökologie!" Doch in der Realität ist die Ökonomie ja weiterhin so dominant, wie sie immer war, Parität wurde nicht erreicht. Das hat auch die Grüne Partei nicht ändern können. Und deswegen war mein Petitum immer: „Wir müssen, selbst wenn es schwie-

nationalen, europäischen oder gar globalen Umweltverfassung.

JAHRBUCH ÖKOLOGIE 1995

In diesem Jahr kämpft die Bundesumweltministerin Angela Merkel auf der UN-Klimakonferenz in Berlin für einen ehrgeizigen Klimaschutz. Dem großen deutschen Philosophen Robert Jungk gewidmet, diskutiert das Jahrbuch die Schwerpunktthemen Landwirtschaft und Ernährung, Umwelterziehung, Wasser und Ökologische Ökonomie. Auch wenn eine ökologisch ausgerichtete Ökonomie – Nachhaltigkeit war als Trendthema noch nicht virulent – noch ein Nischenthema war, so waren doch erste entsprechende Bemühungen in deutschen Unternehmen zu beobachten.

JAHRBUCH ÖKOLOGIE 1996

Internationale Umweltpolitik steht im Fokus des fünften Jahrbuches. Aber auch Themen wie eine alternative Verkehrspolitik und Landschaftsästhetik werden diskutiert. Mitherausgeber Günter Altner beschreibt den nötigen gesellschaftlichen Energiekonsens als Grundlage für die spätere Energiewende. Das noch junge Potsdam-Institut für Klimafolgenforschung (PIK) wird einem breiten Leserkreis vorgestellt.

JAHRBUCH ÖKOLOGIE 1997

Das Kyoto-Protokoll der UN-Klimarahmenkonvention wird beschlossen. In einem experimentellen Schwerpunktthema wird die ökologische Frage aus Perspektive der Kinder erörtert. Weitere Beiträge beschäftigen sich mit Fragen des Tourismus, ökologischen Lebensstilen und einer ökologisch motivierten Philosophie. Hermann Scheer wirbt in einem engagierten Beitrag für die Potenziale der damals noch wenig populären Solarenergie.

JAHRBUCH ÖKOLOGIE 1998

Im Jahr 1998 war der heutige Umwelt-Staatssekretär Jochen Flasbarth Präsident des NABU, Angela Merkel war Bundesumweltministerin – und beide diskutierten gemeinsam mit Günter Altner im JAHRBUCH ÖKOLOGIE über die Frage, ob und wie weit Deutschland auf dem Weg in die Nachhaltigkeit sei. 20 Jahre danach ist dieser Disput in rig ist, die Fahne der Ökologie demonstrativ hochhalten." Die damit verbundene Aufgabe, eine Bringschuld, ist noch lange nicht erbracht.

J. S.: Das erste Jahrbuch startete 1992 als dicker Band mit 382 Seiten. Das wurden dann aber bald weniger und pendelte sich schließlich bei etwa 260 Seiten ein. Gingen die Themen aus?

U. S.: Keinesfalls. Wir dachten anfangs, dass wir im JAHRBUCH ÖKOLOGIE mit mehr Beiträgen auch mehr Menschen erreichen könnten, sahen aber schnell auch die Gefahr, ein beliebiges Sammelbecken zu werden. Wir hatten gemerkt, dass wir mit einer klareren Struktur und wenigen, aber gut sortierten Schwerpunktthemen mehr Wirkung erzielten konnten. Der Verlag war zudem an einer Kostenoptimierung interessiert, so dass wir auch von daher mit weniger Seiten auskommen mussten.

J. S.: Das JAHRBUCH ÖKOLOGIE hat neben den Schwerpunktthemen immer auch einige andere Rubriken präsentiert, anfangs auch ein durchgehendes Register. Welche Überlegung stand dahinter?

U. S.: Wir haben größten Wert darauf gelegt, dass es zwei Register des Jahrbuchs gab. Das Autorenregister, in dem inzwischen mehr als 750 Leute auftauchen, die wir damals überhaupt noch nicht kannten. Wir kannten vielleicht 20 und entdeckten dann: Oh, wir haben uns verschätzt; das Autorenpotenzial ist doch viel größer.

Einen großen Teil meiner Zeit als Redakteur verbrachte ich mit der Suche nach neuen, frischen Autoren und Autorinnen. Diese Suche war aufwändig, hat aber auch große Freude bereitet. Wir haben in den 25 Jahren nur wenige Absagen auf unsere Anfragen bekommen, fast immer aus Gründen der Arbeitsbelastung. Die meisten haben gerne und viele auch öfter für das JAHRBUCH ÖKOLOGIE geschrieben. Was das Lesen und das Arbeiten mit dem Buch meines Erachtens besonders ertragreich macht, ist das Sachregister. Anfangs war das noch im Buch selbst. Mit den Jahren wurde das aber zu umfangreich und hätte uns zu viel Platz für gute Beiträge weggenommen.

Heute haben wir auf der Homepage www.jahrbuch-oekologie.de über 20 Seiten mit nach Themen strukturierten Beitragstiteln und den Hinweisen zum entsprechenden Jahrbuch. Ein idealer Ausgangspunkt für Studierende und Erstleser, für Doktoranden und Journalisten, um mit Recherchen zu beginnen. Wie hat sich das Bodenthema über die Jahre hinweg entwickelt? Was haben wir zu Wald oder zu Wirtschaft gebracht? Was zu Energie- oder Verkehrswende? Oder zur Ökophilosophie? Zu all diesen und vielen weiteren Themen kann man mit Hilfe des Sachregisters ganz schnell fündig werden.

J. S.: Im Jahr 2009 gab es dann einige Veränderungen: Das Jahrbuch bekam ein anderes, größeres Format, erschien fortan nicht mehr bei C.H. Beck, sondern im Hirzel Verlag, Stuttgart.

U. S.: Der Verlag C.H. Beck hatte in den 17 Jahren stark expandiert. Damit stiegen aber auch die ökonomischen Erwartungen an einzelne Buchprojekte. Auch Sachbuch-Titel wurden, wie in der gesamten Buchbranche, zunehmend effektheischender formuliert. Da passte wohl das solide JAHRBUCH ÖKOLOGIE nicht mehr richtig ins verlegerische Konzept.

Wir wollten das nicht gelten lassen und haben intensiv mit dem Verlag gerungen. Ich sagte dem Verleger damals: „Sie machen einen Fehler, wenn Sie das Ökothema vergessen. Als Verlag haben Sie dann versagt." Doch dieser wehrte sich und versprach: „Nein, nein. So ist das nicht. Wir

einigen Teilen aktueller denn je, ebenso wie das Schwerpunktthema einer Umweltpolitik in Zeiten der Globalisierung.

JAHRBUCH ÖKOLOGIE 1999

Die Frage von Umweltmoral oder Umweltökonomie als Schlüssel für eine ökologische Wende eröffnet dieses Jahrbuch, das in den folgenden Seiten auch frühzeitig die Grenzen des Geo-Engineering auslotet, damals noch „Umweltmanagement" genannt. Ein weiterer Schwerpunkt widmet sich dem Thema „Frauen und Umwelt" – mit durchaus überraschenden Ein- und Ansichten. Auf der Erde leben nunmehr schon 6 Milliarden Menschen.

JAHRBUCH ÖKOLOGIE 2000

Mitherausgeber Ernst Ulrich von Weizsäcker diskutiert die Zusammenhänge von Ökonomie, Ökologie und Politik. Mobilität, Wasser- sowie Bodenschutz und Windenergie sind die Schwerpunktthemen auf den folgenden Seiten. Besonders interessant ist eine Darstellung der rücksichtslosen Vernichtung von Lebensraum für Mensch und Tier in der Lausitz durch eine Braunkohlewirtschaft, die aktuell für sich selbst Bestandsschutz reklamiert.

JAHRBUCH ÖKOLOGIE 2001

Im ersten Jahr des neuen Jahrtausends erscheint das zehnte JAHRBUCH ÖKOLOGIE mit dem herausfordernden Schwerpunktthema einer „Null-Emissions-Gesellschaft". Weitere Beiträge beschäftigen sich mit dem (bislang nicht eingetretenen) Ende des Atomzeitalters und den Herausforderungen einer modernen Umweltbildung.

JAHRBUCH ÖKOLOGIE 2002

2002, das Jahr des zweiten Erdgipfels in Johannesburg. Das Jahrbuch steht wie die gesamte öffentliche Debatte unter dem Eindruck des BSE-Skandals, der eindrücklich die Gefahren einer nicht nachhaltigen Ernährungsindustrie vor Augen führt. Es eröffnet deshalb mit einem zusätzlichen Schwerpunktthema zu den Lehren aus der BSE-Krise. Hinzu kommen Beiträge zum Rio+10-Prozess, zu Sesshaftigkeit und Ortsqualität sowie zur grundphilosophischen sind mittlerweile aufgewacht, wir werden das weiter begleiten." Fairerweise muss ich konstatieren, dass C.H. Beck bis heute viele gute, teils aufwändige Bücher zu ökologischen Themen herausbringt.

P. I.: Mit dem Wechsel zu Hirzel arbeitete das Jahrbuch Ökologie dann auch mit dezidierten Jahrestiteln, beginnend mit „Lob der [biologischen] Vielfalt" (2009).

U. S.: Gleichzeitig verschwand die Jahresangabe auf dem Titel. Wir haben den Verlagswechsel in der Tat dazu genutzt, das Jahrbuch Ökologie behutsam zu modernisieren. Dazu gehörte auch ein jeweiliges Leitthema, das sich seitdem auf dem Titelblatt wiederfindet. Es soll neugierig machen. Das ist uns manchmal auch gut gelungen – beispielsweise mit den Bänden „Wende überall" (2013) und „Re-Naturierung" (2015). Mit dem Hirzel Verlag haben wir auch einen geduldigen Verlag gefunden, der das Jahrbuch Ökologie aktiv unterstützt. Mit Angela Meder haben wir eine hoch kompetente Lektorin, die uns mit ihrer kritischen Begleitung sehr dabei geholfen hat, nicht nur inhaltlich gute, sondern auch verständliche Jahrbücher zu machen.

J. S.: Die Weiterentwicklung des Konzepts des Jahrbuch Ökologie spiegelt ja auch die erheblichen Veränderungen in der Medienlandschaft wieder. In den 80er und 90er Jahren brachten die Taschenbuch-Verlage Fischer und Rowohlt viele, sehr günstige populäre Einzeltitel zu verschiedenen ökologischen Themen heraus. Viele der Autoren schrieben übrigens auch immer wieder für das Jahrbuch Ökologie. Das hat sich um die Jahrtausendwende etwas verändert. Es gibt nach wie vor Umweltpublikationen, viele davon jedoch in einem sehr hochpreisigen Bereich mit kleinen Auflagen. Im populären Taschenbuchsektor gibt es gibt heute weniger Bücher mit dezidiert ökologischen Themen. Gleichzeitig haben wir das Internet als häufig primäres Informationsmedium. Das Jahrbuch existiert aber immer noch. Offensichtlich gab es und gibt es einen bestimmten Markt für diese Art von Publikation. Wie siehst du diese Entwicklung in der Publizistik, hat das Auswirkungen auch auf das Jahrbuch gehabt?

U. S.: In den vergangenen 25 Jahren hat sich tatsächlich viel verändert. Auch die Neugründung von Instituten muss man hier erwähnen, die es früher noch gar nicht gab.

Das Öko-Institut war ja nur der Anfang. Leider wurde das IIUG nach wenigen Jahren wieder aufgelöst, was der damaligen Philosophie am Wissenschaftszentrum Berlin entsprach, wonach neue Themenfelder nur für kurze Zeit bearbeitet werden sollten. Aus meiner Sicht war das ein großer Fehler. Was hätte dieses international bestens vernetzte Zentrum alles bewirken können, wenn es auf dem Gebiet des Umweltschutzes und der Nachhaltigkeit mit voller Kapazität weitergearbeitet hätte?

Das Potsdam-Institut für Klimafolgenforschung (PIK), in dessen Beirat ich zehn Jahre lang Vorsitzender war, hat sich prächtig entwickelt. Es ist heute einer der weltweit bedeutsamsten Thinktanks zur Klimafrage mit rund 300 Mitarbeitern; angefangen hat es mit 22.

Auch das ifeu – Institut für Energie- und Umweltforschung – in Heidelberg und das Wuppertal-Institut sind sehr erfolgreich.

Insgesamt 14 Institute mit spezifischen ökologischen Kompetenzen sind Begleitende Institute des JAHRBUCH ÖKOLOGIE, darunter auch das Umweltbundesamt (UBA). Allerdings hatte ich mir erhofft, dass wir diese Akteure über das JAHRBUCH ÖKOLOGIE bes-

und durchaus ökologischen Frage „Was ist Leben?"

JAHRBUCH ÖKOLOGIE 2003

Erstmals gibt es einen Wechsel im Herausgeberkreis: Barbara Mettler-Meibom scheidet aus. Die Nachhaltigkeitsexpertin und Journalistin Heike Leitschuh sowie Gerd Michelsen, Professor für Umwelt- und Nachhaltigkeitskommunikation, treten neu in den Kreis der Herausgeber ein. Nachhaltigkeitskommunikation ist auch der zentrale Schwerpunkt dieses Bandes. Weitere Schwerpunkte sind ökologisches Risikomanagement und die ökologischen Implikationen der aufkommenden Internetkultur.

JAHRBUCH ÖKOLOGIE 2004

Da das Gesamtregister Jahr für Jahr an Umfang gewinnt, wird es mit diesem Band nicht mehr ins Buch aufgenommen, sondern im Internet weitergeführt. Die gewonnenen Seiten kommen dem Inhalt zugute, der sich erstmals intensiv mit dem Nachhaltigkeitsbegriff auseinandersetzt. Dabei werden viele Fehlentwicklungen und Unzulänglichkeiten eines verkürzten Verständnisses von Nachhaltigkeit vorweggenommen, wie sie heute leider die Diskussion in weiten Kreisen der Ökonomie bestimmen.

JAHRBUCH ÖKOLOGIE 2005

Das Millenium Ecosystem Assessment steht vor dem Abschluss; die UN-Dekade „Bildung für nachhaltige Entwicklung" beginnt. Der nachhaltige Umgang mit Ressourcen und die Erneuerbaren Energien werden in diesem Band angemahnt. Mitherausgeberin Heike Leitschuh arbeitet heraus, dass die global player nach wie vor nur ein sehr überschaubares Interesse an nachhaltiger Unternehmenspolitik haben. Diese Analyse trifft auch 12 Jahre später noch weitgehend zu. Die Weltbevölkerung erreicht die 6,5-Milliarden-Marke.

JAHRBUCH ÖKOLOGIE 2006

Nach dem Ende der rot-grünen Bundesregierung unter Kanzler Schröder zieht ser und vor allem wirksamer vernetzen könnten. Doch das ist uns nicht wirklich gelungen. Zwar konnten wir über diese Partner immer wieder gute Autorinnen und Autoren rekrutieren, aber zu gemeinsamen, konzertierten Aktivitäten zu bestimmten Themen kam es leider nicht – oder nur im Einzelfall.

P. I.: Das führt uns zu der Frage der Wirkung des JAHRBUCH ÖKOLOGIE ...

U. S.: ... ja, das JAHRBUCH ÖKOLOGIE wurde im politischen Diskurs durchaus reflektiert, nicht nur in den deutschsprachigen Ländern. In Polen sitzt zum Beispiel unser eifrigster Rezensent, der fast alle Jahrbücher besprochen hat. Jedes Jahr erschienen zahlreiche, wenn auch oft nur kurze Rezensionen; in einem Jahr wurde es zum besten Umweltbuch des Jahres gekürt. Von den Feuilletons der großen deutschen Zeitungen wurde es hingegen weitgehend ignoriert. Und ich denke, dass viele der politisch Verantwortlichen zu selten hineingeschaut haben, sonst wären viele ökologische Konflikte anders gelöst worden. Ein fundiertes Jahrbuch ist, so scheint es, für viele Politiker und Journalisten zu schwere Kost ...

P. I.: Ein Jahrbuch hat ja auf jeden Fall automatisch eine Dokumentationsfunktion, die vielleicht erst später entdeckt wird. Inwieweit sind 25 Jahre JAHRBUCH ÖKOLOGIE noch ein ungehobener Schatz?

U. S.: Ich bin mir sicher, sollte eines Tages jemand eine seriöse Geschichte der Umweltforschung in Deutschland schreiben, dann kommt der Autor am JAHRBUCH ÖKOLOGIE nicht vorbei. Die einzelnen Jahrbücher sind wie Schatztruhen mit vielen Schätzen darin; man muss nur in ihnen blättern und sie finden.

J. S.: Das JAHRBUCH ÖKOLOGIE hat in seinem Leitbild, das bis heute unverändert geblieben ist, umfangreiche Herausforderungen an sich selbst formuliert. Welche dieser Ansprüche sind aus deiner Sicht in den vergangenen 25 Jahren eingelöst worden, welche weniger?

U. S.: In den Bereichen Information, Analyse und Kritik waren wir, so denke ich, sehr gut und konsequent. Den Anspruch des Disputs haben wir hingegen nicht durchgehalten. Dieses Format gab es nur vier, fünf Mal. Und das war bestimmt ein Fehler. Dabei war es ein schönes Konzept: Wir hatten jeweils zwei externe Autoren zu einer akuten

Frage und einen aus dem Kreis der Herausgeber. Jeweils ein Autor schrieb Pro und Contra; der Dritte, unser Kollege, versuchte sich an einer abschließenden Synthese. Pro Beitrag waren das 5 bis 8 Seiten. Ich glaube, dieses Format sollte man wiederbeleben.

J. S.: Das Jahrbuch hat 25 Jahre Geschichte begleitet und die gesellschaftliche Debatte zum Teil auch mitgestaltet. Inwiefern ist die Gesellschaft, aber auch die Ökologiediskussion heute eine andere als vor 25 Jahren?

U. S.: In der ersten Zeit verlief die Diskussion noch zu sehr national orientiert. Der Blick auf Europa und die Welt als Ganzes war in den 80er und frühen 90er Jahren noch nicht wirklich da. Das hat sich inzwischen völlig geändert.

Ich bin zum Beispiel seit 40 Jahren Kurator des Öko-Instituts und alle Sitzungen, an denen ich teilgenommen habe, endeten mit der Aufforderung: „Ihr müsst mehr über Europa machen!" Heute nennt sich das Institut zu Recht europäisches Institut. Es hatte allerdings durchaus Gründe, dass das so lange dauerte; es gab nämlich spezielle europäische Institute.

das Jahrbuch eine durchaus kritische Bilanz zu deren umweltpolitischen Leistungen und Versäumnissen. Weitere Schwerpunkte sind die ökologischen Aspekte moderner Genetik, die Synergien und Widersprüche von Umwelt- und Entwicklungspolitik sowie eine Annäherung an das moderne Naturverständnis in seiner ganzen Widersprüchlichkeit. Ein Beitrag beschäftigt sich damit, wie die Ökonomen über die Natur denken. Mit dem Stern-Report zu den Kosten des Klimawandels tritt der politische Diskurs hierzu ab 2006 in eine neue Phase.

JAHRBUCH ÖKOLOGIE 2007

Stakeholdermanagement ist heute ein aktueller Begriff. Insbesondere Umweltorganisationen werden professionell und mit großem Aufwand beobachtet, befragt und wenn möglich eingebunden, oft auch manipuliert. Schon 2007 beschäftigt sich das JAHRBUCH ÖKOLOGIE kritisch mit dieser noch jungen Entwicklung. Weitere Schwerpunkte sind die Energie- und die Ressourcenpolitik, letztere vor allem unter dem Blickwinkel der Ressourcenproduktivität.

JAHRBUCH ÖKOLOGIE 2008

Klimawandel, Kultur und Lebensstil beleuchten die Autoren dieser Ausgabe. Der IPCC-Bericht von 2007 hat eine große öffentliche Wirkung entfaltet – im Jahrbuch wird gefragt: „Medienkarneval oder politisches Beben?". Erstmals werden auch die Folgen der aufkommenden Nanotechnologie erörtert. Ganz praktisch sind die Beiträge zum Sinn, Unsinn und zu den Wirkungen von Umweltprüfungen aller Art. Historisch interessant ist die Darstellung der Entstehungsgeschichte des Nationalparks Wattenmeer.

JAHRBUCH ÖKOLOGIE 2009

Erstmals erscheint das Jahrbuch im Hirzel Verlag – und trägt den Titel „Lob der Vielfalt". Insgesamt 12 Beiträge beschäftigen sich – vor der Vertragsstaatenkonferenz in Japan, welche die Aichi-Ziele hervorbringen sollte – mit Fragen der Biodiversität. Daneben werden in mehreren Beiträgen internationale Perspektiven analysiert. Ein neu eingeführter Abschnitt „Trends und Innovationen" stellt den aufkommenden Boom der Bio-Lebensmittel dar und beleuchtet Bemühungen

Unser Mitherausgeber Ernst Ulrich von Weizsäcker leitete ein solches Institut in Bonn, bevor er das Wuppertal Institut übernahm. Für viele war diese Ebene damit abgedeckt. Doch zum Glück gab es da auch neue Entwicklungen. Mit dem Klimathema sind wir dann schließlich voll in der internationalen Debatte angekommen; das geschieht derzeit auch mit dem Ressourcenthema.

Insgesamt war das Thema Ökologie von enorm vielen Schwankungen und Momentaufnahmen geprägt. Es passierte ständig irgendwo irgendetwas und wir waren intensiv damit beschäftigt, das zu analysieren, so dass viele Akteure nur wenig in die Zukunft blickten. Wie anders kann man erklären, dass wir jetzt die Diesel-Affäre haben, wo wir doch zum Beispiel schon 1982 am IIUG in meinem ersten Projekt intensiv zur Luftverschmutzung forschten – in Berlin, in Europa, weltweit?

J. S.: Kann man denn zusammenfassend sagen, dass die öffentliche Umweltdebatte überwiegend reaktiv war und ist? Dass eine Debatte über eine bestimmte Zeit hinweg geführt, rasch aber von einem anderen Thema verdrängt wird? Diesen Spontaneismus in der öffentlichen Diskussion kennen wir ja nicht nur bei ökologischen Themen, sondern auch in vielen anderen Bereichen. Kann es sein, dass es der Umweltbewegung nie wirklich gelungen ist, eine ökologisch geprägte gesellschaftliche Debatte zu verstetigen?

U. S.: Hier kann und sollte das JAHRBUCH ÖKOLOGIE gegenhalten. Muss das Jahrbuch etwas berichten über das abgelaufene Jahr? Ja, sicherlich. Das kann aber entschieden langweilig werden, wenn das Thema schon wieder gewechselt hat oder die Aufmerksamkeit zu bestimmten Themen. Muss das Jahrbuch nicht eher in die Zukunft schauen? Ja, doch wer kennt schon die Zukunft? Wo und wie können wir sicher wissen, was im nächsten Jahr im Zentrum der Debatte stehen wird? Trotz solcher Unsicherheiten hätte der „ökologische Imperativ" immer im Fokus der Forschung und der politischen Debatte stehen müssen. Doch was sehen wir trotz aller erbrachten Nachhaltigkeitsforschung? „Nachhaltige Entwicklung" spielte im letzten Wahlkampf und bei den Bemühungen um eine Regierungsbildung auf Bundesebene keine Rolle …

J. S.: Eingebettet in eine Gesellschaft, die Themen so behandelt und diskutiert, wie wir es gerade besprochen haben, hat es ein Jahrbuch eigentlich konzeptionell dauerhaft extrem schwer. Auf der anderen Seite kann das aber auch genau die Begründung sein, warum es ein Jahrbuch geben muss. Weil es Publikationen braucht, die solche Themen längerfristiger denken als nur am politischen Tagesgeschäft orientiert.

P. I.: In einer Gesellschaft, die ökologisch nicht fokussiert, sondern abgelenkt ist, die vielleicht viele andere Dinge einfach ernster nimmt als die Ökologie, da muss so ein Jahrbuch ja auch unbequem sein. War das JAHRBUCH ÖKOLOGIE aus deiner Sicht unbequem genug?

U. S.: Dahinter steht Frage: Wie provokativ muss Wissenschaft sein, um wahrgenommen zu werden? Dazu gibt es höchst unterschiedliche Meinungen. Für mich persönlich ist klar: Wenn es um akute Gefahren geht oder um Gefahrenabwehr, dann wird man gelegentlich sogar übertreiben müssen, um irgendein positives Ergebnis zu sehen. Das ist von Fall zu Fall aber anders – und wir haben das immer mal wieder praktiziert. Diese Frage kann für eine international standardisierte Umweltberichterstattung.

JAHRBUCH ÖKOLOGIE 2010
Unter dem Titel „Umwälzung der Erde" liegt der Fokus dieses Bandes auf den globalen Konflikten um Ressourcen. Die Ausbeutung von Bodenschätzen des Südens ist darin ebenso ein Thema wie die Entsorgung gebrauchter Industrieprodukte in den ärmsten Ländern Afrikas und Asiens. Aber auch Lösungsansätze zur Überwindung der erwarteten Ressourcenengpässe wie das urban mining werden vorgestellt.

JAHRBUCH ÖKOLOGIE 2011
Eine spannende Facette der Klimapolitik prägt den Band „Die Klima-Manipulateure". Das zunehmend propagierte Geo-Engineering, welches den durch die industrialisierte Gesellschaft verursachten Klimawandel mit ebenso technisch-industriellen Mitteln bekämpfen oder abmildern will, wird kritisch durchleuchtet – und es wird ein Plädoyer für eine verantwortungsvolle internationale Klimapolitik gehalten. Jetzt gibt es bereits 7 Milliarden Menschen auf der Erde.

JAHRBUCH ÖKOLOGIE 2012
Neue Allianzen für die Umwelt stellt das Jahrbuch mit dem Titel „Grüner Umbau" vor. Mit vielen praktischen Beispielen aus Politik und Zivilgesellschaft, in internationalen wie lokalen Kontexten, ist dies ein ungewöhnlich positiver Jahresband – entstanden ausgerechnet im Jahr der Atomkatastrophe von Fukushima und ganz bewusst als Kontrapunkt dazu präsentiert.

JAHRBUCH ÖKOLOGIE 2013
Günter Alter verlässt aus Altersgründen den Herausgeberkreis. Jörg Sommer, Publizist und Vorstandsvorsitzender der Deutschen Umweltstiftung, folgt ihm nach. Der Titel des Bandes lautet „Wende überall?" und handelt von „Vorreitern, Nachzüglern und Sitzenbleibern" des notwendigen globalen Transformationsprozesses. Die Ergebnisse des Klimagipfels 2012 werden darin ebenso kritisch gewürdigt wie der jeweils aktuelle Stand von Energie-, Wirtschafts-, Verkehrs-, Wissenschafts- und Ernährungswende.

und sollte man in der Zukunft aber sicher öfter und deutlicher in den Fokus nehmen.

J. S.: Die Herausgeber des JAHRBUCH ÖKOLOGIE haben in den vergangenen 25 Jahren immer wieder versucht, den Blick auf die Zukunft zu richten, Themen und Trends zu erspüren. Man hatte Befürchtungen, aber auch Hoffnungen. Welche dieser Erwartungen haben sich erfüllt, welche Befürchtungen sind eingetreten und wo hat sich alles ganz anders entwickelt, als ihr euch das damals so gedacht habt?

U. S.: Dazu fällt mir zunächst ein Beispiel aus meinem damaligen Institut ein: Wir hatten eine Forschungsgruppe zum Thema „Umweltbewusstsein". Der eine Kollege war Soziologe, die andere Psychologin und einer war Philosoph. Wir waren also interdisziplinär aufgestellt. Die Gruppe produzierte mit großem Aufwand Befragungen in Deutschland über das Bewusstsein. Das haben wir in meinen ersten drei Jahren jährlich wiederholt und die Ergebnisse waren immer unglaublich. Wieder um 5 % gestiegen!

Dann aber hatte ich auf einmal eine Erleuchtung. Und der konnte wirklich nicht widersprochen werden. In einen Satz gefasst: „Die Leute belügen euch." Das heißt, die Befragten sagen nicht die Wahrheit, wenn es um die Frage nach ihrem Bewusstsein geht. Man hätte das mindestens kontrastieren müssen mit der Zusatzbemerkung „und sind Sie bereit, dafür auch zu zahlen oder Ihr Verhalten zu ändern?" Dann wären die Ergebnisse ganz, ganz anders gewesen. Wir haben diese Umfragen schließlich eingestellt. Das Umweltbundesamt macht sie immer noch, doch sie sind, so scheint mir, immer noch nicht ehrlich.

J. S.: Das ist eine wichtige Frage, über die wir zu wenig nachdenken. Wir Deutschen beanspruchen ja auch international eine Vorreiterrolle im Umwelt- und Klimaschutz. Und wir glauben zum Teil wirklich, dass wir so etwas wie die „ökologischen Musterschüler der Welt" seien. Faktisch sieht es, zumindest in einigen Bereichen, völlig anders aus. Prägt das auch politische Entscheidungen und gesellschaftliche Einstellungen, wenn wir dieses Fehlbild von uns selbst haben?

U. S.: Eine eher private Antwort: Ich war gestern Abend mit einem Kollegen zusammen, der sehr oft in Japan ist. Er berichtete mir von Kollegen, die nichts mehr sagen. Sie halten wichtige kritische Erkenntnisse zurück, weil sie befürchten, nicht mehr gefördert oder bezahlt zu werden. Das habe ich hier in Deutschland so noch nie empfunden. Da sind wir offener. Da findet man doch deutliche Worte, nicht nur jetzt beim Diesel. In der Wissenschaft haben wir große Freiheit. In der Politik sehe ich das aber kritischer. Da belügt man sich und die Wähler gerne. Oft versteckt man sich auch hinter dem Verhalten anderer: „Wenn wir Umweltweltmeister sind, dann sollen jetzt doch erstmal die anderen was tun ..."

J. S.: 89 % der Deutschen empfinden den Klimawandel als bedrohlich. Zugleich steigt jedoch der Absatz von SUVs. Diese Diskrepanz zwischen Erkenntnis und Handeln ist etwas, womit sich unsere Gesellschaft offensichtlich arrangiert hat. Wäre es nicht eine lohnende Aufgabe für ein Jahrbuch, in den kommenden Jahren hier Impulse zu setzen, die vorliegenden Erkenntnisse auch in gesellschaftliches Handeln umzusetzen. Wie siehst du das?

U. S.: Das wäre eine anspruchsvolle Aufgabe, aber einem JAHRBUCH ÖKOLOGIE durchaus angemessen. Wir glauben ja gerne, dass wissenschaftliche Erkenntnis die Voraussetzung für ratio-

JAHRBUCH ÖKOLOGIE 2014

„Mut" steht im Fokus des Bandes, der unter dem Titel „Mut zu Visionen – Brücken in die Zukunft" nach 2012 zum zweiten Mal in kurzer Zeit positive Beispiele für Engagement und Entwicklungen aufzeigt. Das JAHRBUCH ÖKOLOGIE wird damit für die Leserschaft erkennbar zukunftsorientierter, bleibt aber kritisch in der Analyse und durchaus bissig in der Benennung von Versäumnissen und Verantwortlichkeiten.

JAHRBUCH ÖKOLOGIE 2015

In diesem Jahr wird eine Welt-Nachhaltigkeitsagenda verabschiedet: die Sustainable Development Goals der Vereinten Nationen. „Re-Naturierung" ist der Titel des Bandes, der weit mehr Aspekte reflektiert als nur die Wiederherstellung von lädierten Ökosystemen. Es geht in den Beiträgen um eine grundsätzliche Rückbesinnung auf ökologisches Denken in allen gesellschaftlichen Bereichen. Der Untertitel „Gesellschaft im Einklang mit der Natur" ist Postulat wie Programm. Positive Beispiele werden kontrastiert mit kritischer Darstellung von persistenten Mensch-Natur-Konflikten und gesellschafts- und umweltpolitischen Versäumnissen.

JAHRBUCH ÖKOLOGIE 2016

Die Herausforderungen im „Anthropozän" bestimmen diesen Band, zwei Jahre vor der offiziellen Ausrufung des neuen Erdzeitalters. Reflektiert werden die nunmehr stark im Diskurs betrachteten planetaren Grenzen, ihre Überschreitung und ihre Folgen ebenso wie die Suche nach Antworten auf die Herausforderungen in einer Welt, welche die Grenzen des Wachstums in vielen Bereichen längst erreicht hat. Konsequent ist auch der Titel des Buches: „Gesucht: Weltumweltpolitik" – eines der Leitthemen im Lebenswerk von Udo Simonis. Mittlerweile gibt es auf unserem Planeten 7,5 Milliarden Menschen mit ihren Grundbedürfnissen und berechtigten Interessen. Die NASA stellt fest, dass 2016 bereits zum dritten Mal infolge als wärmstes Jahr seit Beginn der Aufzeichnungen zu betrachten ist – es ist nun global fast 1 °C wärmer auf der Welt als die Durchschnittstemperatur in der Mitte des 20. Jahrhunderts; 16 von 17 „Rekordjahren" gab es seit 2001.

nales Handeln ist. Wenn wissenschaftliche Erkenntnis aber auch zu ethischem Handeln führen soll, dann braucht dies Treiber und Fürsprecher …

P. I.: … und letztlich eine konsequente Umweltethik, eine „ökologische Leitkultur", die das Bewahren und nicht das Nutzen in den Vordergrund stellt. Und damit sind wir beim Thema des neuen, aktuellen JAHRBUCH ÖKOLOGIE. Da schließt sich der Kreis und damit ist auch ein Auftrag an die zukünftigen Herausgeber formuliert.

J. S.: Ein Auftrag, den wir sicher gerne annehmen. Lieber Udo, wir danken dir sehr für dieses lange, offene Gespräch – und ganz besonders für 25 Jahre engagierte Arbeit als Herausgeber und leitender Redakteur. Vielen herzlichen Dank!

I. Was war?

Von der Wirksamkeit der Wissenschaft
Der lange Weg vom Wissen zum Handeln

Hartmut Graßl

> Der erste Wissenschaftler, der über Klimaänderungen durch Kohlendioxid publizierte, war der Schwede Svante Arrhenius im Jahre 1896. Seitdem hat sich das Wissen über den Klimawandel und die nötigen Antworten darauf kontinuierlich weiter entwickelt. Doch es dauerte über 120 Jahre, bis die Weltgemeinschaft im Sinne einer Weltinnenpolitik im Paris-Abkommen aus dem Jahre 2015 eine Bremsung der globalen mittleren Erwärmung beschlossen und völkerrechtlich verbindlich machte. Eine Betrachtung des langen Ringens der Wissenschaft um Akzeptanz und Wirkungsmacht ihrer Erkenntnisse.

Als Hüterbub auf der Hochalm, an der schattenseitigen Waldgrenze bei nur etwa 1600 Meter über dem Meeresspiegel am Hochkalter im Berchtesgadener Land, habe ich als Gymnasiast in den Hochsommern 1952 und 1953 nicht nur in Kinderarbeit mein erstes Monatsgehalt in Höhe von 20 DM bekommen, sondern auch unbewusst einen Grundkurs in Almwirtschaft, Ökologie, Klimavariabilität und Heilkräutern absolviert. Seitdem ist mir klar, dass die Bergsalamander nur nach Regen zu sehen sind, der Steinadler unter Kumuluswolken kreist und sich dann im Sturzflug auf ein Gamskitz am Rande eines Lawinenkegels stürzt, Butter und Sauerkäse – auf der Kraxe mit Schultern und Kopf getragen – abwärts vergleichsweise leicht zu transportieren sind, das Essen für die Sennerin und mich für eine ganze Woche die 900 Höhenmeter hinauf aber schon schwerer wiegt und Wasser in den Kalkalpen ein kostbares Gut ist, wenn man es selbst an der schwachen Quelle auffängt und dann mit einem Tragegestell auf dem Rücken zum Kaser auf sehr schmalem Pfad tragen muss.

Ausgangslage als Folge der Aufklärung
Erkenntnisse einer winzigen, besonders neugierigen Minderheit des *Homo sapiens* haben ihn seit Beginn der Aufklärung im 17. Jahrhundert zur wahrlich dominanten Art auf dem Planeten Erde gemacht, die die

Ressourcen fast des gesamten Planeten nutzt, teilweise bereits übernutzt und sich dadurch langfristig selbst gefährdet. Es ist deshalb für uns alle entscheidend geworden, wie wir mit unseren bisherigen und neu hinzukommenden Erkenntnissen umgehen und wie wir bei unsicherem Wissen im Sinne der Vorsorge entscheiden sollten. Leider ist der Wettbewerb der Nationen immer noch überwiegend auf diejenigen Innovationen gerichtet, die rasch mithelfen das Bruttoinlandsprodukt weiter zu steigern. Die Wirtschaftskraft „muss" nach dem Wunsch fast aller Regierungen auch in den schon sehr wohlhabenden Ländern weiter wachsen, das Wohlbefinden der Menschen wächst aber bei diesen „reichen" Ländern kaum noch oder nicht mehr. Der Treibhauseffekt der Erdatmosphäre wird sich jedoch noch mindestens Jahrzehnte wegen der noch immer starken Abhängigkeit von fossilen Brennstoffen weiter erhöhen, so dass die Klimaänderungsrate auf bisher für den *Homo sapiens* unbekannt hohe Werte steigt und er in einem bisher unbekannten Klima leben muss. Auf der Basis des Wissens der Klimaforscher hat die Weltgemeinschaft im Sinne einer Weltinnenpolitik im Paris-Abkommen aus dem Jahre 2015 eine Bremsung der globalen mittleren Erwärmung beschlossen und jetzt völkerrechtlich verbindlich gemacht. Ob wir die Ziele erreichen hängt ganz wesentlich von der zweiten Stufe der Aufklärung ab, die auf Papier in Form der Enzyklika *Laudato Si* von Papst Franziskus und dem neuen Bericht des Club of Rome *Wir sind dran* schon existiert. Aber zunächst zurück zum Wissen um den Treibhauseffekt der Atmosphäre der Erde.

Der (erhöhte) Treibhauseffekt
Immer auf der Basis neuer Beobachtungen, oft auch anderer Wissenschaftler, haben berühmte Forscher wie Fourier (1807, 1811, 1822, 1824, 1827), Tyndall (1862, 1863) und Arrhenius (1896) die wesentliche Basis für das Verständnis des Treibhauseffektes gelegt.

Vor über 200 Jahren, im Jahre 1811, reichte Jean Baptiste Joseph Fourier nach Aufforderung eine Preisarbeit an die Akademie der Wissenschaften in Paris ein. Er bekam den ersten Preis unter nur zwei Einreichungen, aber einflussreiche Wissenschaftler in der Akademie, wie z. B. Lagrange, verhinderten die Veröffentlichung sehr lange. Erst nach dem Tod der Bremser einer Veröffentlichung sind im Jahre 1822 und 1824 Bücher mit der Integration einiger Vorlesungen von Fourier an der Akademie einschließlich der Ergebnisse der Preisarbeit erschienen, letztere ist dann mit nur geringen Änderungen in einem anderen Verlag 1827 erneut unter dem Titel *Mémoire sur les températures du globe terrestre et des espaces planétaires* wieder veröffentlicht worden (siehe dazu die Übersetzung ins Englische von W M Connolley). Die entscheidenden Zeilen sind in Fourier (1824) folgende: „La transparence des eaux et celle de l'air paraissent concourir à augmenter le degré de chaleur acquise, parce que la chaleur lumineuse affluente pénètre assez facilement dans l'intérieur de la masse, et que la chaleur obscure sort plus difficilement suivant une route contraire". Meine Übersetzung: Die Durchlässigkeit von Wasser und Luft scheinen im Wettbewerb zur Verstärkung der absorbierten Wärme, weil das sichtbare Licht ziemlich leicht ins Innere der Masse vordringt, die nicht sichtbare Wärme aber schwieriger in Gegenrichtung entweicht.

Die auch noch heute leicht verständliche und sehr kurze Beschreibung des Treibhauseffektes der Erdatmosphäre wurde schon 1863 vom in England arbeitenden Iren John Tyndall, der im Labor die Durchlässigkeit von Gasen im Wärmestrahlungsbereich untersuchte, formuliert: „The solar heat possesses the power of crossing an atmosphere, but, when the heat is absorbed by the planet, it is so changed in quality that the rays emanating from the planet cannot get with the same freedom back into space. Thus the atmosphere admits the entrance of the solar heat but checks its exit, and the result is a tendency to accumulate heat at the surface of the planet."

Der erste Wissenschaftler, der über Klimaänderungen durch die Verbrennung von Kohle und damit einen erhöhten Treibhauseffekt durch Kohlendioxid publizierte, war der Schwede Svante Arrhenius im Jahre 1896. Er nützte die vom Amerikaner Langley verbesserte Beobachtung der Absorption von Wärmestrahlung durch das Kohlendioxid zur Argumentation, dass weitere Kohleverbrennung, damals überwiegend in Großbritannien, zu einer Erwärmung an der Erdoberfläche führen würde (Arrhenius 1896) und er gab auch erste Zahlen für eine Erwärmung bei Annahme einer Verdoppelung des Kohlendioxidgehaltes der Atmosphäre an, was ihn als Skandinavier wegen der großen Gefahr bei einer anderweitig befürchteten Abkühlung wenig aufregte.

Die erste volle Theorie des durch uns Menschen erhöhten Treibhauseffektes wurde von Guy Stewart Callendar (1938) unter dem Titel *The artificial production of carbon dioxide and its influence on temperature* vorgestellt. Er schrieb: „Durch die Verbrennung von kohlenstoffhaltigen Stoffen hat die Menschheit in den vergangenen 50 Jahren 150 Milliarden Tonnen Kohlendioxid der Luft hinzugefügt. Der Autor schätzt mit den besten verfügbaren Daten ab, dass etwa drei Viertel davon in der Atmosphäre geblieben sind. Die Koeffizienten der Absorption von Strahlung durch Kohlendioxid und Wasserdampf werden genützt um den Effekt des Kohlendioxids auf die Himmelsstrahlung (heute Gegenstrahlung) zu zeigen. Damit wird die Temperaturzunahme durch die künstliche

Produktion von Kohlendioxid auf gegenwärtig 0,003 °C pro Jahr abgeschätzt. Die Temperaturbeobachtungen an 100 meteorologischen Stationen werden genützt um zu zeigen, dass die Temperatur weltweit mit einer durchschnittlichen Rate von 0,005 °C pro Jahr in den vergangenen 50 Jahren angestiegen ist."

Erst nach dem zweiten Weltkrieg in den 1950er Jahren sind weitere Veröffentlichungen erschienen, die mit aus heutiger Sicht noch einfachen Strahlungstransportmodellen die Erwärmung bei Verdoppelung des Kohlendioxidgehaltes berechneten. Sie differierten, wie in der Wissenschaft bei neuen Themen typisch, sehr stark zwischen wenigen und bis zu fast 10 °C. Eine erste kräftige Einengung gelang erst mit den allgemeinen Zirkulationsmodellen der Atmosphäre, die um 1960 zuerst in USA für die Wettervorhersage entstanden.

Klima auf der politischen Bühne

Allerdings dauerte es dennoch bis 1979 bis das Thema die politische Bühne erklomm. Vor der ersten Weltklimakonferenz, einberufen von der Weltorganisation für Meteorologie, einer Agentur der Vereinten Nationen in Genf, hat eine Ad-hoc-Studien-Gruppe zu Kohlendioxid und Klima an den Nationalen Forschungsrat der USA berichtet und folgenden Satz geprägt: Unter der Annahme verdoppelten CO_2-Gehaltes sagen die realistischeren Modelle eine Erwärmung von 2 bis 3,5 °C an der Erdoberfläche voraus. Die erste Weltklimakonferenz hat auch deshalb 1979 das Weltklimaprogramm aus der Taufe gehoben und mit dem Weltklimaforschungsprogramm, dem aktivsten Teil des Programms, die Wahrscheinlichkeit für weitere wissenschaftliche Erkenntnisse zum anthropogenen Klimawandel erhöht.

Die beiden von dem Internationalen Rat für Wissenschaft (ICSU), dem Umweltprogramm der Vereinten Nationen und der WMO einberufenen Konferenzen zu möglichen anthropogenen Klimaänderungen in Villach, Österreich, in den Jahren 1985 und 1986 haben empfohlen einen Zwischenstaatlichen Ausschuss über Klimaänderungen einzuberufen, um das Wissen zu diesem Thema zu bewerten. Der Exekutivrat der WMO griff die Empfehlung auf und beschloss die Einrichtung des Intergovernmental Panel on Climate Change (IPCC). Im November 1988 hat deshalb, getragen von der WMO und dem Umweltprogramm der Vereinten Nationen (UNEP) die konstituierende Sitzung des IPCC stattgefunden. Insgesamt waren etwa 40 Länder der Einladung gefolgt, unter anderen die USA und die Sowjetunion, und bei dieser ersten Sitzung sind der Vorsitzende und die Arbeitsgruppenvorsitzenden gewählt worden. Den Vorsitz bekam per Akklamation der hoch renommierte Wissenschaftler

Bert Bolin vom internationalen Meteorologischen Institut in Stockholm, ein Experte für die Erforschung des globalen Kohlenstoffkreislaufes. Ein großer Teil des bei fast allen Ländern hervorragenden Rufes des IPCC ist ihm geschuldet. Die Arbeitsgruppe I „Scientific Assessment of Climate Change" wurde von John Houghton, damals der Präsident des britischen Wetterdienstes, geleitet. Die Arbeitsgruppe II „Impacts Assessment of Climate Change" wurde von der Sowjetunion, unter Vorsitz des Russen Yuri Israel, geführt, der sich bald als ein Bremser der Klimaschutzpolitik herausstellen sollte. Die Arbeitsgruppe III „The IPCC Response Strategies" wurde von F. Bernthal (USA) geleitet. Weil zunächst nur eine bestimmte Anzahl von Ländern Sitz in einer Arbeitsgruppe bekommen sollte, startete ein Rennen um diese Plätze in den Arbeitsgruppen. Weil die Bundesrepublik Deutschland nur eine Person geschickt hatte, nämlich den Schreiber dieser Zeilen, hatte ich große Schwierigkeiten, Plätze in den Arbeitsgruppen zugesprochen zu bekommen. Ich sprach mit Bert Bolin am Abend des ersten Sitzungstages und wünschte Sitze in den Arbeitsgruppen I und III. Am Morgen des nächsten Tages teilte mir Bert Bolin mit, dass meinem Wunsch in Arbeitsgruppe I meinen Kollegen Klaus Hasselmann zu sehen, entsprochen werden konnte, aber angesichts der geringen Präsenz der Bundesrepublik ein weiterer Sitz nicht durchzusetzen sei.

Wie es zu dieser Fehleinschätzung in Deutschland kam, ging auf mehrere Vorentscheidungen zurück. Erstens lag der Einladungsbrief Monate auf dem Schreibtisch des Präsidenten des Deutschen Wetterdienstes. Im persönlichen Gespräch äußerte er sich mir gegenüber mit der Kurzform: Schon wieder eine Quasselbude. Zweitens hat, als der Brief an das Ministerium für Forschung und Technologie weitergeleitet worden war, dort ein damit befasster Beamter vermerkt „Ein Wissenschaftler reicht". Weil ich zu dieser Zeit Vorsitzender des Wissenschaftlichen Klimabeirates der Deutschen Bundesregierung war, vertrat ich allein bei der konstituierenden Sitzung des IPCC in Genf die Bundesrepublik Deutschland.

Nach der Rückkehr von Genf beschwerte ich mich im Wissenschaftlichen Klimabeirat der Bundesregierung, angebunden an das Bundesministerium für Forschung und Technologie, über den „faux pas" unseres Landes. Nach einer langen Debatte von fast einem halben Jahr konnten sich die Ministerien über das federführende bei IPCC einigen, das Umweltministerium, und bei der zweiten Plenarsitzung des IPCC im Juni 1989 in Nairobi war die Bundesrepublik Deutschland mit 6 Personen vertreten. Es gelang uns dort sogar in einer kurzen und hektischen Debatte ein Szenario D einzufügen, wir nannten es im Jargon *draconian measu-*

res, das dem heutigen 2 °C-Szenario gleicht. Abteilungsleiter Vogel vom BMU hat es eingebracht, die Länder Schweiz, Norwegen und die Niederlande unterstützten es, so dass der etwas genervte Vorsitzende Bert Bolin kurz vor Ende der gesamten Sitzung ein Grüppchen aus diesen Ländern und den USA aufforderte, innerhalb von 20 Minuten am Rande des Plenarsaales dieses Szenario zu entwerfen. Es wurde angenommen.

Wer hob in Deutschland das Thema Klima auf die politische Bühne?
Es ist das Verdienst der Deutschen Physikalischen Gesellschaft (DPG) das Thema „Weltweite Klimaänderungen durch den Menschen" in die Medien und die Politik gebracht zu haben. Im Jahr 1986 erschien ein erstes von zwei Memoranden zu diesem Thema, welches das Magazin *Der Spiegel* veranlasste, den Kölner Dom in die Nordsee zu stellen, denn bei dem Abschmelzen allen noch auf Grönland und der Antarktis lagernden Eises wäre das der Fall. Nach einem Protest der Deutschen Meteorologischen Gesellschaft (DMG) bei der DPG wegen offensichtlicher Fehler im Memorandum nahm der Arbeitskreis Energie der DPG zwei von der DMG empfohlene Klimatologen auf, Herrn Schönwiese von der Uni Frankfurt und mich, damals bei der GKSS in Geesthacht. Schon bei unserem ersten Auftreten in diesem Arbeitskreis wurde eine Neufassung des Memorandums beschlossen, das noch 2016 vorlag und zu dem die nachberufenen Klimatologen den wesentlichsten Teil beigetragen hatten. Das Memorandum gipfelte in der Empfehlung: Nach heutigem Wissen könnte dieses Maß (gemeint ist die mittlere globale Erwärmung, Anmerkung des Autors) in einem Anstieg der mittleren Temperatur der Erde um höchstens etwa 1 °C über dem gegenwärtigen Niveau liegen. Also sprachen wir bei damals fast 0,5 °C mittlerer globaler Erwärmung schon in etwa vom 1,5 °C-Ziel im heutigen Paris-Abkommen. In diesem Zusammenhang habe ich den einzigen Versuch erlebt, eine von mir wesentlich mitgestaltete Äußerung aus der Wissenschaft im Vorfeld durch politischen Druck zu verhindern. Wer dem Ministerium das geplante Memorandum zugespielt hat, ist mir unbekannt. Im Januar 1987 wurden jedenfalls die Präsidenten der DPG und der DMG sowie wir zwei Klimatologen und mindestens ein Energiefachmann aus dem Arbeitskreis Energie der DPG in das Bundesministerium für Forschung und Technologie nach Bonn eingeladen, wo durch andere hochrenommierte Klimatologen und Ministerialbeamte eine Fehlersuche im klimatologischen Teil des Memorandums stattfand. Die Suche war fast völlig ergebnislos und auf meine Frage nach dem Grund für die Bremsung wurde geantwortet: Es sei schlicht politisch nicht opportun, dies jetzt zu veröffentlichen. Man bedenke: Am 25. Januar 1987 war Bundestagswahl. Nach der

Wahl bat mich der Präsident der DPG, noch kleine Änderungen anzubringen und bei der Frühjahrstagung der DPG in Berlin im März 1987 wurde das Memorandum veröffentlicht (Physikalische Blätter 1987). Die öffentliche Reaktion hochrangiger Politiker blieb bis zum November 1987 aus, als der Freistaat Bayern im Bundesrat das Ernstnehmen des Themas Klimaänderung forderte. Danach ist nicht nur der Wissenschaftliche Klimabeirat der Bundesregierung rasch eingerichtet, sondern auch eine Enquete-Kommission des 11. Deutschen Bundestages zum Thema „Vorsorge zum Schutz der Erdatmosphäre" gebildet worden. In letztere bin ich nach einem aus meiner Sicht recht fehlerhaften ersten Zwischenbericht im Sektor „erhöhter Treibhauseffekt" erst nachträglich im Jahre 1989 berufen worden. Meine Erfahrung im Bereich Strahlungstransport in der Atmosphäre hatte mich als bis dahin recht unpolitischen Naturwissenschaftler in Gremien der Bundesregierung und des Bundestages gehievt.

Der Glücksfall IPCC

Wissenschaft ist durch Zweifel am bisherigen Wissen sowie an den neuesten Befunden der KollegInnen gekennzeichnet, und es dauert meist lange bis Unsicherheiten so geschrumpft sind, dass die überwiegende Mehrheit der Wissenschaftler von einigermaßen gesichertem Wissen spricht. Als das Intergovernmental Panel on Climate Change (IPCC) im November 1988 gegründet worden war, existierte bereits der Termin für den sogenannten Erdgipfel, die Konferenz für Umwelt und Entwicklung der Vereinten Nationen (UNCED), nämlich Juni 1992 in Rio de Janeiro. Es war damit klar, dass dort das Thema Klimaänderungen nicht ausgespart werden konnte. Deshalb ist IPCC unter Druck gesetzt worden, schon bei der Zweiten Weltklimakonferenz Ende Oktober/Anfang November 1990 in Genf, die sich zunächst nur mit Klimavariabilität befassen sollte, einen ersten bewertenden Bericht zu Klimaänderungen durch den Menschen vorzustellen. Dieser Bericht, Ende Oktober 1990 vorgelegt, hat im zweiten Teil der Konferenz unter Beteiligung der Minister letztere so bewegt, dass sie bis zur UNCED eine Konvention der Vereinten Nationen zu Klimaänderungen forderten. Diese Konvention, formal heißt sie United Nations Framework Convention on Climate Change (UNFCCC), war im Mai 1992 fertig ausgehandelt und ist im Juni 1992 in Rio von 153 Ländern und der Europäischen Gemeinschaft gezeichnet worden. UNFCCC hat ein hehres Ziel in ihrem Paragraphen 2: „Das Endziel dieses Übereinkommens und aller damit zusammenhängenden Rechtsinstrumente, welche die Konferenz der Vertragsparteien beschließt, ist es, in Übereinstimmung mit den einschlägigen Bestimmungen des Übereinkommens die Stabilisierung der Treibhausgaskonzentrationen in der Atmosphäre auf einem Niveau zu erreichen, auf dem eine gefährliche anthropogene Störung des Klimasystems verhindert wird. Ein solches Niveau sollte innerhalb eines Zeitraums erreicht werden, der ausreicht, damit sich die Ökosysteme auf natürliche Weise den Klimaänderungen anpassen können, die Nahrungsmittelerzeugung nicht bedroht wird und die wirtschaftliche Entwicklung auf nachhaltige Weise fortgeführt werden kann."

Dieser Text ist bis heute das unveränderte Ziel der völkerrechtlich verbindlichen UNFCCC mit zurzeit insgesamt 197 Vertragsstaaten. Den Verhandlern kann man zu diesem Text nur gratulieren. Der Zwischenstaatliche Ausschuss über Klimaänderungen, das IPCC, von den Medien Weltklimarat genannt, war nicht nur der Stimulator der Klimakonvention sondern auch mit einem einzigen Satz Anreger des ersten Protokolles zur Konvention. Der Satz „The balance of evidence suggests a discernible human influence on global climate", die Zusammenfassung eines vielhundertseitigen Berichtes der Arbeitsgruppe I des IPCC für den zweiten bewertenden Bericht des IPCC, führte am 10. Dezember 1997 zum Kyoto-Protokoll, das Emissionsminderungen für die Industrienationen forderte. Denn mit diesem Satz wurde von den Klimaforschern die beobachtete mittlere Erwärmung an der Erdoberfläche als signifikant von uns verursacht bezeichnet. Im ersten Bericht 1990 war die Erwärmung auch noch als vielleicht von natürlichen Schwankungen verursacht bezeichnet worden. Wie kam es zu dem obigen Satz? Bei der Plenarsitzung der Arbeitsgruppe I des IPCC in Asheville, North Carolina, USA, Ende Juli 1995, bat der Gruppenvorsitzende, Sir John Houghton, 12 der anwesenden Wissenschaftler den fast 600 seitigen Bericht in eine Überschrift und einen kurzen Abschnitt für die Öffentlichkeit und die Politiker zu kondensieren. Wir hatten gegen Mitternacht die Urform des obigen Satzes und einen kurzen Abschnitt dazu fertig. Damit waren mehrere Monate intensives Forschen auf beiden Seiten des Atlantiks zu einem vorläufigen Abschluss gekommen. Im März 1995 war der Gründungsdirektor des Max-Planck-Institutes für Meteorologie, Klaus Hasselmann bei Anwesenheit des Forschungsministers Jürgen Rüttgers in Hamburg an die Öffentlichkeit getreten, weil es seiner Forschergruppe gelungen war, das Herauswachsen des anthropogenen Temperatursignales aus den natürlichen Schwankungen mit einer Irrtumswahrscheinlichkeit von weniger als 5 % zu zeigen. Wie so oft in der Wissenschaft gab es rasch andere Gruppen, die das falsifizieren oder bestätigen wollten. Mehrere europäische und amerikanische Wissenschaftler haben den Befund mit anderen

Methoden bestätigt, so dass der oben vorgestellte Satz schon im Sommer 1995 Eingang in den IPCC-Bericht fand.

Auch die Klimapolitik der Europäischen Union ist von IPCC kräftig beeinflusst worden. Am 9. März 2007, nur Wochen nach dem vierten bewertenden Bericht, beschloss die Europäische Union unter deutscher Präsidentschaft einen ersten Teil einer Energiewende: Bis 2020 sollten, gerechnet ab 1990, erstens die Kohlendioxidemissionen um 20 % sinken (wenn andere mitmachen würden, waren sogar −30 % versprochen) und zweitens 20 % der Endenergie von erneuerbaren Energieformen bereitgestellt sowie drittens die Energieeffizienz von 2007 bis 2020 um 20 % gesteigert werden. Die beiden ersten Ziele sind verbindlich, letzteres nicht. Werden diese Ziele erreicht? Ein Blick in die bisherigen Ergebnisse bei den Emissionsminderungen der EU, regelmäßig von der Europäischen Umweltagentur veröffentlicht (Umweltbundesamt 2015), zeigt bis Ende 2015 −23,7 % bei den Treibhausgasemissionen für die EU-28, also wäre das −30%-Ziel bis 2020 sogar erreichbar gewesen. Betrachtet man allerdings die einzelnen Mitgliedsländer, so gibt es extreme Unterschiede von −58,6 % für Litauen bis zu +50 % für Zypern. Deutschland schaffte nur −27,9 %, obwohl es bis 2020 sogar -40 % versprochen hatte. Betrachtet man die Emissionen pro Kopf, dann ergibt sich für 2015 eine Spreizung von 5,6 Tonnen Kohlendioxid-Äquivalent für Kroatien über 11,4 Tonnen für Deutschland bis zu 20,8 Tonnen für Luxemburg mit einem Mittelwert von 8,8 für die EU-28. Ohne die Klimadebatte, damit der Schaffung des IPCC und der daraus folgenden vergleichsweise intensiven EU-Klimapolitik wären wir noch viel weiter von einer Energiewende entfernt. Da in der EU in Umweltfragen das Vorsorgeprinzip gelten soll, kann man sich fragen, ab wann Klimaschutzpolitik hätte betrieben werden müssen. Meine Antwort im Band II der Europäischen Umweltagentur *Late Lessons of Early Warnings* (Graßl & Metz 2013) lautet: Seit spätestens 1990 mit dem ersten bewertenden Bericht des IPCC. Denn seitdem kann keine Regierung mehr behaupten, sie habe es nicht gewusst. Die Klima- und Atmosphärenforscher haben wieder einmal als Frühwarnsystem fungiert. Wir haben ein Vierteljahrhundert gebraucht um Angemessenes, also globale Klimaschutzpolitik, mit der Paris-Vereinbarung zu bekommen.

Der Klimaschutz-Meilenstein: Die Paris-Vereinbarung

Am Abend des 12. Dezember 2015 haben bis auf einen (Nicaragua) alle, damals 196, UNFCCC-Vertragsstaaten unter Leitung des französischen Außenministers Laurent Fabius einem weitreichenden Klimaschutz für das gesamte 21. Jahrhundert zugestimmt, dem „Paris-Agreement" (PA). Nach Intervention von Papst Franziskus bei dem Präsidenten von Nicaragua hat auch dieses Land zugestimmt, so dass diese Vereinbarung jetzt einstimmig von fast allen Staaten auf dieser Erde angenommen ist und wegen rascher Ratifizierung durch mehr als 55 Länder mit mehr als 55 % der globalen Kohlendioxidemissionen schon am 4. November 2016 völkerrechtlich verbindlich geworden ist. Zentrale Ziele sind erstens die weltweit fast bei allen bekannte maximale mittlere Erwärmung von wesentlich unter 2 °C, im Vergleich zu 1900, und zweitens die in der zweiten Hälfte dieses Jahrhunderts zu erreichende Treibhausgasneutralität, eine gewaltigen Herausforderung, über die fast niemand spricht.

Denn die weiterhin unvermeidlich erscheinenden Emissionen von Treibhausgasen, z. B. des Lachgases aus den mit Stickstoffverbindungen gedüngten Feldern oder des Methans aus Güllelagern, Kuhmägen und Reisfeldern müssen mit Senken kompensiert werden. Dazu stehen die Aufforstung, veränderte landwirtschaftliche Praktiken wie die biologisch-dynamische Landwirtschaft und die Speicherung biogenen Kohlenstoffs in tieferen Schichten zur Verfügung. Weitere wichtige Teile des PA sind die Finanzierung der Anpassung an den Klimawandel und der Emissionsminderung in Entwicklungsländern, wozu 100 Mio. USD pro Jahr ab 2020 zur Verfügung stehen sollen. Aber auch die Kompensation von Verlust und Schäden ist Teil des PA. Was zunächst nur sehr schwer realisierbar schien, ist inzwischen in einzelnen Fällen durch den Fortschritt bei der Klimamodellierung und den Beobachtungen bereits kurz nach einem extremen meteorologischen Ereignis berechenbar geworden: Der anthropogene Vervielfachungsfaktor eines solchen Extremwetterereignisses, meist Hochwasser oder Sturmflut.

Dass es zu diesem großen politischen Erfolg in Paris gekommen ist, hat auch viel mit der Zivilgesellschaft in wenigen hoch entwickelten Ländern zu tun. Das beharrliche Kämpfen der umweltbewegten Bürger für die Nutzung der in allen Ländern zur Verfügung stehenden erneuerbaren Energieformen wie Sonne und Wind, wofür sie auch ihre Ersparnisse eingesetzt haben, hat zusammen mit gelegentlichen politischen Entscheidungen in einzelnen Ländern, wie dem Erneuerbare-Energien-Gesetz (EEG) in Deutschland, zu folgender Situation geführt: Die Kilowattstunde elektrischer Strom aus Photovoltaik- und Windenergieanlagen ist in vielen Ländern bereits preiswerter als die aus neuen Kohlekraftwerken. Das hat vielen bis dahin ängstlichen Regierungen signalisiert, dass Klimaschutz die Wirtschaft nicht in die Knie zwingt, sondern sie wie in Deutschland sogar beflügeln kann.

Schluss

Die globale Energiewende zur Begrenzung der globalen Erwärmung ist jetzt unumkehrbar, auch wenn es sehr lange gedauert hat bis Weltinnenpolitik für ein globales Problem Realität wurde. Schon im Wintersemester 1960/61 hörte ich in der Anfängervorlesung für Meteorologie an der LMU in München vom neu dorthin berufenen Professor Fritz Möller vom ersten Versuch die Erwärmung an der Erdoberfläche bei Verdoppelung des Kohlendioxidgehaltes in der Atmosphäre im ersten globalen Zirkulationsmodell der Atmosphäre zu berechnen. Er hatte dies während eines Sabbaticals 1959 an der Universität Princeton in USA angeregt, und das Ergebnis lag etwas über den heute berechneten Werten.

Da die globale Energiewende die Besitzer fossiler Brennstoffe zu Verlierern macht, werden wir allerdings noch kräftige Rückzugsgefechte vor allem der Kohlebesitzer sehen, wie z. B. im eigenen Lande. Und wenn der Präsident der USA sich für die Kohle in seinem Land stark macht, schweißt er wegen der Negierung der globalen Klimaänderungen durch den Menschen die Förderer einer rascheren globalen Energiewende eher zusammen.

Literatur

Arrhenius, S.: On the Influence of Carbonic Acid in the Air upon the Temperature of the Ground. In: Philosophical Magazine and Journal of Science, Vol. 41, No. 5, 1896, S. 237–276.

Callendar, G. S.: The Artificial Production of Carbon Dioxide and its Influence on Temperature. In: Quarterly Journal of the Royal Meteorological Society, Vol. 64, No. 1, 1938, S. 223–240.

Callendar, G. S.: The composition of the atmosphere through the ages. In: Meteorological Magazine, Vol. 74, 1939, S. 33–39.

Connolley, W. M.: Translation of: Fourier 1827: MEMOIRE sur les temperatures du globe terrestre et des espaces planetaires: http://www.wmconnolley.org.uk/sci/fourier_1827/fourier_1827.html.

Graßl, H. & B. Metz: Climate change: science and the precautionary principle. In: European Environment Agency (Hg.): Late lessons of Early Warnings, Volume II, Copenhagen, S. 308–345.

https://www.umweltbundesamt.de/daten/klima/treibhausgas-emissionen-in-der-europaeischen-union#textpart-1.

Physikalische Blätter, Band 43, Heft 8, August 1987, 347–349.

Tyndall, John (1863): On the transmission of heat of different qualities through gases of different kinds; Proceedings of the Royal Institute of Great Britain 3: 158.

Ökologie und Naturschutz
Zusammenarbeit und Widersprüche

Wolfgang Haber

> Das Verhältnis von Ökologie und Naturschutz war stets komplex, widersprüchlich und voller Missverständnisse. Die Fortschritte der Ökologie führten zu wachsenden Auseinandersetzungen über Verständnis und Definition von Natur. Im Rückblick gesehen, wäre die Naturschutzentwicklung anders verlaufen, hätte die Ökologie sie begleitet oder angeleitet.

Kein Bereich der terrestrischen Erdoberfläche ist so naturfern wie die Großstadtgebiete mit ihrer technischen Infrastruktur. Sie entstanden – von wenigen Vorläufern abgesehen – im 19. Jahrhundert in Staaten des westlichen Kulturkreises und leiteten das städtisch-industrielle Zeitalter ein, heute auch Anthropozän genannt (Haber et al. 2016). Mit ihm wurde der Lebensstandard auf ein ganz neues, hohes Niveau gesteigert, das vor allem im städtischen Leben Ausdruck fand. Es lockte immer mehr Menschen vom außerstädtischen Land in die Städte, die damit rasch zu Großstädten (mit mindestens sechsstelliger Einwohnerzahl) heranwuchsen. Der „Homo urbanus" (Oberzaucher 2017) wurde zu einem neuen, bestimmenden Menschentyp.

Es erscheint paradox, dass in diesen naturfernen Großstädten gegen Ende des 19. Jahrhunderts die Bewegung des Naturschutzes entstand (Erz 1990). Motiviert naturfernes, von Technik bestimmtes Leben zu einer Hin- oder Zurückwendung zur „Natur" – oder bedarf es noch weiterer Voraussetzungen? Sicherlich gehören dazu auch wissenschaftliche Erkenntnisse, die im gleichen Jahrhundert aufkamen, vor allem die „Erfindung der Natur" (Wulf 2016, mit Bezug auf Alexander von Humboldt), die Entdeckung der Lebensevolution durch Charles Darwin und die dadurch veranlasste Erfindung von „Ökologie" durch Ernst Haeckel. Er definierte sie als Lehre von den Beziehungen der Lebewesen zu ihrer Außenwelt, später Umwelt genannt, und als „Ökonomie der Natur".

Alle diese Begriffe von Natur stehen auf der Grundlage der im 18. Jahrhundert von Linné dafür erarbeiteten Systematik mit der Einführung des wissenschaftlichen Konstruktes „Art", fanden aber erst 100 Jahre später auch Beachtung von an Natur interessierten Stadtmenschen und trugen damit zur Naturschutz-Motivation bei.

Was wollte Naturschutz?

Für die in den dicht bebauten, an Freiräumen armen Großstädten des 19. Jahrhunderts lebenden Menschen lag die Natur außerhalb der Städte im heute so genannten ländlichen Raum (Henkel 2004). Aber wie „natürlich" war dieser denn? Dass er ein seit vielen Jahrhunderten durch Land- und Forstwirtschaft, Wasser- und Rohstoffgewinnung geprägtes Kulturland ist, auf dessen Erzeugnissen das Leben der Städte beruht, war der jungen städtischen Naturschutzbewegung, aber auch der nicht viel älteren Biologie noch wenig klar. Für sie wirkte die vorherrschende grüne, weil von pflanzlichen Strukturen geprägte Landbedeckung im Kontrast zum technischen Gebilde Stadt als Natur oder natürlich. Dazu kam aber noch ein anderer Aspekt: Das enorme Großstadtwachstum jener Zeit beruhte ja, wie erwähnt, auf der Zuwanderung hunderttausender Menschen aus dem ländlichen Raum, dem sie sich aber als ihrer Heimat weiterhin verbunden fühlten und den sie erhalten sehen wollten. So verknüpften sich die Ideen von Natur- und Heimatschutz.

Doch wovor sollten Natur und Heimat geschützt werden? Die Erklärung liegt wiederum im rasanten großstädtischen Wachstum. Es erforderte eine ebenso rasche Steigerung der Nahrungs- und Rohstoffproduktion zur sicheren Versorgung der Stadtbevölkerung, und dazu war die damalige Landwirtschaft mit ihren überkommenen Strukturen und beschränkter Produktivität nicht in der Lage, zumal sie, wie erwähnt, viele Menschen und damit Arbeitskräfte verlor. Sie bedurfte einer gründlichen Neuorganisation und Modernisierung, die sie aber selbst nicht leisten konnte und die daher zur staatlichen Aufgabe wurde. Mit dieser entstand die Landwirtschafts- oder Agrarpolitik mit eigener Verwaltung, die ihre Konzepte auf die – ebenfalls neu entstandene – Agrarwissenschaft gründete. Sie vereinheitlichte die landwirtschaftlichen Strukturen zwecks höherer Produktivität nach ökonomisch-technischen Prinzipien – mit dem bezeichnenden Namen „Flur*bereinigung*". Kleine Felder wurden zusammengelegt, wobei ihre Grenzstrukturen wie Raine, Hecken oder Gräben verschwanden, alte Gemeinschaftsweiden wurden privatisiert, aufgeteilt und durch angesäte Wiesen und durch mit Stacheldraht eingezäunte Weiden ersetzt. Sümpfe und Moore wurden entwässert und zusammen mit Heiden und Trockenrasen in Agrarland umgewandelt. Viele Naturwälder wurden durch angepflanzte Forste ersetzt. Dies alles wurde durch neue Wege erschlossen, die zusammen mit den die Städte verbindenden Eisenbahnen und Straßen als Verkehrsnetz das gesamte Land durchschneiden.

Die von der Leibeigenschaft befreiten Bauern erhielten staatlich institutionalisierte und finanzierte Beratung oder Schulung, um ihre Betriebe zu modernisieren sowie Bodenbearbeitung, Düngung oder Viehhaltung nach neuen Erkenntnissen zu lernen. Dennoch konnten die bäuerlichen Einkommen – im statistischen Durchschnitt – mit denen der Stadtmenschen nicht Schritt halten. Dies veranlasste die Politik, in Verantwortung für die Ernährungssicherheit, zur allgemeinen und beständigen Subventionierung der Landwirtschaft aus dem Staatshaushalt.

Alle diese Maßnahmen haben die ländlichen Räume im 19. Jahrhundert grundlegend verändert, und zwar in Richtung einer strukturellen, ökonomisch-technisch ausgerichteten Vereinheitlichung. Sie stützte und förderte die Landwirte als Erzeuger, hob damit aber zugleich die Versorgung der Stadtmenschen als Verbraucher, vor allem ihre Ernährungssicherheit, auf ein bisher unerreichtes Niveau. Für sie waren die Zeiten der Hungersnöte überwunden (Haber 2017).

Der Heimat- und Naturschutzbewegung schien gerade Letzteres wenig bewusst gewesen zu sein, denn ihr Bestreben war es, der Flurbereinigung entgegenzuwirken, um die heimatliche Natur vor der Vereinheitlichung und dem Verlust von als wertvoll angesehenen Naturbestandteilen zu bewahren. Daraus hat sich im Naturschutz eine zunehmende Abwehrhaltung, ja Gegnerschaft zur Landwirtschaft entwickelt (Herrenknecht 1993), aber anscheinend ohne zu erkennen, dass die landwirtschaftliche Modernisierung ja nicht von den Bauern, sondern von wissenschaftlich-technisch gebildeten Stadtmenschen konzipiert und umgesetzt wird. Dies weist auf eine Spaltung im Denken und Empfinden des städtischen Bildungsbürgertums hin, die auch die – wesentlich von ihm bestimmte – Politik erfasste.

Naturschutz wird Staatsaufgabe
Der junge Naturschutz fand bald politische Aufmerksamkeit. In Deutschland kam er schon 1906 mit der Errichtung der ersten Staatlichen Stelle für Naturdenkmalpflege in öffentliche Verantwortung (Frohn & Schmoll 2006). Ihr Name kennzeichnet zugleich eine Praxis des frühen Naturschutzes, nämlich die Unterschutzstellung von relativ kleinflächigen Naturdenkmalen, für die besondere Naturgebilde oder -strukturen, oft mit ästhetischer Wirkung, ausgewählt wurden. Dann verlagerte sich die Auswahl auf Vorkommen besonderer Tier- und Pflanzenarten, mit Bevorzugung der Vogelwelt, was zum Artenschutz führte.

Ein ganz anderer Weg des Naturschutzes wurde in den USA beschritten. Hier entdeckten die europäischen Siedler Gebiete von spektakulärer, unberührt erscheinender Naturschönheit, die sie unter Schutz stellten, aber zugleich für die Menschen zum Genießen der Natur öffneten. Sie erhielten die Bezeichnung „Nationalpark", weil sie das nationale Ansehen des jungen Staates stärkten und als Park – nach dem Vorbild des Central Parks in New York – die allgemeine Zugänglichkeit hervorhoben. Damit wurde der Begriff Nationalpark, der nach dem Wortsinn ja nichts mit Naturschutz zu tun hat, zu einer seiner Haupt-Schutzgebietskategorien; aber mit der Zunahme der Besucherzahlen entstand darin eine neue Art von Naturnutzung.

Diese Beispiele zeigen, dass der Naturschutz von Anfang an unterschiedlichen Konzepten folgte. In Deutschland lehnte die die neue staatliche Naturschutzverwaltung das Nationalpark-Konzept ab, weil es in einem dicht besiedelten, seit Jahrhunderten genutzten Land dafür keine geeigneten Gebiete gäbe, und beschränkte sich auf die Naturdenkmale. Außerdem erhielt die Verwaltung nur eine personelle und finanzielle Mindestausstattung; ihre praktische Arbeit beruhte wesentlich auf ehrenamtlicher Tätigkeit. Auch bekam sie weder Einfluss auf die sich fortsetzende Modernisierung der Bewirtschaftung und Erschließung der ländlichen Räume, die ja den Naturschutz ausgelöst hatte, noch auf die Agrarpolitik.

Ökologie erklärt Vorgeschichte und Voraussetzungen des Naturschutzes
Im Rückblick gesehen, wäre die Naturschutzentwicklung anders verlaufen, hätte die Ökologie sie begleitet oder angeleitet. Aber von ihr existierte damals nur der Begriff; als Wissenschaft etablierte sie sich erst im 20. Jahrhundert, als Geobotanik, Vegetationskunde und Landschaftsökologie Fuß fassten und das Ökosystem-Konzept maßgebend wurde. Ihre Erkenntnisse entschlüsselten die Strukturen und Funktionen von Natur und irdischem Leben und zeigten vor allem auf, welche Rolle der Mensch in seinem zunehmenden Einfluss auf die Natur und auf die Evolution des Lebens gespielt hat und spielt.

Ein dauerhaft prägendes Ereignis der Menschheitsgeschichte war der Übergang vom Sammler-Jäger-Stadium zur Landwirtschaft. Statt sich aus der Vielfalt der gewachsenen Natur und ihrer Lebewesen zu ernähren und zu versorgen, begannen die Menschen vor rund 10 000 Jahren, daraus einige wenige Pflanzen und Tiere auszuwählen und sie nahe ihren Wohnstätten in größeren Beständen anzupflanzen beziehungsweise zu halten, um dann ihre Leistungen durch Züchtung ständig zu verbessern. Selbsterzeugung von Nahrung wurde zum Prinzip – und zum ständigen Eingriff in die Natur. Während die Viehhaltung dem Vorbild der in der natürlichen Pflanzendecke Futter suchenden Tiere folgte und die Natur des Landes erst allmählich veränderte, verlangt jeder Anbau von Pflanzen mittels Werkzeugtechnik eine sofortige, radikale Beseitigung der natürlichen Pflanzendecke und Bearbeitung des Bodens. Vor allem das für den Pflanzenbau geschaffene Ackerland ist daher ein Fremdkörper in der Natur. Noch naturfremder ist das Siedlungsland, dessen Entstehung auf der nun stärkeren Sesshaftigkeit der Menschen beruht. Dafür beseitigten sie ebenfalls die gewachsene Natur und ersetzten sie durch dauerhafte technische Strukturen in Form von Gebäuden als Wohn- und Werkstätten, Viehställe und Vorratslager sowie Transportwege, stets mit Bodenversiegelung. Siedlungs- und Ackerland wurden zur Hauptlebensgrundlage der Menschen – und auch zu ihrem Eigentum.

Damit begann eine irreversible, immer weiter fortschreitende und sich auch selbst verstärkende Veränderung der gewachsenen Natur, was als „Kultur" bezeichnet wird. Mit ihr hat sich der Mensch seine Sonder-Umwelt geschaffen, die auf – vorwiegend ökonomisch gesteuerter – Naturnutzung mit weitestmöglicher technischer Zurückdrängung oder Ersetzung natürlicher Regulierungen beruht. Neben die fortdauernde natürliche trat nun eine zweite, die kulturelle Evolution, die jedoch die Natur einbezieht, sie dem Menschen dienstbar machen, als „service" (Daily 1997), oder sogar beherrschen soll – was der Mensch aber höchstens teilweise erreichen wird.

Denn in die kulturelle Umwelt, die vom menschlichen Intellekt zentral gesteuert wird, drang und dringt die spontane „azentrale" Natur (Haber 2015) ständig wieder ein, sowohl in Form von Unwettern, Erdbeben oder Vulkanausbrüchen als auch in Gestalt von Tieren, Pflanzen, Pilzen oder Mikroben, die alle das Leben und Gedeihen der Kulturpflanzen, der Nutztiere und auch der Menschen stören, beeinträchtigen oder gefährden. Schon in der Sammler-Jäger-Zeit, in der sich die Menschen von Afrika in alle Erdteile ausbreiteten, mussten sie lernen, sich in der Natur zu behaupten und gegen deren Gefahren zu wehren oder zu schützen. Als sie sich zu Bauern wandelten, mussten sie auch ihre Siedlungen, Gärten, Äcker, Viehherden und -weiden, also alles „Kulturelle", in den Schutz oder die Abwehr von Störungen oder Gefahren der spontanen Natur einbeziehen, was weitaus mehr Aufsicht, Aufwand, Vorsorge und Maßnahmen mit täglicher, oft anstrengender Arbeit verlangte. Landwirtschaft ist prinzipiell also ein Handeln *gegen* die Natur; kein Bauer kam auf die Idee, diese zu schützen!

Dennoch hat die heute vom Naturschutz so kritisch betrachtete Landwirtschaft (in Europa) weitgehend erst dessen Voraussetzungen geschaffen (Haber 2014). Ihre Eingriffe in die Natur bereicherten sie und ihre Vielfalt viele Jahrhunderte lang. So sind im ursprünglich fast völlig bewaldeten Mitteleuropa durch Rodung und Waldweide viele neue Biotope für Pflanzen und Tiere entstanden, die spontan einwanderten oder eingeschleppt wurden, sich ansiedelten und ausbreiteten. Auch die zur Abgrenzung der vielen kleinen Felder dienenden Raine, Hecken oder Gräben stellen ebenso wie Fischteiche und Obstwiesen Biotope dar. Und selbst in die Felder wandern trotz Abwehr der Bauern ständig Pflanzen- und Tierarten ein. Im Siedlungsland wurden an den Bauernhöfen Gärten angelegt und Bäume gepflanzt, die auch Wege einfassten. Das Kulturland enthielt daher oft viele naturnahe Elemente und Strukturen und war auch, je nach Standortbedingungen, oft von kleinen Waldstücken oder Naturresten durchsetzt. So bildete sich, ohne jede zentrale Planung, vor allem im waldfreien Offenland, oft ein abwechslungsreiches Nutzungsmuster mit einer höheren Artenvielfalt als die ursprüngliche Natur – und damit einer der Haupt-Ausgangspunkte des späteren Naturschutzes. Dazu bedurfte es aber des nächsten Schrittes der kulturellen Evolution.

Von der Landwirtschaft zur Stadtkultur

Die Erfindung der Landwirtschaft diente zunächst nur der Selbstversorgung kleiner bäuerlicher Gemeinschaften. Doch die dabei erzielten Fortschritte führten zu einer immer mehr den Eigenbedarf übersteigenden Produktion. Dies ermöglichte die Entstehung und Versorgung einer neuen, nicht-bäuerlichen Menschheitsgruppe, die sich in geschlossenen Siedlungen niederließ und dort, frei von den erwähnten täglichen Anstrengungen bäuerlicher Arbeit, eine ganz andere Lebensweise begann. Aus ihr ging eine weitere Form von Kultur hervor: die Stadtkultur, die alsbald als Zentrum sozialer Organisation, „Gesellschaft" genannt, die kulturelle Führungsrolle übernahm. Sie verkörpert sich in Verwaltung, Wirtschaft, Handel, Verkehr und der dazu erforderlichen zivilisatorisch-technischen Bildung. Diese führten auch zur Entstehung von Staatlichkeit mit politischer Macht, die ihren Sitz ebenfalls in Städten nahm – von dort aber auch die außerstädtischen Bereiche einbezog.

Denn alles städtische Leben ist und bleibt von der Nahrungs- und Rohstofferzeugung durch Landwirtschaft abhängig, die nur außerhalb der Stadtmauern stattfindet – „auf dem Land". Dieses Wort erhielt nun eine zusätzliche Bedeutung: als Gegensatz zur Stadt, mit dem neuen Adjektiv „ländlich". Es drückt zugleich die damit verbundene kulturelle und funktionelle Spaltung der Menschheit aus: in Land und Stadt, Erzeuger und Verbraucher. Erst im städtischen Leben, das auch als „Emanzipation von der Natur" empfunden wurde, konnten sich die im Menschen vorhandenen geistigen Fähigkeiten voll entfalten und damit eine neue Denkwelt entwickeln, in der neben den materiellen die ideellen Werte mehr Einfluss auf das Handeln und die Weltsicht erhielten (Haber 2017).

Nur in dieser Denkwelt konnten beim Blick von den Stadtmauern hinaus ins Land dieses als „Landschaft" empfunden werden, die zugleich ästhetisch und natürlich wirkte. Sie inspirierte Dichter und Maler, deren Werke viele Stadtmenschen erfreuten und ihr Interesse für die Landschaft als ideellen Wert weckten. Von Schutz der Natur war zunächst noch keine Rede; es ging um Gestalt und ästhetische Wirkung der Landschaft als Bild – eine Erwartung, die die vorher beschriebene Vielfalt des Kulturlandes mit der oft gefällig wirkenden Anordnung seiner Bestandteile erfüllte. Echte, „wilde" Natur, z. B. Sümpfe, Moore oder „Urwälder", wurde dagegen gefürchtet. Von den Landschaftsgemälden europäischer Künstler ging im 18. Jahrhundert die konkrete Gestaltung realer Landschaften als „Parke" aus, die von den Stadtmenschen besucht werden konnten. Wie in Abschnitt 3 beschrieben, wurde in den USA dieser Begriff auf neu entdeckte Naturlandschaften übertragen, die seitdem „Nationalparke" heißen.

Damit kommen wir zu einer weiteren, wesentlichen Voraussetzung für den Naturschutz. Ein Stadtmensch kann sich der Denkwelt der Ideale und Werte nur hingeben, wenn er täglich mit Nahrung versorgt ist und einen Lebensstandard relativ sicheren Wohlbefindens erreicht hat. Bleibt dies infolge von Hunger und Armut aus, dann übernimmt der materielle Selbsterhaltungstrieb auch das städtische Denken und Handeln und verdrängt alles Andere. Dieser Zusammenhang bewirkt auch eine zweideutige Einstellung zur Landwirtschaft. Gebildete Stadtmenschen betrachten Bauern oft als roh und unzivilisiert, fühlen sich ihnen überlegen – aber sind sich durchaus ihrer Abhängigkeit von den Nahrungserzeugern bewusst. Daraus erwuchs die Tendenz, die Tätigkeit der Bauern nach städtischen Vorstellungen auszurichten (Montanari 1999), was bis zu Grundherrschaft mit Leibeigenschaft, ja Sklaverei führte. Selbst freie Bauern mussten sich auf städtische Forderungen und Marktregeln einstellen. Ihr einziger Vorteil blieb, gerade in Notzeiten, die Selbstversorgung mit Nahrung; Hunger litten immer zuerst die Stadtmenschen.

Diese Ambivalenz besteht im Grundsatz bis heute. Die Stadtkultur des westlichen Kulturkreises, der ja fast alle anderen Kulturkreise durch Kolonialismus erobert und ausgebeutet hat, machte weitere Entwicklungsfortschritte: einerseits den in Abschnitt 1 erwähnten Übergang in das Industriezeitalter, zum anderen im geistigen Bereich die Humanität, wo Menschenrechte und -würde, Ethik und Gerechtigkeit zu Leitbildern und in Verfassungen festgesetzt wurden. Doch auch hier gab es Widersprüche. Die Bewegung der Aufklärung setzte auf vernunftgeleitetes Denken und Handeln, das aber die menschliche Gefühlswelt missachtet – als „Drama der Vernunft" (Saltzwedel 2017) – und, vor allem im deutschsprachigen Bereich, die Gegenbewegung der Romantik auslöste (Spanier 2013). Diese spielte gerade im danach aufkommenden Naturschutz eine wesentliche Rolle. Denn die Modernisierung der Landwirtschaft zur Sicherung großstädtischer Versorgung war rein vernunftgeleitet, doch die damit verbundene Vereinheitlichung von Natur und Landschaft mit dem Verlust vieler natürlich wirkender Bestandteile verletzte die dafür entwickelten, oft romantisch verklärten Gefühle.

Zur Entwicklung des Naturschutzes im 20. Jahrhundert

Die weitere Entwicklung des Naturschutzes brachte durchaus Erfolge, gewährte ihm sogar bald schon Verfassungsrang: Artikel 150 der Verfassung des Deutschen Reiches von 1919 lautet: „Die Denkmäler der Kunst, der Geschichte und der Natur sowie die Landschaft genießen den Schutz und die Pflege des Staates". Die deutschen Länder erließen daraufhin Naturschutzgesetze, und es entstanden private Naturschutzverbände, die auf Kundgebungen, z. B. den Deutschen Naturschutztagen, erfolgreich für Naturschutz warben. Doch ein für ganz Deutschland geltendes Naturschutzgesetz stieß auf Widerstände und kam erst 1935 zustande. Laut seiner Präambel galt es dem „Schutz der Natur in allen ihren Erscheinungen" – seine Paragraphen behandeln allerdings nur den Arten- und Biotopschutz, die Einrichtung von Naturschutzgebieten (aber ohne Nationalparke nach USA-Vorbild) sowie die Landschaftspflege. Landwirtschaft, Stadt- und Verkehrsentwicklung, die die Natur so maßgebend beeinflussen, behielten jedoch ihren politischen Vorrang.

Nach 1945 hatte der Wiederaufbau des kriegszerstörten Landes erst recht Priorität vor Naturschutz. In Westdeutschland (Bundesrepublik) galten das Naturschutzgesetz von 1935 und die mit ihm geschaffene Naturschutzverwaltung weiter, doch die Zuständigkeit ging auf die Bundesländer über, und in der neuen Verfassung (Grundgesetz) wurde Naturschutz nicht mehr berücksichtigt. Aber Naturschutzvereinigungen wurden wieder belebt oder neu begründet und fanden trotz teilweise unterschiedlicher Zielsetzungen im 1950 gegründeten Deutschen Naturschutzring als Dachverband eine gemeinsame Basis, die auch das gesellschaftliche Ansehen stärkte.

Das Mensch-Natur-Verhältnis unterlag in dieser Zeit wesentlichen Veränderungen mit Dilemmata und Konflikten. Industrialisierung und Verstädterung verstärkten sich erheblich und führten zu einer weiteren, ganz neue Dimensionen erreichenden Intensivierung der Landnutzung, die in den dafür besonders geeigneten Gebieten zur Industrialisierung führten. In den weniger geeigneten Gebieten entstanden seit den 1950er Jahren durch private Initiative zahlreiche Naturparke, die aber weniger dem Naturschutz als der Freizeit und Erholung der mobil gewordenen, nach „Natur" suchenden Stadtmenschen dienten. Bald danach kam „Umwelt" als neues Schutzobjekt auf, das jedoch hauptsächlich Wasser, Luft und Boden, also die unbelebte Natur, betrifft. Deren Belastung durch Schmutz- und Schadstoffe aus Städten, Industrie, Verkehr und moderne Landwirtschaft galt als wachsende Gefahr, und zwar vor allem für die menschliche Gesundheit (Hupke 2015: 31). Umweltschutz wurde ein eigenes Politikfeld, das sich rasch auch international etablierte und zum Konkurrenten des schon bestehenden Naturschutzes und seiner Einrichtungen wurde – statt von ihm auszugehen (Engels 2006). Die Bundesrepublik Deutschland beschloss 1970 ein eigenes Umweltprogramm mit Bundeszuständigkeit, verkörpert durch eine im Innenministerium errichtete Umweltabteilung und ein Umweltbundesamt. Dagegen wurden in der DDR Umwelt- und Naturschutz in einem 1970 erlassenen „Landeskulturgesetz" vorbildhaft zusammengeführt; dessen Wirkung blieb aber gering.

Das in der Bundesrepublik noch gültige Naturschutzgesetz von 1935, in dem die unbelebte Natur ja nicht vorkam, wurde 1976 gründlich novelliert und führte als neue Schutzobjekte den Naturhaushalt, die Leistungs- und Nutzungsfähigkeit der Naturgüter sowie Vielfalt, Eigenart und Schönheit von Natur und Landschaft ein, ferner Natur- und Nationalparke als neue Schutzgebietskategorien. Hinzu kamen neue Vorschriften wie Landschaftsplanung und der Ausgleich von Eingriffen in Natur und Landschaft. Auch die Landwirtschaft wurde nun einbezogen, aber wiederum mit Ausnahmeregelungen begünstigt (Haber 2014: 107 f.). Doch die Zuständigkeit der Bundesländer blieb mit einigen Einschränkungen bestehen, und die unbelebte Natur ist Gegenstand eigener Umweltschutzgesetze geblieben. Daran hat sich auch bei weiteren Novellierungen (2002 & 2009) nichts geändert.

Umwelt- und Naturschutz benutzen die sich seit den 1950er Jahren als eigene wissenschaftliche Disziplin etablierende Ökologie (Küster 2005) als Leitwissenschaft, die aber, auch wegen der Komplexität der Probleme, die in sie gesetzten Erwartungen zunächst nicht erfüllen konnte – und dabei auch Konzepte wie „natürliches Gleichgewicht" aufstellte, die sich mit fortschreitender Erkenntnis als falsch erwiesen. Denn die ständige Dynamik der Natur, durch die menschlichen Eingriffe noch verstärkt, erlaubt keine oder höchstens zeitweilige Gleichgewichte. Doch gerade der Naturschutz hielt an der Gleichgewichtsidee fest, denn sie entsprach seiner prinzipiell statischen Naturauffassung: Nach gesetzlicher Festlegung eines Naturschutzgebietes soll und wird es in seinem Zustand bleiben. Die Praxis zeigt aber, dass viele Naturschutzgebiete außer Aufsicht auch Pflege oder Management erfordern; überlässt man sie sich selbst, kann ihr Naturschutzwert schwinden. Wertvolle Naturschutzobjekte wie Trockenrasen oder Heiden sind aus menschlicher Nutzung entstanden und können nur durch deren Weiterführung als Management erhalten werden. Auch viele der am Ende von Abschnitt 4 genannten, im Rahmen der Landnutzung entstandenen Biotope bedürfen der Pflege, die oft auf die Sicherung der Existenz einzelner darin vorkommender schutzwürdiger Arten ausgedehnt werden musste.

Die wachsende Erfordernis von Pflege und Management erhöhte die Kosten für den Naturschutz und bedingte damit eine weitere Voraussetzung für seine Durchführung. Solange die unter Schutz gestellte Natur als mehr oder weniger unveränderlich galt, fielen nur geringe Kosten für Aufsicht an, zumal viele Naturschutztätigkeiten ehrenamtlich ausgeführt wurden. Biotop- und Artenschutz-Management, das oft auch ganze Ökosysteme und Landschaften einbeziehen muss, erfordern jedoch die Bereitstellung von Geldmitteln in öffentlichen Haushalten vom Bund bis zu Kommunen, und das setzt wiederum eine gute und solide wirtschaftliche Situation mit Haushaltsüberschüssen voraus. Doch genau diese wird meist durch gesteigerte Nutzung und Beanspruchung der Natur und ihrer Ressourcen erzielt, so dass Naturschutz dadurch in die Gefahr eines „Teufelskreises" gerät. Über die Höhe der Naturschutzkosten macht man sich oft keine Vorstellungen. Dazu nur ein Beispiel: Zur Erhaltung einer einzigen Tierart, der Gelbbauchunke, ist in einem einzigen oberbayerischen Landkreis jährlich ein vierstelliger Geldbetrag erforderlich! Wirtschaftlich arme Länder in Afrika oder Südamerika können sich aus eigener Kraft keinen Naturschutz nach europäischem Standard leisten.

Zunehmende Diskrepanzen zwischen Ökologie und Naturschutz

Die Fortschritte der Ökologie führten zu wachsenden Auseinandersetzungen über Verständnis und Definition von Natur, Umwelt und auch Landschaft (Piechocki et al. 2004). Aus ökologischer Sicht hat jedes Lebewesen seine spezifische Umwelt, die seine Ansprüche erfüllen muss; daher gibt es so viele Umwelten, wie es Lebewesen gibt, aber auch Gemeinsamkeiten zwischen ihnen. Und alle Umwelten, die oft auch miteinander konkurrieren, sind Teile der Natur, die also der Oberbegriff ist. Dennoch werden im allgemeinen Verständnis Natur und Umwelt sowohl gleichgesetzt als auch Umwelt als Oberbegriff aufgefasst – diese aber meist nur auf den Menschen bezogen, der sie sich, wie in Abschnitt 4 beschrieben, als „Kultur" geschaffen hat. Naturschutz ist Teil dieser Kultur (Markl 1986) und umfasst einerseits lebenswichtige Bereiche, die als Umwelt- und Gesundheitsschutz politische Priorität haben, andererseits das menschliche Leben bereichernde und verschönernde Komponenten, die als Naturschutz im engeren (oder eigentlichen) Sinn gelten, aber im politischen Gesamtgeschehen, trotz gegenteiliger Bekundungen, keinen Vorrang erhalten. Dies kommt sogar im Naturschutzgesetz selbst zum Ausdruck, wie der Wortlaut von § 2 Absatz 3 (Fassung von 2009) zeigt: „Die Ziele des Naturschutzes und der Landschaftspflege sind zu verwirklichen, soweit es im Einzelfall möglich, erforderlich und unter Abwägung aller sich aus § 1 Absatz 1 ergebenden Anforderungen untereinander und gegen die sonstigen Anforderungen der Allgemeinheit an Natur und Landschaft angemessen ist". Es wird auch immer wieder nach neuen Naturschutzbegründungen gesucht (Körner et al. 2003), die dann allerdings wieder bestritten werden (Piechocki & Erdmann 2005).

Zugleich versuchen etliche Akteure des Naturschutzes, die Einstellung der Menschen zur Natur zu ändern, und ziehen dazu auch idealistische und ethische Argumente heran, die Umwelt als „Mitwelt", Tiere und Pflanzen als Mitgeschöpfe auffassen und der Natur einen Eigenwert zusprechen (Piechocki 2010). Das alles sind menschliche, kulturelle Konstrukte, die den von der Ökologie erforschten natürlichen Lebensabläufen und ihrer Organisation fremd sind. Die Natur als solche kennt keine Werte oder Rechte. Auch die oft verwendeten Aufrufe zur „Bewahrung der Schöpfung" und zum „Leben im Einklang mit der Natur" sind aus ökologisch-evolutionärer Sicht wirklichkeitsfremd. Schöpfung ist ein zweideutiger Begriff: aus religiöser Sicht ein einmaliger göttlicher Akt, wie am Anfang des Alten Testaments beschrieben, aus ökologischer Sicht dagegen ein ständiges evolutionäres Geschehen, in dem über 98 % aller je entstandenen Lebewesen wieder ausgestorben sind, also gerade nicht „bewahrt" wurden. Das Leben als Ganzes blieb aber im Ökosystem Erde (Gaia) erhalten. Und in diesem System, das arbeitsteilig organisiert ist, spielen die Tiere – zu denen die Menschen biologisch gehören – die Rolle der Konsumenten, die sich nur von anderen Organismen ernähren können und diese unaufhörlich schädigen oder töten müssen. Kann die Menschheit, deren Ernährung täglich Billionen anderer Lebewesen, ganz gleich ob Pflanzen, Tiere, Pilze oder Mikroben, zum Opfer fallen (Gray 2015), wirklich „im Einklang mit der Natur" leben? Doch offenbar sind auch Utopien und Wunschbilder, jenseits aller Ökologie, ein menschliches, geistiges Lebensbedürfnis, an dem der Naturschutz teilhat.

Natur- und Umweltschutz auf der europäischen und globalen Ebene

Der in Deutschland gesetzlich geregelte und praktizierte Natur- und Umweltschutz ist seit den 1970er Jahren immer stärker von europäischen (EU-) und globalen (UN-) Konzepten und Vorschriften überlagert worden, die zu stärkerer Differenzierung seiner Ziele und Maßnahmen führten und seine Umsetzung oft erschwerten. Darauf sei hier kurz eingegangen.

Europäische Ebene (Europäische Union, EU)

Die Keimzelle der EU ist die 1957 gegründete Europäische Wirtschaftsgemeinschaft (EWG), mit der auch eine Gemeinsame Agrarpolitik (GAP) der Mitgliedsstaaten begründet wurde. Diese folgte weitgehend dem deutschen Vorbild und sicherte damit dem größten Gegenspieler des Naturschutzes auch auf europäischer Ebene einen Vorsprung. Hauptziel der GAP waren Förderung und Steigerung der Agrarproduktion, an deren Erfolge die staatlichen Subventionen für die Landwirtschaft gekoppelt waren.

Erst ab Anfang der 1970er Jahre erhielt die EWG auch Zuständigkeiten für Umwelt- und Naturschutz, aber, ähnlich wie in Deutschland, ohne Einfluss auf die Agrarpolitik. Wichtig für den Naturschutz ist die 1979 erlassene *Europäische Vogelschutz-Richtlinie* (die Richtlinien sind für die Mitgliedsstaaten gesetzlich bindend). Sie wurde 1992 durch die Europäische *Fauna-Flora-Habitat-(FFH-)Richtlinie* ergänzt und erweitert, die den Schutz ausgewählter, für Europa wertvoller und typischer Tier- und Pflanzenarten sowie ihrer Habitate gesetzlich regelt. Aus den dafür erforderlichen Schutzflächen wird das europäische Netzwerk „Natura 2000" gebildet, das primär auf rein ökologischen Befunden beruht und damit einen neuen Naturschutz-Ansatz darstellt. Denn bis dahin war die Ausweisung von Schutzgebieten meist auf Flächen beschränkt, wo Nutzungsinteressen oder Eigentumsrechte keinen Vorrang hatten.

Die EU hatte aber versäumt, für Natura 2000 eine angemessene, dauerhafte Finanzierungsgrundlage zu schaffen, um Aufsicht und Management der Flächen in den Mitgliedsstaaten zu gewährleisten. Möglichkeiten dazu hätte eine Zusammenarbeit mit der finanziell sehr gut ausgestatteten Agrarpolitik geboten. Diese war mit der – ebenfalls 1992 beschlossenen – europäischen Agrarreform völlig neu ausgerichtet und durch eine Agrarumweltpolitik ergänzt worden, deren Ziele die Erhaltung und Schonung von Natur und Umwelt, Kulturlandschaftspflege und Förderung des ländlichen Raumes sind. Die staatlichen Subventionen für die Landwirtschaft wurden zwar aufrechterhalten, aber nicht mehr an die umweltbelastende Produktion, sondern an die bewirtschaftete Fläche und ihre Strukturen gekoppelt, die in einem „guten ökologischen Zustand" verbleiben sollen. Dazu kommen neue Instrumente, z. B. der mit Landwirten vereinbarte Vertragsnaturschutz. Für weitere Einzelheiten wird auf Haber (2014: 115 ff. & 141 ff.) verwiesen.

Damit bestanden also gute Voraussetzungen für eine Zusammenarbeit zwischen Agrar(umwelt)- und Naturschutzpolitik, die aber wegen der traditionell etablierten „Ressortegoismen" entweder unterblieb oder nur sehr langsam zustande kommt. Man hätte doch aus dem üppigen EU-Agrarhaushalt eine Basis für Natura 2000 schaffen und mit Zahlungsangeboten das Einvernehmen der Grundeigentümer für die Auswahl der FFH-Gebiete erzielen können. Bis heute ist dies unterblieben.

Die FFH-Richtlinie verdient aber auch scharfe ökologische Kritik, weil sie an einem schwerwiegenden „Geburtsfehler" des Naturschutzes festhält, nämlich einem strikten, der natürlichen und anthropogenen Dynamik widersprechenden statischen Schutz. Für FFH-Flächen schreibt die Richtlinie ein Verschlechterungsverbot und einen günstigen Erhaltungszustand vor. Diese lassen sich jedoch nicht voll einhalten, weil man Veränderungen, z. B. durch Klimawandel oder indirekte Einflüsse, nicht unter Kontrolle hat, zum Teil nicht kennt oder nicht nachweisen kann (Haber 2007). Und wenn man die Bedingungen für eine Tier- oder Pflanzenart vor Verschlechterungen schützt, kann das für eine andere Art das Gegenteil bewirken. Auch hier heißt es abwägen und Prioritäten setzen sowie vom strikten Schutz von Arten und Habitaten zu einem flexiblen Management wechseln.

Globale Ebene (Vereinte Nationen, UN)

Ebenfalls im Jahr 1992 beschloss die UN-Konferenz für Umwelt und Entwicklung in Rio de Janeiro eine *Convention on Biological Diversity* (CBD). Sie geht zurück auf Konferenzen von US-Ökologen, die Mitte der 1980er Jahre große Besorgnis über die sich beschleunigende Zunahme von Schwund und Aussterben von Tier- und Pflanzenarten äußerten – aber nicht zum im Naturschutz üblichen Artenschutz, sondern zur Erhaltung der biologischen Vielfalt, oft verkürzt auf „Biodiversität", aufriefen (Farnham 2007) und überraschend schnell den internationalen Beschluss der CBD erreichten. Doch die in der Konvention enthaltene wissenschaftliche Definition des Begriffs ist unvollständig und darüber hinaus für den Naturschutz nicht geeignet. Denn die CBD gebietet einerseits sowohl den Schutz als auch die Nutzung der biologischen Vielfalt sowie die gerechte Verteilung der daraus erzielten Gewinne, andererseits definiert sie den Begriff dreifach, nämlich als genetische, Arten- und Ökosystem-Vielfalt, ohne deren Zusammenhänge klar darzulegen. Außerdem sieht die CBD keine Sanktionen für Verstöße oder Nichtbeachtung vor.

Dennoch ist Biodiversität, zu deutsch „Lebensvielfalt", zu einem ökologischen Paradigma geworden, das den Begriff „Natur" zu ersetzen scheint; Kritiker (Hoffmann et al. 2004 & Maier 2016) finden kaum Gehör. Im Grunde ist es eine Tautologie, denn Leben ist Vielfalt. Seine Grundlagen sind die Bedingungen und Ressourcen der unbelebten Natur, die wegen deren ungleichartiger räumlicher Verteilung und ungewisser zeitlicher Veränderungen ihrerseits Vielfalt verkörpert. An diese hat sich das Leben mit seiner flexiblen Vielfältigkeit angepasst und diese dabei noch gesteigert, und gerade darin kommt die faszinierende Selbstorganisation in der Evolution des Lebens zum Ausdruck (Glaubrecht 2007).

Doch in der Biodiversitäts-Definition der CBD bleibt das ökologische Grundprinzip dieser Organisation unerwähnt, nämlich die funktionale Arbeitsteilung in Autotrophie und Heterotrophie. Autotrophe Lebewesen, verkörpert vor allem durch grüne Pflanzen, können unbelebte Ressourcen nutzen und dienen damit den heterotrophen Organismen – die dazu nicht fähig sind – als Nahrung, bieten ihnen außerdem noch die Lebensraumstruktur. Daher ist die Vielfalt der Heterotrophen, die sich ja auch noch voneinander ernähren, viel größer und auch interessanter als die der Autotrophen. Weil wir Menschen selbst heterotroph sind, neigen wir wohl zur Überschätzung dieser Vielfalt und vergessen, dass deren maßgebende Lebensgrundlage die unbelebte Natur bleibt, gefolgt von der autotrophen lebenden Natur, das heißt der Pflanzendecke. Es ist also irreführend, die Biodiversität schlechthin als Grundlage des Lebens oder gar des menschlichen Lebens darzustellen.

Davon abgesehen ist Vielfalt kein operabler Begriff und kann daher kein Schutz- oder Nutzobjekt sein. Als solche eignen sich nur Bestandteile der Vielfalt, und die CBD-Definition unterscheidet ja auch Individuen (die die genetische Vielfalt verkörpern), Arten und Ökosysteme. Individuen sind sicht- und greifbare Organismen, Arten und Ökosysteme dagegen wissenschaftliche Konstrukte, über deren Definition und Abgrenzung, vor allem im Bereich von Kleinst- und Mikroorganismen, keine Einigkeit besteht. Niemand weiß oder kann wissen, wie viele Individuen, Arten oder Ökosysteme es als Vielfalts-Bestandteile gibt (Mora et al. 2011). Auch deswegen ist Vielfalt nicht operabel, es lässt sich auch keine Schwelle, schon gar nicht als Zahl angeben, bei deren Unterschreitung

Gefahr droht. Noch absurder ist es, im Rahmen des westlichen Gleichheits- bzw. Gerechtigkeitsdenkens alle Vielfalts-Bestandteile gleich zu behandeln und jedem von ihnen ein Existenzrecht zu gewähren.

In der Praxis wird Biodiversität auf Artenvielfalt und Artenschutz konzentriert, weil für die Arten eine allgemein bekannte (wenn auch nicht vollständige und unumstrittene) Systematik vorliegt. Doch die Vielfalt der Arten erfordert stets eine Auswahl, bei der bestimmte Kriterien wie Seltenheit, Gefährdung, Wertung oder Attraktivität maßgebend sind. Oft widmet man sich nur einzelnen Arten, wobei (bei Tieren) die Wahl vom Wolf, Luchs oder Bär über Rotmilan und Kuckuck bis zur Flussperlmuschel und zum Ameisenbläuling (Maculinea) reicht und sogar einzelne Individuen davon berücksichtigt. Andere Artengruppen wie Fliegen, Mücken, Algen oder Bodenmilben, erst recht Mikroben, finden kaum Beachtung oder bleiben wenigen Spezialisten überlassen. Die menschliche Koexistenz mit anderen Lebewesen bedarf trotz aller detaillierten Forderungen und Vorschriften stets der Abwägung.

Fazit zu den Ebenen

Naturschutz ist mit zunehmendem Wissen über Natur und mit immer weiter entwickelten Konzepten, Vorschriften und Maßnahmen national und international stetig ausgeweitet und vervollkommnet worden, doch seine Umsetzung wird dadurch immer komplizierter. Dies zeigt sich gerade an den fast gleichzeitig eingeführten gesetzlichen Regelungen der CBD und FFH. Sie bestätigen wegen ihrer Begrenzung auf die lebende Natur einerseits die Eigenständigkeit und das politische Gewicht des Umweltschutzes, wie die aktuelle Klimapolitik zeigt, andererseits enthalten sie Widersprüche. Die CBD gilt nicht nur dem Schutz der Biodiversität, sondern auch deren Nutzung und der gerechten Verteilung der damit erzielten Gewinne, während die FFH-Richtlinie der EU nur den Schutz ausgewählter Arten und Habitate vorschreibt. Dennoch hat die EU diese Richtlinie (nachträglich) als Instrument zur Umsetzung der CBD bezeichnet, mit der sie aber nur unter erheblichem bürokratischen und juristischen Aufwand abgestimmt werden kann.

Ferner verpflichtet die CBD ihre Unterzeichnerstaaten zu nationalen Biodiversitätsstrategien, die in ihre Naturschutzvorschriften einzubeziehen sind. Für die EU-Mitgliedsstaaten mit längerer Naturschutztradition, z. B. Deutschland, bedeutet das eine weitere schwierige Abstimmungsebene und verstärkt für große Teile der Öffentlichkeit und für Betroffene die Verwirrung über den Naturschutz. Als Beispiel sei nur genannt, dass das Natura-2000-Netzwerk der EU und der nach § 5 des deutschen Bundesnaturschutzgesetzes vorgeschriebene Biotopverbund auf 10 % der

Landesfläche wegen unterschiedlicher Ausgangspunkte und Ziele nicht deckungsgleich sind und damit den ohnehin umstrittenen Flächenanspruch des Naturschutzes erhöhen.

Eine klare Definition von „Natur" und der Ziele des Naturschutzes scheitert offenbar ausgerechnet an ihrer Vielfältigkeit oder Diversität. In Politik und Gesellschaft entsteht der Eindruck, dass es anscheinend so viele Naturschutzziele wie es Naturschützer gibt, die von Außenstehenden und auch den Medien oft mit Sektierertum verknüpft werden.

Literatur

Daily, G. C.: Nature's Services: Societal Dependence on Natural Ecosystems. Washington DC 1997.
Engels, J. I.: Der amtliche Naturschutz in Westdeutschland zwischen Tradition und politischer Ökologisierung 1945–1980. In: Frohn, H.-W. & F. Schmoll (Hg.): Natur und Staat. Staatlicher Naturschutz in Deutschland 1906–2006. Naturschutz und Biologische Vielfalt 35, 2006, S. 445–533.
Erz, W.: Geschichte des Naturschutzes. Rückblicke und Einblicke in die Naturschutzgeschichte. In: Landschaft + Stadt, Vol: 65, 1990, S. 103–125.
Farnham, T. J.: Saving nature's legacy. Origins of the idea of biological diversity. Yale, New Haven, CT 2007.
Frohn, H.-W. & F. Schmoll: Natur und Staat. Staatlicher Naturschutz in Deutschland 1906–2006. Naturschutz und Biologische Vielfalt, Band 35. Bonn 2006.
Glaubrecht, M.: Des Lebens ganze Fülle. Die Evolution der Vielfalt. In: Humboldt-Spektrum Vol. 14, No. 2, 2007, S. 6–12.
Gray, J.; Raubtier Mensch. Die Illusion des Fortschritts. Stuttgart 2015.
Haber, W.: Zur Problematik europäischer Naturschutz-Richtlinien. In: Jahrbuch des Vereins zum Schutz der Bergwelt, Vol. 72, 2007, S. 95–110.
Haber, W.: Landwirtschaft und Naturschutz. Weinheim 2014.
Haber, W.: Ecosystem Function. In: Wilderer, P., & M. Grambow (Hg.), Global Stability through Decentralization? Cham & Heidelberg & New York 2015, S. 1–10.
Haber, W., M. Held & M. Vogt: Die Welt im Anthropozän. München 2016.
Haber, W.: Die Zukunft der Landwirtschaft und des ländlichen Raumes. In: Benediktbeurer Gespräche der Allianz Umweltstiftung, Vol. 21, 2017, S. 27–32.
Henkel, G. E.: Der ländliche Raum. Berlin & Stuttgart 2004.
Herrenknecht, A.: Ungeliebte Landwirtschaft? In: Pro Regio, Vol. 5, No. 2, 1993, S. 25–36.
Hoffmann, A., S. Hoffmann & J. Weimann: Irrfahrt Biodiversität. Eine kritische Sicht auf europäische Biodiversitätspolitik. Marburg 2004.
Hupke, K.-D.: Naturschutz. Ein kritischer Ansatz. Berlin & Heidelberg 2015.
Körner, S., A. Nagel & U. Eisel: Naturschutzbegründungen. Bonn 2003.
Küster, H.: Das ist Ökologie. Die biologischen Grundlagen unserer Existenz. München 2005.
Maier, D. S.: What's so good about biodiversity? A call for better reasoning about nature's value. Dordrecht, Heidelberg, New York & London 2016.
Markl, H.: Natur als Kulturaufgabe. Über die Beziehung des Menschen zur lebendigen Natur. Stuttgart 1986.
Montanari, M.: Der Hunger und der Überfluss. Kulturgeschichte der Ernährung in Europa. Beck'sche Reihe. Band 4025. München 1999.
Mora, C., D. P. Tittensor, S. Adl, A. G. B. Simpson & B. Worm: How many species are there on earth and in the ocean? In: PLoS Biology, Vol. 9, No. 8, 2011.
Oberzaucher, E.: Homo urbanus. Ein evolutionsbiologischer Blick in die Zukunft der Städte. Berlin 2017.
Piechocki, R.: Landschaft – Heimat – Wildnis. Schutz der Natur – aber welcher und warum?. Beck'sche Reihe. Band 1711. München 2010.
Piechocki, R., U. Eisel, K. Ott & W. Haber: Vilmer Thesen zum Natur- und Umweltschutz. In: Natur und Landschaft, Vol. 79, 2004, S. 529–533.
Piechocki, R. & K.-H. Erdmann: Naturschutzbegründungen im Visier. Konflikte um ökologische und ethische Argumentationsmuster. Bundesamt für Naturschutz. Münster 2009.
Saltzwedel, J.: Die Aufklärung: Das Drama der Vernunft vom 18. Jahrhundert bis heute. München & Hamburg 2017.
Spanier, H.: Naturschutz und Romantik. Mutmaßungen zur Modernitätsverweigerung. In: Frohn, H.-W. & E. Scheuren (Hg.): Natur. Kultur. Vom Landschaftsbild zum modernen Naturschutz. Essen 2013, S. 91–111.
Wulf, A.: Alexander von Humboldt und die Erfindung der Natur. München 2016.

Eine kleine Geschichte der Biodiversität
Ein Konzept und seine Bedeutung für den Naturschutz

Carsten Neßhöver, Kurt Jax

> Der Biodiversitätsbegriff hat in den 30 Jahren seit seiner „Erfindung" das gezeigt und weiterentwickelt, wofür er angelegt wurde: Er ist ein Hybrid zwischen Fakten und Werten, zwischen Funktion und Motivation. Dieser spezielle Charakter des Begriffs führt aber auch häufig dazu, dass Konfliktlinien verwischt und Machtfragen weniger gestellt werden.

Eigentlich war alles ganz einfach: Man entfernt das „logische" aus der *Biologischen Diversität*, und schon hat man einen neues Machtwort im internationalen Umweltdiskurs. So beschrieb es zumindest einer der Miterfinder des Begriffes Biodiversität, der US-amerikanische Ökologe Walter G. Rosen im Nachhinein: 1986 veranstaltete die Akademie der Wissenschaften der USA einen großen Kongress zur Krise des globalen Naturschutzes – die Wissenschaft war zunehmend besorgt über den Verlust an Arten und Lebensräumen und wollte damit ein wichtiges Zeichen setzen –, und so bekam der Kongress den Titel *BioDiversity*, also die Verkürzung aus *biological diversity*. Das vom bekannten Ökologen Edward O. Wilson herausgegeben Buch zum Kongress trug den Begriff dann breit in die internationale Fachöffentlichkeit.

Diese begann auch auf UN-Ebene gerade wieder über den Naturschutz zu diskutieren: Die entwickelten Länder wollten ein globales Naturschutzabkommen für den geplanten Gipfel zur Nachhaltigen Entwicklung in Rio de Janeiro initiieren, Entwicklungsländer hingegen wollten ihre natürlichen und vor allem genetischen Ressourcen stärker vor dem Zugriff ausländischer Akteure schützen bzw. an einem etwaigen Nutzen dieser Ressourcen partizipieren. So kam es dazu, dass Schutz und Nutzung der Natur im Kontext der nachhaltigen Entwicklung zusammengeführt werden mussten, und der neue, damals noch wenig definierte Begriff der Biodiversität bot sich dafür als wissenschaftlicher und zugleich emotional positiver besetzter Ausdruck an (Neßhöver 2013).

Eine internationale Erfolgsgeschichte?

So kam es nach langen intensiven Vorverhandlungen dazu, dass 1992, auf dem Erdgipfel der Vereinten Nationen in Rio de Janeiro, die Staaten der Erde neben der Klimarahmenkonvention, die heute die internationale Klimadiskussion bestimmt, u. a. auch das Übereinkommen über die Biologische Vielfalt (*Convention on Biological Diversity*, CBD) verabschiedeten, womit die Biodiversität offiziell auf die internationale politische Bühne gehoben wurde. Die CBD definiert Biologische Vielfalt als die „Variabilität unter lebenden Organismen jeglicher Herkunft [...]; dies umfasst die Vielfalt innerhalb der Arten und zwischen den Arten und die Vielfalt der Ökosysteme." Die Ökosysteme werden als „dynamische Komplexe von Gemeinschaften von Pflanzen, Tieren und Mikroorganismen und deren nichtbelebter Umwelt, die als funktionale Einheit zusammenwirken" beschrieben.

Beim Umgang mit der Biologischen Vielfalt setzt das Übereinkommen einen Dreiklang an Zielen fest: Neben dem Schutz der Natur stehen ihre nachhaltige Nutzung und eine faire Aufteilung der daraus (bzw. speziell aus den „genetischen Ressourcen") entstehenden Vorteile. Damit fließen, wie auch bereits schon aus einer zu Beginn der Präambel aufgeführten Liste deutlich wird, verschiedene Wertvorstellungen in den Umgang mit der Biodiversität ein: Nicht allein dem Schutz aufgrund von Seltenheit, Eigenart oder Schönheit oder einem Eigenwert der Natur wird Bedeutung beigemessen, sondern eben auch dem Nutzungsanspruch zur Erhaltung des menschlichen Wohlergehens, etwa durch Nahrung oder Energie. Damit spielt auch das Nebeneinander von Natur und Wirtschaft eine sichtbare Rolle. Dies drückt sich vor allem darin aus, dass als drittes Ziel der Vorteilsausgleich eingebaut wurde und damit vor allem der Nutzung genetischer Ressourcen über Ländergrenzen hinweg ein rechtlicher Rahmen gegeben wird.

Die CBD verfügt über einen komplexen, bis heute fortgesetzten Folgeprozess, der z. B. im Abstand von zwei Jahren große Vertragsstaatenkonferenzen beinhaltet, auf denen der Fortschritt beobachtet wird und Umsetzungsfragen diskutiert werden. Dennoch dauerte es zunächst sehr lange, die Ziele der CBD substanziell in politische Vereinbarungen und Aktivitäten umzusetzen, denn die CBD selber ist nur ein Rahmenvertrag. So dauerte es bis zum Jahr 2010 – dem von der UN ausgerufenen Internationalen Jahr der Biodiversität –, um sich auf Verfahren zum gerechten Vorteilsausgleich zu einigen.

Trotzdem half die CBD durch ihren Zieldreiklang, das Bewusstsein über die Bedeutung der Natur für das menschliche Wohlbefinden und auf das menschliche Wirtschaften zu stärken. Dies zeigte sich vor allem im Aufkommen weiterer Begriffe in der Diskussion, wie etwa demjenigen der Ökosystemleistungen – dem Nutzen der Natur für den Menschen durch Versorgung mit Gütern, regulierende und kulturelle Leistungen, besonders markant durch das von den Vereinten Nationen in Auftrag gegebene Millennium Ecosystem Assessment von 2005 thematisiert und populär gemacht (Neßhöver et al. 2015). Dieses Konzept ist aber aufgrund seiner anthropozentrischen Sicht nicht unumstritten – gerade aus klassischer Naturschutzsicht, die etwa die Seltenheit und Eigenart von Arten und Ökosystemen als Hauptschutzgrund ansieht, wird dieses Konzept kritisiert. So kann es zur weiteren Verstärkung der ökonomischen Sicht auf Natur führen, wie sie etwa in der industrialisierten Landwirtschaft bereits gang und gäbe ist.

Neuer Natur(schutz)-Diskurs und neue Forschung?
Deutschland war in Sachen Biodiversität und Umsetzung der integrativen CBD zunächst ein Nachzügler. So verlangt die CBD von allen Mitgliedsstaaten die Erstellung und Umsetzung einer nationalen Biodiversitätsstrategie (NBS). In Deutschland wurde dies lange nicht umgesetzt, weil es u. a. Bedenken gab, damit gerade erst im Zuge der Umsetzung der europäischen *Fauna-Flora-Habitat-Richtlinie* weitgehend beigelegte Konflikte zwischen Naturschutz und Naturnutzung durch eine Diskussion über eine neue Strategie neu zu beleben. Ferner tat man sich schwer, die integrierte Sichtweise von Schutz und Nutzung konsequent in verschiedene Politiksektoren hinein zu übersetzen. Erst 2007 wurde dann eine, allerdings sehr ambitionierte, nationale Biodiversitätsstrategie durch das Bundeskabinett verabschiedet, nicht zuletzt, um im Jahr 2008, in dem die Vertragsstaatenkonferenz der CBD in Bonn tagen würde, nicht als Gastgeber ohne eine solche Strategie dazustehen (BMU 2007). Die Strategie nimmt sich mit 330 Zielen und 430 Maßnahmen zahlreiche Themenfelder vor; so werden für alle Lebensräume (u. a. Wälder, Küsten und Meere, Flüsse und Auen, aber auch Grundwasserökosysteme) Schutzziele und Maßnahmen festgelegt. Ebenso werden zur nachhaltigen Nutzung Ziele für naturverträgliches Wirtschaften, Landwirtschaft, Bodennutzung und Mobilität sowie zahlreiche andere Felder teilweise mit recht hohen Ambitionen festgesetzt. In manchen Kernbereichen des Naturschutzes hat sie auch durchaus Erfolge vorzuweisen, etwa bei der Vernetzung von Lebensräumen, und sie hat neue Diskussionen angestoßen, etwa bei der Ausweisung von Wildnisgebieten, die eine freie Entwicklung der Natur ohne menschliche Eingriffe erlauben.

Mit der CBD-Konferenz im Jahr 2008 in Bonn und dann nochmals mit dem UN-Jahr der Biologischen Vielfalt 2010 war das Thema Biodiversität auch gerade in Deutschland als wichtige umweltpolitische Debatte in der öffentlichen Diskussion stark präsent. Allerdings zeigte sich diese Präsenz in erster Linie im Bereich der Bewusstseinsbildung, weniger in konkreten Politikmaßnahmen, die über den Bereich des klassischen Naturschutzes hinausgingen. Zu dieser neuen umweltpolitischen Debatte trug auch die durch Deutschland maßgeblich mit-initiierte und finanzierte TEEB-Studie (*The Economics of Ecosystems and Biodiversity* – Die Ökonomie der Ökosysteme und der Biodiversität) bei, die mit mehreren Studien zwischen 2008 und 2010 versuchte, deutlich zu machen, wie sehr der Verlust intakter Natur auch einen ökonomischen Verlust darstellt. Die Studie mit ihrem Leiter Pavan Sukhdev trug maßgeblich dazu bei, den Blick auf die auch ökonomischen Bedeutung von Natur, basierend auf dem Konzept der Ökosystemleistungen, vor allem in der internationalen Biodiversitätsdebatte zu stärken (siehe auch Naturkapital Deutschland – TEEB 2015–2017).

In einem Bereich hatte die gesellschaftliche Biodiversitätsdebatte eine wichtige Bedeutung – die Biodiversitätsforschung wurde durch den neuen politischen Impetus gestärkt. So organisierte sich die (zunächst weiterhin vornehmlich naturwissenschaftlich geprägte) Biodiversitätsforschung neu. Zahlreiche Förderprogramme etwa des Bundesministerium für Bildung und Forschung, der Deutschen Forschungsgemeinschaft und der EU-Forschungsprogramme haben Kernbereiche der taxonomischen und vor allem ökologischen Biodiversitätsforschung stark gefördert. Zuletzt wurde vom Bundesministerium für Bildung und Forschung noch ein gemeinsames Programm mit dem Bundesministerium für Umwelt, Naturschutz, Bau und Reaktorsicherheit aufgelegt, welches Forschung mit konkreten Umsetzungsprojekten verbindet.

Weiterentwicklung oder Stagnation?
Auch wenn die „Erfindung" der Biodiversität als neuen, übergreifenden Konzepts zwischen Naturschutz und -nutzung ein sichtbarer Erfolg in Sachen Bewusstseinsbildung und auch politischer Strategieentwicklung war sowie wichtige Impulse für die Forschung gab, so fällt doch auf, dass Fortschritte in der Erhaltung von Biodiversität häufig nur im klassischen Schutz einzelner Arten, wie Seeadler oder Kranich, bzw. im Bereich der Schutzgebietsausweisung sichtbar wurden. Die Umsetzung von Zielen in Sektoren mit großem Konfliktpotenzial, etwa der Land- und Forstwirtschaft, bleibt weiterhin dürftig, weshalb auch der Naturschutz dort zumeist weiterhin Verlusttrends allenfalls begrenzen, kaum aber stoppen konnte.

Es zeigte sich im Gegenteil, dass neue ökonomische Rahmenbedingungen, etwa die verstärkte Nachfrage nach Biomasse zur Energieerzeugung, sowohl vom Acker als auch aus dem Wald, Naturschutzbelange wieder schnell in den Hintergrund treten ließen. So führte der Bedarf an Biomasse zu einem erheblichen Druck, Grünlandflächen (wieder) in Ackerflächen umzuwandeln. Entsprechend nahm die Grünlandgesamtfläche in Deutschland zwischen 1991 und 2016 von rund 5,3 Mio. Hektar auf 4,7 Mio. Hektar ab, der Anteil sank damit von 31,3 auf 28,2 %. Erst in den letzten Jahren hat sich dieser Trend verlangsamt.

Weder klassische Naturschutzargumente noch die neueren „Leistungs"argumente konnten hier bislang viel bewegen. Erst in einzelnen Bereichen lässt sich ein Umdenken erkennen, etwa wenn verstärkende Faktoren wie Argumente zur Eindämmung des Klimawandels oder schwindende ökonomische Bedeutung bestimmter Ökosysteme den Naturschutz unterstützen. Beispiele sind hier der Moorschutz zur Erhaltung bzw. Wiederherstellung von Moorflächen als Kohlenstoffsenken oder die Programme zur Auenentwicklung mit größeren Deichrückverlegungsprojekten, wo sowohl die steigenden Gefahren von Hochwässern als auch die abnehmende Bedeutung einzelner Flüsse bzw. Flussabschnitte für die Schifffahrt zu einer verstärkten Bereitschaft für Renaturierungen führten.

Die genannten Beispiele sind dabei auch solche, die häufig angeführt werden, wenn es gilt, den Wert einer stärkeren Inwertsetzung der Natur für den Menschen über Ökosystemleistungen für einen besseren Naturschutz aufzuzeigen, etwa in den deutschen Studien im Nachgang zur internationalen TEEB-Studie *Naturkapital Deutschland* (Naturkapital-Deutschland 2015–2017). So zeigen deren Berichte auch in vielen anderen Bereichen, dass der Wert der Natur in verschiedenen Formen, etwa für die menschliche Gesundheit in der Stadt oder den Tourismus im ländlichen Raum, vielfach hoch ist. Das Ziel, über die Erkenntnisse auch zu einem entsprechenden nachhaltigeren Management und einem besseren Erhaltungszustand der Natur zu kommen, ist aber im Kontext der diversen Interessenlagen bei einer intensiven, vielfach an privaten Interessen orientierten Landnutzung weiterhin schwierig zu erreichen.

Ausblick: Biodiversitätskrise als Teil einer Krisenwelt
Der Biodiversitätsbegriff hat in den 30 Jahren seit seiner „Erfindung" das gezeigt und weiterentwickelt, wofür er angelegt wurde: Er ist ein Hybrid zwischen Fakten und Werten, zwischen Funktion und Motivation. In einer generellen Diskussion liegt dabei eine Stärke, weil mit solchen „Grenzkonzepten" ein scheinbarer Konsens zwischen zunächst widerstreitenden Anforderungen und Interessen einfacher zu erzielen ist. Dieser spezielle Charakter des Begriffs führt aber auch häufig dazu, dass Konfliktlinien verwischt und Machtfragen weniger gestellt werden.

Die Verbindung von Biodiversität mit dem Konzept der Ökosystemleistungen und Begriffen wie Naturkapital hat einerseits zu einer gewissen Sichtbarmachung und politischen Anerkennung eines umfassenderen Nutzenaspekts von Natur geführt, andererseits die erwähnten Konfliktlinien auch wieder deutlicher hervortreten lassen: So wird etwa die Gefahr der weitergehenden Privatisierung von Natur und ihrer Leistungen mit gutem Grund sehr kritisch beäugt. Zudem hat dieser neue Blickwinkel trotz aller darin gesetzten Erwartungen bisher nicht dazu geführt, den Naturschutz als Erhaltung der menschlichen Lebensgrundlagen und des menschlichen Wohlergehens maßgeblich aus seinem Nischendasein als Politikthema herauszuführen.

Daher muss leider gesagt werden, dass die neuen Konzepte zum Instrumentarium der Umwelt- und Naturschutzpolitik bislang noch recht wenig beigetragen haben. Zumindest in Mitteleuropa stehen eingefahrene Politiksektoren weiterhin weitgehend unverbunden nebeneinander.

Die aktuelle Debatte um das Insektensterben – nach der Feststellung einer Studie, dass in ausgewählten Schutzgebieten in Deutschland die Insektenbiomasse in 30 Jahren um bis zu 75 % zurückgegangen ist – zeigt dies nur zu deutlich. Aus der Landwirtschaft sind Stimmen zu hören, die die (in der Tat schwierige) Datenlage der Studie kritisieren und eine Verantwortung der Landwirtschaft für den Insekten-Rückgang in Abrede stellen. Dabei sind aber allgemein die Belege zur Bedeutung der intensiven Landwirtschaft für den Rückgang von Arten und die Veränderung von Ökosystemprozessen und -leistungen gut belegt. Auch die möglichen wirksamen Maßnahmen zur Minderung der Probleme sind weitgehend bekannt; sie sind jedoch weiterhin im Kontext der gegenwärtigen Agrarpolitik nur sehr schwer umsetzbar.

Die Debatte zeigt aber auch, wie die klassischen Argumente des Naturschutzes, die emotionale und wertebasierte Beziehung zur Natur weiterhin ein wichtiger Antrieb zum Handeln sein können, wie etwa auch die regelmäßigen Naturbewusstseinsstudien zeigen (BfN 2015). Lange war die Debatte um Naturschutz in Deutschland nicht mehr so präsent in der Öffentlichkeit wie aktuell durch die Insektenstudie. Durch die Diskussion über die Leistungen von Natur im Allgemeinen und hier von Insekten und deren Vielfalt im Speziellen kommen neuen Argumente hinzu. Wichtig wird es sein, die Verbindung der verschiedenen Werte (ökonomischer und nicht-ökonomischer) fortzuführen und sichtbar zu machen (Jax 2017; Eser et al. 2015). Dies geschieht zumindest auf internationaler Ebene dank des Weltbiodiversitätsrates IPBES in jüngster Zeit in zunehmendem Maße.

Diese Entwicklung kommt einerseits spät – sie hätte zu Beginn der Biodiversitätsdebatten um die Jahrtausendwende erheblich geholfen, Interessenkonflikte sichtbarer zu machen und breitere Lösungsansätze zu finden. Heute fällt sie in die Zeit, wo, negativ gesprochen, andere (Umwelt-)Krisen zu sehr dominieren und das Thema Biodiversität damit, wie so oft, ins Hintertreffen gerät. Positiv gesprochen, bettet sich „Biodiversität" aber damit auch in den neuen globalen Zielkanon der UN-Ziele zur nachhaltigen Entwicklung (*Sustainable Development Goals* – SDGs) ein. Die Biodiversitätsdebatte der letzten 30 Jahre hat das Rüstzeug geliefert, ihre Bedeutung in Verbindung mit ökonomischer Entwicklung, Armutsbekämpfung, Ernährung und Gesundheit als einigen der großen Krisenfelder sichtbar zu machen. Ob dies gelingt, muss sich aber in der anlaufenden Umsetzung der SDGs erst noch zeigen.

Deutschland hat seine eigene Nachhaltigkeitsstrategie gerade erst im Hinblick auf die SDGs umgeschrieben. Auch diese neue Strategie macht jedoch wiederum deutlich, wie sehr die sektorale Sichtweise in der Politik noch verankert ist, denn die angesprochenen möglichen Synergien, aber auch Zielkonflikte zwischen den Biodiversitäts- und anderen Zielen werden kaum thematisiert. Hier liegt der entscheidende Ansatzpunkt für die weitere Debatte um die Biodiversität – sowohl national als auch international. Der Naturschutz ist theoretisch durch die konzeptionellen, politischen und wissenschaftlichen Grundlagen für diese Debatte gerüstet. Die Frage ist aber weiterhin, ob die Bereitschaft für seine Einbeziehung in anderen Sektoren steigt. Und das ist sowohl in Land- und Forstwirtschaft als auch in Fischerei und Privatwirtschaft bisher nur in Ansätzen zu erkennen.

Literatur

Bundesamt für Naturschutz (BfN): Naturbewusstsein 2015. Bevölkerungsumfrage zu Natur und biologischer Vielfalt, Bonn 2015: https://www.bfn.de/fileadmin/BfN/gesellschaft/Dokumente/Naturbewusstsein-2015_barrierefrei.pdf (09.01.18).

Bundesministerium für Umwelt, Naturschutz und Reaktorsicherheit (BMU): Nationale Strategie zur Biologischen Vielfalt, Berlin 2007: https://www.bfn.de/fileadmin/BfN/biologischevielfalt/Dokumente/broschuere_biolog_vielfalt_strategie_bf.pdf (09.01.18).

Eser, U., A. Neureuther & A. Müller: Klugheit, Glück, Gerechtigkeit. Ethische Argumentationslinien in der Nationalen Strategie zur biologischen Vielfalt. Bonn 2011.

Jax, K.: Zwischen Eigenwert und ökonomischem Nutzen: Spannungsfelder, Missverständnisse und Chancen beim Schutz der biologischen Vielfalt. – Bioökonomie und Ethik, 2017: http://forum-wirtschaftsethik.de/zwischen-eigenwert-und-oekonomischem-nutzen-spannungsfelder-missverstaendnisse-und-chancen-beim-schutz-der-biologischen-vielfalt (09.01.18).

Naturkapital Deutschland – TEEB DE : Projekteigene Publikationen, Leipzig 2015–2017: www.naturkapital-teeb.de/publikationen (09.01.18).

Neßhöver, C.: Biodiversität. Freiburg im Breisgau 2013.

Neßhöver, C., C. Prip & H. Wittmer: Biodiversity governance – A global perspective from the Convention on Biological Diversity. In: Gasparatos, A. & K. J. Willis (Hg.): Biodiversity in the Green Economy. London 2015, S. 289–308.

Weiter zum Entscheidenden
Die Ökologie muss zum Ausgangspunkt der sozial-ökologischen Transformation werden

Michael Müller, Andreas Troge

> In der Umweltpolitik der vergangenen Jahrzehnte gab es erhebliche Verbesserungen, zum Beispiel in der Entwicklung regenerativer Energien, beim Bau energiesparender Gebäude, wichtige Impulse für eine Chemiepolitik, den Ausbau der Biomärkte oder auch erste Ansätze einer Kreislaufwirtschaft. Zugleich haben sich aber die ökologischen Herausforderungen globalisiert und zugespitzt. Dafür reichen die bisherigen Antworten nicht aus.

Im Jahr 1970 übernahm der damals gerade erst 28 Jahre alte Dennis Meadows den Auftrag des Club of Rome, eine computergestützte Weltprognose über die Verfügbarkeit der Ressourcen bis zum Jahr 2100 vorzulegen (Meadows 1972). Es wurde zur Aufgabe seines Lebens. Zwei Jahre später veröffentlichte sein 16-köpfiges Team vom Massachusetts Institute of Technology (MIT) eine düstere Projektion für unseren Planeten. Unter gleichen Rahmenbedingungen für Wirtschafts- und Bevölkerungswachstum ermittelte Meadows in fünf verschiedenen Szenarien schwerwiegende potenzielle Krisen in der Versorgung mit Nahrungsmitteln und Rohstoffen, ja sogar Zusammenbrüche der Ökosysteme als Folge des expansiven Wirtschaftens.

Die vorhergesagten Grenzen des Wachstums passten jedoch nicht zur Technikgläubigkeit der damaligen Zeit, die als eine nahezu unumstößliche Gewissheit angesehen wurde. Die Ergebnisse wurden als fortschrittsfeindlich abgetan. In der zweigeteilten Welt wollte man nicht wahrhaben, dass die Tragfähigkeit der Erde begrenzt ist – im Osten nicht und im Westen auch nicht. Dennoch war das Resultat nicht nur ein Schock, es traf auch den Nerv der Zeit. Die *Grenzen des Wachstums* wurden eine Bibel der Umweltbewegung, die damaligen Jahre zur Gründungszeit der modernen Umweltpolitik, die seitdem eine einzigartige Karriere gemacht hat. Heute ist unbestritten, dass die Industriegesellschaften innerhalb weniger Jahrzehnte weit tiefer greifende Veränderungen in den Ökosystemen bewirkt haben als Millionen Jahre der Evolution zuvor.

Natürlich reicht der Beginn des Umwelt- und Naturschutzes weiter zurück. Joachim Radkau datierte ihn auf die Zeit um 1800 (Radkau

1999), als es weit verbreitete Ängste vor einer Holznot gab und auch die Wald-Romantik aufkam. Dieser Beitrag beschäftigt sich jedoch nur mit der Entwicklung der Umweltpolitik in den letzten fünf Jahrzehnten, also ab Ende der 1960er Jahre, die zur Erfolgsgeschichte der Umweltschutzbewegung wurden. Bereits 1970 fand das erste Europäische Naturschutzjahr statt, eine breite Umweltkampagne mit über 200 000 Aktionen in 42 Mitgliedstaaten des Europarates (Bölsche 1999). Im selben Jahr begann die Bundesregierung unter Willy Brandt, im „Sofortprogramm zum Umweltschutz" die klassischen Instrumente der Umweltpolitik, die damals noch im Innenministerium angesiedelt war, neu zu ordnen, vor allem das Ordnungs- und Genehmigungsrecht. Ein Jahr später legte die Bundesregierung ihr erstes Umweltprogramm vor, welches die zentralen, bis heute gültigen Leitvorgaben der deutschen Umweltpolitik gemacht hat: Verursacherprinzip, Vorsorgeprinzip und Integrationsprinzip (Deutscher Bundestag 2011).

In Deutschland wurden 1971 die ersten beiden Umweltministerien installiert – in Bayern und in der damaligen DDR. In demselben Jahr gründeten vier Organisationen aus Frankreich, USA, Schweden und England die Friends of the Earth, denen heute rund 80 Länder angehören. In der folgenden Zeit wurde der Umweltschutz allgemein anerkannt, alle Parteien bekennen sich dazu. Dennoch drangen viele wichtige Ideen nicht durch, obwohl eine Internalisierung der ökologischen Folgekosten in die Preisbildung ebenso als notwendig angesehen wurde wie der Abbau umweltschädlicher Subventionen. Die Konsequenzen aus diesen beiden Forderungen sind bis heute jedoch weitgehend ausgeblieben.

In den 1980er Jahren prägten vor allem die Auseinandersetzung um die Atomenergie und das Waldsterben die Umweltdebatte. Nach dem Super-Gau im vierten Block des Atomkraftwerks von Tschernobyl im April 1986 gründete die Bundesregierung das Bundesministerium für Umwelt, Naturschutz und Reaktorsicherheit (BMU) und der CDU-Politiker Walter Wallmann wurde zum ersten Bundesumweltminister. Das zeigt, wie stark die Umweltbewegung in nur zweieinhalb Jahrzehnten geworden war; denn damit sollte, was wohl die entscheidende Überlegung war, die deutsche Öffentlichkeit beruhigt werden, die mehrheitlich den Ausstieg aus der nuklearen Stromversorgung forderte. Die schwarz-gelbe Mehrheit unter Helmut Kohl und Hans Dietrich Genscher wollte den Ausstieg aber nicht. Für sie war Tschernobyl ein negatives Beispiel für die rückständige Technologie in der UdSSR, die mit den westlichen Atomkraftwerken nicht vergleichbar sei.

Klimaschutz als zentrales Thema

Ende der 1980er Jahre rückte der Klimaschutz an die Spitze der Umweltdebatte. Bereits 1988 legte die Enquête-Kommission „Schutz der Erdatmosphäre" des Deutschen Bundestages einen umfassenden Bericht vor (Deutscher Bundestag 1988), zwei Jahre später wurden erste Szenarien für die Reduktion der Treibhausgase (THG) veröffentlicht, die detailliert nachwiesen, dass die THG-Emissionen in der alten Bundesrepublik bis zum Jahr 2005 um mehr als 30 % gegenüber 1990 verringerbar seien (Deutscher Bundestag 1990). Die Vorschläge wurden von allen Mitgliedern der Kommission unterstützt und waren auch deshalb so mutig, weil sich damals noch keine „Klimaskeptiker" formiert hatten. Und wenn welche aus den USA zu den Anhörungen eingeflogen kamen, boten sie fachlich ein dürftiges Bild.

Angestoßen durch die Enquête-Kommission nahm Deutschland beim Kampf gegen die Erderwärmung eine Vorreiterrolle ein. Schon damals ging die „Klima-Enquête" von einer globalen Erwärmungsobergrenze von 1,5 °C aus. Das Bundeskabinett beschloss am 13. Juni 1990 eine Verringerung der nationalen Kohlendioxid-Emissionen (CO_2) „in den alten Bundesländern um mindestens 25 % bis zum Jahr 2005. Und um noch einen höheren Beitrag in den neuen Bundesländern". Bei den Maßnahmen blieben jedoch alle Regierungskonstellationen in den letzten 30 Jahren deutlich hinter den Vorgaben zurück, wobei anfangs der Zusammenbruch der DDR, der in den neuen Bundesländern die CO_2-Emissionen um rund 50 % senkte, sehr vorteilhaft für die Bilanz war. Vor diesem Hintergrund erhöhte die damalige Bundesregierung das CO_2-Minderungsziel für 2005 auf 30 % gegenüber 1990 für Deutschland insgesamt.

Ab 2002 zählten jedoch allein die Vorgaben aus dem Protokoll von Kyoto vom 11. Dezember 1997, das auf der Basis des Rahmenübereinkommens der Vereinten Nationen über Klimaänderungen beschlossen wurde (benannt nach dem Konferenzort Kyoto in Japan) (BMUB 1987). Im April 2007 suchte der damalige Bundesumweltminister Sigmar Gabriel mit der Klimaagenda 2020 einen neuen Anlauf. Danach sollte eine Reduktion der CO_2-Emissionen um 40 % gegenüber 1990 erreicht werden. Zuletzt hat das Bundesministerium in einem Vermerk festgehalten, dass Deutschland dieses Ziel verfehlen wird. Entscheidende Schwachstellen sind die Abhängigkeit von der Kohleverstromung und von Öl, insbesondere im motorisierten Verkehr.

Bis weit in die 1990er Jahre reichte in Deutschland die „große Zeit" der ersten modernen Umweltpolitik. Aber die Chance, in einer umfassenden ökologischen Modernisierung der Infrastruktur den Aufbau Ost mit dem Umbau West zu verbinden, wurde nicht genutzt. Zwar entwickelten alle Bundestagsparteien Konzepte für eine ökologische Steuerreform, die 1999 – obwohl in der Variante „light" – zustande kam. Zudem trug der Bericht der Brundtland-Kommission (Hauff 1987), der 1987 die Leitidee der Nachhaltigkeit auf die internationale Tagesordnung setzte, zur „grünen Akzeptanz" bei. Dennoch ist es bis heute nicht zu einer Integration der Prinzipien einer nachhaltigen Entwicklung in die Wirtschaftspolitik gekommen, national nicht, europäisch nicht und global schon gar nicht.

Nachhaltigkeit ist leider oftmals zu einem weichen Plastikbegriff geworden, nach allen Seiten biegbar und überall verwendbar, obwohl im UN-Bericht eindeutig definiert wurde, was darunter zu verstehen ist: „Die Bedürfnisse der heutigen Generationen müssen so erfüllt werden, dass dies auch künftige Generationen angemessen tun können." Auf dieser Basis haben die Vereinten Nationen im Jahr 2015 einstimmig die Agenda 2030 (UN-Generalversammlung 2015) beschlossen, die für alle Mitgliedsländer der UNO 17 globale Nachhaltigkeitsziele mit 169 Unterpunkten verbindlich festlegt. Aber dennoch ist die Verwirklichung weit weg. Sie ist eher eine Hoffnung als eine sich dynamisch entwickelnde Wirklichkeit.

Auch die Bundesregierung beschloss eine nationale Nachhaltigkeitsstrategie, die in der praktischen Politik aber kaum eine Bedeutung hat. Das zeigen beispielsweise die folgenlosen Vorgaben für die Verringerung des sogenannten Flächenverbrauchs. Zudem gibt es keine Vernetzung der nationalen Nachhaltigkeitsstrategie mit den Bundesländern und Kommunen, obwohl dafür verschiedene Vorschläge gemacht wurden (z. B. UBA 1998). Im Deutschen Bundestag gibt es nur einen Beirat für Nachhaltigkeit, der weder Fisch noch Fleisch ist. Es fehlt ein Ausschuss, dem das verfassungsmäßige Recht für einen Einspruch gegen nichtnachhaltige Vorhaben und Gesetze zugestanden wird. Mit ihm wäre es möglich, das vorherrschende Regime der Kurzfristigkeit einzuhegen.

Neue Herausforderungen

Trotz der Bedeutungszunahme und trotz der Bekenntnisse aller Bundestagsparteien tut sich im Umweltschutz ein großer Widerspruch zwischen Wissen und Handeln auf. Denn die Globalisierung der Umweltschäden spitzt die Frage nach der Umweltkompatibilität der Produktionsweisen und Konsumformen zu. 20 Jahre nach der Veröffentlichung der Grenzen des Wachstums legten Dennis Meadows und sein Team 1992 eine erste Überprüfung der Szenarien des MIT vor. Das Resümee hieß: „1971 sah es so aus, als werden erst nach einigen Jahrzehnten die materiellen Grenzen für die Nutzung vieler Rohstoffe und der Energie erreicht. 1991 aber zeigen die Computerläufe und die Neubewertung der Daten, dass die Nutzung zahlreicher Ressourcen und die Ausbreitung von Umweltgiften bereits die Grenzen des langfristig Zuträglichen überschritten haben – trotz verbesserter Technologien, trotz des gewachsenen ökologischen Bewusstseins und trotz strengerer Umweltgesetze." (Meadows 1992)

Im Jahr 2004 nahm das Forscherteam ein 30-Jahre-Update vor. Als Fazit beklagte Dennis Meadows die „verlorene Zeit" beim Schutz von Umwelt und Natur. Der Zustand der Ökosysteme habe sich trotz der Fortschritte in der Umweltpolitik dramatisch verschärft. Meadows sah insbesondere bei den globalen Herausforderungen keinen Fortschritt: „Ich habe 40 Jahre versucht, auf diese Entwicklungen hinzuweisen, dennoch hat sich nichts geändert – ich habe also versagt." (Meadows 2012) Dennis Meadows warf seinen Blick aber nicht nur zurück. Die Menschen bräuchten „ein komplett neues Verständnis für die globalen Zusammenhänge". Dafür forderte er „Wunschvisionen, den Aufbau von Netzwerken und die Revolution zur Nachhaltigkeit" (Meadows 2004).

Für die pessimistische Sicht waren zwei Entwicklungen ausschlaggebend: Erstens haben sich die Umweltschädigungen globalisiert. Nationale Strategien bleiben unverzichtbar, aber sie reichen nicht aus, obwohl einzelne Nationen und Unternehmen als Vorreiter wichtige Impulse setzen müssen – so wie Deutschland das mit dem Erneuerbare-Energien-Gesetz getan hat. Zum anderen sind große industrielle Wirtschaftsbereiche, die früher nützlich und stark waren, in ihrer heutigen Form eher schädlich: etwa die Autoindustrie oder die Ölwirtschaft. Die „alte industrielle Welt" hat ihren Zenit überschritten, der Umbau ist nicht nur aus ökologischen Gründen notwendig.

Die wahrscheinlich größte Herausforderung unserer Zeit wird jedoch noch immer verdrängt: die Grenzen des Wachstums und die Folgen ihrer Überschreitung. Sie verschärft entweder die vorhandenen Probleme massiv, wie die Ernährungslage in Afrika und die Fluchtbewegungen zeigen, oder sie schafft neue Probleme, insbesondere mit der Zunahme der Wetterextreme. Damit stellt sich die Frage, welche Rolle die Umweltbewegung heute, in der globalen Epoche, einnehmen muss.

Der Optimismus der Vorstellungskraft

In den letzten Jahrzehnten wurden die Umweltverbände zu hochkompetenten Experten der Umweltpolitik, gleichsam zu privaten „Technokraten" für den Schutz der natürlichen Lebensgrundlagen. Sie spiegeln in ihrer Arbeit die Referate der Umweltministerien wider. Das bleibt wichtig, aber notwendig ist mehr als das Wissen über Emissionshandel,

Wasserhaushaltsgesetz oder Schutzgebiete für Tiere und Pflanzen. Die Umweltbewegung muss die Probleme einordnen und gesellschaftliche Zusammenhänge klar machen, sie muss eine umfassende Deutung der Entwicklungstrends geben und insgesamt die Umweltpolitik zur gesellschaftlichen Reformpolitik erweitern. Das heißt: Die Umweltschutzbewegung muss zum Träger eines neuen Fortschritts werden und den sozialen und ökologischen Herausforderungen eine ganzheitliche Vision für eine gute Zukunft entgegenstellen. Das ist viel von ihr verlangt, aber wer käme sonst in Frage, wo die ökologische Frage so zentral wichtig ist?

Seit der Industriellen Revolution sind „die Effekte des menschlichen Handelns auf die globale Umwelt eskaliert" (Crutzen 2002). So begründete der Mainzer Nobelpreisträger Paul J. Crutzen seinen Vorschlag, die heutige Erdepoche „Anthropozän" zu nennen. Tatsächlich hängt die Zukunft der Menschheit davon ab, dass innovative, sozial und ökologisch verträgliche Produktionsweisen und Konsumformen entwickelt werden. Dem allseitigen Schneller, Höher und Weiter muss ein Ende gesetzt werden. Hemmungsloses Streben nach Wirtschaftswachstum heißt nämlich, die Ökosysteme, von denen das menschliche Überleben abhängt, zu zerstören. Politik muss sich neu orientieren auf eine sozial-ökologische Qualität in der Entwicklung von Wirtschaft und der Gesellschaft im Ganzen, soll ein menschenwürdiges Leben gesichert und die natürlichen Lebensgrundlagen dauerhaft geschützt werden. Wachstum ist endlich, Entwicklung nicht.

Unsere Überzeugung ist: Wir können der großen Menschheitsaufgabe der sozial-ökologischen Transformation gerecht werden. Die Umweltpolitik hat in den letzten Jahren dafür wichtige Impulse gesetzt, die Mut machen, aber weiterzuentwickeln sind. Bislang bestimmte nämlich in erster Linie die Aufklärung über die Gefahren, die Anerkennung der Natur und die Sanierung der Umweltschäden die Umweltpolitik. Jetzt muss die Ökologie zum Ausgangspunkt für eine nachhaltige Entwicklung werden. Dafür muss die Umweltpolitik einen weiteren Schritt machen: der Schutz der Ökosysteme muss zur Grundlage für die Gestaltung der Wirtschaft und Gesellschaft werden.

Viele haben den Optimismus der Vorstellungskraft, dass eine dauerhafte Umweltkompatibilität der Wirtschaft und ihrer Produktionsweisen möglich wird. Dafür muss es zu einem explizit programmatischen Denken kommen. Seine Grundlagen sind verbindliche Nachhaltigkeitsprinzipien, die unsere Gegenwart mit der Zukunft verbinden. Die sozial-ökologische Transformation setzt die Bereitschaft voraus, sich dem Notwendigen zu verschreiben, statt dem scheinbar nur Machbaren hinterherzulaufen. Die Gesetze der Natur setzen die Wegweiser, damit die planetaren Grenzen für ein gutes Leben eingehalten werden. Andernfalls verstärkt sich künftig auch die immanente Krise der bisherigen Umweltpolitik, die längst nicht die Wirkung entfaltet, die für eine nachhaltige Entwicklung notwendig ist. Es gibt nämlich nur wenige mutige Konzepte, die den großen Herausforderungen unserer Zeit eine ganzheitliche Vision des menschlichen Fortschritts entgegenstellen. Aber darum muss es gehen.

Beispiel Verkehrswende

Der Diesel-Skandal, bei dem durch ein systematisches Chip-Tuning die Abgaswerte vor allem PS-starker Fahrzeuge manipuliert wurden, ist ein Beispiel dafür, wie schwer sich Unternehmen und Behörden, aber auch die Medien mit dem ökologischen Umbau tun. Die Automobilindustrie wurde zu Recht für ihre Betrügereien und schmutzige Trickserei massiv kritisiert. Unter der Vorgabe, die Verbrauchswerte zu senken und die ökologischen Standards bei den Abgaswerten einzuhalten, hat sie eine Modernität vorgetäuscht, die aber tatsächlich bei Dieselfahrzeugen zu gesundheitsschädlichen Stickoxidbelastungen und in den Innenstädten zu viel zu hohen Feinstaubkonzentrationen führen.

In der Kritik an VW und anderen Dieselherstellern wurde die entscheidende Frage der Debatte systematisch verdrängt: nämlich die, wie eine generelle Neuordnung der Mobilität aussehen muss, die nicht länger von der autogerechten Stadt ausgeht, ökologische Alternativen stärkt und überflüssige Fahrten reduziert. Strafrechtliche, bestenfalls technische Antworten wurden gegeben, aber die „Autokultur" selbst, die scheinbar keine Grenzen kennt, wurde nicht in Frage gestellt. Doch in den letzten Jahren hatten auch in unserem grün angehauchten Land die *Sport Utility Vehicles* (SUV, deutsch etwa Sport- und Nutzfahrzeug) den weitaus höchsten Zuwachs bei den Neuzulassungen der Pkw. Ein SUV hat jedoch einen um rund 25 % höheren Kraftstoffverbrauch und Ressourceneinsatz als ein vergleichbar motorisierter Pkw und wird auch dann nicht ökologisch, wenn es ein Benziner ist, mit dem der Halter zum Einkaufen in den Biomarkt fährt. Was wir brauchen, hat Erich Fromm in Sein oder Haben formuliert: Eine Welt, die weder Mangel noch Überfluss kennt (Fromm 1976).

Unser Fazit: In der Umweltpolitik der letzten Jahrzehnte gab es erhebliche Verbesserungen, zum Beispiel in der Entwicklung regenerativer Energien, beim Bau energiesparender Gebäude, wichtige Impulse für eine Chemiepolitik, den Ausbau der Biomärkte oder erste Ansätze einer Kreislaufwirtschaft. Zugleich haben sich aber die ökologischen Herausforderungen globalisiert und zugespitzt. Dafür reichen die bisherigen Antworten nicht aus. Dennoch gibt es selbst im engen Führungskreis der Europäischen Union keinen Kommissar, der für Nachhaltigkeit und Umweltfragen zuständig ist. Was wird damit der Umweltbewegung abverlangt? Was muss in den nächsten Jahren das Entscheidende sein? Jedenfalls reicht es nicht aus, „nur" umweltbewusste Beispiele vorzuzeigen, umweltfreundliche Promis zur Schau zu stellen oder einzelne grüne Oasen zu schaffen.

Wir setzen auf die historischen Erfahrungen mit politischer Gestaltung und auf die Kraft von mehr Demokratie. Wir sind überzeugt: Eine Ordnung für das dauerhafte Überleben der Menschheit ist möglich. Dafür müssen die technischen und wissenschaftlichen Fähigkeiten auf die Schließung der Kreisläufe und den Ausbau der regenerativen Energieströme konzentriert werden. International schufen auch die Vereinten Nationen mit der Agenda 2030 (UN-Generalversammlung 2015) und dem Pariser Klimaabkommen (Sommer & Müller 2016) wichtige Grundlagen. Wir müssen dafür sorgen, dass die Umsetzung von der großen Mehrheit der Menschen nicht als Gefährdung ihrer Aufstiegschancen oder des erreichten Wohlstandes gesehen wird.

Die Umweltbewegung hat in den letzten fünf Jahrzehnten viel bewirkt. Fatalismus wäre also fehl am Platz. In den letzten Jahren wurden wichtige Einsichten gewonnen und erste Grundlagen für die Modernisierung von Wirtschaft und Gesellschaft geschaffen, aber das neue Gebäude, das dauerhaft umweltkompatibel sein muss, steht noch nicht. Viel Zeit haben wir nicht, denn insbesondere beim Klimawandel sind „Tipping Points" bereits absehbar, an denen die Entwicklung „umkippt" und für eine längere Zeit unumkehrbar ist. Das belegen die Sachstandsberichte des Weltklimarates (IPCC 2007, 2014) und die Erkenntnisse der Erdsystemforschung über die „planetarischen Grenzen" (Rockström et al. 2009).

Die Umweltbewegung kann auf große Erfolge verweisen, aber ihre Aufgabe ist längst nicht erfüllt. Eine viel schwierigere Aufgabe steht bevor. Deshalb muss sie politischer werden und Konzepte entwickeln, die in Deutschland und in der Europäischen Union zu einer sozial-ökologischen Transformation führen. Die ersten Schritte sind:
1. die radikale Entkoppelung des Ressourcenverbrauchs vom wirtschaftlichen Wachstum durch eine schnelle und absolute Dematerialisierung;
2. die Konzentration von Wissenschaft und Forschung auf die Schließung ökologischer Kreisläufe;

3. die Internalisierung der ökologischen Folgekosten in der Preisbildung;
4. der Abbau umweltschädlicher Subventionen;
5. ein neuer Wohlfahrtsindikator;
6. mehr Transparenz und Bürgerbeteiligung.

Also los.

Literatur

Bölsche, J.: Die Ökologie-Bewegung. In: SPIEGEL, No. 10. Hamburg 1999.
Bundesministerium für Umwelt, Naturschutz, Bau und Reaktorsicherheit: Kyoto-Protokoll. Berlin 1997.
Crutzen, P. J.: Geology of mankind. In: Nature, Vol. 415, 2002, S. 23.
Deutscher Bundestag. Enquete-Kommission Wachstum, Wohlstand, Lebensqualität: Schlussbericht. Teil D Wachstum, Ressourcenverbrauch und technischer Fortschritt. Berlin 2011.
Deutscher Bundestag. Enquete-Kommission Vorsorge zum Schutz der Erdatmosphäre: Schutz der Erdatmosphäre. Bonn 1988.
Deutscher Bundestag. Enquete-Kommission Vorsorge zum Schutz der Erdatmosphäre: Schutz der Erde. Bonn 1990.
Fromm, E.: Haben oder Sein. München 1976.
Hauff, V.: Unsere Gemeinsame Zukunft. Greven 1987.
Intergovernmental Panel for Climate Change (IPCC): Sachstandsbericht AR 4 und Sachstandsbericht AR 5. Genf 2007, 2015.
Meadows, D., D. Meadows, E. Zahn & P Milling: Die Grenzen des Wachstums. Stuttgart 1972.
Meadows, D., D. Meadows & J. Randers: Die neuen Grenzen des Wachstums. Stuttgart 1992.
Meadows, D., D. Meadows & J. Randers: Limits to Growth: The 30-Year Update. London 2004.
Meadows, D.: Nachhaltige Entwicklung ist Nonsens. In: Der Standard. Wien 2012.
Radkau, J.: Die Ära der Ökologie. München 2011.
Rockström, J., W. Steffen, A. Persson, F. Chapin III, E. Lam, T. Lenton, M. Scheffer, C. Folke, H. Schellnhuber, B. Nykvist, C. de Wit, T. Hughes, S. van der Leeuw, H. Rodhe, S. Sörlin, P. Synder, R. Constanza, U. Svedin, M. Falkenmark, L. Karlberg, R. Corell, V. Fabry, J. Hansen, B. Walker, D. Liverman, K. Richardson, P. Crutzen & J. Foley: A safe operating space for humanity. In: Nature, Vol. 461, 2009, .S. 472–475.
Sommer, J. & M. Müller: Unter 2 Grad? Stuttgart 2016.
Umweltbundesamt (UBA): Nachhaltiges Deutschland. Karlsruhe 1998.
UN-Generalversammlung: Transformation unserer Welt. Die Agenda 2030 für eine nachhaltige Entwicklung. New York 2015.

25 Jahre Umweltbewegung
Erfolge – Utopien – verlorene Gewissheiten

Hubert Weiger

> Die Beschlüsse der Umweltkonferenz der Vereinten Nationen in Rio de Janeiro vor 25 Jahren haben weltweit neue Impulse gesetzt und waren so zumindest teilweise mitverantwortlich für die Erfolge der Umweltbewegung in Deutschland. Doch es bleiben auch Herausforderungen für die Zukunft, zu denen die Zunahme des Verkehrs, der ungebremste Artenschwund und der Flächenverbrauch gehören. Um dem erfolgreich zu begegnen, muss sich die Umweltbewegung international besser aufstellen, Teil der Demokratiebewegung werden und Bündnisse schließen mit anderen Gesellschaftsbereichen.

Vor 25 Jahren fand in Rio de Janeiro die Konferenz der Vereinten Nationen über Umwelt und Entwicklung statt. Dort wurden wegweisende Beschlüsse gefasst wie die Rio-Erklärung über Umwelt und Entwicklung, die Klimarahmenkonvention, die Wüstenkonvention und die Biodiversitätskonvention. Es herrschte Aufbruchsstimmung in der Umweltbewegung. Große Hoffnungen wurden geweckt – endlich waren die meisten drängenden Themen bei „denen dort oben" angekommen.

Ein zentrales Ergebnis des Rio-Gipfels war das Leitbild einer nachhaltigen Entwicklung, welches zur Grundlage hat, dass wir so wirtschaften und leben müssen, dass wir dadurch kommenden Generationen nicht ihre Lebensgrundlagen entziehen. Dieses Leitbild setzte weltweit neue Impulse. Der BUND nahm dies auf Initiative der damaligen Vorsitzenden und heutigen Ehrenvorsitzenden des BUND, Angelika Zahrnt, zum Anlass, zusammen mit Misereor beim Wuppertal Institut eine Studie über ein *Zukunftsfähiges Deutschland* in Auftrag zu geben: Es war 1996 erstmalig der Versuch, das Konzept der Nachhaltigkeit auf alle zentralen Lebensbereiche zu übertragen und konkrete Konsequenzen aus dem Leitbild der Weltentwicklung für Deutschland zu ziehen.

Ausgehend von dem neu entwickelten *Umweltraumkonzept* unseres Friends-of-the-Earth-Schwesterverbandes *Milieudefensie* aus den Niederlanden wurde die Gerechtigkeit als zentrales Kriterium der internationalen Umweltpolitik zur Grundlage auch der nationalen Umweltpolitik gemacht, indem man davon ausging, dass jeder Mensch auf dieser Welt den gleichen Anspruch auf Ressourcenverbrauch haben darf und das gleiche Grundrecht auf eine nachhaltige Entwicklung. Das bedeutet gleiche Nutzungsrechte für alle Menschen an globalen Umweltgütern, aber auch gemeinsame Verantwortung aller Menschen für diese Umweltgüter. Daraus wurde dann unter anderem abgeleitet, dass es im Bereich des Klimaschutzes notwendig ist, eine maximale Pro-Kopf-Emission klimarelevanter Treibhausgase festzulegen, die nach derzeitigen Erkenntnissen maximal 2 t CO_2 pro Jahr sein darf, wenn die Klimaerwärmung bis 2100 maximal 2 °C gegenüber vorindustriellem Niveau betragen soll. Daraus ergibt sich wiederum, dass die Industrienationen den größten Reduktionsbedarf realisieren müssen. Es wurden neben diesem Umweltraumkonzept auch konkrete Umweltziele für ein zukunftsfähiges Deutschland formuliert und gezeigt, dass gerade Deutschland als hochentwickeltes Industrieland massiv seine Umweltverbräuche reduzieren muss.

Es ging aber in dieser Studie nicht mehr nur um die Definition von Reduktionsmaßnahmen, sondern auch um die Überlegung, welche neuen Leitbilder notwendig sind, um diese Ziele zu erreichen. Diese waren das Grundprinzip der Entschleunigung und Entflechtung und eine grüne Marktagenda, welche tatsächlich das Verursacherprinzip ernst nimmt und auch die Umweltverbräuche besteuert. Hier wurden die Grundlagen der ökologischen Steuerreformen späterer Regierungen gelegt. Gleichzeitig wurde formuliert, dass es notwendig ist, Kreislaufwirtschaftsprinzipien zu etablieren, und dass die Landwirtschaft nicht länger nur als Rohstoffproduzent betrachtet werden darf, sondern als Produzent gesunder Lebensmittel wieder die Wertschätzung der Gesellschaft erfahren muss. Auch die Konzepte „Stadt als Lebensraum" und „internationale Gerechtigkeit" wurden in dieser Studie ausführlich zur Grundlage gelegt, nach dem Prinzip „Gut leben ist etwas anderes als viel haben".

Die Studie hatte sehr große Resonanz. Tausende von Veranstaltungen wurden damit in ganz Deutschland durchgeführt. 2007 wurde die Studie *Zukunftsfähiges Deutschland II* für den BUND, Brot für die Welt und den Evangelischen Entwicklungsdienst wiederum vom Wuppertal Institut erstellt, in der die Bilanz der ersten Studie gezogen wurde und gleichzeitig auch verstärkt Konsequenzen für die gesamte Umsetzung angemahnt wurden. Wesentliche Ergebnisse für notwendige Elemente eines zukunftsfähigen Deutschlands waren eine vollständige Versorgung mit Erneuerbaren Energien, das Primat der Politik über die Märkte, Kreislaufwirtschaft, Ressourceneffizienz und soziale Gerechtigkeit. Der BUND hat damit die grundsätzliche Debatte „Gut leben statt viel haben" in Deutschland entscheidend angestoßen. Die Denkansätze und Ziele wurden quasi zum Grundsatzprogramm des BUND.

Erfolge

Im Zusammenhang bzw. im zeitlichen Kontext mit den Beschlüssen von Rio konnten seit den 1990er Jahren einige wichtige Erfolge erzielt werden. An vielen Orten konnte die Ausweisung von Schutzgebieten durchgesetzt werden. So wurde beispielsweise von der Europäischen Union mit NATURA 2000 erstmalig ein Schutzgebietsnetz auf der Grundlage wissenschaftlicher Kriterien eingerichtet. Ein anderes Beispiel ist das Grüne Band: Unmittelbar nach dem Fall der deutsch-deutschen Mauer 1989 hat der BUND Naturschutz in Bayern die Initiative zum Schutz des ehemaligen Sperrgebietes, in dessen Schatten sich wertvolle Lebensräume erhalten haben, ergriffen. Damals haben selbst viele Naturschützer diese Idee für eine Utopie gehalten. Heute ist das „Grüne Band Deutschland" mit annähernd 1400 km Länge bis auf 180 km Lücken der längste zusammenhängende Biotopverbund Deutschlands von der Ostsee bis ins Vogtland mit einem Mosaik verschiedenartigster Lebensräume. Es konnten auch zahlreiche Großschutzgebiete wie Nationalparke und Biosphärenreservate auf den Weg gebracht werden – insbesondere in den neuen Bundesländern mit der deutschen Einheit. Dort beschloss der Ministerrat der letzten DDR-Regierung am 12.9.1990 auf der Sitzung vor seiner Selbstauflösung das Nationalparkprogramm der DDR und damit die Ausweisung von 5 Nationalparken, 6 Biosphärenreservaten und 3 Naturparken. Dadurch konnte Entscheidendes für den Naturschutz erreicht und wertvolle Landschaften und Ökosysteme Deutschlands vor der Zerstörung bewahrt werden.

Auch andere Erfolge kann die Umweltbewegung verzeichnen: Vor 25 Jahren wurde die ökologische Landwirtschaft nur von wenigen Pionieren betrieben. Heute verlässt sie zunehmend die Nische, weil sie durch eine immer größere Nachfrage aktiv von Verbrauchern unterstützt wird. So wuchs der Anteil der ökologisch bewirtschafteten Fläche von einem Anteil von weniger als 0,2 % 1990 auf derzeit knapp 7 %. Ein großer Erfolg ist es jedoch, dass jetzt übereinstimmend von der Bundesregierung und zahlreichen Landesregierungen das Leitbild eines 20-%-Anteils an der landwirtschaftlichen Fläche bis 2020 verfolgt wird. Davon sind wir zwar noch weit entfernt, aber es ist als gemeinsames Ziel verankert. Die artgerechte Tierhaltung war vor 25 Jahren noch ein Fremdwort. Heute wird sie zunehmend öffentlich diskutiert, und sie hat sogar im jüngsten Bundestagswahlkampf eine Rolle gespielt.

Ein großer Erfolg war auch der Einsatz gegen die Agrogentechnik: Noch vor 25 Jahren gab es in Deutschland eine große politische Mehrheit für die Anwendung der Agrogentechnik. Heute gibt es eine große politische Mehrheit dagegen, nicht zuletzt weil 80 % der Bundesbürger Agrogentechnik ablehnen, so dass in Deutschland seit 2012 keine gentechnisch veränderten Pflanzen kommerziell angebaut werden.

In der Waldwirtschaft haben wir durch intensivste Öffentlichkeitsarbeit erreicht, dass sich nach 300 Jahren das Leitbild vom Altersklassenwald gewandelt hat hin zu einer naturnahen Waldwirtschaft. Bei allen immer noch bestehenden Defiziten ist damit das Leitbild „Mischwald" nicht mehr umstritten.

Im Bereich der Energiewende haben wir 2002 den ersten und 2011 dann auch wegen der Atomkatastrophe von Fukushima und wachsender Bürgerproteste den endgültigen Atomausstieg bis 2022 erreicht. Ein riesiger Erfolg war seit 2002 der Boom der Erneuerbaren Energien durch das Erneuerbare-Energien-Gesetz. Damit konnten die Erneuerbaren Energien im Strombereich seit 2015 den Anteil von Atomkraft überflügeln und haben heute Marktanteile von 33 %. Der Erfolg der Erneuerbaren Energien war auch ein Erfolg dezentralen Bürgerengagements: Heute beteiligen sich 1,4 Millionen Menschen an der Erzeugung Erneuerbarer Energie. Dies ging natürlich zu Lasten der Marktanteile der großen Stromversorgungsunternehmen. Diese haben gerade in der letzten Legislaturperiode den gesamten Einfluss ihrer Wirtschaftsmacht auf die Politik geltend gemacht und erreicht, dass mit der Novelle des Erneuerbaren-Energien-Gesetzes 2014 eine massive Blockadepolitik erfolgte. Der Ausbau der Erneuerbaren Energien – besonders Wind und Sonne – wurde gedeckelt und ein Ausschreibungsverfahren eingeführt: Nur noch wer möglichst billig anbieten kann, soll mit Erneuerbare-Energie-Projekten zum Zuge kommen. Begründet wurde diese Politik mit den vermeintlich hohen Kosten der Erneuerbaren Energien. In Wahrheit ging es aber darum, den großen Energieversorgern, die im gewandelten Umfeld mit ihren bisherigen Geschäftsmodellen rote Zahlen schrieben, wieder Spielräume zu verschaffen. Nun sind die großen Unternehmen wieder im Vorteil. Ihre alten Kraftwerke können länger am Netz bleiben und mit ihren Eigenkapitalmöglichkeiten sind die großen Energieversorger bei Ausschreibungen im Vorteil. Das Prinzip der Dezentralität wird untergraben. Besonders bei der Windkraft an Land droht das Aus für die Bürgerenergie und damit für das Engagement der Bürgerinnen und Bürger, die den Ausbau der Erneuerbaren Energien in Deutschland bislang maßgeblich vorangetrieben haben.

Trotz mancher Rückschläge gibt es auch in anderen Bereichen weitere Erfolge zu verzeichnen: Noch vor 25 Jahren wurden Fahrraddemonstrationen veranstaltet, um Fahrräder als Verkehrsmittel überhaupt wieder ins öffentliche Bewusstsein zu bringen. Heute erleben wir, dass ganz offiziell Fahrradschnellstraßen propagiert werden und immer mehr Städte sich für einen sicheren Fahrradverkehr engagieren.

Im Abfallbereich konnte das Verursacherprinzip verstärkt durchgesetzt werden, was zu Vermeidung, Rückführung und Recycling führte, und es konnten zahlreiche Müllverbrennungsanlagen verhindert werden.

Auch auf der juristischen Ebene gab es wichtige Fortschritte wie den Eingang von Natur und Umweltschutz in zahlreiche Gesetze, Verordnungen und Vorschriften. Wir haben das Klagerecht für anerkannte Naturschutzverbände im Bundesnaturschutzgesetz und Verbesserungen in vielen weiteren Einzelpunkten erreicht.

Erfreulich ist, dass in den letzten 25 Jahren trotz zahlreicher Eingriffe auch einmalige Naturlandschaften durch den Einsatz der Natur- und Umweltorganisationen gerettet werden konnten. Einer der größten Erfolge des BUND ist die Rettung der frei fließenden Donau zwischen Straubing und Vilshofen. Auf 70 km Länge konnten die geplanten Staustufen und damit eine Kanalisierung der frei fließenden Donau verhindert werden. Der Bundestag hatte unter Rot-Grün 2002 zwar schon die Erhaltung des frei fließenden Flusses beschlossen, allerdings war die Umsetzung dieses Beschlusses am Widerstand Bayerns gescheitert. Erst als die bayerische Staatsregierung 2013 selbst erklärte, dass die Donau als frei fließender Fluss erhalten bleiben und nur eine sanfte Ausbauvariante ohne Staustufe umgesetzt werden soll, war die Auseinandersetzung beendet. Diese neue Position wurde nicht zuletzt deshalb eingenommen, weil die überwältigende Mehrheit der Bevölkerung unabhängig von parteipolitischen Präferenzen gesagt hat: „Wir lassen uns die Donau als frei fließenden Fluss nicht mehr nehmen!" Dies war das Ergebnis eines fast 40-jährigen demokratischen Prozesses mit hunderten von Veranstaltungen vor Ort, so dass die Zerstörung der Donau politisch nicht mehr durchsetzbar war.

Der jüngste große Erfolg einer neuen Flusspolitik ist das Bundesprogramm „Blaues Band Deutschland". Damit will die Bundesregierung verstärkt in die Renaturierung von Bundeswasserstraßen investieren und neue Akzente in Natur- und Gewässerschutz sowie der Hochwasservorsorge setzen. Es geht damit um Revitalisierungs- und Ökologisierungskonzepte für 2800 Flusskilometer in Deutschland. Dazu zählt auch der Verzicht auf Staustufen an der Elbe und weiterer Staustufen an der Donau. Diese Neubewertung der Flüsse hängt eng zusammen mit der Tatsache, dass heute 80 % der Bürger weitere Flussbegradigungen ablehnen und sich einsetzen für möglichst naturnahe Fließgewässer. Damit ist es der deutschen Ökologiebewegung nach jahrzehntelangem vergeblichem Einsatz gelungen, mit Hilfe des Bewusstseinswandels der Bevölkerung und jungen naturschutzengagierten Wasserbauern einen Wertewandel in der Politik auf allen Ebenen einzuleiten. Nicht mehr der kanalisierte Betonrinnenbach, sondern der mäandrierende Fluss mit natürlichen Ufern und Auen ist das Leitbild. Das Abflussgerinne wird wieder als Lebensraum erkannt und genutzt.

Herausforderungen für die Zukunft

Doch gab es in den letzten 25 Jahren natürlich auch Rückschritte. Trotz allen Engagements für den Fahrradverkehr und den Öffentlichen Personennahverkehr ist es nicht gelungen, die massive Zunahme des Auto-, Lkw- und Flugverkehrs einzudämmen und den Straßen- und Parkraum in Dörfern und Städten wieder zu einem Lebens- und Kommunikationsraum zu machen. Jährliche Milliardensubventionen verbilligen umwelt-, gesundheits- und klimaschädigende Verkehre. Vor allem im Güterverkehr hat das Umwelt- und Sozialdumping sowie eine fehlende europäische Steuer- und Arbeitslohnharmonisierung die Arbeitsteilung in der Wirtschaft nahezu unabhängig von den Entfernungen gemacht. Eine der fatalen Folgen ist das Wachstum des Lkw-Verkehrs und die Straße als rollendes Warenlager. Es ist nicht gelungen, der Schiene auch nur ansatzweise einen relevanten Anteil im Bereich des wachsenden Güterverkehrs zu geben. Auch der Flugverkehr nahm während der vergangenen Jahrzehnte massiv zu. Für immer mehr Menschen ist das Fliegen trotz all der damit verbundenen Probleme wie Beitrag zur Klimaerwärmung, Lärmbelastung und Luftverschmutzung zunehmend zur Selbstverständlichkeit geworden. Dafür sind auch die falschen marktwirtschaftlichen Rahmensetzungen verantwortlich, die dazu führen, dass das schnellere und umweltschädlichere Fliegen sogar innerhalb Deutschlands billiger ist als das Fahren mit dem Zug.

In weiter Ferne liegt eine Lösung im Bereich der Erhaltung der Biodiversität: Der Artenverlust verläuft ungebremst. Wir haben es nicht ansatzweise geschafft, durch eine entsprechende Reform der Agrarpolitik eine flächendeckende ökologische Agrarwende zu realisieren. Auch im Bereich Flächenverbrauch ist keine Trendwende in Sicht – im Gegenteil hat sich der Flächenverbrauch vom Bevölkerungswachstum entkoppelt.

Wir haben es ebenfalls nicht geschafft, als Ökologiebewegung auf internationaler Ebene – europäisch wie global – tatsächlich wirkungsvoll zu agieren. Wir erleben, dass wir auf dieser Ebene zunehmend ausgehebelt werden, weil der Welthandel keiner demokratischen Kontrolle unterliegt. Dahingegen dominieren Wirtschaftsinteressen mit immer größeren Konzernen, die stärker sind denn je – nicht nur wirtschaftlich, sondern auch politisch, weil sie ihre Wirtschaftsmacht zunehmend auch politisch durchsetzen. Beispiel hierfür ist der Abgasskandal um Dieselfahrzeuge: In Deutschland hat die starke Automobilindustrie tatsächlichen technischen Fortschritt verhindert und in Kumpanei mit staatlichen Behörden Scheinlösungen wie Software-Updates durchsetzen können, womit europaweit zigtausende vorzeitige Sterbefälle von der herrschenden Politik hingenommen werden.

Mit derartigen Scheinlösungen von Umweltproblemen sind wir zunehmend in vielen Bereichen konfrontiert. Die stark luftbelastende Schwermetallindustrie wird in andere Länder verlagert, so dass sich unsere Klimabilanz verbessert – die anderer Länder verschlechtert sich aber massiv. Anstatt den CO_2-Emissionshandel so zu reformieren, dass Industrie- und Energiekonzerne echte Anreize haben, den CO_2-Ausstoß entscheidend zu verringern, werden sie mit noch mehr CO_2-Zertifikaten beschenkt. Seit Abfälle auch als „Rohstoffe" deklariert werden können, kann man Abfall in Länder mit weniger strengen Vorschriften exportieren, wo sie unter Umständen in der Umwelt und insbesondere in den Meeren landen, so dass die früheren Erfolge im Abfallbereich heute wieder gefährdet sind.

Als Fazit lässt sich feststellen, dass das Fehlen verbindlicher ökologischer Leitplanken benutzt wird, weiter eine Ressourcen zerstörende und verbrauchende Wachstumswirtschaft zu Lasten kommender Generationen zu betreiben, die noch dazu mit „grünen" Vokabeln garniert wird. So ist der zentrale Begriff der „Nachhaltigkeit" zu einem permanent missbrauchten Alibiwort geworden.

Neue Hoffnung

Hoffnung gibt, dass es in Gesellschaft und Politik - abgesehen von der AfD – eine weitgehende Übereinstimmung mit den übergeordneten Zielen gibt, die nicht in Frage gestellt werden. So herrscht Einigkeit darüber, dass wir den Klimawandel bekämpfen müssen. Gleichzeitig werden die Folgen des Klimawandels und damit die Folgen des politischen Nicht-Handels weltweit immer deutlicher spürbar. Damit wächst der Handlungsdruck. Das Gleiche gilt für den Verlust der Biodiversität: Immer mehr Menschen erfahren zum Beispiel direkt und unmittelbar, dass es immer weniger Insekten gibt, nicht zuletzt weil die Windschutzscheiben ihrer Fahrzeuge nicht mehr so schnell verschmutzen. Sie sehen nur selten Tiere in freier Wildbahn und erleben in Parkanlagen oder in ihren Gärten einen dramatischen Rückgang von Gartenvögeln. Dadurch wachsen insgesamt das Bewusstsein und die Akzeptanz für Natur und Umweltschutz. Die Studie *Umweltbewusstsein in Deutschland 2016* ergab, dass Umwelt- und Klimaschutz für die Bevölkerung nach wie vor zu den wichtigsten Problemen zählen. Es wird immer offensichtlicher, dass die Folgekosten des Nicht-Handelns immer größer werden. Die Schäden von Stürmen und Hochwässern belaufen sich alleine in Deutschland jährlich auf Milliarden von Euro.

So schlimm diese Auswirkungen auch sind, zeichnet sich damit aber doch ab, dass die Ökologiebewegung auf eine immer breitere Basis gestellt wird, je mehr Menschen betroffen sind: Allerdings muss sie sich viel stärker mit der Sozialbewegung und der Friedensbewegung weltweit zusammenschließen. Es ist wichtig zu realisieren, dass gerade einkommensschwache Menschen häufig die ersten Opfer der Umweltkrise sind. Ihnen fehlt die wirtschaftliche Flexibilität und Sicherheit, oftmals fallen ihre Arbeitsplätze weg. Durch ihre örtliche Gebundenheit ist auch die Berufsgruppe der Landwirte stark betroffen: Wie das Beispiel Fukushima zeigt, sind sie die Hauptopfer radioaktiver Unfälle. Ihr Land ist wertlos geworden und ihr Vieh unverkäuflich. Trotzdem kommen sie, wenn sie älter sind, schon aus emotionalen Gründen wieder auf ihr Land zurück und setzen sich bewusst den gesundheitlichen Gefahren aus. Dies sind soziale Tragödien, die sich abspielen. Daher ist die Behauptung, dass Umwelt- und Naturschutz nur für diejenigen relevant sei, die es sich leisten können, absolut falsch.

Es gilt daher, Wohlstand als ökologische Wohlfahrt zu definieren, zu sichern und zu mehren, so dass allen Menschen ein Leben in Würde und ohne Beeinträchtigung von Umwelt und Mitmenschen ermöglicht wird. Die bisherige Lösung durch eine Politik des Wachstums, welche die Wirtschaft von den sogenannten Wachstumsbremsen wie angeblich zu hohen Löhnen und den Markt zu stark einengenden gesetzlichen Vorschriften des Sozial- und Umweltrechts befreit, dereguliert und Umwelt- und Klimaschutzpolitik zahnlos macht, ist gescheitert, wie alle nationalen und weltweiten ökologischen und sozialen Faktoren beweisen. Auch die nationale Umweltkrise ist genauso wenig kleiner geworden wie die sozialen Unterschiede – ganz im Gegenteil.

Eine weitere neue Entwicklung im Natur-und Umweltschutz vollzieht sich in der Zusammenarbeit mit dem Kulturbereich. Auch wenn der Bundeswirtschaftsminister Sigmar Gabriel etwas anderes beabsichtigt hat, haben wir den von ihm 2014 gegründeten TTIP-Beirat unter anderem als ein Forum für eine neue Allianz benutzt. So war der deutsche Kulturrat durch einzelne Vertreter etwa bei den TTIP-Demonstrationen am 17. September 2016 in sieben Städten in Deutschland präsent. Das ist nicht zuletzt deshalb von Bedeutung, da der Kulturbereich in Deutschland einen Beitrag zum Bruttosozialprodukt leistet, der knapp hinter dem der deutschen Automobilindustrie liegt. Damit stellt er also einen der größten Wirtschaftsfaktoren Deutschlands dar. Er ist jedoch als solcher kaum bekannt, da er sich in sehr viele Einzelbereiche aufgefächert hat. Umso wichtiger ist es deshalb, dass er durch sein aktives Engagement gegen TTIP und CETA verdeutlicht, dass gerade diese Vielfalt unserer Kultur durch diese Form von Freihandelsabkommen bedroht ist und die kulturelle Dimension eine entscheidende Grundlage der Nachhaltigkeit bildet.

Zwischen Naturschutz und kulturellem Sektor gibt es zwar seit jeher starke Verknüpfungen, die sich auf ethischer und auf emotionaler Ebene äußern, durch die neuen Bündnisse können diese aber erheblich in die Breite der Gesellschaft hinein zur Wirkung für gemeinsame Ziele gebracht werden.

Schließlich muss die Umweltbewegung ein zentraler Teil der Demokratiebewegung sein. Die Umweltbewegung in Deutschland ist durch die Demokratie erst stark geworden und hat dabei viel Erfahrung mit demokratischen Prozessen gewinnen können. Gerade die positiven Erfahrungen zum Beispiel im Bundesland Bayern mit direkter Demokratie machen Mut, sich dafür auch auf Bundesebene einzusetzen. Denn es konnten durch die Volksbegehren in Bayern nicht nur zahlreiche konkrete Fortschritte für Natur und Umwelt wie ein vorbildhaftes Abfallgesetz oder auch ein ökologisches Waldgesetz durchgesetzt werden – obwohl die endgültigen Abstimmungen nicht gewonnen wurden –, sondern allein die durch die Informationskampagnen zu den Volksbegehren entstandene Bürgerbildung war und ist ein großes Kapital in der Demokratie. Daher müssen wir als deutsche Ökologiebewegung uns auch für mehr direkte Demokratie einsetzen. Die Ergänzung unserer parlamentarischen Demokratie um bundesweite Volksabstimmungen ist überfällig, um Reformen auf den Weg zu bringen und den Bürgern die Mitbestimmung auch zwischen den Wahlen zu ermöglichen. Parlamentarismus und direkte Demokratie sollten dabei Hand in Hand gehen. Das Wort von Willy Brandt aus den 1970er Jahren „Mehr Demokratie wagen" gilt heute mehr denn je auf allen Ebenen, vor allem auch für die Europäische

Union, die wesentlicher stärker als bisher eine Umwelt- und Sozialunion werden muss. Sie versteht sich heute leider eher als eine Wirtschaftsunion der Konzerne und fördert nicht zuletzt dadurch rechtspopulistische Abspaltungstendenzen. Eine Europäische Union, die sich klar zum Leitbild der nachhaltigen Entwicklung unter Beachtung der 17 Ziele für eine nachhaltige Entwicklung der Vereinten Nationen bekennt, die die Rechte des Parlaments entscheidend stärkt und die die Vielfalt der Regionen, Subsidiarität und Dezentralität als Stärke erkennt, ist die Chance für den Natur- und Umweltschutz auch in Deutschland.

Literatur

Bundesministerium für Entwicklung und Zusammenarbeit (BMZ): Der Zukunftsvertrag für die Welt – Die Agenda 2030 für nachhaltige Entwicklung. Berlin 2017.
Bundesministerium für Umwelt, Naturschutz, Bau und Reaktorsicherheit (BMUB): Umweltbewusstsein in Deutschland 2016 – Ergebnisse einer repräsentativen Bevölkerungsumfrage. Berlin 2017.
Sommer, J. & M. Müller: Unter 2 Grad? Was der Weltklimavertrag wirklich bringt. Stuttgart 2016.
Umweltbundesamt (UBA): 40 Jahre Umweltbundesamt. Dessau-Roßlau 2014.
Weiger, H.: Demokratie – DIE Chance für den Naturschutz. In: Bundesverband Beruflicher Naturschutz e. V.: DNT Journal 2017. Bonn 2017.

25 Jahre Nachhaltigkeitsmanagement
Endlich auf dem Weg in den Massenmarkt?

Michael Otto

> Vor 30 Jahren hat die Otto Group damit begonnen, sich mit dem Thema Umweltschutz systematisch zu beschäftigen. Das Unternehmen stand dabei vor schwierigen Fragen: Kann ein einzelnes Handelshaus überhaupt eine angemessene Wirksamkeit erzielen, um seiner Verantwortung für eine ökologisch und sozial begründete Optimierung seiner Lieferketten gerecht zu werden? Welche Möglichkeiten stehen hierfür zur Verfügung? Worauf kommt es an, trotz enger betriebswirtschaftlicher Spielräume Marktkräfte für ein nachhaltiges Supply Chain Management zu aktivieren?

Die Entwicklung eines systematischen Nachhaltigkeitsmanagements in der Otto Group beginnt im Jahr 1987. Meine Vorstandskollegen und ich waren zu der Auffassung gelangt, dass angesichts der zunehmend zutage tretenden Umweltprobleme der Schutz und Erhalt der natürlichen Ressourcen eine unternehmerische Aufgabe sei, die auch der Absicherung unseres Geschäftsmodells diente und die wir deshalb fortan als ein ausdrücklichen Ziel unserer Unternehmenspolitik entwickeln und bearbeiten wollten. Es entsprach unserer Auffassung, damit zunächst einmal bei uns selber zu beginnen. Und so wurde im Bürobetrieb Recyclingpapier eingeführt, unsere Versandkartonage auf Recyclingmaterial umgestellt und Echtpelzbekleidung sowie Möbel aus Tropenholz aus dem Sortiment verbannt. Diese Maßnahmen stießen auf große Beachtung und brachten mir vor 25 Jahren, im Jahr 1992, den vom WWF und dem Wirtschaftsmagazin *Capital* verliehenen Titel eines „Öko Manager des Jahres" ein.

Mit diesem Maßnahmenpaket wären wir heute sicherlich nicht mehr preiswürdig. Gesellschaftliche Verantwortung von Unternehmen, die sich mit dem Begriff Corporate Responsibility verbindet, hat in den vergangenen 25 Jahren eine enorme Aufwertung erfahren und wird deutlich weiter gefasst, als wir uns das Anfang der 90er Jahre des vorigen Jahrhunderts vorstellen konnten. Damals organisierte und lebte man Verantwortung an den eigenen Standorten und innerhalb der eigenen, selbst organisierten Prozesse. Nach dem heutigen Verständnis von Corporate Responsibility ist ein Unternehmen aber nicht mehr nur für sein

Produkt verantwortlich, sondern auch für die Art und Weise, wie es produziert wird und wie es sich in seinem Gebrauch verhält. Statt Verantwortung innerhalb der eigenen Werkstore zu leben, erstreckt sich Verantwortung mithin über dem ganzen Lebenszyklus der Produkte und Dienstleistungen, die das Unternehmen bereitstellt. Dieser Unterschied ist wichtig, weil sich damit auch eine Verantwortung für Sachverhalte ergibt, die weit außerhalb der unmittelbaren Beeinflussbarkeit und rechtlich geregelten Wirksamkeit eines Unternehmens liegen.

Das war für uns Mitte der 90er Jahre, als diese Entwicklung begann, zunächst ein irritierender Umstand. Wie sollten wir als ein Hamburger Handelshaus in weit entlegenen Ländern Asiens und Lateinamerikas Aufgaben übernehmen, für die üblicherweise die staatlichen Behörden vor Ort die Verantwortung trugen? Und an deren Bewältigung auch supranationale Organisationen wie die UNO oder die ILO bis dato gescheitert waren?

Wir haben diese Herausforderung angenommen, auch weil die von der Gesellschaft an große Unternehmen gerichteten Erwartungen dies zunehmend eingefordert haben. Diese Forderung gründete sich auf teilweise völlig unhaltbare soziale und ökologische Zustände in vielen Produktionsländern. Und es zeigt sich, dass erhebliche Risiken entstehen, die einen ganzen Wirtschaftszweig in Misskredit bringen können, wenn Unternehmen der entsprechenden Verantwortung nicht nachkommen. Als im Februar 2014 in Bangladesch das Gebäude einer Textilfabrik zusammenbrach und über 1000 Menschen ihr Leben verloren, stand dieser Sektor plötzlich vor der Situation, statt mit Mode und Lifestyle mit Armut, Not und womöglich Unsicherheit und Tod in Verbindung gebracht zu werden. So geht Kundenvertrauen verloren.

Heute ist absehbar, dass diese zunächst auf moralischen Wertvorstellungen fußende Unternehmensverantwortung zunehmend kodifiziert und durch nationale und supranationale Regelungen zukünftig deutlich höhere Verbindlichkeit erhalten wird. Seit einigen Jahren zeigt die Politik, dass sie den gesellschaftlichen Erwartungen folgen und Leitplanken für den Umgang mit Umwelt- und Sozialfragen in den globalen Lieferketten einbeziehen will. Dass die Verhandlungen hierüber vor allem im internationalen Kontext der G7 und der G20 geführt werden, ergibt Sinn vor allem deshalb, weil auf nationaler Ebene allein kaum noch wirksam gehandelt werden kann.

Diese Entwicklung ist folgerichtig. Denn die vergangenen 25 Jahre haben uns auch gelehrt, dass die ökonomischen Rahmenbedingungen, das Wechselspiel von Angebot und Nachfrage, den Unternehmen nicht genug Raum dafür geben, dass sie sich den Herausforderungen, die sich durch die Klima- und Ressourcenkrise ergeben, wirksam entgegen stellen können. Als ein Indiz hierfür mag gelten, dass auch in dem als fortschrittlich geltenden deutschen Markt eine Entkopplung von Wirtschaftswachstum und Ressourcenverbrauch nur in einem sehr begrenzten Umfang gelungen ist.

Der Grund dafür ist, dass der Markt Nachhaltigkeit als ein Element einer werthaltigen Produktqualität nur sehr begrenzt honoriert. Mit anderen Worten: dass es nicht gelingt, die Kosten für eine umwelt- und sozialverträgliche Produktion an den Konsumenten weiterzugeben. Diese nicht internalisierten Kosten sind erheblich. Auf der Grundlage eines bewährten Rechenmodells, das unsere Unternehmensberatung Systain Consulting entwickelt hat, können wir darlegen, dass diese Kosten für den Konsumgütersektor in Deutschland viele Milliarden Euro betragen; die Otto Group allein transportiert auf ihrem Umsatz von rund 13 Mrd. Euro einen Block nicht internalisierter Kosten in Höhe von rund 1,3 Mrd. Euro.

Während wir aber bei den Menschen im Allgemeinen eine allmähliche Zunahme eines Umweltbewusstseins, eines Gefühls von Verantwortung in der globalisierten Welt beobachten und messen können, so müssen wir doch auch erkennen, dass sich dieses allgemeine Bewusstsein nur sehr begrenzt im individuellen Kaufverhalten der Kunden niederschlägt. Wir alle, das ist auch sozialwissenschaftlich in den letzten Jahren umfänglich untersucht worden, tun uns schwer damit, abstraktes Wissen dort in konkretes Handeln zu übertragen, wo es in dem Moment, wo es gefragt ist, keine Handlungsrelevanz hat. Und so ist im Moment einer Kaufentscheidung meist etwas anderes wichtig, zum Beispiel der Preis, die Produktqualität oder auch das Design – aber nicht die ökologische oder soziale Qualität eines Produktes. Diejenigen Käuferschichten, die sich von ökologischen oder sozialen Themen in ihrer Kaufentscheidung leiten lassen, bilden nur eine kleine Minderheit. So kann sich kein ausreichend marktprägender Impuls für mehr Nachhaltigkeit ergeben. Entsprechend sind als „ökologisch verträglich" gekennzeichnete Produkte im Markt noch die Ausnahme. Sie machen in der Regel kaum mehr als 2–3 % des Volumens ihrer jeweiligen Produktgruppe aus.

Der durch die komplexen, international verflochtenen Wertschöpfungsketten vorgegebene Handlungsrahmen sowie die durch das Konsumverhalten schwach ausgeprägten betriebswirtschaftlichen Anreize stellen das unternehmerische Nachhaltigkeitsmanagement also vor große Herausforderungen. Denn die Spielräume für eigenes Handeln sind durch diese Umstände bestimmt. Und da man angesichts der großen Komplexität mit Kosten rechnen muss, die am Markt nicht weitergegeben werden können, sind diese Spielräume eng.

Die Herausforderung für ein erfolgreiches Nachhaltigkeitsmanagement auf dem Weg in den Massenmarkt besteht also darin, die engen Spielräume so effizient wie möglich zu nutzen. Um dieser Herausforderung gerecht zu werden, bedarf es in den Unternehmen einer intimen Kenntnis und Beherrschung der Lieferkette. Für viele Unternehmen ist dies eine Herausforderung, mit der umzugehen erst einmal erlernt werden muss. Die meisten großen Unternehmen unterhalten heute Abteilungen, in denen sich Spezialisten mit der Entwicklung von Konzepten und Strategien beschäftigen, wie diese Aufgabe am besten und am effizientesten ausgeführt werden kann. In umfangreichen Berichten werden ökologische und soziale Kennzahlen dargelegt, die Herstellung von Transparenz über die ökologische und soziale Dimension der Wertschöpfung ist an der Tagesordnung; auch Risiken der Geschäftstätigkeit werden in diesem Zusammenhang offengelegt und nach bestimmten Richtlinien testiert. Vor diesem Hintergrund kann man sagen: Das Thema Nachhaltigkeitsmanagement ist in der deutschen Wirtschaft angekommen.

Aber an einer durchschlagenden Wirksamkeit fehlt es noch. Was können wir also tun?

Drei Stoßrichtungen: individuell, kooperativ, normativ

Unserem Prinzip folgend, dass jeder zunächst bei sich selbst beginnen muss, haben wir – wie gesagt – schon in den 90er Jahren damit begonnen, unsere internen Prozesse zu optimieren, Verpackungsmaterial auf Recyclingqualität umzustellen, unsere CO_2-Emissionen zu bilanzieren und gezielt zu reduzieren, und setzten uns dafür ein, das für unsere Kataloge benötigte Papier in hoher Umweltqualität zu beschaffen. In der Zusammenarbeit mit innovativen Lieferanten unserer Handelsware haben wir damals auch damit begonnen, nachhaltige Rohstoffe wie Biobaumwolle für Textilien oder FSC-Holz für Möbel gezielt nachzufragen und unseren Kunden anzubieten. Als erstes Handelshaus in Deutschland haben wir einen Code of Conduct formuliert und allen unsere Lieferanten darauf verpflichtet, die hier festgelegten Grundsätze sozialverträglicher Produktion einzuhalten; und wir haben Kontrollmechanismen etabliert, um dessen Einhaltung auch zu überprüfen.

Die Erfahrungen dieser Aufbauphase unseres Nachhaltigkeitsmanagement war aber, dass sich auch gute Konzepte nur schwer skalieren lassen, wenn man als einzelnes Unternehmen versucht, in den weltweit verzweigten Wertschöpfungskette substantielle Verbesserungen zu erzielen. Bei allen punktuellen Erfolgen wie der Herstellung erster Bio-Baumwoll-Kollektionen oder dem Angebot kreislauftauglicher Teppichböden blieben die großen Skaleneffekte aus.

Das hat uns aber nicht dazu veranlasst, den Kopf in den Sand zu stecken. Auch heute verfolgt die Otto Group weiterhin dezidiert eigene Ziele mit eigenen Konzepten und Programmen. Als zweite strategische Stoßrichtung unserer Nachhaltigkeitsstrategie setzten wir aber seit dem Ende der 90er Jahre zusätzlich nachdrücklich auf die Bündelung von Nachfrage, um stärkere marktwirtschaftliche Impulse für mehr Nachhaltigkeit in den Lieferketten zu erzeugen. Der Zusammenschluss vieler Unternehmen zu breiten horizontalen Allianzen dient einerseits der Durchsetzung von praktischen Zielen in der Wertschöpfungskette. Denn ein Produzent, der gleichermaßen für Otto wie für drei, vier oder zehn weitere Unternehmen fertigt, wird sich sozial und ökologisch wirksamen Investitionen gegenüber eher aufgeschlossen zeigen, wenn diese Kunden ein gemeinsames Anliegen vortragen, als wenn es von einem einzelnen Unternehmen kommt. Hier kommt es bei der Zielverfolgung zu mehr Wirksamkeit unter zeit- und ressourceneffizienten Bedingungen. Ferner helfen breite Nachfrageallianzen auch dabei, den Wettbewerb um den besten Preis freiwillig so zu regulieren, dass er möglichst nicht auf Kosten von Mensch und Natur geht: Wenn sich eine große Anzahl von Unternehmen zusammenschließt, um im vor-wettbewerblichen Bereich gemeinsamen Standards, Methoden und Programme zu integrieren, tragen sie die Kosten hierfür gemeinsam. Es entsteht ein Level playing field.

Strategische Allianzen für die Durchsetzung von Nachhaltigkeit zu formen und erfolgreich zu machen erfordert viel Kreativität, Kompromissfähigkeit, Managementkapazitäten und viel Energie bei allen beteiligten Akteuren. Es braucht Leadership. Denn der sich daraus ergebende Nutzen, das Level playing field und die kosten- und zeiteffiziente Durchsetzung gemeinsamer Ziele in der Lieferkette, wirkt nicht unmittelbar positiv auf die Geschäftsbilanzen ein und muss mithin unternehmerisch begründet und gerechtfertigt werden.

Eine Befassung des Topmanagements mit den entsprechenden Initiativen ist daher unerlässlich. So schien es mir nur folgerichtig, mich zunächst an die Geschäftsführer und Vorstände der großen Unternehmen unserer Branche zu wenden, als Mitte der 90er Jahre offensichtlich wurde, dass die Verantwortung in der Lieferkette für die Bekämpfung von Kinderarbeit oder die Durchsetzung weiterer Sozialstandards auch durch eigene Maßnahmen des Handels in den Lieferländern umgesetzt und vorangetrieben werden mussten.

Was dann von den Vorständen und Geschäftsführern von acht großen deutschen Handelshäusern auf einer Konferenz in unserer Hamburger Konzernzentrale im Herbst 1998 vereinbart wurde, bildete die Grundlage für die Business Social Compliance Initiative, kurz: BSCI, die heute mit mehr als 2000 Mitgliedsunternehmen eine der größten strategischen Allianzen zur praktischen und effizienten Durchsetzung von Sozialstandards in globalen Lieferketten ist.

Ihre Stärke liegt in der großen Anzahl der beteiligten Unternehmen und der damit gebündelten Marktkräfte. Diese teilen sich in einer Datenbank Informationen über alle Produktionsstätten, die für sie weltweit fertigen; diese wiederum müssen ihre soziale Performance auf der Grundlage eines gemeinsamen Code of Conduct durch ein Audit, durchgeführt von einem unabhängigen Dritten, nachweisen. Diese Nachweispflicht über die Einhaltung der Standards wird flankiert durch ein umfangreiches Qualifizierungsprogramm der BSCI in den Beschaffungsmärkten sowie durch zahlreiche eigene Maßnahmen der Mitgliedsfirmen zur Verbesserung des Verständnisses und zur Durchsetzung der verlangten sozialen Normen.

Für unsere Unternehmensgruppe gilt, dass alle für uns tätigen Lieferanten für ihre Produktionsstätten in Risikoländern ein BSCI Audit vorweisen und damit darlegen müssen, dass ihre Beschäftigten entsprechend den geltenden Sozialstandards behandelt werden.

Eine Allianz, die so breit wirkt und möglichst viele Unternehmen aus der Wirtschaft zu integrieren sucht, wirkt meistens nicht sehr tief. Denn bezüglich Anspruch und Qualität des Standards müssen Kompromisse gefunden werden, die es auch den schwachen und langsamen Unternehmen im Geleitzug ermöglicht, ihre Beiträge zu einer nachhaltig organisierten Lieferkette zu leisten. So muss der BSCI-Standard die Unterstützung des Aufbaus von Arbeitnehmervertretungen in Schwellenländern ausklammern, weil hierüber in der Mitgliedschaft bis dato noch kein Konsens erzielt werden konnte. Es ist dennoch ein guter Weg, den die Otto Group mitgeht, um durch weitere, unternehmerspezifische Maßnahmen zugleich eine eigene Tiefe in das Sozialmanagement ihrer Supply Chain zu bringen.

Ein anderes Modell für die Bündelung von Nachfragepotenzial stellt der Global Organic Textile Standard (GOTS) dar. Anhand des Standards für dieses Siegel wird Baumwolle, die nach biologischen Gesichtspunkten kultiviert wurde, entlang der Wertschöpfungskette nach bestimmten Kriterien verarbeitet und kann deshalb an den Kunden mit einem konkreten Wertversprechen über ein sowohl ressourcen- als auf verarbeitungstechnisch hochwertiges Bioprodukt geliefert werden. Anders als die BSCI, an der nur Wirtschaftsvertreter stimmrechtlich beteiligt sind, ist GOTS in Zusammenarbeit verschiedener Stakeholdergruppen und insbesondere unter Einbeziehung der Nichtregierungsorganisationen (NGO) entstanden. Deshalb hat dieses Siegel den Vorteil, dass es im Markt eine hohe Glaubwürdigkeit besitzt und sich damit auch für eine wertschöpfende Kundenkommunikation eignet. Fehlt diese Voraussetzung, sind werbliche Versprechen von Unternehmen immer dem Risiko ausgesetzt, als Greenwashing diskreditiert zu werden. Hierzu haben manche Unternehmen allerdings einen eigenen Beitrag geleistet, denn auch heute noch schießen werbliche Botschaften mit dem Zusatz Öko oder Bio häufig über den eigentlichen Nutzen hinaus.

Mit unserer Initiative „Cotton made in Africa" (CmiA) haben wir einen dritten Weg zum Aufbau einer strategischen Allianz erprobt, um auf der einen Seite kosteneffizient und damit breit durchsetzbar Nachhaltigkeit zu implementieren, auf der anderen Seite aber auch eine möglichst hohe gesellschaftspolitische Unterstützung und Glaubwürdigkeit zu erlangen. Auf der Grundlage einer wissenschaftlichen Arbeit der Universität Wageningen über die Anforderungen des Baumwollanbaus in Afrika und die Methoden, soziale und ökologische Aspekte angemessen zu berücksichtigen, haben wir über einen Diskurs mit den verschiedenen Stakeholdern einen Standard entwickelt, der aufgrund der wissenschaftlichen Expertise der Universität sowie aufgrund gemeinsamer Reflektionen in einem Stakeholder-Dialog eine hohe gesellschaftliche Akzeptanz erreicht hat.

Dieser im Rahmen der Implementierung immer weiter entwickelte und den regionalen Bedürfnissen angepasste CmiA-Standard wird heute auf den Feldern von 780 000 afrikanische Kleinbauern angewandt. Die mit der Qualifizierung der Kleinbauern und der Zertifizierung ihre Produktion verbundenen Kosten werden derzeit zum Teil noch von staatlichen Entwicklungsgeldern, zu einem guten Teil jedoch bereits durch eine Lizenzgebühr gedeckt, die von den Händlern erbracht wird, die die CmiA-Lizenz erwerben.

Hier entfaltet wiederum die Bündelung von Nachfragepotenzial seine positive Wirkung. Der Wert der Lizenz ergibt sich aus dem Image der Marke, die CmiA im Konsumentenmarkt erlangt. Deshalb ist es Aufgabe meiner Aid by Trade Foundation, die das Eigentum an der Lizenz hält, neben einer Überwachung der Standardimplementierung und Zertifizierung auch die Attraktivität der Marke CmiA zu steigern, den Absatz zu fördern und so immer mehr Marktkräfte für die Unterstützung der afrikanischen Kleinbauern und damit der schwächsten Akteure in der textilen Wertschöpfungskette zu erreichen. Die durch die Implementierung des Standards verursachten Kosten sind dabei so gering, dass eine sehr breite Integration in die Wertschöpfungskette möglich ist. Die Unternehmen der Otto Group werden bis zum Jahr 2020 ihr gesamtes Textilsortiment auf CmiA Qualität umgestellt haben. Für mich ist dieses Social Business ein durchschlagender Erfolg, wenn es um Nachhaltigkeit im Massenmarkt geht. Das Vorhaben hat auch hohe politische Bedeutung, weil es der Stärkung kleinbäuerlicher Strukturen dient und damit einen wichtigen Beitrag dafür leistet, Fluchtursachen zu bekämpfen.

Meine Erfahrungen mit Kooperationsprojekten und strategischen Allianzen im Laufe der letzten 20 Jahre haben mich dazu veranlasst, Bundesentwicklungsminister Gerd Müller bei seiner Initiative zur Formung eines „Bündnisses für nachhaltige Textilien" von Anbeginn nachdrücklich zu unterstützen. Von einer Multistakeholder-Initiative unter Einbeziehung der politischen Akteure verspreche ich mir, dass von Anbeginn der gemeinsamen Arbeit auch die Vorbereitung auf bzw. die Substitution von kommenden oder geplanten gesetzlichen Regelungen möglich sein soll. Die Einbeziehung der Nichtregierungsorganisation wiederum sorgt für die Legitimation der entwickelten Standards und durchgesetzten Maßnahmen; eine angemessene Beteiligung der Wirtschaft sorgt dafür, dass Effizienzgesichtspunkte und wirtschaftlicher Pragmatismus Berücksichtigung finden; die Beteiligung der Gewerkschaften schärft den Blick auf die formalen Möglichkeiten zur Durchsetzung von Arbeitnehmerrechten. Und auch die Einbeziehung der langjährigen Erfahrungen der standardsetzenden Organisationen leistet ihren Beitrag dafür, dass auf allen Seiten ausreichender Realismus dort waltet, wo es darum geht, das Wünschbare und das Machbare angemessen zum Ausgleich zu führen.

Innerhalb des Textilbündnisses kommen deshalb viele der Vorteile zusammen, die strategische Allianzen zur Durchsetzung von NH-Zielen bieten:
1. Es schafft ein Level playing field, innerhalb dessen sich eine breite Allianz von Marktteilnehmern auf gemeinsame Ziele und Maßnahmen verpflichtet.
2. Es schafft die Voraussetzungen zur Vorbereitung der Branche auf mögliche gesetzliche Regelungen europäischer oder nationale Provenienz.

3. Es bildet eine Plattform für den Erfahrungsaustausch im Rahmen einer Multistakeholder-Initiative und schafft insofern die Möglichkeit, voneinander zu lernen.
4. Es bietet auch den Nichtregierungsorganisationen eine Chance zur Mitwirkung und damit eine attraktive Form der Beteiligung zur Steigerung ihrer Wirksamkeit.
5. Es bietet seinen Mitgliedern einen Schutzraum, in dem Kooperation praktiziert und öffentliche Konfrontation zurückgedrängt wird.

Nach einem holprigen Start 2014 hat das Textilbündnis in jüngster Zeit deutlich an Fahrt aufgenommen und bündelt Marktkräfte in drei verschiedenen Stoßrichtungen: in den Roadmaps der Mitglieder, mit denen diese auf einem eigenem Weg gemeinsame Nachhaltigkeitsziele des Bündnisses verfolgen; in der Entwicklung gemeinsam getragener Bündnisinitiativen und politischer Lobbyarbeit in den Beschaffungsmärkten; und schließlich durch die Etablierung einer Plattform, auf der NGOs, Gewerkschaften, Unternehmen und Politik voneinander lernen können. Es wäre dem Textilbündnis deshalb zu wünschen, dass es weiter Bestand hat, seine Marktdurchdringung von jetzt 50 % weiter steigert und damit das Thema Nachhaltigkeit im Textilsektor auf dem Weg in den Massenmarkt weiter tragen kann. Das Modell kann dann auch anderen Branchen als Vorbild dienen.

Man kann am Beispiel der Strategie der Otto Group zur Implementierung von Nachhaltigkeit in ihre Geschäftsprozesse gut sehen, dass man als Einzelunternehmen oder im Verbund mit anderen Unternehmen viel erreichen kann, um die bestehenden Spielräume innerhalb komplexer Wertschöpfungsketten effektiv zu nutzen. Dabei sollte es aber nicht bleiben. Meines Erachtens muss es auch darum gehen, diese Spielräume möglichst zu erweitern, um den Herausforderungen, die die Klima- und Ressourcenkrise an uns stellt, wirkungsvoller zu begegnen. Hier ist die Politik gefragt. Als Unternehmer habe ich es deswegen auch stets als meine Aufgabe betrachtet, mich in die politische Meinungsbildung einzubringen und dabei für Rahmenbedingungen einzutreten, innerhalb derer wir als Unternehmen auch klima- und ressourceneffizient wirtschaften können.

In diesem Sinne ist meine Initiative zu sehen, mit 11 weiteren Unternehmern, Vorständen oder Geschäftsführern bedeutender deutscher Unternehmen verschiedener Branchen im Jahr 2008 die Stiftung „2° – Deutsche Unternehmer für Klimaschutz", zu gründen.

In unserem Wirken mit der 2°-Stiftung folgen wir der Überzeugung, dass die Fähigkeit, Lösungen zum Kampf gegen die globale Erwärmung beizutragen, die deutsche Wirtschaft im internationalen Wettbewerb stärken wird. Politik muss normativ oder rahmensetzend handeln, damit sich Kreativität und Innovationskraft der Wirtschaft entsprechend entfalten können. Die Ausgestaltung eines funktionierenden, Investitionsanreize setzenden Emissionshandels oder eine gezielte Strukturpolitik zur Entwicklung der Braunkohleregionen in Deutschland für die Zeit nach einem Kohleausstieg sind nur zwei Forderungen, die sich an die Politik richten, damit die Energiewende vorankommt und die CO_2-Emissionen der Wirtschaft systematisch und mit dem notwendigen Tempo gesenkt werden könne.

Wir wissen sehr wohl, wie schwer es auch für die Politik ist, die unterschiedlichen Interessen zwischen Umweltschutz und Wirtschaftswachstum auszugleichen und wie sehr auch im politischen Rahmen kurzfristige Interessen langfristige Interessen überlagern. Aber die Gesellschaft braucht eine klare Orientierung, die von der Politik vorgegeben werden muss. Auch das ist eine Voraussetzung für die erfolgreiche Führung von Nachhaltigkeit in den Massenmarkt.

Wenn Themen vom Himmel fallen
Umweltjournalismus: Vom Waldsterben bis zum Crowdfunding fürs Überleben

Joachim Wille

> Der Umweltjournalismus ist seit seinen Anfängen viel breiter, vielfältiger, bunter, interaktiver geworden. Doch das ist nur die halbe Wahrheit. Denn auf der anderen Seite gibt es viele Defizite – alte, die nicht behoben wurden, und neue, verursacht durch den digitalen Umbruch im Mediengeschäft.

Waldsterben? Was war das noch einmal? Gab es das überhaupt? War doch nur von den Medien geschürte Ökohysterie der frühen 1980er Jahre. Katastrophenjournalismus. Umwelt-Medienhype. Die Bäume stehen doch noch. Der Wald ist grün geblieben. Ja, die Forstfläche in Deutschland wächst sogar, und es kann mehr Holz geschlagen werden denn je.

Heute glauben das viele: Nicht der saure Regen ließ damals die Bäume sterben. Es waren die Journalisten, die einigen Forstexperten und Umweltverbänden mit ihren übertriebenen Kassandra-Rufen auf den Leim gegangen waren. Doch das ist falsch. Das Waldsterben war nicht bloß ein emotional aufgeladenes Medienereignis, eine Hysterie ohne wirkliche Faktenbasis, wie einige Kritiker später behaupteten. Es ist zwar richtig: Die Journalisten haben damals und danach bei diesem Thema auch Fehler gemacht. Es gab Übertreibungen, und viele der Schreiber und Redakteure verloren nach dem „Hype" zu schnell wieder das Interesse. Aber sie erreichten, was „nachhaltigen Journalismus" ausmacht: Sie schufen eine breite Informationsbasis, trafen den Nerv der Zeitgenossen – und trugen maßgeblich zu dem öffentlichen Druck bei, der bewirkte, dass die Politiker schnell konkrete politische Maßnahmen ergriffen. Die vierte Gewalt funktionierte. Der saure Regen wurde eingedämmt.

Forstwissenschaftler hatten das Katastrophenszenario, dass der Wald großräumig absterben könnte, erstmals 1979 aufgestellt. Die Medien griffen es etwa ab Mitte 1981 auf. Sofort entbrannte eine breite öffentlichen Debatte. Das Waldsterben war über Jahre ständig in Presse und Rundfunk, es avancierte zum „Umweltproblem Nummer eins", so eine dpa-Umfrage vom Sommer 1982. Reportagen über dürre Wipfel, Baumgerippe, kahle Hügel, wo vorher Wald gewesen war, flammende Kommentare. Das Nachbarland Tschechoslowakei mit seinen vielen schwefelspeienden Braunkohlemeilern und wegrasierten Erzgebirgswäldern lieferte einen drastischen Blick in die Zukunft. Die Journalisten warnten vor flächenhaft wegbrechenden Waldbeständen, vor einer drohenden „Säuresteppe". Manche vergriffen sich auch gewaltig in den Metaphern, wenn sie wie der SPIEGEL 1983 von einem „ökologischen Hiroshima" oder gar einem „ökologischen Holocaust" schrieben.

Die Politik reagierte schnell. Für Kohlekraftwerke wurden bereits 1983, nur zwei Jahre nachdem das Problem erstmals Schlagzeilen gemacht hatte, Schwefelfilter vorgeschrieben. Autos mussten ab 1984 sukzessive mit Katalysatoren ausgerüstet werden. Die Schwefeldioxid-Emissionen, Hauptquelle des sauren Regens, Ende der 1970er Jahre satte acht Millionen Tonnen pro Jahr, sanken deutlich. Inzwischen sind es nur noch rund 0,5 Millionen Tonnen. Dadurch wurde ein Fortschreiten der Schäden gestoppt, das „Waldsterben" abgewendet. Zwar weiß man heute, dass auch waldbauliche Fehler – zu viele Monokulturen, nicht an den Standort angepasste Baumarten – und möglicherweise bereits der Klimawandel eine Rolle beim Waldsterben spielten, das später in „Neuartige Waldschäden" umgetauft wurde. Doch keine Frage: Ohne die Maßnahmen zur Luftreinhaltung gäbe es den Wald, wie wir ihn kennen, nicht mehr. Unter dem Strich bleibt: Die damals aktiven Journalisten, ihre Zeitungen, Magazine und Rundfunkhäuser haben einen guten Job gemacht.

Initialzündung für den Umweltjournalismus
Das Waldsterben war der erste Öko-GAU, der zu einem solchen Megathema avancierte. In den ersten Nachkriegsjahrzehnten hatte es „Umweltjournalismus" im engeren Sinne ja noch gar nicht gegeben. Umwelt- und Naturzerstörung war ein Nischenthema. Industriegifte im Abwasser, Schaumberge auf Flüssen, Luftverschmutzung durch Kohlemeiler und Stahlwerke – das interessierte die Betroffenen und, wenn es gut ging, die Journalisten vor Ort. Bundesweite Aufreger erzeugte das nicht. Die Situation änderte sich in den 1970er Jahren. Die Initialzündung für den Umweltjournalismus kam 1972 mit der Berichterstattung über den Report *Die Grenzen des Wachstums* des Club of Rome, und den Nachbrenner lieferte die erste Ölkrise, die im Jahr danach die Voraussagen zur drohenden Knappheit der Rohstoffe zu bestätigen schien. Die Ökologie- und die Ressourcenkrise wurden so bedeutsam, weil sie die Grundfesten des Wirtschaftens zu erodieren drohten. Es ging nicht mehr „nur" um Umweltprobleme, die die rasant steigende Nutzung der Rohstoffe auslösen würde, sondern auch um ökonomische und soziale Folgen dieser Entwicklung.

Die Journalisten, die diese Themen aufgriffen, waren die Ersten, die sich um eine „ganzheitliche Sicht" auf die Welt bemühten. Sie bewegten sich erstmals in dem Grenzbereich zwischen Ökonomie, Natur, Sozialpolitik und Technik, sie übten ein Querschnittsdenken, das den Umweltjournalismus prägt und ihn bis heute auch besonders anspruchsvoll macht. Es war bereits eine Berichterstattung über „Nachhaltigkeit", bevor dieses inzwischen inflationär gebrauchte Wort – durch die Brundtland-Kommission (*Our Common Future* 1987) – überhaupt in den allgemeinen Sprachgebrauch Eingang fand. Eine Ausbildung für einen solchen Querschnittsjournalismus hatte niemand, wie auch. Es war *learning by doing*, mehr oder minder erfolgreich.

Entwicklung zum Mainstream
Das nachfolgende Jahrzehnt brachte die erste Hochzeit des Ökojournalismus. Das „Waldsterben" war nur der Auftakt gewesen. Die Themen lagen auf der Straße. Genauer: fielen vom Himmel. Luftverschmutzung und Wintersmog, Ozonloch und Klimakatastrophe. Es gab einen „Rhein-GAU" mit tonnenweise toten Fischen kieloben, Folge eines Brandes beim Sandoz-Konzern in Basel. Dazu giftige Holzschutzmittel und Dioxin in der Muttermilch. Und, nicht zu vergessen, den Super-GAU in Tschernobyl, der die Mär vom „Restrisiko" der Atomtechnologie als solche entlarvte und der Anti-AKW-Bewegung und der Idee der „Energiewende" zusätzlichen Schub gab.

Der Umweltjournalismus entwickelte sich, wurde Mainstream. Er ging auch zunehmend in die Tiefe, hellte Hintergründe auf, sah sich gefordert, Lösungen zu suchen und darzustellen. Trendsetter war Horst Sterns Umweltmagazin *Natur*, das 1980 auf den Markt kam. Das Verbrauchermagazin *Ökotest* folgte fünf Jahre später. Tageszeitungen begannen, Umweltseiten mit Ratgebercharakter zu drucken, Rundfunksender richteten regelmäßige Umweltsendungen ein, teilweise wurden eigene Umweltredaktionen gegründet. Die Voraussetzungen waren da: Die 80er hätten zur breiten Startrampe für einen Nachhaltigkeitsjournalismus werden können. Wurden sie aber nicht. Denn was dann kam, bedeutete den schleichenden GAU für das Projekt.

Im Schatten der Wiedervereinigung
Es war grotesk: Die Wissenschaftler trugen in den 1990er Jahren immer mehr Erkenntnisse über die Gefahr des Klimawandels zusammen, die Vereinten Nationen veranstalteten in Rio einen „Erdgipfel" zur nachhaltigen Entwicklung, und die erneuerbaren Energien begannen, noch zaghaft, aber immerhin, ihren Siegeszug. Doch gleichzeitig schwand

das Interesse an Umweltfragen. Das historische Großereignis Wiedervereinigung ließ wenig Spielraum für andere Themen. Die Grünen, die Wahlkampf mit Klima statt Einheit machten, bekamen die Quittung dafür. Sie flogen aus dem Bundestag. Der Mainstream der Medien folgte dem Trend, steuerte nicht gegen – einmal abgesehen von Publikationen wie der links-alternativen *taz* oder der *Frankfurter Rundschau*. Bei der *taz* hieß (und heißt bis heute) das zweite Ressort nicht „Wirtschaft", sondern „Wirtschaft und Umwelt", und die FR profilierte sich mit einer 1992 zum Rio-Gipfel neu gegründeten wöchentlichen Umweltseite.

Sonst aber hieß es bei den meisten Verlegern, Chefredakteuren und vielen Journalisten am Desk: Was ist schon eine Klimakatastrophe gegen Kohls „blühende Landschaften"? Sich mit den ökologischen Langfristthemen zu beschäftigen, erschien unattraktiv. Karrierefördernd auch nicht. Die „neuartigen Waldschäden" lagen zwar weiter auf hohem Niveau, aber sie mutierten zum Fall fürs Vermischte. Wenn sie nicht gleich ganz unter den Tisch fielen. Nachhaltiger Journalismus? Fehlanzeige. Das war der Tiefpunkt? Nein. Noch nicht. Es ging noch schlimmer. Um wegweisende Konzepte wie die ökologische Steuerreform (Umwelt verteuern, Arbeit verbilligen!), die damals entwickelt wurden, kümmerte sich nur eine Handvoll übrig gebliebener Ökospezialisten unter den Journalisten. Als die Ökosteuer dann Politik wurde, ging es in den Medien zwar zur Sache, aber mit dem Holzhammer. Statt über das Konzept und seine Vorteile für Ökologie und Arbeitsmarkt aufzuklären, hämmerten die Medien den „Fünf-Mark-Sprit" der Grünen in die Schlagzeilen. Die Ökopartei hätte das bei der Bundestagswahl 1998 beinahe unter die Fünf-Prozent-Marke gedrückt. Die „Benzinwut"-Kampagne der *Bild-Zeitung* folgte später demselben Schema. Das war der Höhepunkt des Anti-Umwelt-Journalismus.

Die Nullerjahre brachten eine allmähliche Erholung von diesem Absturz in die mediale Irrelevanz, und dieser hat sich, freilich mit Schwankungen, bis heute fortgesetzt. Zwei Hauptgründe gibt es dafür.

Ökologie im Wirtschaftsressort
Erstens: Themen wie Windkraft- und Solar-Boom, Atomausstieg, Stromnetzausbau, aber auch Nachhaltigkeit in Unternehmen etablierten sich zunehmend in den Wirtschaftsressorts. Es war zwingend: Wenn Solarfirmen (wenn auch nur vorübergehend) zu Börsenstars werden, die Energiewende das Geschäftsmodell der traditionellen Energiekonzerne bedroht und die Strompreise explodieren, kann eine Berichterstattung darüber gar nicht unterbleiben.

Klimawandel als Megathema

Der zweite Grund: Mit dem Klimawandel etablierte sich ein neues „Megathema" (die Hamburger Journalistikprofessorin Irene Neverla), am ehesten noch vergleichbar mit dem „Waldsterben", dieses an Bedeutung, Komplexität und Dauerhaftigkeit aber bei weitem übertreffend. Die Prognose ist klar: Das Thema wird für Jahrzehnte bleiben, weil die Dramatik der Folgen der Erderwärmung unausweichlich zunimmt – durch mehr Extremwetterereignisse, stärkere Hitzewellen, mehr Überschwemmungen, größere Flüchtlingsströme – und Politik, Wirtschaft und Gesellschaft darauf reagieren müssen. Zwar wird es auch hier Aufs und Abs geben, wie beim Klimahype 2007, der den Friedensnobelpreis für Al Gore und den UN-Klimarat IPCC brachte, gefolgt von der Depression nach dem Kopenhagener Klimagipfel-Flop von 2009, doch verschwinden wird das Thema garantiert nicht.

Chancen und Defizite

So stellt sich die Frage: Ist der heutige Journalismus ausreichend gewappnet, um dieses Megathema, das mit fast allen anderen Umweltaspekten von Artensterben über Energiewende bis Ressourcenschwund verknüpft ist, auch angemessen zu bearbeiten? Die Antwort ist: ja und nein.

Einerseits sind die Voraussetzungen derzeit besser als jemals zuvor. Die Berichterstattung über Umwelt, Klima und Nachhaltigkeit hat unübersehbar zugenommen. So greifen die klassischen Medien, Zeitungen, Magazine, Rundfunk und TV diese Themen heute häufiger auf als jemals zuvor – einfach weil ökologische Umweltbezüge in fast allen Feldern auftauchen, egal ob es um Finanzmärkte, Energieversorgung, Produktinformation, Stadtplanung oder Erziehung geht. Alte und neue Spezialpublikationen behandeln das Thema auf hohem Niveau: *Natur, Öko-Test, Zeo2* und *Greenpeace Magazin*. Hinzu kommen die Onlineangebote, durch die sich die Möglichkeiten zur Information gerade auch über „grüne" Themen gigantisch vermehrt haben. Es geht von Hardcorejournalismus zu Klimawandel und Ökologie, wie ihn die Redaktion von *klimaretter.info* betreibt, über verbraucherorientierte Onlinemagazine wie *utopia.de*, Biokostportale und CO_2-Rechner bis hin zu den professionell gemachten Angeboten der Umweltverbände. Der Kommunikationsforscher Gerd Michelsen von der Leuphana Universität Lüneburg verweist auf die Chancen „neuer experimenteller Formen und Medien, die Fragen der Gerechtigkeit, des guten Lebens, neuer Wirtschaftsformen und ökologischer Grenzen thematisieren". Der Umweltjournalismus ist dadurch viel breiter, vielfältiger, bunter, interaktiver geworden.

Doch das ist nur die halbe Wahrheit. Denn auf der anderen Seite gibt es viele Defizite – alte, die nicht behoben wurden, und neue, verursacht durch den digitalen Umbruch im Mediengeschäft. Die Kritik trifft erstens die Journalisten selbst – wegen mangelnder Professionalität und Kontinuität. Sie behandeln Umwelt-, Naturschutz- und Energiewendethemen vielfach immer noch so, als habe es 20 Jahre Debatte über die drei Dimensionen der Nachhaltigkeit – Ökologie, Ökonomie und Soziales – nicht gegeben: eindimensional, zugespitzt, tendenziös. Eher auf der Suche nach „Krise" und „Katastrophe" statt nach Aufklärung, Hintergrund, positiven Entwicklungen. Ein schlagendes Beispiel: Wenn Journalisten über die „Explosion" der Strompreise durch das EEG berichten, dabei aber die ungedeckten Umweltkosten der konventionellen Energien konsequent ausblenden, die durch die Energiewende verringert werden sollen, haben sie ihren Job verfehlt.

Das immerhin ließe sich ändern, im Sinne eines nachhaltigen Journalismus. Durch einen neuen Blick auf die Themen, und, natürlich, eine bessere Aus- und Fortbildung. Vorbild sind hier Großbritannien und die USA, wo es gut etablierte Studiengänge zum Umweltjournalismus gibt. Deutschland hat hier großen Nachholbedarf, doch immerhin geht die Entwicklung mit Angeboten an Hochschulen in Lüneburg, Darmstadt und Ansbach in die richtige Richtung. Die professionelle Herausforderung für Journalisten, die sich den Themen Umwelt und Nachhaltigkeit widmen wollen, ist freilich hoch. Sie müssen bereit sein, sie über lange Strecken zu verfolgen und „dran" zu bleiben, denn positive wie negative Entwicklungen brauchen hier erfahrungsgemäß besonders viel Zeit. Waldschäden entwickeln sich über Jahrzehnte, zwischen dem Beginn des Anti-AKW-Protests und dem Atomausstieg liegt ein halbes Jahrhundert, und Klimawandel, Klimaschutz und Energiewende sind Themen ganz ohne Verfallsdatum.

Das zweite große Defizit ist umso schwieriger zu korrigieren, denn die aktuelle Medienkrise macht vor dem Umwelt- und Nachhaltigkeitsjournalismus natürlich nicht halt. Die Realität sind Redaktionen mit Minimalbesetzung, Zeitknappheit, Unterhaltungsorientierung, verringerten Recherchekapazitäten, zusammengestrichenen Reiseetats und vor allem Gehältern und Honoraren, die bei vielen „neuen" Medien kaum noch zum Leben reichen. Das alles ist keine gute Basis, um „nachhaltigen" Journalismus zu machen. Zwar gibt es alternative Medienprojekte, die ganz oder zum großen Teil auf Crowdfunding oder Stiftungsgeldern basieren, und Journalisten, die trotz schlechter Bezahlung hervorragende Arbeit leisten, weil sie für „ihr" Thema" brennen. Es existiert eine große Vielfalt von Ideen, um den Geldmangel und andere Knappheiten auszugleichen, bis hin zu Couchsurfing-Angeboten als gezielter Hilfe für Auslandsreporter. Die Zweifel, dass das auf Dauer gut geht, sind groß. Denn (Selbst-)Ausbeutung von Journalisten ist auf Dauer auch alles andere als nachhaltig.

Herausforderung für Journalisten und Verleger
Es geht kein Weg daran vorbei: Die Medienkrise muss gelöst werden, wenn hochwertiger, rercherche- und analysestarker Journalismus eine Zukunft haben soll, ob durch Onlinebezahlmodelle, stiftungsfinanzierte Publikationen, besagtes Crowdfunding oder andere Konzepte. Doch Verlage und andere Medienhäuser, Chefredakteure und Ressortleiter sind gut beraten, nicht nur diese Nachhaltigkeit in den Blick zu nehmen. Für einen zukunftsweisenden Journalismus ist auch eine neue Gewichtung der Themen entscheidend, und die müssen sie organisieren. Sie müssen dafür sorgen, dass die Redaktionen das Befassen mit der (nicht) nachhaltigen Entwicklung des Globus, der Staaten, Gesellschaften und Ökonomien als Schwerpunkt begreifen. Denn ohne Expertise auf diesem Feld werden künftige Krisen nicht erklärbar sein. Und, genauso wichtig: Ohne sie wird die gesellschaftliche Informationsbasis fehlen für eine gute Politik und ein gutes Leben.

II. Was ist?

Neue Akteure in die Forschungspolitik
Warum eine Forschungswende Gebot der Stunde ist

Steffi Ober

> Hinter den aktuellen Forschungs- und Innovationsprogrammen stehen Zukunftsvorstellungen, die geprägt sind von den mächtigen Akteuren der der Gegenwartsgesellschaft. Die aus diesen Zukunftsvorstellungen getroffenen Investitionsentscheidungen wirken gleichermaßen auf rechtliche, politische, institutionelle, ökonomische, ökologische und soziale Verhältnisse. Um den Zielen Nachhaltigkeit und Einhaltung der planetaren Grenzen gerecht zu werden, braucht es mehr Transparenz und mehr Diversität der Akteure in den vielfältig formal und informell verschlungenen Wegen des Forschungs- und Innovationssystems.

Unter dem Motto: „Gemeinsam Besser: Nachhaltige Wertschöpfung, Wohlstand und Lebensqualität im Digitalen Zeitalter" (Hightech-Forum 2017) setzen die innovationspolitischen Leitlinien des Hightech-Forums darauf, Wachstum, Wohlstand, Lebensqualität und nachhaltige Entwicklung zu sichern. Dabei wird die Nachhaltigkeit als prinzipiell widerspruchsfreies, zusätzliches Innovationsziel angesehen. Bereits die letzte Hightechstrategie stellt die Nachhaltigkeit prominent heraus: „Wissenschaftliche Durchbrüche und innovative Lösungen schaffen Chancen, den Erhalt der natürlichen Lebensgrundlagen und die Beachtung der Tragfähigkeit der Ökosysteme mit einer dynamischen wirtschaftlichen Entwicklung und dem sozialen Zusammenhalt in der Gesellschaft zu verbinden." (BMBF 2014) Der folgende Beitrag geht der Frage nach, ob die Ziele Nachhaltigkeit und Einhaltung der planetaren Grenzen sich gleichwertig in das vorherrschende Forschungs- und Innovationssystem einfügen lassen. Aktuell vorherrschend sind als prägende Akteure die Wirtschaft sowie technologieorientierte Wissenschaften und ein lineares Innovationsverständnis. Ziele wie Nachhaltigkeit und das Wirtschaften in den planetaren Grenzen stellen jedoch neue Anforderungen dar, die im Folgenden skizziert werden.

Status quo: Forschung und Innovation für Wachstum und Wohlstand
Forschung und Innovationen stehen nicht nur für fortwährende Erneuerung, sondern zwangsläufig auch für Konkurrenz und Wachstumsdynamik, für die Beschleunigung eines maßlosen Kapitalismus. Die politische Semantik unterstreicht diesen Ansatz, indem sie die übergreifende Forschungsstrategie der Bundesregierung als „Hightech"-Strategie tituliert. Diese prägt seit dem Jahr 2006 milliardenschwere Forschungsprogramme, die auf Wirtschaftswachstum und internationale Konkurrenzfähigkeit fixiert sind. Die Hightech-Strategie läuft konform mit der europäischen Lissabon-Strategie, die Europa mit milliardenschweren Forschungsrahmenprogrammen (FRP) zum wettbewerbsfähigsten, dynamischsten und wissenschaftsbasierten Wirtschaftsraum machen will. Die Forschungs- & Innovationsstrategien (F&E) werden sehr eng mit den einflussreichen Unternehmen über Technologieplattformen abgestimmt. Die europäische Technologieplattform Plants for the Future, bestehend aus führenden Unternehmen wie Bayer, Syngenta oder Nestlé, entwerfen gemeinsam mit Academia (EPSO) und Bauernverbänden Forschungsstrategien in den Bereichen Bioökonomie, Biotechnologie, Pflanzenschutz, Fertilizer oder Big Data für die EU-Kommission.

Dass die Industrie sich so stark auch in öffentliche Forschungsprogramme einbringt, verwundert nicht, da sie zwei Drittel der privaten und öffentliche Ausgaben für Forschung und Entwicklung (F&E) trägt. Das deutsche Forschungs- und Innovationssystem ist das größte in der EU. Im Jahr 2014 wurden 89,3 Mrd. Euro für F&I ausgegeben. Politik, Wirtschaft und Wissenschaft fordern unisono, den Anteil der Forschungsausgaben am Bruttoinlandsprodukt von 3 % auf 3,5 % zu steigern, was bedeutet, dass insbesondere die Wirtschaft mehr investieren muss. Unterstützend sollen daher die Aufwendungen für F&E steuerfrei werden. Diese Forderungen begründen führende Institutionen aus Forschung und Wirtschaft in einer gemeinsamen Stellungnahme folgendermaßen: „Gerade in Zeiten großer gesellschaftlicher Umwälzungen gilt es, diese Dynamik nicht nur beizubehalten, sondern zu verstärken. Nur so können gesellschaftliche Herausforderungen wie der Klimawandel, die Energiewende, die demografische Entwicklung oder der Fachkräftemangel bewältigt und die enormen Chancen der Digitalisierung genutzt werden" (Bitkom 2017). Die Wissenschaft ist über Beratungsgremien wie Hightech-Forum, Innovationsdialog und weitere Expertenkommissionen in einem beratenden Austausch eingebunden, wobei die Wirtschaft die Basis bildet. Der Stifterverband nimmt als Intermediär eine wichtige Rolle zwischen Wirtschaft, Politik und Wissenschaft ein, er leitet gemeinsam mit der Fraunhofer Gesellschaft das Hightech-Forum.

Ein weiteres einflussreiches Expertengremium ist der Innovationsdialog: „Zwischen der Bundesregierung – vertreten durch die Bundeskanzlerin, die Bundesforschungsministerin und den Bundeswirtschaftsminister – sowie hochrangigen Vertretern aus Wirtschaft, Wissenschaft und Gesellschaft ist [der Innovationsdialog] eine unabhängige Fachberatung der Bundesregierung zu innovationspolitischen Themen" (acatech 2017). Ziel dieses Dialoges ist es, anschlussfähiges Wissen für politisches Handeln bis hin zu konkreten politischen Maßnahmen zu produzieren. Einen wirkmächtigen Impuls hat die acatech mit ihrer Forderung nach einer Biologisierungsagenda der Bundesregierung gesetzt. „Kanzleramtsminister Peter Altmaier stellte hier öffentlich die Frage, ‚ob wir neben der Digitalen Agenda auch eine Agenda Biotechnologie brauchen'. Nach der Digitalisierung sei der Bereich der Biotechnologie der nächste große Innovationstreiber der deutschen Volkswirtschaft" (BMBF 2017). Hinter dem Innovationsdialog steht die deutsche Akademie für Technikwissenschaften (acatech), die sich als unvoreingenommene Stimme in der Politikberatung versteht. Die Mitglieder des Senats rekrutieren sich jedoch aus technologieorientierten Unternehmen (wie Bayer, BASF, ExxonMobil), Wissenschaftsorganisationen und Verbänden (wie BDI, IG BCE).

Status quo: Worin investiert die Wirtschaft?
Der Forschungsschwerpunkt der Wirtschaft liegt im Maschinen- und Fahrzeugbau, knapp 20 Mrd. Euro hat die KFZ-Branche in die interne Forschung gesteckt. Darauf folgen die Chemie- und Pharmaindustrie sowie die Elektroindustrie. Der Einfluss der Wirtschaft spiegelt sich deutlich in den Expertengremien wie Forschungsprogrammen wieder: Die Innovationsstrategien der Wirtschaft sind systembedingt primär auf die Steigerung der ökonomischen Leistungsfähigkeit und der Sicherstellung des wirtschaftlichen Wachstums ausgerichtet.

Die Stärke der Automobilindustrie hat Auswirkungen auf das Innovationssystem, was sich an der Plattform Elektromobilität gut zeigen lässt. Diese Plattform zeugt von einer einmaligen Homogenität der Akteure. Geleitet wird sie von Prof. Kagermann (acatech) sowie den Staatssekretären aus dem Wirtschafts- und Verkehrsministerium. Die Mitglieder kommen aus der einschlägigen Industrie (wie BASF, Daimler, Volkswagen) und Verbänden (wie VDA, IG-Metall, BDI). Mobilität wird hier vorwiegend in Individualverkehr, sprich Auto, übersetzt. Abgesehen vom völligen Mangel an Frauen auf der Plattform fehlt auch weitestgehend das gesellschaftliche Korrektiv, ein Gegenpol zur starken Automobillobby, um kritisch zu hinterfragen, ob das Problem und der Lösungsweg richtig formuliert wurden. In der Architektur der Plattform fehlen Akteure, die beispielsweise die linearen Zukunftsprognosen, die von steigenden Pkw- wie Lkw-Zahlen ausgehen, mit Alternativen wie neuen Formen der Mobilität mit weniger Verkehr und weniger Straßen anreichern oder über Exit- und Transformationsstrategien für die Automobilindustrien nachdenken.

Status quo: Erfolgsmessung für F&I

Diese gängige Erfolgsmessung für F&I mit einem reinen Inputfaktor, nämlich dem Anteil am BIP (so wird es auch im Nachhaltigkeitsbericht der Bundesregierung als Kriterium verwendet!), zeugt von einem linearen Innovationsverständnis und reicht bei weitem nicht aus. Innovation wird als Abfolge aus Grundlagenforschung, angewandter Forschung und Entwicklung, Produktion und Diffusion betrachtet, mehr Input an Geld führt automatisch zu mehr Output an Innovationen. Davon abgesehen, dass ein anderes Referenzsystem für Wohlstandsmessung alternativ zum BIP (siehe auch Abschlussbericht der Enquete „Wachstum, Wohlstand, Lebensqualität" von 2013) herangezogen werden sollte, trägt dieser Ansatz nur ungenügend für die komplexen Anforderungen unserer Zeit. Das Innovationsverständnis muss rekursiv und systemisch weiterentwickelt werden.

Komplexe Herausforderungen brauchen ein neues Innovationsverständnis

Wirtschaftswachstum, Patente und Exportstückzahlen werden als Kennziffern für eine erfolgreiche nachhaltige Innovation nicht ausreichen. Klimawandel, Armut oder Welternährung, sind äußerst komplexe Herausforderungen, die sich nicht eindeutig greifen lassen und für die keine Lösungswege auf der Hand liegen. Mögliche Lösungsansätze bewegen sich zwischen technologiezentrierten Hightech-Szenarien und suffizienzorientierten Downsizing-Szenarien mit vielen Varianten dazwischen.

An das Forschungs- und Innovationssystem stellt sich die Anforderung, technologische wie soziale Innovationen mit gesellschaftlicher Wirkung zu entwickeln. Doch wer sind dafür die Akteure und wie müsste das Innovationssystem aufgestellt sein? Die Wirtschaft als wesentlicher Treiber unterliegt ihrer Systemlogik der Gewinnmaximierung. Vorrangig fühlt sie sich dem Markt verpflichtet, interessant ist für sie höchstens der Konsument. Grenzen setzen und Alternativen wie Suffizienz passen da nicht rein. Neue Akteure aus der Gemeinwohlökonomie oder von Sharing-Plattformen sucht man bislang in den relevanten

Gremien vergeben. Gesellschaftliche Wirkung war bislang auch nicht die Aufgabe oder besser das Selbstverständnis der Wissenschaft, die sich frei von (staatlicher) Bevormundung und einzig und allein ihren eigenen Fachgemeinschaften verpflichtet fühlt. Doch auch hier gibt es Weiterentwicklungen wie die transdisziplinäre Wissenschaft. Diese versteht sich explizit als gesellschaftlich relevante Wissenschaft, die mit der Gesellschaft gemeinsam Fragestellungen wie Lösungsstrategien entwickelt. Das Ziel einer solchen transformativen Wissenschaft ist durchaus normativ hin zu einer nachhaltigen Gesellschaft, die mit ihrem Lebensstil und Wohlstandsmodell die planetaren Grenzen respektiert. Eine solche sozial-ökologische Forschung hat sich jedoch alternativ zu den etablierten außeruniversitären Forschungseinrichtungen herausgebildet, die das Forschungssystem bislang dominieren.

Neue Akteure in die Forschungspolitik

Hinter den Forschungs- und Innovationsprogrammen der Bundesregierung stehen Zukunftsvorstellungen, die geprägt sind von den mächtigen Akteuren der Gegenwartsgesellschaft. Die aus diesen Zukunftsvorstellungen getroffenen Investitionsentscheidungen für technologische Entwicklungen, die Pfade und Pfadabhängigkeiten neu prägen oder konservieren, wirken gleichermaßen auf rechtliche, politische, institutionelle, ökonomische, ökologische und soziale Verhältnisse. Um den Zielen Nachhaltigkeit und Einhaltung der planetaren Grenzen gerecht zu werden, braucht es mehr Transparenz und mehr Diversität der Akteure in den vielfältig formal und informell verschlungenen Wegen des Forschungs- und Innovationssystems.

Nur so kann eine gesellschaftlich breit getragene Bewertung von Chancen und Risiken, von überzogenen Erwartungen und ausgeschlossenen Alternativen sowie eine faire Mitgestaltung im Agenda-Setting stattfinden. Dafür ist es notwendig, aus möglichst vielen Blickwinkeln in einem sektorübergreifenden Multi-Akteursansatz Visionen eines guten Lebens und Wohlstands zu entwickeln, statt Wachstum mit Wohlstand und gutem Leben paradigmatisch gleichzusetzen. Hiermit erweitern sich sowohl die Anzahl der am Innovationsprozess beteiligten Akteure als auch das Grundverständnis einer Innovation, die nicht länger nur als eine technologische Invention, sondern als ein sozialer Prozess der Kommunikation zwischen den Beteiligten verstanden wird. Folgerichtig werden Innovationen erst dann erfolgreich, wenn es gelingt, das Wissen, das bei den Wissenschaftlern, Herstellern, Anwendern und Interessensverbänden liegt, in einen konstruktiven Prozess zu bringen (Walz 2016).

Kultur, Werte, Infrastrukturen, Produktion, Konsum und Politik sind untrennbar mit technologischen Entwicklungen verbunden, deshalb müssen diese Bereiche in alle Innovations-Strategien einbezogen und mit Akteuren unterlegt werden. Diese Aspekte sollten zwingend in die Haushaltsentscheidungen für Förderansätze, die Besetzung der Experten- und Gutachter-Gremien bis hin zur Ausschreibung, Projektdurchführung und Evaluation mitgedacht und berücksichtigt werden. Das transdisziplinäre Agenda-Setting ist ein anspruchsvoller Prozess, der sich erst langsam entwickelt. Im letzten Hightech-Forum waren Vertreter der Zivilgesellschaft beteiligt. Doch dies sollte nicht darüber hinwegtäuschen, dass Dabeisein noch lange nicht Partizipation auf Augenhöhe ermöglicht. Die Unterschiede in der Ressourcenausstattung der Beteiligten sind beträchtlich, ebenso der Organisationsgrad der Interessensvertretungen. Der Bundesverband der Deutschen Industrie hat eine lange Tradition darin, Forschungs- und Innovationsstrategien proaktiv mit seinen Mitgliedern aufzusetzen und abzustimmen. Auf der Seite der Zivilgesellschaft müssen sich ähnliche Strukturen erst langsam etablieren. Die zivilgesellschaftliche Plattform Forschungswende unterstützt Organisationen der Zivilgesellschaft, sich zu vernetzen und eine Zusammenarbeit in Forschung und Innovation zu organisieren. Zukünftig sollte sich ein systemisches Innovationsverständnis, das den Wandel von Kultur, Leitbildern und Institutionen einbezieht, auch in der Vielfalt der Akteure wiederfinden, sei es in den Beratungsgremien der Bundesregierung, der Erweiterung der relevanten Innovationstreiber sowie den relevanten Wissenschaftlichen Akteuren, die stärker Nachhaltige Wissenschaft (NAWI) und ökologische Institute (Ecornet) mit einbeziehen sollten.

Literatur

acatech. Deutsche Akademie der Technikwissenschaften: Der Innovationsdialog zwischen Bundesregierung, Wirtschaft und Wissenschaft. Der Innovationsdialog in Kürze, München 2017: http://innovationsdialog.acatech.de/fileadmin/user_upload/Baumstruktur_nach_Website/Acatech/root/Innovationsdialog/Der_Innovationsdialog_in_Kuerze_03.pdf (09.01.2018).
Bitkom: Das Forschungsnetzwerk. Wissenschaft und Forschung als Fundament unserer Zukunft weiter stärken. Berlin 2017: https://www.bitkom.org/Forschungsnetzwerk/stellungnahme-wissenschaft-und-industrie.pdf (09.01.2018).
Bundesministerium für Bildung und Forschung: Biologisierung auf Politikagenda, Berlin 2017: https://biooekonomie.de/nachrichten/biologisierung-auf-politikagenda (09.01.2018).
Bundesministerium für Bildung und Forschung: Bundesbericht Forschung und Innovation 2016. Forschungs- und innovationspolitische Ziele und Maßnahmen. Berlin 2016.
Bundesministerium für Bildung und Forschung: Die neue Hightech-Strategie. Innovationen für Deutschland. Berlin 2014.
Hightech-Forum: Gemeinsam Besser: Nachhaltige Wertschöpfung, Wohlstand und Lebensqualität im Digitalen Zeitalter. Innovationspolitische Leitlinien des Hightech-Forums. Berlin 2017.
Walz, R.: Indikatorik von Innovationen im Kontext der deutschen Nachhaltigkeitsstrategie – Reflexion bisheriger Erfahrungen und Überlegungen zur Weiterentwicklung. Kurzgutachten im Auftrag des Rates für Nachhaltige Entwicklung. Karlsruhe 2016.

Ökologie und Religion
Über die Potenziale einer mächtigen Partnerschaft

Wilhelm Barthlott

> Naturwissenschaften liefern Daten und Handlungsempfehlungen, aber Gesellschaft, Bildung, Kultur, Politik, Emotionen und weltanschauliche Einstellungen (Religionen) entscheiden. Religionen prägen unsere Wertesysteme und bestimmen die Handlungen der meisten Menschen. Alle Religionen lehren auch den Respekt vor der Schöpfung und rufen zur Bewahrung der Natur, mehr als Dreiviertel der Weltbevölkerung haben damit – theoretisch – ein gemeinsames Ziel.

Leben mit seiner Vielfalt ist die einzige spezielle Qualität unseres Planeten. Mit Beginn des Anthropozäns stehen wir anscheinend am Beginn einer Aussterbekatastrophe erdgeschichtlichen Ausmaßes: letztlich die Konsequenz des exponentiellen Bevölkerungsanstiegs und unserer Wachstums-Philosophie. Daraus resultieren die flächige Zerstörung natürlicher Lebensräume, Umweltverschmutzung, Klimawandel und der Verlust an Biodiversität. Für den Wandel der Biodiversität ist die Migration invasiver Arten von fundamentaler Bedeutung. Globalisierung führt immer regional und kurzfristig zur Erhöhung der Vielfalt, Hyperglobalisierung weltweit und langfristig zur Standardisierung und Reduktion. Dies allein ist keine grundsätzliche Bedrohung unserer Lebengrundlagen – aber ihrer Qualität.

Naturwissenschaften liefern zum Erhalt nur Daten und Handlungsempfehlungen, aber Gesellschaft, Bildung, Kultur, Politik, Emotionen und weltanschauliche Einstellungen (Religionen) entscheiden (Jenkins, Tucker & Grim 2017). Etwa 77 % der Erdbevölkerung gehören den vier großen Weltreligionen an (geschätzt Christentum 2,3 Mrd., Islam 1,6 Mrd., Hinduismus knapp 1 Mrd., Buddhismus knapp 0,5 Mrd. (Schätzzahlen weitgehend nach der Encyclopaedia Britannica 2010). Die folgende kursorische Darstellung beschränkt sich weitgehend auf diese größten Religionen. Religionen prägen unsere Wertesysteme und bestimmen die Handlungen der meisten Menschen. Alle diese Religionen lehren auch den Respekt vor der Schöpfung und rufen zur Bewahrung der Natur, mehr als drei Viertel der Weltbevölkerung sollten damit ein gemeinsames Ziel haben. Religionsgemeinschaften könnten die mächtigsten Verbündeten des Natur- und damit des Umwelt- und Klimaschutzes sein. Naturwissenschaften und Naturschutz haben dies in der Vergangenheit vielleicht nicht genügend berücksichtigt. Dieser Beitrag kommt aus die Sicht die eines christlich orientierten Naturwissenschaftlers, die sich damit zwangsläufig auf unsicherem Boden in einem ideologisch-dogmatisch vermintem Terrain bewegt. Christentum und Islam stehen als größte Religionen im Mittelpunkt, sie beziehen sich wie das Judentum mit dem Stammvater Abraham (abrahamitische Religionen) auf einen einzigartigen gemeinsamen Schöpfer (JHWH, Jehova, Allah, Gott). Als eine Barriere für den Dialog erweist sich der absolute Wahrheitsanspruch der monotheistischen Religionen. Aber gerade der Naturschutz könnte als theologisch-dogmatisch unbelastete Gemeinsamkeit eine außerordentliche Chance bieten.

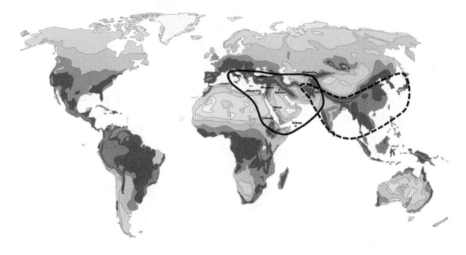

Abb 1. Biodiversität und die Ursprungsgebiete der vier großen Weltreligionen (Barthlott & Rafiqpoor 2018)

Biodiversität im Wandel

Diversität entstand früh: allein bei Trilobiten (Arthropoden) des Erdaltertums sind rund 5000 Gattungen mit 15 000 Arten beschrieben. Linné kannte um 1760 rund 15 000 Tier- und Pflanzenarten, vor 40 Jahren ging man von 1,4 Mio. Spezies aus. Seit 1983 (Terry Erwin) und E. O. Wilson (1988) enthüllte sich eine neue Dimension von über 10 Millionen Arten (Mora et al. 2011), der Begriff *Biodiversity* wurde geschaffen. Neue Hochrechnungen gehen von der unglaublichen Zahl von einer Billiarde (10^{12}) verschiedener Mikroorganismen aus (Locey & Lennen 2016). Gesichert ist nur die Zahl 1,56 Mio. der Wissenschaft bekannter Arten (Stork et al.

2015). Die Art *Homo sapiens* in ihrer wunderbaren Vielfalt ist Teil dieser biologischen Diversität.

Auf Abb. 1 geben die Grautöne die Biodiversität (je dunkler, desto höher die Artenzahlen) wieder. Die durchgezogene Linie umgrenzt in etwa das geschlossene Ursprungsgebiet der abrahamitischen Religionen (Judentum, Christentum und Islam). Die gestrichelte Linie umfasst ist das Gebiet der süd- und ostasiatischen Religionen: überlappend vom Industal (Hinduismus) über den in Nordindien entstandenen Buddhismus zum Konfuzianismus-Taoismus aus Nordostchina. Alle diese Weltreligionen sind in einem geschlossenen Areal mit intensivem Austausch von Ideen und Waren entstanden. Das westliche Areal ist durch das Vorkommen der Dattelpalme (*Phoenix*) charakterisierbar, das östliche durch die Heilige Lotusblume (*Nelumbo*), die aber schon in der Antike bis zum Nil kultiviert wurde.

Biodiversität ist, vor allem durch das Klima bestimmt, sehr ungleich verteilt (Barthlott & Winiger 2001, Barthlott & Rafiqoor 2016,). Basierend auf Pflanzen, die mit hoher Wahrscheinlichkeit die gesamte Biodiversität widerspiegeln, kann man etwa 20 globale Diversitätszentren in den Tropen und Subtropen in Entwicklungs- und Schwellenländern – umgrenzen. Es ist daher kein Zufall, dass die *Convention on Biological Diversity* 1992 in Brasilien verabschiedet wurde.

Globalisierung, Bevölkerungswachstum, Migration und Invasion

Die heute dominierenden Pflanzen und Tiere in Mitteleuropa sind erst seit etwa 12 000 Jahren mit dem Ende der Vereisungen eingewandert. Keine einzige unserer relevanten Nutzpflanzen ist in Deutschland heimisch. Der Mensch hat sie vor Jahrtausenden aus ihren Ursprungsgebieten im Nahen Osten (z.B. Getreide) mitgebracht, hinzu kamen Palaeophyten, „Mitläufer" der Kulturpflanzen, wie Kornblumen oder Klatschmohn. Dies waren langsame Prozesse, die eine Integration der Arten in die bestehenden Systeme ermöglichten. Mit der Entdeckung Amerikas kamen seit Ende des 15. Jh. neue Elemente hinzu (Moony et al. 2005, Nentwig 2010). Umgekehrt schätzt man, dass bis zu 90 % der indianischen Urbevölkerung durch eingeschleppte Mikroorganismen oder Viren (altweltliche Krankheiten wie Pocken oder Grippe) starben: Hispaniola hatte bereits 10 Jahre nach Kolumbus 1502 ca. 85 % der indianischen Ureinwohner verloren. Durch die Verteilung infektiöser Decken aus Pocken-Hospitälern unter den Indianern half man noch im Sommer 1736 in Fort Pitt (Pittsburgh) nach. Umgekehrt breitete sich das Bakterium *Treponema pallidum* (Syphilis) schon kurz nach 1493 explosionsartig in Europa aus. Heute beobachtet man vergleichbare globalisierungsbedingte Phänomene bei Amphibien: Froscharten sterben selbst in amerikanischen Regenwälder durch eingeschleppte Chytridiomykosen aus Afrika aus. Cholera war auf den indischen Subkontinent beschränkt: heute wird das Bakterium durch das Ballastwasser von Öltankern und Containerschiffen globalisiert. H. M. Enzensberger (2015) stellt lapidar fest: „Jede Migration führt zu Konflikten".

Der dramatische Wandel der Biodiversität scheint die Folge der Globalisierung und des exponentiellen Bevölkerungswachstums mit seinen Konsequenzen zu sein (Ibisch et al. 2016, 2017): Ressourcenverbrauch, Umweltverschmutzung, Temperaturerhöhung, Massentransporte und Migration invasiver Arten. Aber auch hier ist die wissenschaftlich kaum haltbare Gegenposition eines Journalisten erlaubt: *The New Wild: Why invasive species will be nature's salvation* (Pearce 2015).

Bei einem realistischen Klimaszenario würden globale Diversitätszentren etwa 50 % ihrer Artenvielfalt verlieren, aber z.B. Mitteleuropa mit etwa 20 % Artenzuwachs auf der Seite der „Gewinner" (Sommer et al. 2010) stehen. Vor allem durch Einwanderung hat sich z.B. die Biodiversität Mitteleuropas bereits signifikant erhöht und wird durch gebietsfremde Arten weiter steigen. Eine biologische Globalisierung ist die Konsequenz, artenarme Regionen (z.B. Grönland, Mitteleuropa) zählen zu den Gewinnern, artenreiche (z.B. Brasilien, Magadaskar) zu den Verlierern. Alle diese Änderungen sind in Abhängigkeit von der Zeit zu betrachten: Invasive Arten erhöhen zunächst die Biodiversität, langfristig verursachen sie Extinktionen (Baillie et al. 2004) und vermindern die Diversität.

Jeder Einkauf an einer Gemüse- oder Obst-Theke in einem Supermarkt zeigt die Vorteile der Globalisierung: Das Angebot ist größer, vielfältiger und billiger als je zuvor. Aber es sind z.B. die gleichen Tomaten- und Apfelsorten, die wir in Deutschland oder Frankreich, in der Türkei oder Südafrika auf den Märkten finden. Von den ca. 370 000 bekannten Pflanzenarten haben nur etwa 150 eine weltwirtschaftliche Bedeutung, davon ernähren die „Big Five" (Weizen, Mais, Reis, Hirse und Sojabohnen) 75 % der Weltbevölkerung. Umgekehrt sind seit 1900 drei Viertel aller bekannten Kultursorten verloren gegangen. In letzter Zeit haben sich renommierte Ökonomen mit den wirtschaftlich-politisch kaum abzuschätzenden Folgen des Paradoxes einer Hyperglobalisierung beschäftigt (Rodrik 2011).

Zur Rolle von Religion und Kultur zum Erhalt der Natur

Der Ursprung der heutigen vier großen Weltreligionen (Christentum, Islam, Hinduismus, Buddhismus) begann vor etwa 4000 Jahren in einem geschlossenen und zusammenhängenden Gebiet unserer Erdoberfläche (Abb. 1). Die monotheistischen Religionen im vorderen Orient im Heimatgebiet der Dattelpalme (*Phoenix*), die asiatischen im Areal der Lotusblume (*Nelumbo*) vom Indus-Tal (Hinduisimus) und Nordindien (Buddhismus) bis China, mit dem nordostchinesischen Taoismus und Konfuzianismus gab es dort früh eine Symbiose. Der Austausch von Ideen und Geschichten innerhalb der Religionen erfolgte schon in der Antike, Alexander der Große hatte Kontakte mit dem Hinduismus, Gesandte aus Asien kamen bis an den Nil. Auch religiöse Vorstellungen sind vernetzt und zweifellos nie unabhängig entstanden (Eliade 1978–1981). Ideen sind leicht zu transportieren – die Molekulargenetik hat längst gezeigt, dass unsere europäischen Apfelbäume aus dem Grenzgebiet zu China stammen und unsere Haushühner über Indien aus Polynesien lange vor der Niederschrift des Alten Testamentes zu uns kamen.

Bewahrung von Natur und Umwelt in den Religionen

Mit „Naturschutz" im modernen Sinne begann man sich relativ spät auseinanderzusetzen. Waldvernichtung begann schon vor der Zeit des Alten Testaments und ist in der Bibel dokumentiert (Sperber 1994). Aber die Vorstellung, die Schöpfung zu bewahren, ist allen Religionen immanent. Die Grenzen des Wachstums zu respektieren, kann man aus der biblischen Geschichte vom Turmbau zu Babel entlehnen.

Alle Weltreligionen sind einvernehmlich darin, dass Natur und Umwelt zu bewahren seien (Micksch et al. 2015; Barthlott & Rafiqpoor 2018). Die Aussagen dazu im Alten und Neuen Testament, dem Koran, in den Veden, der Bhagavadgita oder den fünf Büchern des Buddhismus/Konfuzianismus sowie den begleitenden traditionellen religiösen und verbindlichen Texten sind zahllos. Stellvertretend sei die Genesis (1. Mose 2,15) zitiert: „Und Gott der Herr nahm den Menschen und setzte ihn in den Garten Eden, dass er ihn bebaute und bewahrte." Diese Wertschätzung der Natur lässt sich über Psalm 104 bis in das Neue Testament verfolgen, entsprechendes gilt einvernehmlich für den Koran und die Schriften der östlichen Religionen. Religionen und Kirchen besinnen sich spät auf diesen Auftrag. Umgekehrt hat man den monotheistischen Religionen den Vorwurf gemacht, dass sie eine massive Mitschuld an der ökologischen Krise haben, zum Beispiel mit dem missverstandenen „macht euch die Erde untertan" (1. Mose 1, 28, vgl. Klaus Töpfer in Alt 1999). Philosophen stehen Fragen des Erhalts der Natur und der Prioritätensetzung oft skeptisch gegenüber wie der bornierte Aufsatz „Mitleid mit Plankton" von André Glucksmann (FAZ 1995) zeigte.

Die Bundesregierung hat sich früh mit dem Zusammenhang zwischen Ökologie und Religionen aus religionswissenschaftlicher Sicht befasst (Pye et al. 1997). Eine umfangreiche Literatur existiert seit etwa 1987 zu diesen Komplexen in den USA, bei denen die Yale-Professoren Mary Evelyn Tucker und John Grim eine zentrale Rolle bei einer Reihe von Harvard-Konferenzen zwischen 1995 und 1998 spielten. Die Ergebnisse sind in mehreren umfangreichen Monographien für einzelne Religionen publiziert, Übersichten finden sich in *Ecology and Religion* (Grim & Tucker 2014) oder im *Routledge Handbook on Religion and Ecology* (Jenkins, Tucker & Grim 2016). Umweltethische Aspekte hat der Philosoph Holmes Rolston III. behandelt (Rolston 1987, 2012), hinzu kommt der EOLLSS-Band der UNESCO *Religions, Culture and Sustainable Development* (Pimentel et al. 2010). Die Katholische Kirche hat sich 2015 mit der Enzyklika Laudato si von Papst Franziskus zur Verantwortung beim Erhalt der Natur bekannt, entsprechende Zustimmung gibt es aus allen anderen Religionen, der Präsident der Islamischen Republik Iran, H. Rohani, hielt eine bemerkenswerte Eröffnungsrede beim 2. Int. Seminar von UNESCO-UNEP zu Environment, Culture, and Religion in Teheran im April 2016. Bemerkenswert in diesem Zusammenhang ist die Rede des Prinzen von Wales (Charles 2010) zum Thema *Islam, the environment and the west* in Oxford.

Sintflut und Arche

Das eindrucksvollste Beispiel für den Auftrag zur Bewahrung der Schöpfung ist die Geschichte von der Sintflut, die hier stellvertretend für die Texte vorgestellt wird. Sie ist älter als die Texte der Bibel und des Koran und erscheint erstmals im Atrahasis-Epos vor etwa 3500 Jahren, wenige Zeilen aus dem Gilgamesch sollten genügen:

> *„Trenne dich von deinem Haus und erbaue ein Schiff*
> *Lasse ab vom Reichtum und suche stattdessen nach dem, das atmet*
> *Die Habe sei dir zuwider, erhalte stattdessen das, was atmet, am Leben*
> *Hol den Samen all dessen, das atmet, herauf in das Innere des Schiffs."*

Die Sintflut mit der Arche Noah, verbunden mit dem göttlichen Auftrag der Bewahrung der Vielfalt, findet sich wieder sowohl im Alten Testament (Genesis 6,9) als auch beinahe gleichlautend im Koran (Sure 11,44), der sich dabei auf Noah (arabisch Nuh) beruft. Aber ebenso in der Religion der Griechen in der Geschichte von Deukalion, der ebenfalls ein „kastenförmiges" Schiff zur Rettung des Lebens vor einer Flut im Auftrage eines Gottes (Prometheus) baut. Die Ursprungstexte werden etwa auf den Zeitraum um 1600 v. Chr. datiert (Finkel 2014) – genau wie im Pharaonenreich die „Unwetterstele" im Tempel von Karnak oder der Papyrus Leiden I 344. Dies ist vermutlich kein Zufall: Alle diese Geschichten sind in die Zeit nach der Vulkankatastrophe auf der Insel Santorin und dem folgenden Tsunami zu verorten. Diese Sintflut (Deukalionischen Flut, Tsunami) kann man heute mit geophysikalischen Methoden hinreichend genau auf 1650–1600 v. Chr. datieren. Es scheint sich um uraltes kollektives Wissen zu handeln (Diamond 2012). Vermutlich basiert die vergleichbare Geschichte im Hinduismus (Vishnu in Gestalt des Fisches Matsya) auf dem gleichen Ereignis. Wie heute der CO_2-Ausstoß der Industrieländer haben mächtige vulkanische Eruptionen globale Auswirkungen. Die Aschewolke des Vulkans Tambora in Indonesien bescherte 1816 Westeuropa und den atlantischen USA das „Jahr ohne Sommer" mit der schlimmsten Hungersnot des 19. Jh. Ein kleiner isländischen Vulkans hat im April 2014 den Flugverkehr ganz Europas gelähmt.

Christentum und Islam: das Problem Respekt und Toleranz
Bezüglich des Naturschutzes sind letztlich alle Religionen im Einvernehmen. Selbst ein bekennender Atheist und großartiger Naturwissenschaftler wie Lord Robert May hat in einem vielbeachteten Interview zum Erhalt der Umwelt festgestellt: „Maybe religion ist the answer" (The Telegraph 2007). Sind damit 80% der Weltbevölkerung für den Erhalt der Natur? Leider ist die Antwort darauf komplexer und unbefriedigender als es zunächst scheint und fordert im nächsten Abschnitt einen längeren Exkurs.

Das Christentum beruht auf den Schriften des Alten Testaments, die einen langen Zeitraum ab vielleicht 1600 v. Chr. umfassen und in unterschiedlichen Fassungen, diese Texte sind auch die Grundlage des Judentums. Das Neue Testament ist die Geschichte von Jesus und seinen Anhängern; es wird vom Judentum abgelehnt. Die weitgehend endgültige Form und Auswahl (Kanonisierung) erfolgte 367 in Ägypten (Alexandria). Das nur durch Glauben erfassbare zentrale Dogma des modernen Christentums, die Lehre von der Dreifaltigkeit (Trinität), geht nicht auf biblische Texte zurück und konsolidierte sich erst in erbittertem Streit mit seinen Gegnern (Arianer) 325 in Nicäa (Türkei). Die Sonderrolle des Bischofs von Rom als Nachfolger Petri wurde erst um das Jahr 800 durch die sogenannten „Konstantinische Schenkung" nachträglich konstruiert.

Zwischen der Endfassung der Bibeltexte in Alexandria 367 und der Offenbarung des Korans 610 bis 630 an den Propheten Mohammed in

Mekka und Medina liegen nur etwa zweieinhalb Jahrhunderte bei einer geringen geografische Entfernung (etwa die Strecken von Berlin nach Paris). Der Koran beruft sich in weiten Teilen auf das Alte Testament. Er ist also ideengeschichtlich nur unwesentlich jünger als das Christentum und hat den gleichen geografischen Ursprung (Eliade 1978–1981. Im Gegensatz zur Bibel ist der Koran in einem kurzen Zeitraum von 20 Jahren in einer noch heute lebendigen Sprache entstanden. Beide Bücher enthalten immanente Widersprüche, bei denen der Koran sich sogar selbst korrigiert (Sure 2, 106). Die Sprache ist oft mehrdeutig - ein Grundproblem der Interpretation („Auslegung") der Texte. Bei der Übertragung in andere Sprachen eröffnet sich damit ein weites Feld von ggf. widersprüchlichen Möglichkeiten. Der Heilige Krieg wird nicht nur im Koran, sondern viel häufiger in der Bibel erwähnt. Die betreffenden Bibelstellen (z.B. Joel 4. 9) werden aber abhängig von theologischer Schule und Zeitgeist unterschiedlich übertragen und interpretiert, Begriffe die nicht der political correctness entsprechen oft neu fomuliert - oft Grund für Jahrtausende während Missverständnisse.

Die Texte in Bibel und Koran kreisen um die gleichen Geschichten, Orte und Personen, von Moses, Abraham, der Arche Noah bis zum Messias Jesus Christus (Übersicht bei Thyen 2015, Kermani 2016). Jesus Christus ist in beiden Schriften der Sohn der jungfräulichen Maria. Bibel und Koran haben hier nur einen fundamentalen Unterschied: Im Koran ist Jesus zwar nach Mohammed der am häufigsten genannte Prophet und Messias – aber nicht der Sohn Gottes, dies wird explizit abgelehnt (z.B. Sure 4, 171). Alle anderen Unterschiede beruhen auf dem viel später geschaffenen dogmatisierten Lehrgebäude der Christlichen Kirchen, wie das Mysterium von der Dreifaltigkeit (Trinität) oder die Erbsünde, die nicht nur im Islam auf Ablehnung stoßen. Mit der Erbsünde kommt vor allem durch Augustinus die Sexualfeindlichkeit der Kirchen bis zum Zölibat – dies stößt im Islam und beinahe allen Religionen auf Unverständnis. Krishna sagt in der Baghavad-Gita (7,11): „Ich bin die Sexualität, die nicht im Widerspruch zu den religiösen Prinzipien steht."

Zu den üblichen christlichen Vorwürfen an Moslems gehören Vielweiberei, Harems, Missachtung und Verstoßung von (Ehe-)Frauen usw. Dies ist aber bereits fest in der Bibel verankert: Ein Ehescheidung konnte nur vom Mann ohne Begründung ausgehen und erfolgte durch Verstoßen (Dtn. 24, 1–4). Vielweiberei hat biblische Tradition „Sechzig Königinnen hat Salomo und achtzig Nebenfrauen und Jungfrauen ohne Zahl." (Hohes Lied 6, 8) Polygamie und Kinderehen waren selbstverständlich: Karl der Große heiratet 772 die zwölfjährige Hildegard, sie schenkt ihm bis zu ihrem Tode 783 neun Kinder. Luther und Melanchthon erlaubten dem Landgrafen Philip von Hessen eine Zweitehe und hielten sie für biblisch begründbar; „morganatische Ehen" wurden in Deutschland rechtlich erst 1919 abgeschafft. Wir messen mit zweierlei Maß.

Diese Liste von Vorurteilen über scheinbare Unterschiede ist endlos: von Äußerlichkeiten wie der Beschneidung (Gebot in der Bibel seit Abraham bis Jesus) bis zu Gewalt und Töten. Es gilt in beiden Religionen weitgehend die regula aurea der Antike, die wir als die Zehn Gebote kennen. Der Koran kennt ebenso die von Moses empfangenen Gesetzestafeln (Sure 2,53), die Gebote lassen sich gleichlautend ebenfalls aus dem Text ableiten (z.B. Sure 2,177, Sure 17, 22–38). Bemerkenswert ist das Gebot „du sollst nicht töten" beider Religionen. Aber Aufforderungen und Berichte vom Töten ziehen sich in Fülle durch die Bibel (z. B. Josua 10,26, 28, (Matth. 10,34, Joel 4,9). Aber genauso eindeutig sind solche Stellen im Koran (z.B. Sure 2, 191). Das christliche Sechste Gebot „Du sollst nicht töten" ist in Sure 17, 33 ehrlich formuliert: „Tötet nicht den Menschen, den Gott für unantastbar erklärt hat, es sei denn bei vorliegender Berechtigung." Töten von Menschen erlauben die Gesetze aller Staaten (z.B. Selbstverteidigung, Terrorabwehr, Krieg). Rechtsempfinden ist subjektiv: Niemand verurteilt das Attentat vom 20. Juli 1944 oder David, der Goliat tötet.

Eine Gemeinsamkeit erschwert oder verhindert den Dialog zwischen den beiden Religionen und hat gleichzeitig zu ihrem globalen Erfolg beigetragen: der Absolutheitsanspruch, der Anspruch auf den exklusiven rechten Weg zu Gott, verbunden mit dem Auftrag der Missionierung. Martin Buber, Karl-Joseph Kuschel und viele andere lehnen diese „Wahrheitsarroganz" zutiefst ab. Wenn es nicht gelingt, diesen Anspruch zu relativieren oder gar zu überwinden, wird es keinen wirklichen Dialog geben (Küng & Kuschel 1993). Arabische Gelehrte hatten die vom wissenschaftsfeindlichen Christentum in Europa vernichteten Schriften der antiken Autoren bewahrt und an ihren modernen Universitäten (u.a. Cordoba, Bagdad) die Wissenschaft weitergetrieben (Übersichten in den großen Monographien von Fuat Sezgin 1967–2010; bei Freeley 2009 und populärwissenschaftlich bei Hunke 1965 und Billig 2017). Das europäische Christentum übernahm vor allem über die Schreibstuben im maurischen Toledo das im islamischen Kulturkreis weiter entwickelte Wissen zu übernehmen, Aristoteles wurde wieder entdeckt.

Spätestens mit der endgültigen Rückeroberung Spaniens 1492 und der im gleichen Jahr erfolgten Entdeckung Amerikas hatte ein geopolitisch neues Zeitalter begonnen. Die Jahre 1480–1520 änderten die globalen Machtkonstellationen: Gutenbergs Erfindung des Buchdrucks mit beweglichen Lettern ist nur vergleichbar mit der digitalen Revolution von heute Die neue Vormachtstellung Europas basierte auf den unerschöpflichen Gold- und Silberquellen Amerikas. Dagegen erlebte die islamische Welt erlebte ihre letzte kulturelle Blüte im Osmanischen Reich und verpasste den Anschluss an die Moderne: der Druck von Büchern war bis 1727 verboten. Vielleicht liegt darin ein Schlüssel für die Wissenschaftsfeindlichkeit, die zuvor ein Jahrtausend das christliche Europa lähmte, in weiten Teilen und Strömungen (z.B. im Wahabismus) der heutigen islamischen Welt. Die Verhältnisse zwischen Orient und Okzident haben sich umgekehrt.

Das Christentum expandierte relativ spät. Karl der Große legte den Grundstein für das Heilige Römische Reich Deutscher Nation. Es gab nicht nur bei Karl Kontakte und Annäherungen an islamischen Kultur und Wissenschaft. Die entscheidenden Machtveränderungen erfolgten zwischen 1480 und 1520: die Kolonisierung, Missionierung und Ausbeutung Amerikas unter Vernichtung seiner alten Kulturen. Über arabische Quellen kannte man das „Kolumbus-Axiom" des Aristoteles und die Idee, dass durch die Kugelgestalt der Erde eine Fahrt nach Indien westlich von Gibraltar möglich sei, Nautisch gesehen war die Reise von Kolumbus von 1492 keine hohe Herausforderung: Thor Heyerdahl hat 1970 mit einem Papyrusboot von Marokko aus die Karibik erreicht, der Arzt Hannes Lindemann schaffte diese Strecke 1956 im Alleingang mit einem winzigen Klepper-Faltboot. Vermutlich kannten arabische, Seefahrer die Lage Brasiliens sei Anfang des 15. Jhdts. oder früher (Übersicht bei Fuat Sezgin 1967-2010), französische und portugiesische Seefahrer und Wissenschaftler vermutlich spätestens 1488, einige wurden Teilnehmer der Kolumbus-Reise 1492. Dieses Detail ist wichtig, um die folgende Aufteilung der Erde zwischen den christlichen Nationen zu verstehen. In Rom war August 1492 endlich mit Alexander VI. Borgia ein Spanier zum mächtigsten Renaissance-Papst gewählt – nach jahrelangen Warten reiste im gleichen Monat August 1492 Kolumbus für die spanische Krone nach Westen. Er kehrte im März 1493 zurück, und schon am 2. Mai erlässt Alexander VI. die Bulle *Inter caetera*, in der er die Welt wie einen Apfel in zwei Hälften spaltete, die er zwischen Spanien und Portugal teilte – zuungunsten von Portugal, wo man aber offensichtlich den Verlauf der brasilianischen Küste kannte. Auf portugiesische Intervention wurde deswegen die Trennlinie im endgültigen Vertrag von Tordesillas 1494 verschoben.

Ab 1519 ging im Reich des Kaisers Karl V. „die Sonne nie mehr unter" – die Welt gehörte Europa, die Machtverhältnisse zwischen dem christlich Kaiser und dem islamischen Kaiser – so die zeitgenössisch Bezeichnung von Salomon (Suleiman) dem Prächtigen - hatten sich umgekehrt. Mit der Industrialisierung und Kolonisierung ab der zweiten Hälfte des 19. Jh. war die Weltherrschaft des christlich orientierten Staaten endgültig. Das osmanische Reich und die restlichen islamischen Staaten wurden zwischen 1916 (Sykes-Picot) und 1920 (Sèvres) in Paris von den demokratischen Staaten Westeuropas zerschlagen.

Digitale Medien, die heute die Welt bestimmen (Pörksen & Krischke 2013, Hachmeister & Wächster 2017), prägen ideologisiert (Main stream media, Systemmedien, Staatsmedien) unsere Kultur und Erziehung. Der Bezug zur Fakten hat sich gelockert (Diskussion um Alternative Fakten, postfaktisch, fake news; Information wird zu Infotainment und Docufiction). und religiöser Intoleranz. „Sprache ist die Vorstufe oft auch zu einer Eskalation, die dann irgendwann in Gewalt münden kann." (Angela Merkel im „Youtuber-Interview" 16.8.2017) Die Darstellung von Gewalt, Respektlosigkeit und Grenzüberschreitungen scheint eine Voraussetzung für hohe Einschaltquoten zu sein. Es ist bedenklich und abstoßend, wenn über einen moslemischen Präsidenten unter dem Vorwand „Freiheit der Kunst" (ZDF Neo 2016: Böhmermann-Gedicht) berichtet wird, er möge „am liebsten Ziegen ficken", schaue „Kinderpornos", Die Tendenz ist unverändert (ZDF-Frühstücksmagazin MoMa am 23.3.2017 in seiner „Deutschstunde für Erdogan"). Produktionen für EinsFestival (ARD), in der die Moderatorin im Nonnenkostüm ein Kruzifix ableckt und dazu rappt „Jesus ist shit und wer das nicht glaubt kackt ab" werden in der Presse befürwortend unter Freiheit der Kunst diskutiert. Respekt geht verloren, Moscheen und Synogogen müssen verstärkt geschützt werden, der Antisemitismus nimmt zu. Ein peinlicher Auschwitz-Vergleich in einem Rapper-Text war für den Musikpreis „Echo" im April 2018 nominiert. Dies alles ist keine Basis für multikulturellen oder religiösen Dialog und Empathie.

Gewalt entsteht im Kopf, nicht in den Muskeln. Gleichzeitig gibt es eine Gegenbewegung der „Gutmenschen" (Unwort des Jahres 2015): Linke Politiker forderten 2016 den Abriss des monumentalen Kolumbus-Denkmals in Barcelona wegen der kolonialen Vergangenheit. *Political Correctness* ist ein neues Zauberwort: Die „Zehn kleinen Negerlein" gibt es aus Gründen der political correctness nicht mehr als Kinderbuch und seit Jahren verlangen in Berlin Abgeordnete die Umbenennung der ehrwürdigen Mohrenstraße. In der Mohrenstraße Nr. 10 wurde 1872 die Firma Sarotti gegründet, deren liebenswürdiger Mohr 2004 endlich arisch-weiß wurde. Der Name „Mohren-Apotheke" (sie verweisen auf die alte Heilkunst und das Wissen der Mauren) soll verboten werden. Man könnte den schwarzen Hl. Mauritius aus den Kirchen verbannen und Namen wie Moritz oder Mohr verbieten. Vergessen scheint das Selbstverständnis der schwarzen Denker wie Aimé Cesaire und Leopold Senghor mit der stolzen selbstbewussten Negritude der 1930er Jahre und die Black Power-Bewegung der 1960er in den USA. Bibel und Koran haben keine Rassen-Vorurteile, denn *Black is Beautiful,* sagt verkürzt auch Salomons Hohes Lied 1,5: die Basis für Empathie und Dialog.

Die uralte Spannung zwischen Orient und Okzident (schon Herodot thematisierte das Thema) hat zugenommen: „Ein besonderes Kennzeichen der Neuzeit ist die in ihr wahrzunehmende Spaltung zwischen Morgen- und Abendland" (René Guénon 1927). Europas Kultur, Wissenschaft und die christliche Religion gründen aber nicht nur auf Hellas und Rom: Basis sind die alten Hochkulturen des Orients zwischen Nil und Indus. Sechs der sieben Weltwunder der Antike standen nicht in Europa. Heraklit, Diogenes, Theophrast oder Epikur sind keine Europäer. Der arabische Krönungs-Mantel des Stauffer-Kaisers Friedrich II ist umlaufend mit Koranversen bestickt. Zwei der vier Kirchenväter: kamen aus den heutigen Migrations-Gebieten. Augustinus von Hippo und seine Mutter, die Hl. Monika, waren Berber aus Souk-Ahras in Algerien, Hieronymus lehrte in Istanbul und starb in Palästina. Die beiden wichtigsten kirchlichen Konzilien fanden in Nicäa (heute ein Stadtteil von Istanbul) statt, beinahe alle frühen Konzilien in Nordafrika. Die Durchsicht einer Liste der großen Kirchenlehrer und frühen Heiligen liest sich wie ein Katalog der Herkunftsländer von Asylbewerbern (vgl. Barthlott & Rafiqpoor 2018), Die erste Deutsche (gotische) Bibel wurde von dem türkischstämmigen arianischen Bischof Wulfila in Konstantinopel (Istanbul) übersetzt.

Claudius Ptolemäus war kein Grieche, sondern Ägypter in der Wissenschaftstradition von Alexandria. Die damalige Wissenschaftssprache Griechisch führt auf eine falsche Fährte: Wer würde heute das englischsprachige Harvard in Cambridge (USA) als britische Forschungseinrichtung betrachten, nur weil sie auf eine englische Gründung zurückgeht? Es sind die alten Hochkulturen und die arabischen „Thinktanks" in Syrien, Irak, Persien und der Türkei und die Transferstelle Andalusien: das maurische Cordoba und Toledo ermöglichten unsere mittelalterliche Kultur. Europas Welteroberung beruhte auf arabisch-islamischer nautischer Technologie, wie noch heute die arabische Armillarsphäre in der Flagge des EU-Mitgliedes Portugal zeigt.

Der Islam gehört zu Europa und zu Deutschland. Hans Magnus Enzenberger (2015) schreibt über Migranten „Wie lange haben alle deutschen „Volksparten" lauthals und unisono verkündet, Deutschland sei kein Einwanderungsland? Ein besonders heller Kopf war nie nötig, um einzusehen, wie unsinnig solche Behauptungen waren. ... ein Blick vor die eigene Haustür, ein Besuch bei der Ausländerbehörde, eine Fahrt in der U-Bahn hat schon immer genügt, um sie zu widerlegen" Dies gilt auch für die Aussage „Der Islam gehört nicht zu Deutschland" mit seinem tausendjährigen Einfluss auf unsere Kultur.

Als Basis für einen Dialog müssen wir uns in die Situation des anderen versetzen. Empathie, das Verstehen der Sicht des Außenstehenden ist grundlegend: Das hat schon Montesquieu in seinen Lettres Persanes 1721 überzeugend dargestellt. Als Christen registrierten wir den 11. September 2001 (ca. 3000 Opfer) und andere Terroranschläge zu Recht als verheerend. Das scheußlichsten Verbrechen neuerer Zeit mitten in Europa, der Ermordung von mehr als 8000 Moslems durch Christen unter den Augen der UN-Blauhelme in Srebrenica 1995 ist weniger in unserem Bewusstsein verankert. Und diese Zahlen sind bescheiden im Vergleich zum Vietnamkrieg (geschätzt 2 bis 5 Millionen Tote) oder zum Irakkrieg (mehr als 500 000 Moslems getötet) – immer gegen Andersgläubige.

Man kann zunehmend unter dem Deckmantel von Freiheit der Meinung, der Medien und der Kunst eine verbale Gewalt und Diskreditierung der Religionen beobachten. Terror und Gewalt entstehen nicht in den Muskeln, sondern in den Köpfen. Wer Gewalt sät oder sendet, wird Gewalt ernten. Eine Tatort-Folge kostet 1,4 Mio. Euro, und es gelten aber auch hier die Regeln der Pawlow'schen Reflexe: Appetit und Ideen kommen schon beim Anblick der Bilder. Inwelt-Verschmutzung ist nicht neu: Thomas Mann schreibt in seinem Tagebucheintrag vom 18.11.1949: „Anstößige Ausbreitung eines Lustmordes an einer 6jährigen in den Zeitungen, Russenhetze und Verschmutzung der Phantasie von Jugendlichen, dies das tägliche Werk der freien Presse". Medien bestreiten dies alles vehement – aber die realistische Werbeindustrie setzt Pawlow erfolgreich täglich um. Wir reden von Respekt und Ökumene, verlieren uns aber in Unterschieden. Auch bei dramatisch sinkender Zahl der Kirchenbesucher ist ein gemeinsamer Religionsunterricht in Schulen nicht möglich. Eadem spectamus astra sagt Nicolaus von Kues: Wir sehen alle die gleichen Sterne – aber wir suchen dennoch die Unterschiede und betonen das Trennende.

Kann man 80% der Weltbevölkerung für den Erhalt der Natur gewinnen?

Eine lebenswürdige Zukunft werden wir nur durch grundlegende Änderung unseres Verhaltens, unserer Politik und Wirtschaft in den multikulturellen Gesellschaften erreichen. Ein Dialog auf Augenhöhe und mit Respekt und Empathie ist Voraussetzung: Wenn er gelingt, gewinnen wir auch mehr als drei Viertel der Weltbevölkerung für den Erhalt der Natur. Mit dem Zweiten Vatikanischen Konzil (1962–1965) wurden von katholischer Seite grundlegende Schritte eingeleitet. Es wurde anerkannt, dass Juden, Christen und Mosleme nur den einzigen gemeinsamen Gott Abrahams haben, der im Islam Allah heißt. Ein konsequenter weiterer Schritt war 2015 die Enzyklika *Laudato si* zur Verantwortung beim Erhalt der Natur von Papst Franziskus (Franziskus 2015). Der Papst hat das Spannungsfeld zwischen Schöpfung, Umwelt, Klimawandel, Ökologie und Biodiversität umschrieben und mit überaus klaren Worten zu einem Umdenken und Dialog aufgefordert. Ein Text, der – beraten von Fachwissenschaftlern – auch von naturwissenschaftlicher Seite auf dem aktuellen Stand ist und große Anerkennung gefunden hat (vgl. z.B. das Editorial der Zeitschrift *Nature* vom 25. Juni 2015). Genauso positive Signale gingen von islamischer Seite aus, wie die oben zitierte Rede des iranischen Präsidenten Rohani oder der Engagement deutsch-türkischer Umweltbewegungen in der Bundesrepublik zeigt.

Eadem spectamus astra – die Besinnung auf die hohen gemeinsamen Grundwerte unserer Kulturen und Religionen verbunden mit Respekt, Empathie und Dialog ist die große Chance im 21. Jahrhundert – nicht nur für Ökologie und Naturschutz.

Literatur

Alt, F.: Der ökologische Jesus – Vertrauen in die Schöpfung. Mit einem Vorwort von Klaus Töpfer. München 1999.

Baillie, J. E. M., C. Hilton-Taylor & S. N. Stuart: 2004 IUCN Red List of threatened species: a global species assessment. Cambridge 2004.

Barthlott, W. & M. D. Rafiqpoor: Biodiversität im Wandel. Globale Muster der Artenvielfalt. In: Lozán J. L., S.-W. Breckle, R. Müller & E. Rachor (Hg.): Warnsignal Klima: Die Biodiversität. Hamburg 2016.

Barthlott, W. & M. Winiger: Biodiversity. A Challenge for Development Research and Policy. Berlin 2001.

Barthlott, W., J. Obholzer & M. D. Rafiqpoor: Pflanzen der Heiligen Bücher Bibel und Koran. BfN-Skript 449. Bonn 2016.

Barthlott, W., & M. D. Rafiqpoor & W. R. Erdelen: Bionics and Biodiversity. Bio-inspired Technical Innovation for a Sustainable Future. In: Knippers et al. (Hg.): Biomimetic Research for Architecture and Building Construction. Berlin 2016.

Barthlott, W. & M.D. Rafiqpoor: Biodiversität im Wandel zwischen Evolution, Migration, Kultur und Religion, BfN-Manuskripte „Naturschutz – natürlich interkulturell". Bonn 2018 (im Druck).

Billig, S. (2017): Die Karte des Piri Re´is – Das vergessene Wissen der Araber. München 2017.

Charles, Prince of Wales (2010): The Islam and the Environment – Rede in Oxford 09.06.2010: https://www.princeofwales.gov.uk/media/speeches/speech-hrh-the-prince-of-wales-titled-islam-and-the-environment-sheldonian-theatre (abgerufen 20.2.2018).

Diamond, J.: The World Until Yesterday. What Can We Learn from Traditional Societies? New York 2012 (deutsch S. Fischer 2012).

Eliade, M.: Geschichte der religiösen Ideen. 4 Bände. Freiburg 1978–1981.

Enzensberger, H. M.: Versuche über den Unfrieden. Frankfurt 2015.

Finkel, I.: The Ark before Noah. Decoding the story of the flood. London 2014.
Franziskus (Papst): Enzyklika Laudato Si. Über die Sorge für das gemeinsame Haus. Vatikan 2015.
Freeley, J.: Alladin's Lamp. Knopf. New York 2009. (deutsch Stuttgart 2012).
Grim, J. & M.E. Tucker: Ecology and Religions. Island Press. 2014.
Groombridge, E.: Global Biodiversity. Status of Earth's Living Resources. London 1992.
Hachmeister, L. & T. Wächster: Wer beherrscht die Medien? Die 50 größten Medien- und Wissenskonzerne der Welt. Köln 2017.
Hunke, S.: Allahs Sonne über dem Abendland. Frankfurt 1965.
Ibisch, P. L.: Ökologie und Politik. Die Wachstumskrise entfaltet sich weiterhin. In: Richter, M. & I. Thunecke (Hg.): Paradies now. André Gorz – Utopie als Lebensentwurf und Gesellschaftskritik. Sammlung kritisches Wissen Bd. 70. Mössingen 2016.
Ibisch, P. L., M. T. Hoffmann, S. Kreft, G. Pe'er, V. Kati, L. Biber-Freudenberger, D. A. DellaSala, M. M. Vale, P. R. Hobson & N. Selva: A global map of roadless areas and their conservation status. In: Science, Vol. 354, No. 6318, 2017, S. 1423–1427.
Jenkins, W. J., M. E. Tucker & J. Grim: Routledge Handbook on Religion and Ecology. New York 2017.
Kermani, N.: Ungläubiges Staunen. Über das Christentum. München 2016.
Kier, G., H. Kreft, T. M. Lee, W. Jetz, P. L. Ibisch, C. Nowicki, J. Mutke & W. Barthlott: A global assessment of endemism and species richness across island and mainland regions. In: PNAS, 2009.
Küng, H. & K. J. Kuschel: Weltfrieden und Religionsfrieden. München 1993.
Lawton, J. H. & R. M. May: Extinction rates. Oxford 1995.
Locey, K. J. & J. T. Lennon: Scaling laws predict global microbial diversity. In: PNAS, Vol. 113, 2016.
Micksch, J., J. Khurshid, H. Meisinger & A. Mues: Religionen und Naturschutz. Gemeinsam für biologische Vielfalt. BfN-Skripten 426. Bonn 2015.
Moony, H. A., R. N. Mack, J. A. McNeely, L. E. Neville, P. J. Schei & J. K. Waage: Invasive Alien Species. A New Synthesis. Washington, Covelo & London 2015.
Mora, C., D. P. Tittensor, S. Adl, A. G. B. Simpson & B. Worm: How many species are there on Earth and in the ocean? In: PLoS Biol, Vol. 9, 2011.
Mutke, J. & W. Barthlott: Patterns of vascular plant diversity at continental to global scales. In: Friis, I. & H. Balslev (Hg.): Plant diversity and complexity patterns. Local, regional and global dimensions. The Royal Danish Academy of Sciences and Letters, Copenhagen Biologiske Skrifter 55. Copenhagen 2005.
Nentwig, W.: Invasive Arten. Stuttgart 2010.
Pearce, F.: The New Wild. Why invasive species will be nature's salvation. London 2015.
Pimentel, D. et al.: Religions, Culture and Sustainable Development. Encyclopedia of life support systems (EOLSS). Paris 2010.
Pimm, S.L. & L.N. Joppa: How many plant species are there, where are they, and at what rate are they going extinct? In: Annals Missouri Bot. Gard., Vol. 100, 2015.
Pörksen, B. & W. Krischke: Die gehetzte Politik. Die Neue Macht der Medien und der Märkte. Köln 2013.
Pye, M., C. Kleine & M. Dech: Ökologie und Religionen. Eine religionswissenschaftliche Darstellung. In: Marburg Journal of Religion, Vol. 2, 1997.
Rolston, H.: Science and Religion. London 1987.
Rolston, H.: A new environmental ethics. New York 2012.
Rodrik, D.: Das Globalisierungs-Paradox. München 2011.
Sezgin, Fuat: Geschichte des Arabischen Schrifttums. – 15 Vols., Vol. 1 bis 9 (1967–1984): E.J. Brill, Leiden, Vol. 10–15 (2000–2010): Inst. History Arabic-Islamic Science, Frankfurt/M.
Schellnhuber, H.-J. (2015): Selbstverbrennung – die fatale Dreiecksbeziehung zwischen Klima, Mensch und Kohlenstoff. München 2015.
Sommer, J. H., H. Kreft, G. Kier, W. Jetz, J. Mutke & W. Barthlott: Projected impacts of climate change on regional capacities for global plant species richness. In: Proc. R. Soc. B 277, 2010, S. 2271–2280.
Sperber, G.: Bäume der Bibel. Eine ökologische Un-Heilsgeschichte von Bäumen, Wald, Natur, deren Zerstörung und den gnadenlosen Folgen. In: Forstw. Cbl., Vol. 113, 1994.
Stork, N. E., J. McBroom, C. Gely & A. J. Hamilton: New approaches narrow global species estimates for beetles, insects, and terrestrial arthropods. In: PNAS, Vol. 112, 2015.
Thyen, J. D.: Bibel und Koran. Eine Synopse gemeinsamer Überlieferungen. Köln 2015.
Wilson, E. O.: Biodiversity. Washington DC 1988.

Für Rechts zu radikal, für Linke suspekt
Warum die politische Linke sich so wenig um Nachhaltigkeit kümmert

Heike Leitschuh

> Die politische Linke hätte beste Voraussetzungen, zu einem wirksamen Akteur im Nachhaltigkeitsdiskurs zu werden, wenn sie ihre starken Themen – Gerechtigkeit, Bildung, Internationale Solidarität – einbringen und mit den bisherigen Diskussionen verweben würde. Doch bislang ergreift sie diese Chance nicht.

Seit 2002 gibt es in Deutschland eine Nachhaltigkeitsstrategie, die aber bis zum heutigen Tag nicht zur verlässlichen Richtschnur für die politischen Entscheidungen der Regierung geworden ist. Noch immer bewerben sich viele Abgeordnete lieber zuerst um andere Themen, bevor sie sich auf Nachhaltigkeit einlassen. Kein Wunder, den eigenen Status in Fraktion und Parlament erhöht das eher nicht.

Dabei geht es hier um die substanzielle Zukunftsfrage, wie wir Wohlergehen für alle sichern können, ohne die Lebensgrundlagen weiter zu zerstören. Das wird uns radikale Änderungen abverlangen. Insider wissen, die anderen ahnen es: Umweltfreundlichere und effizientere Techniken sind in nicht gekanntem Maße nötig und werden trotzdem bei weitem nicht reichen. Es genügt auch nicht, das richtige Müsli oder die sparsamste Waschmaschine zu kaufen. Was wir vor allem brauchen, sind substanziell ressourcenleichtere Lebensstile und damit auch eine völlig andere Ökonomie. Dies würde die Eigentums- und Machtverhältnisse neu ordnen. Nachhaltigkeit richtig verstanden ist in ihren Konsequenzen somit ziemlich radikal. Konservative Kräfte haben das durchaus verstanden, weshalb sie die Idee entweder bekämpfen oder versuchen zu marginalisieren, indem sie sie trivialisieren oder vereinnahmen.

Die politische Linke hingegen glänzt durch weitgehende Nichtbefassung. Zwar gibt es vereinzelte Bemühungen, zum Beispiel der Rosa-Luxemburg- oder Heinrich-Böll-Stiftung, Forderungen nach einer sozial-ökologischen Postwachstumsstrategie aufzugreifen. Doch diese bleiben fragmentarisch, ebenso wie das Engagement von linken Abgeordneten in den Parteien. Warum ist das so?

These 1: Wir leben in einer kollektiven Schizophrenie. Wir wollen ein nachhaltiges Wirtschaftssystem, stützen das nicht-nachhaltige aber jeden Tag durch unser individuelles Verhalten oder Nicht-Verhalten

Allzu offensichtlich ist, dass es nicht zusammenpasst, unsoziale Geschäftspraktiken bestimmter Unternehmen zu kritisieren, weiterhin aber fleißig deren Produkte zu kaufen. Genauso wie es sich widerspricht, Klimaschutz einzufordern, den eigenen hohen Energiekonsum aber nicht in Frage zu stellen.

Dieser Befund ist nicht neu und trifft die Mehrheit der Bevölkerung. Bei der politischen Linken hat er jedoch noch eine zusätzliche Komponente: Die meisten schätzen hier die Rolle von Verhaltens- und Lebensstiländerungen in ihrer Wirkung gering und lehnen sie oft sogar mit dem Hinweis ab, dass man damit dem ärmeren Teil der Bevölkerung zusätzliche Einbußen aufbürde.

Das ist in zweierlei Hinsicht falsch. Zum einen geht es vor allem um die global stilprägende Lebensweise der Mittel- und Oberschichten mit dem in der Summe größten ökologischen Fußabdruck. Zum zweiten dürften selbst einige Änderungen im Lebensstil der Unterschicht angemahnt werden, ohne dass dies als sozial zynisch bezeichnet werden darf: denkt man nur mal an den hohen Fleischkonsum der deutschen Bevölkerung oder den großen Anteil von Convenience-Produkten, deren Reduktion womöglich gar den Geldbeutel schonen dürfte. Zudem macht „zu viel" krank, auch süchtig, und das vermindert die Lust auf das, was man genießen kann – von Adipositas, Burnout und sonstigen Wohlstandskrankheiten ganz zu schweigen.

These 2: Mit der ökologischen Krise werden die Opfer auch zu Tätern und die Täter auch zu Opfern. Auch das passt nicht recht in linke Denkschemata

Ein weiterer Grund, warum Linke das Thema Nachhaltigkeit mit spitzen Fingern anfassen, ist der historisch – zumindest in diesem Ausmaß – erstmalig auftretende Befund, dass es keinesfalls einfach ist, die Schuldfrage eindeutig bzw. einseitig zu klären.

Aufgrund des erheblichen Einflusses, den der westliche Lebensstil auf die globalen Probleme hat, kann man durchaus sagen, dass auch die Bevölkerung erhebliche Mitverantwortung für eine nicht nachhaltige Wirtschaft trägt. Wir sind es aber gewöhnt, die Schuld bei den Eliten und Mächtigen zu suchen. Einfacher als sich mit eigener Mit-Verantwortung auseinanderzusetzen, scheint es daher, ausschließlich Politik und Wirtschaft mit den Forderungen zu adressieren.

In Bezug auf das Nord-Süd-Thema greift das alte Täter-Opfer-Schema ebenfalls nicht mehr. Längst haben sich auch in den armen Ländern parasitäre Eliten breit gemacht, die die fossile Lebens- und Produktionsweise ausgiebig goutieren und vorantreiben.

These 3: Linke sind mehrheitlich selbst im Netz des Dogmas von immerwährendem Wachstum verfangen

Nachhaltigkeit, konsequent zu Ende gedacht, braucht eine Ökonomie und ein Sozialsystem, die nicht mehr auf fortwährendes Wachstum setzen. Denn immerwährendes Wachstum ist in einer begrenzten Welt weder ökonomisch möglich noch ökologisch verkraftbar. Da hilft auch das Konzept der sogenannten „Grünen Ökonomie" nicht. Der gedankliche und konzeptionelle Abschied von Wachstumsbildern aber scheint die größte Hürde für Linke zu sein. Traditionell eng mit den Politikkonzepten der Gewerkschaften verwoben, setzen hier viele auf eine wachstumsfördernde Wirtschaftspolitik, die den Kuchen für alle vergrößern und damit Verteilungskämpfe erleichtern soll. In einer Postwachstumsgesellschaft jedoch kann der Kuchen nicht größer werden. Er kann nur ganz anders gebacken und vor allem anders verteilt werden. Wie sagte doch so schön der kürzlich verstorbene Heiner Geißler? „Geld gibt es wie Dreck auf der Welt. Es haben nur die falschen Leute."

Sozialökologische Postwachstumskonzepte müssen also eng mit Maßnahmen zur gerechteren Verteilung natürlicher Ressourcen und Einkommen verbunden werden. Gerade hier, bei einem ihrer Kernthemen, könnte die politische Linke eine wichtige Rolle im Nachhaltigkeitsdiskurs spielen. Aber Vorsicht: Auch die Umverteilung kann eine Sackgasse sein, solange nur mehr Geld in den Konsum fließt. Der gesellschaftliche Reichtum sollte genutzt werden, um die Infrastrukturen für eine durchaus bescheidenere, aber sozial attraktivere Lebensweise zu schaffen.

Spannend wäre außerdem, genauer hinzuschauen, warum Wachstumskonzepte gesellschaftlich so attraktiv sind, wohingegen alles, was stagniert oder gar schrumpft, negativ konnotiert ist. Meines Erachtens hat das viel damit zu tun, dass mit dem „Höher, Schneller, Weiter, Mehr" des modernen Kapitalismus durchaus auch die Schrecken der Endlichkeit des Lebens überkleistert werden können. Zeitweise zumindest. Gerade für die Generation der „Forever young, forever Turnschuh", die heute noch weitgehend an den Hebeln der Macht sitzt, ist dies ein wichtiger, wenn auch sicher unbewusster Grund, Postwachstumsüberlegungen vom Tisch zu fegen.

These 4: Die Transformation hat bereits begonnen, ohne dass sie das linke Milieu wertschätzend zur Kenntnis nimmt

An vielen Stellen haben Menschen schon damit begonnen, Strategien für eine Postwachstumsgesellschaft in der Praxis zu erproben. Dazu gehören zum Beispiel die Initiativen der Transition-Town-Bewegung, die Gemeinwohlökonomie, die Solidarische Ökonomie und Solidarische Landwirtschaft, die Degrowth-Bewegung, die vielfältigen Sharing-Projekte, die Repair-Cafes, die Gemeinschaftsgärten, die vielen Menschen, die ohne Auto leben, die wenig oder kein Fleisch mehr essen, die sich für gemeinschaftliche Wohnformen stark machen, die der Lebensmittelverschwendung den Kampf ansagen oder versuchen, regionale Währungen einzuführen etc. Natürlich machen diese Initiativen und Trends die Gesellschaft noch nicht nachhaltig und sind weit davon entfernt, der traditionellen Ökonomie eine ernsthafte Konkurrenz zu sein. Und dennoch: Sie sind allesamt Vorboten einer größeren Transformation, sind Experimentallabore, bei denen wichtige Erfahrungen gesammelt werden. Hier entstehen im Kleinen Puzzlesteine einer nachhaltigen Gesellschaft, auf die zurückgegriffen werden kann, wenn die Zeit dafür reif ist. Für die politische Linke scheinen das aber leider nur Sandkastenspiele zu sein. Jedenfalls sehe ich noch keine Anzeichen, dass sie die transformativen Tendenzen wertschätzend aufgreifen würde.

Wie schade eigentlich! Die politische Linke hätte gute, ja beste Voraussetzungen, zu einem wirksamen Akteur im Nachhaltigkeitsdiskurs zu werden, wenn sie ihre starken Themen – Gerechtigkeit, Bildung, Internationale Solidarität – einbringen und mit den bisherigen Diskussionen verweben würde. Wir dürfen gespannt sein, wann das der Fall ist.

Die Energiewende
Zwischenbilanz eines Jahrhundertprojektes

Claudia Kemfert

> Die Energiewende in Deutschland soll zu einer dauerhaft nachhaltigen Energieversorgung führen. Die Energiestrukturen werden sich stark verändern, hin zu mehr dezentralen Energieversorgungsstrukturen, in denen erneuerbare Energien, Kraft-Wärme-Kopplungsanlagen und intelligente Verteilnetze sowie Speicherlösungen ineinander verzahnt werden. Dazu bedarf es auch eines effektiven Lastmanagements, welches Angebot und Nachfrage gut aufeinander abstimmt. Die Aufgabe der Energiewende ist es somit, das Energiesystem umzubauen, hin zu mehr Dezentralität, Flexibilität und Dynamik, inklusive intelligenter Netze, einer optimalen Steuerung von Angebot und Nachfrage und mittelfristig mehr Speicher. All diese Entwicklungen werden enorme Innovationen hervorbringen, durch Investitionen werden Zukunftsmärkte erschlossen. Die Energiewende bietet enorme wirtschaftliche Chancen.

Die Energiewende ist eines der größten Projekte, die Deutschland sich je vorgenommen hat. Um die Klimaziele in Deutschland gemäß der Vereinbarung des Pariser Klimaabkommens zu erfüllen, muss das Energiesystem komplett dekarbonisiert werden. Der jüngst verabschiedete Klimaschutzplan 2050 der Bundesregierung sieht erstmals für die einzelnen Sektoren Ziele vor. Beispielsweise muss im Verkehr schon bis 2030 eine Reduktion der Treibhausgasemissionen von 40–42 % gegenüber 1990 erreicht werden (Bundesregierung 2016). Neben dem Gebäudeenergie- und dem Verkehrsbereich muss aber vor allem der Stromsektor einen erheblichen Beitrag zur Emissionsminderung leisten. Das Ziel ist, den Anteil Erneuerbarer Energien (EE) an der Stromerzeugung von heute etwas über 30 bis zum Jahre 2050 auf mindestens 80 % zu erhöhen. Bis zum Jahre 2022 werden außerdem die restlichen Atomkraftwerke, die vor allem im Süden Deutschlands im Einsatz sind, abgeschaltet. Schließlich geht es darum, die Energieeffizienz in allen Sektoren drastisch zu verbessern. Die Energiewende soll somit zu einer dauerhaft nachhaltigen Energieversorgung führen.

    Es geht also um nichts weniger als den Komplettumbau des Energie- und Verkehrssystems. Das „alte" Stromsystem, basierend in erster

Linie auf Atom- und Kohle-Großkraftwerken, muss somit transformiert werden in ein neues, auf erneuerbaren Energien basierendes, dezentrales, intelligentes und dynamisches Energiesystem. Der Transportsektor muss auf Nachhaltigkeit ausgerichtet sein, das erfordert vor allem alternative und nachhaltige Antriebsstoffe und -technologien. Überflüssiger Verkehr ist ebenso wie Feinstaub, Lärm und Staus zu vermeiden, mehr Effizienz ist im Verkehr vor allem durch eine intermodale Verknüpfung der verschiedenen Verkehrsmittel und durch eine stärkere Förderung der aktiven Mobilität – also des nicht-motorisierten Verkehrs – zu erreichen. Das neue Energie- und Mobilitätssystem wird mit dem alten nicht mehr viel gemeinsam haben (Kemfert et al. 2015).

Eine derart tiefgreifende Transformation bringt Kontroversen, Konflikte und temporäre technologische wie politische Ineffizienzen mit sich. Somit kommt es nahezu zwangsläufig dazu, dass in der Übergangszeit zwei Energiesysteme quasi parallel existieren, das auf fossilen Energien basierende und das auf erneuerbaren Energien. Dies schafft hohe Transaktionskosten und führt zu suboptimalen Lösungen. Neben Gewinnern gibt es auch Verlierer in diesem Strukturwandel.

Die Energiewende erfordert effektiven Klimaschutz

Das selbst gesteckte Zwischenziel einer Treibhausgasemissionsminderung von mindestens 40 % bis zum Jahre 2020 wird Deutschland nicht erfüllen. Das hat im Wesentlichen zwei Gründe: Zum einen ist der Anteil von Kohlekraftwerken im Stromsystem noch immer hoch, zum anderen wurde es bisher versäumt, die Emissionen durch eine Verkehrswende zu vermindern. Im Stromsektor gibt es derzeit Stromangebots-Überkapazitäten, da noch immer ein hoher Anteil von Kohle- und Atomkraftwerken im Einsatz ist und zugleich Strom aus erneuerbaren Energien ins Netz gelangt. Durch die Überkapazitäten sinkt der Strompreis an der Börse und billiger Strom wird exportiert. Das Überangebot und der niedrige Börsenpreis haben Folgen: Die Wirtschaftlichkeit konventioneller Kraftwerke wird geschmälert. Aus diesem Grund und weil die CO_2-Preise auf einem historisch niedrigen Niveau sind, sind Braunkohlekraftwerke derzeit die wirtschaftlichste Form der Stromherstellung. Daher ist der Einsatz von Kohlekraftwerke anteilig angestiegen und mit ihm die Treibhausgasemissionen. Somit rechnen sich die für die Energiewende notwendigen Geschäftsmodelle nicht, inklusive der notwendigen innovativen und flexiblen Gas- und Pumpspeicherkraftwerke. Alte, ineffiziente Kohlekraftwerke sorgen nicht nur für einen enormen Stromangebots-Überschuss, sondern produzieren auch zu viele Treibhausgase. Zudem sind sie in der Kombination mit erneuerbaren Energien zu inflexibel. Kohlekraftwerke eignen sich nicht als Brückentechnologie für eine nachhaltige Energiewende. Gaskraftwerke verursachen nicht nur weniger Treibhausgase, überdies können sie oftmals flexibler eingesetzt werden als Kohlekraftwerke. Ein erster wesentlicher Schritt zur Erfüllung der Klimaziele und zur Transformation des Stromsystems wäre somit ein schrittweiser Ausstieg aus der Kohleverstromung.

Zudem verursacht der Verkehrssektor knapp 20 % der Emissionen in Deutschland und sollte ebenso zur Treibhausgasminderung beitragen. Bisher ist dies nicht gelungen, im Verkehrssektor sind die Treibhausgasemissionen im Vergleich zu 1990 fast gar nicht gesunken (UBA 2016). Zwar emittieren die Fahrzeuge durchschnittlich weniger Treibhausgase, doch ist insgesamt das Fahrzeugaufkommen gestiegen, so dass die Effizienzgewinne durch mehr Fahrleistung aufgehoben werden.

Die Energiewende erfordert auch eine Gebäudeenergie- und Verkehrswende
Die Energiewende wird ohne eine Gebäudeenergie- und Verkehrswende kaum möglich sein. Etwa ein Drittel der Gesamtenergie wird in Gebäuden verbraucht. Durch energetische Gebäudesanierung kann der Energieverbrauch deutlich gesenkt werden. Zudem können Gebäude selbst zu Energieherstellern werden (Großklos & Schaede 2016). Mittels Solaranlagen auf dem Dach und Speichermedien im Keller können „Prosumer" Teil der Energiewende werden, nicht nur, weil sie Energie herstellen und selbst verbrauchen, sondern auch – wenn sie miteinander verbunden werden – weil sie die Netze entlasten können.

Ebenso wichtig ist die Verkehrswende. Strom aus erneuerbaren Energien kann für die Mobilität der Zukunft genutzt werden und die für die Energiewende so wichtigen Sektoren miteinander verzahnen („Sektorkopplung") (Kemfert & Canzler 2016). Erneuerbare-Energien-Strom kann nicht nur Bahnen und Elektrofahrzeuge antreiben, sondern auch zur Herstellung von Wasserstoff oder synthetischem Gas („Power to Gas") genutzt werden, welche wiederum als Kraftstoffe verwendet werden können. Letztere wären auch als langfristige Speicher nutzbar und könnten so die Versorgungssicherheit eines auf erneuerbaren Energien basierenden Energiesystems deutlich erhöhen.

Nachhaltiger Verkehr bedeutet allerdings mehr als die Substitution der Energiegrundlage. Gleichzeitig ist es nötig, unnötigen Verkehr zu vermeiden und eine Optimierung des Verkehrs durch intermodale Verkehrsdienstleistungen zu fördern, indem die unterschiedlichen Verkehrsformen besser miteinander verknüpft werden. Es muss nicht zuletzt eine enge Verzahnung von Öffentlichem Personennahverkehr und Car-Sharing-Angeboten sowie mit dem Fahrrad geben. In Ballungsräumen der Zukunft werden keine Autos gekauft, sondern Mobilitätsdienstleistungen.

Die politischen Rahmenbedingungen sind für eine nachhaltige Verkehrswende bisher allerdings wenig günstig. Noch immer setzt sich Deutschland nicht für strenge EU-Emissionsgrenzwerte ein und hat mit der Dieselsteuererleichterung vor allem hohe Feinstaub- und Stickoxide in Ballungsräumen mit zu verantworten. Der Wille zu einem Umstieg hin zu einer nachhaltigen Mobilität ist nicht zu erkennen. Eine Kaufprämie für Elektroautos einzuführen, ohne die einseitige Bevorzugung des privaten Autos mit Verbrennungsmotor abzubauen, ist wenig erfolgversprechend. Die Elektromobilität ist ein wichtiger Baustein für eine postfossile Mobilität, allerdings muss sie einhergehen mit einer Förderung sowohl neuer gemeinschaftlicher Nutzungsformen des Autos als auch der Förderung der nicht-motorisierten Mobilität (Canzler & Knie 2016).

Die Energiewende erfordert einen breiten Mix an Instrumenten – Emissionshandel allein reicht nicht aus

In der Debatte um eine möglichst effiziente und zugleich effektive Ausgestaltung der politischen Rahmenbedingungen zur Erfüllung der Klimaziele und der Energiewende werden regelmäßig Forderungen laut, das klimapolitische Instrumentenportfolio zu verschlanken (Sachverständigenrat zur Begutachtung der gesamtwirtschaftlichen Entwicklung 2016). Anstelle vieler Instrumente zur Senkung der Emissionen und Förderung der Energiewende solle vor allem auf den Europäischen Emissionshandel (EU ETS) als Leitinstrument gesetzt werden. Auf den Einsatz komplementärer Instrumente solle weitgehend verzichtet werden, um dessen Effizienz nicht durch instrumentelle Wechselwirkungen zu beeinträchtigen. Die Vorschläge für eine instrumentelle Fokussierung auf den Emissionshandel beruhen auf der ökonomischen Theorie einer kosteneffizienten Minderung des Treibhausgasausstoßes mittels marktbasierter Instrumente, in diesem Fall einer Mengensteuerung über handelbare Emissionsrechte. Aus dem Zusammenspiel von Angebot und Nachfrage ergebe sich ein einheitlicher Preis für Emissionsrechte und damit ein – über verschiedene Vermeidungsoptionen hinweg – identischer finanzieller Anreiz zur Minderung des Treibhausgasausstoßes. Durch einen einheitlichen Preis würden Unternehmen genauso wie Bürgerinnen und Bürger einen Anreiz erhalten, die jeweils günstigsten Maßnahmen zur Emissionsminderung zu ergreifen. Diese umfassen sowohl technische Innovationen, Investitionen in energieeffiziente Güter, Brennstoffwechsel als auch Verhaltensanpassungen. Weitere klimapolitische Instrumente in Form fiskalischer, ordnungsrechtlicher oder technologiespezifischer förderpolitischer Maßnahmen wären demnach ebenso verzichtbar wie eigenständige politische Zielvorgaben zum Ausbau der erneuerbaren Energien und zur Steigerung der Energieeffizienz.

Die Forderung nach einer Konzentration auf den Emissionshandel erfolgt mit Verweis auf Inkonsistenzen und Verzerrungen, die durch den gleichzeitigen Einsatz verschiedener Instrumente entstünden und so zu erhöhten Kosten der klimapolitischen Zielerreichung führen würden. Zudem wird angemahnt, dass den Emissionshandel ergänzende Instrumente ökologisch letztendlich wirkungslos blieben, da sie angesichts der aufgrund der EU ETS gesetzten Obergrenze zu keinen zusätzlichen Emissionsminderungen beitrügen. Diese vermeintliche Ineffektivität wird auf den sogenannten Wasserbetteffekt im Rahmen des europäischen Emissionshandels zurückgeführt: Sinken die nationalen CO_2-Emissionen, werden CO_2-Zertifikate frei, die von Emittenten in anderen EU-Staaten genutzt würden. Die Gesamtemissionen auf europäischer Ebene blieben somit von nationalen Minderungsaktivitäten unberührt.

Allerdings sieht die tatsächliche Situation des europäischen Emissionshandels anders aus. Zum einen wurden die nationalen Ziele zum Ausbau der erneuerbaren Energien – und gleiches gilt für die Ziele zur Steigerung der Energieeffizienz – bei der Festlegung des Caps im EU ETS berücksichtigt. Die Ziele zur Minderung der Treibhausgas-Emissionen, zum Ausbau der Erneuerbaren und zur Verbesserung der Energieeffizienz stehen mithin nicht unabhängig nebeneinander, sondern bilden eine aufeinander abgestimmte Trias. Angesichts der zuvor angedeuteten Marktunvollkommenheiten können flankierende EE-Ausbau- und Effizienzziele die Kosten für die Erreichung der Klimaschutzziele mindern helfen. Zum anderen ist, mit Blick auf den derzeitigen – und auch für die nächsten Jahre prognostizierten – massiven Angebotsüberhang im CO_2-Zertifikatsmarkt nicht mit einem Wasserbetteffekt zu rechnen. In der gegenwärtigen und mittelfristig absehbaren Marktsituation würden frei werdende Zertifikate aufgrund verminderter Emissionen aus Deutschland nicht von anderen Emittenten innerhalb des EU ETS genutzt, sondern den kumulierten Überschuss weiter erhöhen.

Ein Instrument reicht nicht aus, um alle Ziele des Klimaschutzes und der Transformation des Energiesystems zu erfüllen. Nicht nur weil beispielsweise die Sektoren Gebäude und Verkehr bisher gar nicht im Emissionshandel enthalten sind. Entscheidend ist, dass die bisherige Ausgestaltung des Emissionsrechtehandels mit hohen Zertifikatsüberschüssen, der fehlende Einigungswille der EU-Länder zur Verbesserung des Instrumentariums und eine hohe Anfälligkeit für Lobbyeinfluss nicht die aus klimapolitischer Sicht notwendigen Signale gegeben hat. Ein CO_2-Preis von derzeit etwa 7 Euro pro Tonne ist ohne Zweifel viel zu niedrig, um ausreichende Signale zu senden. Allein für den Umbau des Stromsystems wären CO_2-Preise von 40 bis 60 Euro pro Tonne notwendig. Das Preissignal aus dem Emissionshandel alleine würde jedoch auch nicht ausreichen, um die Entwicklung innovativer Technologien und effizienter Produkte in den Sektoren Gebäudeenergie und Verkehr in einer gesamtwirtschaftlich effizienten Weise voranzutreiben.

Der Nutzen der Energiewende übersteigt die Kosten
Im Oktober jeden Jahres wird die EEG-Umlage für das kommende Jahr verkündet. Da diese und somit der Endkundenpreis für Stromkunden in den vergangenen Jahren immer gestiegen ist, wird dies als Anlass genommen, über die Kosten der Energiewende zu debattieren. Dabei ist die EEG-Umlage kein geeigneter Kosten-Indikator. Sie stellt die Summe der Vergütungszahlungen abzüglich des an der Börse vermarkteten Stroms dar. Da der Strompreis an der Börse in den vergangenen Jahren gesunken ist, steigt die EEG-Umlage überdurchschnittlich stark an. Denn die EEG-Umlage errechnet sich aus der Differenz von Fördersumme und Börsenerlös. Die EEG-Umlage steigt, obwohl die Kosten der neu zu installierenden erneuerbarer Energien immer weiter sinken. Auch steigt die EEG-Umlage, da immer mehr Industriekunden von der Zahlung ausgenommen werden. Zudem setzt sich der Endkundenpreis für Stromverbraucher aus weiteren Komponenten wie Netzentgelte, Stromsteuer, KWK-Umlage, Umlage für Kraftwerksreserven oder Haftungsumlage für Offshore-Windenergie zusammen. Bei einer Betrachtung der Kosten der Energiewende ist jedoch immer der Nutzen gegenüberzustellen und die Frage zu beantworten, was es kosten würde, die Energiewende nicht zu machen.

Der Strukturwandel ist mit dem Verlust neuer und der Entstehung neuer Arbeitsplätze verbunden. Die Branche der erneuerbaren Energien zählt etwa 350 000 Beschäftigte, während in der Kohleindustrie noch ungefähr 70 000 Arbeitsplätze bestehen. Dort waren in den vergangenen Jahrzehnten noch über 600 000 Menschen beschäftigt. Allerdings sind die Beschäftigungseffekte der Energiewende ungleichzeitig und fallen zudem räumlich auseinander. Die Digitalisierung beispielsweise erlaubt Preisinformationen in Echtzeit, mit denen Erzeugung und Verbrauch optimiert werden können. Mehr EE, dezentrale Energiesystemen, eine höheren Energieeffizienz und auch nachhaltige Mobilitätsdienstleistungen verlangen neue Kompetenzen und Qualifikationen von den Beschäftigten. Schließlich müssen in einer umfassenden Kostenbetrachtung der Energiewende auch die vermiedenen Treibhausgasemissionen – und damit vermiedene Schäden durch den Klimawandel – einbezogen werden.

Die Energiewende hat zur Folge, dass künftig mehr und mehr auf die Verstromung von Kohle verzichtet werden wird, was wiederum den Kohle-Tagebau überflüssig macht. Die Umwelt- und Gesundheitsschäden durch den Tagebau werden so ebenso vermieden. Die Verbrennung von Kohle verursacht nicht nur klimagefährliche Treibhausgase, sondern auch andere umweltgiftige Emissionen wie Quecksilber und Feinstaub. Auch die Atomenergie verursacht hohe Kosten. Deutschland hat in den vergangenen Jahrzehnten hohe Subventionen für die Atomenergie bezahlt. England plant den Bau neuer Atomkraftwerke und will sie mit 11 Cent je Kilowattstunde über einen Zeitraum von 35 Jahren und einem Inflationsausgleich subventionieren. Zudem verursachen der Rückbau der Atomanlagen und die Einlagerung des Atommülls hohe Kosten. All diese Kosten werden durch die Energiewende zukünftig vermieden. Hinzu kommt, dass weniger fossile Energien importiert werden müssen. In der Vergangenheit mussten dafür, je nach Rohstoffpreisen, bis zu 11 Mrd. Euro pro Jahr aufgewendet werden (Öko-Institut 2015, 2016).

Gleichwohl kann die Energiewende dem „Dilemma der Ungleichzeitigkeit" nicht vollends entkommen. Denn kurz- bis mittelfristigen Investitionen stehen mittel- und langfristige Nutzen in Form von vermiedenen volkswirtschaftlichen Folgekosten, reduzierten Importen, regionaler Wertschöpfung und neuen Arbeitsplätzen gegenüber. Doch wird dieses Ungleichzeitigkeitsproblem bereits absehbar gemildert, weil die Gestehungskosten von Strom aus Windenergie- und Photovoltaikanlagen in den letzten Jahren dramatisch gesunken sind und aller Voraussicht nach weiter sinken werden.

100 % erneuerbare Energien: möglich, dezentral und bürgernah

Eine Energiewende-Welt mit 100 % EE ist möglich, wenn ausreichende Kapazitäten aufgebaut werden und vielfältige Flexibilitätsoptionen für die Integration fluktuierend einspeisender Wind- und Solarenergieanlagen wirken können. Am Ende der Energiewende steht ein völlig neues, dezentrales, flexibles und dynamisches System. Versuchen wir weiterhin, das alte, auf konventionellen Großkraftwerken basierende System aufrecht zu erhalten, hat das seinen Preis. Es werden mehr Stromleitungen als in einem auf erneuerbare Energien basierenden System benötigt, unrentable fossile Kraftwerke künstlich am Leben gehalten und mehr Geld für die Bereithaltung bezahlt werden müssen. Dass der „grundlastfähige" Strom aus konventionellen Energien selbst bei deutlich höheren

EE-Anteilen gar nicht gebraucht wird, zeigen die Länder Dänemark oder Portugal.

Die Grundidee eines dezentralen Transformationsweges besteht darin, die regenerativen Energien mit der regionalen Ökonomie zu koppeln. Die zugrundeliegende Hypothese lautet: Die dezentrale, regional organisierte Energieversorgung – mit den Stichworten: regionale Marktplätze, Bilanzkreisverantwortung vor Ort, Verantwortung der Prosumentinnen und Prosumenten – ist zwar anspruchsvoll und voraussetzungsreich, sie hat neben potenziellem wirtschaftlichem Nutzen vor allem ökologische und soziale Vorteile. Sie erhöht die Wertschöpfung vor Ort, sie vermeidet einen übermäßigen und von den Bürgern nicht gewollten Übertragungsnetzausbau, sie stärkt die regionale Identität und sie sichert auf Dauer die Akzeptanz des notwendigen weiteren Ausbaus von EE-Erzeugungsanlagen. Schließlich kann die Resilienz des Gesamtsystems steigen, wenn im Störfall regionale Teilnetze sich „einfach abnabeln" und damit Kettenreaktionen im übergeordneten Netz vermieden werden können.

Das Leitbild der dezentralen Energiewende ist dabei nicht die regionale Autarkie. Ziel ist vielmehr eine Balance von regionaler Eigenversorgung (inklusive eines entsprechenden regionalen Wertschöpfungsanteils für die Prosumenten, Netzbetreiber und Energiedienstleister) und einer kostengünstigen Energieversorgung auch für die Nicht-Prosumenten. Im Zentrum steht ein robustes regionales Prosumentennetzwerk, ein Netzwerk aus dezentralen Produzenten und Verbrauchern. Denn die Akzeptanz und Unterstützung der Bürgerinnen und Bürger ist eine notwendige Voraussetzung für einen Aus- und Neubau von EE-Anlagen in einer Größenordnung in den nächsten Jahrzehnten, die ein Mehrfaches der bereits installierten Leistung von knapp 100 Gigawatt vorsieht. Nur gemeinsam mit ihnen kann es gelingen, auf Schuldächern, privaten Häusern, Fabrikhallen und Bauernhöfen genügend Energie aus Wind, Sonne und Biomasse umzuwandeln. Mittel- und langfristig soll es zudem möglich sein, auch die Haushalte der Kommunen, Unternehmen und Bürger zu entlasten, weil die EE-Rendite („Die Sonne schickt keine Rechnung") nicht von externen Investoren eingefahren wird. Auch ist es in regionalen Kontexten vermutlich leichter, die bisher eher abstrakt gebliebene Sektorkopplung in (Micro) Smart Grids zu realisieren. Nahwärmeversorgung und verteilte Fahrzeugflotten – von Dienstwagenparks über Vermietfahrzeugflotten bis zu Busbahnhöfen – sind die ersten Kandidaten für eine Kopplung mit dem Stromnetz. Sie lassen sich dezentral effizienter managen als zentral. Auch die Beteiligung von Nicht-Prosumenten wie Mietern und Dienstleistungsunternehmen ohne eigene Betriebsstätten ist über Mieterstrommodelle dezentral einfacher zu organisieren.

Ohne Zweifel ist der Umbauprozess von heutigen zentralen Versorgungsstrukturen zu dezentralen und von vielen Beteiligten beeinflussten Strukturen mit großen Unsicherheiten verbunden. Die sind nicht zu vermeiden, weil nur in einer „offenen Situation" bzw. in nicht-regulierten „ökologischen Nischen" die nötigen Innovationen entstehen können (Geels 2007). Technische Innovationen, auch disruptive technische Konzepte wie die blockchain, die bisherige Techniken obsolet werden lassen, brauchen „Ergebnisoffenheit". Steile Lernkurven bei den Speichertechniken oder unbeherrschbare Datensicherheitsprobleme in Smart Grids beispielsweise können ganz neue Optionen eröffnen oder für sicher gehaltene Optionen verschließen. Dabei sind es nicht nur die Energietechniken im engeren Sinne, die mit dem Übergang zu den relativ jungen erneuerbaren Energien in teilweise hochdynamische Entwicklungsphasen geraten sind. Auch die Materialforschung und vor allem die Digitalisierung, also in erster Linie die Algorithmisierung von Steuerungs- und Kopplungsabläufen, die vorher entweder manuell oder gar nicht vorgenommen wurden, sind durch eine dynamische, teils schubweise beschleunigte Entwicklung gekennzeichnet. Die Digitalisierung steht für die Dialektik des gesamten Transformationsprozesses der Energiewende: Sie ist Treiber für mehr Volatilität und zugleich potenzielles Instrument, die Volatilität zu reduzieren (Canzler & Knie 2013).

Die Kommunen sind die zentralen Akteure zur Umsetzung der Energiewende. Energieeinsparungen von öffentlichen Gebäuden spielen dabei genauso eine Rolle wie beispielsweise die Förderung des ÖPNV oder von CO_2-freien Innenstädten durch Elektromobilität. Aber es geht ebenso um die Schaffung von Transparenz, um eine verbesserte Informationen, um Bildung oder auch die Ausbildung von Entscheidungsträgern und Beratern. Die wirtschaftlichen Chancen für Kommunen sind groß: Neben einer direkten Wertschöpfung und der Schaffung von neuen Arbeitsplätzen, die beispielsweise durch neue Unternehmen im Bereich der erneuerbaren Energien entstehen, können ebenso indirekte Wertschöpfungseffekte generiert werden. Viele Kommunen beschließen ehrgeizige Klimaschutzpläne und treiben aus diesem Motiv die Energiewende aktiv und dezentral an.

Der Klimaschutz ist überhaupt der stärkste Treiber für die Transformation der Energiesysteme mit dem Ziel ihrer Dekarbonisierung weltweit. Das gilt nicht nur für den Stromsektor, sondern ebenso für die Wärme- bzw. Kälteversorgung und für den Verkehr. Neben dem beschleunigten Ausbau der EE sind außerdem erhebliche Anpassungen bei den Energienetzen sowie beim Energiemanagement und neue Geschäftsmodelle sowie soziale Innovationen erforderlich. Absehbar stehen zudem eine systemdienliche Integration von Speichern, eine breite Partizipation der Bevölkerung durch deliberative Verfahren sowie wirtschaftliche Beteiligungsmodelle auf der Agenda. Die Transformation der Energiesysteme ist nicht allein eine ambitionierte technische und wirtschaftliche Herausforderung. Sie braucht eine andauernde gesellschaftliche Unterstützung und eine verlässliche politische Regulierung. Vor diesem Hintergrund ist eine ambitionierte und die einzelwissenschaftliche Spezialisierung überschreitende Energieforschung wichtiger denn je. Denn es gilt, die verschiedenen Dimensionen der Energiewende in interdisziplinärer Weise zu bearbeiten und vor allem die nicht-intendierten Effekte sowie die oft unterbelichteten gesellschaftlichen Folgen und Voraussetzungen zu untersuchen.

Fazit
Es ist wichtig, heute den Strukturwandel hin zu einem Umbau der Energieversorgung mit erneuerbaren Energien und mehr Energieeffizienz einzuleiten und in den kommenden Jahrzehnten zu begleiten. Das Energiesystem muss flexibler, intelligenter und ganzheitlicher werden. Dazu werden intelligente Netze und mittelfristig auch Speicher mehr benötigt als fossile Energien und alte Strukturen.

Es wird oft behauptet, der Ausbau erneuerbarer Energien habe das konventionelle Energiesystem nicht ersetzt, sondern sei nur „aufgepfropft" worden, und ohne konventionelle Kraftwerke ginge ohnehin gar nichts. Das stimmt nicht: Zum einen haben die erneuerbaren Energien durchaus konventionelle Kraftwerke ersetzt, schon heute könnten alle Atomkraftwerke abgeschaltet werden, ohne dass es in Deutschland einen Blackout gäbe. Zudem zeigen die Strompreise in der Börse sehr genau, dass konventionelle Kraftwerke unrentabel werden und somit eigentlich vom Netz gehen müssten. Genau deshalb ist Deutschland ja „Exportweltmeister" für Strom: Statt dass konventionelle Kraftwerke abgeregelt werden, laufen sie weiter und verkaufen tatsächlich billigen Strom ins Ausland. Das mag die Stromabnehmer in den Nachbarländernfreuen, die Kraftwerksbetreiber sicherlich nicht. Dass dies so passiert, ist in der Tat ein Versäumnis der politischen Rahmenbedingungen, da der CO_2-Preis zu geringe klimapolitische Signale gibt, um den Anteil von Kohlestrom in Deutschland zu senken. Zum anderen werden konventionelle – insbesondere Kohlekraftwerke – nicht mehr benötigt, der Mythos von „grundlastfähigen" Strom aus konventionellen Energien wird überall dort widerlegt, wo man mit deutlich höheren Anteilen erneuerbaren Energien komplett auf konventionelle Kraftwerke verzichtet, wie kürzlich bereits in Dänemark oder Portugal zu beobachten war. Alle Studien, die eine Energiewende-Welt mit 100 % erneuerbare Energien untersuchen, zeigen sehr deutlich, dass keine konventionellen Kraftwerke mehr benötigt werden, wenn ausreichend Kapazitäten der erneuerbaren Energien ausgebaut werden. Die Energiewende bedeutet ja gerade, dass man sich vom alten System verabschieden muss und dass ein völlig neues, dezentrales, flexibles und dynamisches System aufgebaut werden muss. Wenn wir weiterhin ein altes, auf konventionelle Energie basierendes System versuchen aufrecht zu erhalten, wird es teuer, da mehr Stromleitungen benötigt werden, unrentable fossile Kraftwerke künstlich am Leben gehalten werden und mehr Geld für die Bereithaltung bezahlt werden muss. Je früher wir uns vom konventionellen System Schritt für Schritt verabschieden, desto rentabler und billiger wird das neue System.

Der Ausbau erneuerbarer Energien spart tatsächlich CO_2-Emissionen ein und hilft allen Unkenrufen zum Trotz dem Weltklima. In Deutschland werden durch den Einsatz erneuerbarer Energien und den Ersatz von fossilen Energien laut Umweltbundesamt über 140 Mio. Tonnen CO_2-Äquivalente eingespart, das meiste im Stromsektor, aber auch ein wenig im Wärme- und Verkehrssektor. Zudem ist Deutschland Vorreiter, die Kosten erneuerbarer Energien sind massiv gesunken dank der Investitionen aus Deutschland! Zum ersten Mal fließen global mehr Investitionen in erneuerbare Energien als in fossile Energien. Selbst in Texas hat kürzlich eine Solaranlage den Wettbewerb gegen ein konventionelles Kraftwerk gewonnen. Die CO_2-Vermeidungskosten sind massiv gesunken: Beispielsweise liegen sie schon lange nicht mehr bei 400 Euro pro vermiedener Tonne CO_2 bei Photovoltaik, sondern haben sich mehr als halbiert und liegen bei etwa 130 Euro pro vermiedener Tonne CO_2. Selbst die EU-Statistiken kommen da oftmals nicht hinterher und weisen noch immer viel zu hohe Kosten der erneuerbaren Energien aus.

Die Atomenergie ist extrem teuer. Dass die Steuerzahler in Deutschland viele Jahrzehnte Milliarden-Subventionen gezahlt haben, ist kaum bekannt. Bei den erneuerbaren Energien hingegen werden Kosten mit Investitionen verwechselt, die transparent ablesbar sind. Dadurch entsteht der Eindruck, als ob die Energiewende ein enormes Luxusgut sei. Dabei ist es genau umgekehrt: Der wahre Kosten-Tsunami entsteht durch die Altlasten wie Atomrückbau und -müll, nicht durch die Energiewende. Die Energiewende wird derartige Kosten ja gerade vermeiden und schafft im Vergleich zur Vergangenheit geradezu zum Schnäppchenpreis eine klimaschonende, effiziente und altlastenfreie Energiezukunft. Die wirtschaftlichen Chancen der Energiewende sind hoch, allein in der Branche der erneuerbaren Energien sind über 350 000 Beschäftigte entstanden, fünfmal so viel wie in der Kohleindustrie derzeit arbeiten. Viele klassische Industrieunternehmen profitieren von den Investitionen in die Energiewende wie der Maschinen- und Anlagenbau, welcher zentraler Zulieferer für die Anlagen erneuerbarer Energien ist. Zudem werden Investitionen in Energieeffizienztechnologien getätigt, welche wiederum Wertschöpfung und Arbeitsplätze generieren. Durch Innovationen werden nicht nur Energiekosten vermindert, sondern es entstehen Wettbewerbsvorteile. Wichtig ist es vor allem, heute konsequent die Transformation des Energiesystems einzuleiten. Auch wenn es denjenigen nicht gefällt, die mit dem herkömmlichen System ihr Geld verdienen: Je länger wir versuchen, die Vergangenheit zu konservieren, desto ineffizienter und teurer wird es. Die Energiewende ist ein Erfolg, die Kosten werden weiter sinken, genau aus dem Grund ist die Energiewende nicht mehr aufzuhalten. Die wirtschaftlichen Chancen sind riesig.

Literatur

Bundesregierung: Klimaschutzplan 2050, Berlin 2016: http://www.bmub.bund.de/fileadmin/Daten_BMU/Download_PDF/Klimaschutz/klimaschutzplan_2050_bf.pdf (09.01.18).

Canzler, W. & C. Kemfert: Die Energiewende: Kontroversen, Chancen und Herausforderungen. In: Vierteljahresheft zur Wirtschaftsforschung, Vol. 85, No. 4, 2016, S. 5–13.

Canzler, W. & A. Knie: Schlaue Netze. Wie die Energie- und Verkehrswende gelingt. München 2013.

Canzler, W. & A. Knie: Mobility in the age of digital modernity: why the private car is losing its significance, intermodal transport is winning and why digitalisation is the key. In: Applied Mobilities, Vol. 1, 2016, S. 55–67.

Geels, Frank W. & J. Schot: Typology of sociotechnical transition pathways. In: Research Policy, Vol. 36, No. 3, 2013, S. 399–417.

Großklos, M. & M. Schaede: Gebäude mit Energiegewinn. Schritt zum Energieüberschuss in Neubau und Bestand. Stuttgart 2016.

Kemfert, C., P. Opitz, T. Traber & L. Handrich: Deep Decarbonization in Germany. A Macro-Analysis of Economic and Political Challenges of the 'Energiewende' (Energy Transition). In: Politikberatung kompakt, Vol. 93, 2015.

Öko-Institut: Die Umlage des Erneuerbaren-Energien-Gesetzes (EEG). Hintergründe, Trends, Treiber und Perspektiven. Kurzstudie für das Ministerium für Umwelt, Klima und Energiewirtschaft Baden-Württemberg, Berlin 2015: https://www.oeko.de/oekodoc/2448/2015-605-de.pdf (09.01.18).

Öko-Institut: Eingesparte Kosten für Energieimporte im Jahr 2015 und die Innovationseffekte durch die Nutzung erneuerbarer Energien in Deutschland, Berlin 2016: https://lbsflibraries.blob.core.windows.net/sflibs/docs/default-source/news-(pdf)/2016/gutachten_%C3%B6ko-institut_eingesparte-energie-importkosten-und-innovationseffekte-erneuerbare-energien.pdf?sfvrsn=0 (09.01.18).

Sachverständigenrat zur Begutachtung der gesamtwirtschaftlichen Entwicklung: Jahresgutachten 2016/2017. Zeit für Reformen, Wiesbaden 2016.

Umweltbundesamt (UBA): Übersicht zur Entwicklung der energiebedingten Emissionen und Brennstoffeinsätze in Deutschland 1990–2015, Berlin 2017: https://www.umweltbundesamt.de/publikationen/uebersicht-zur-entwicklung-energiebedingten (09.01.18).

III. Was kommt?

Vom Wissen, Handeln und Nichthandeln
Die schwierige Beziehung von Wissenschaft und Politik im Klimawandel

Manfred Stock

> Das Verhältnis zwischen Wissenschaft und Politik ist selten einfach. Beim Klimawandel erscheint es besonders komplex. Dessen Gefahrenpotenzial ist längst umfassend wissenschaftlich belegt. Dennoch agiert die Politik anscheinend unbeeindruckt von wissenschaftlichen Erkenntnissen, ignoriert oder leugnet diese gar und ist nicht Willens oder fähig, diese in nationales und internationales Handeln umzusetzen. Woran liegt das? Und wie kann sich das ändern?

Als ich 1992 im Gründungsjahr des Potsdam-Instituts für Klimafolgenforschung (PIK) an das Institut kam, war schon Stand der Wissenschaft, dass aktuell eine Veränderung des Klimas der Erde im Gange war und dass die Menschheit maßgeblich daran beteiligt sein könnte. Allerdings war damals niemand in der Lage genau zu sagen, ob und wo dies eventuell nachteilig oder auch vorteilhaft für Natur und Menschheit sein würde. Es ist eine anspruchsvolle wissenschaftliche Herausforderung, darauf seriöse Antworten zu geben. 1992 war es noch ungewiss, ob und wie wir diese Herausforderung am PIK zusammen mit anderen Forschungseinrichtungen erfolgreich bewältigen würden. Mich selbst hatten bis dahin jahrelang andere Risiken wissenschaftlich beschäftigt, beispielsweise der Ablauf von Wasserstoffexplosionen in einem Reaktorcontainment, deren Zerstörungskraft 2011 bei der Nuklearkatastrophe von Fukushima deutlich wurde. Als ich einem auf diesem Gebiet führenden kanadischen Kollegen meine Absicht mitteilte, in die Klimaforschung zu wechseln, meinte er lapidar, dass ihn Politik nicht interessieren würde. Damals fragte ich mich, wie es der Kohle- und Ölindustrie gelingen konnte, die Erforschung des Klimas der Erde zumindest in Nordamerika so erfolgreich zu diffamieren.

Alle reden vom Klima, aber keiner tut etwas dagegen
Der eigentlich aufs Wetter bezogene ironische Spruch von Mark Twain beschreibt das Problem der Klimapolitik. Im Pariser Klimaabkommen

von 2015 sind, mit wenigen Ausnahmen, die Staaten der Erde darin übereingekommen, die seit Beginn der industriellen Revolution beobachtete globale Erwärmung auf deutlich unter 2 °C, wenn möglich sogar auf unter 1,5 °C zu begrenzen. Nach dieser 21. UN-Klimakonferenz könnte es heißen: Der Worte sind genug gewechselt, nun lasst uns endlich Taten sehn! Wie jedoch sieht die Bilanz bei den Taten hinsichtlich der zu erwartenden globalen Erwärmung aus? Seit 2009 wird dies gemeinsam von drei wissenschaftlichen Institutionen im *Climate Action Tracker* fortlaufend mit Hilfe von Klimamodellen analysiert und als voraussichtliche Zunahme der Temperatur bis 2100 angegeben. Betrachtet man die als freiwillige Selbstverpflichtung abgegebenen Worte, so landet man bei +3,2 °C (Stand 12/2017). Nimmt man im Vergleich dazu die Taten, ableitbar aus den Strategien der Staaten zum Klimaschutz, so ergeben sich in der Summe sogar +3,4 °C. Die tatsächliche Klimapolitik der Staaten der Welt genügt also nicht ihren Zielen. Ausnahmen sind beispielsweise Marokko mit seinem ambitionierten Ausbau von Solarthermie sowie einige arme Entwicklungsländer.

Auch Deutschland bleibt mit seiner tatsächlich betriebenen Klimapolitik deutlich hinter seinem für 2020 erklärten Ziel zurück, die klimawirksamen Treibhausgase gegenüber 1990 um −40 % zu reduzieren. Der im April 2017 vorgelegte Klimaschutz-Projektionsbericht der Bundesregierung ging von einer Emissionsminderung von nur −35 % aus, eine im September 2017 veröffentlichte Analyse von Agora Energiewende gar nur von unter −31 %. Nach anfänglichem Dementi wurde dies schließlich vom Bundesumweltministerium bestätigt. Als wesentliche Ursachen für höhere Emissionen werden niedrige CO_2- und Ölpreise sowie ein höheres Wirtschafts- und Bevölkerungswachstum identifiziert. In allen Sektoren sind die Emissionen 2020 höher als bislang offiziell prognostiziert, da mehr Kohle verstromt wird, mehr Pkw und Lkw auf den Straßen fahren, die Industrie stärker wächst und in Gebäuden weiterhin mit Ölheizungen geheizt wird. Die auch in Deutschland immer noch sehr starke Lobby des „fossilen Imperiums", wie es die Energieökonomin Claudia Kemfert nennt, bringt die deutsche Politik erfolgreich vom Klimaschutzpfad ab. Zwar ist Deutschlands absoluter Anteil an globalen Emissionen von Treibhausgasen nur gering, aber mit der überraschend erfolgreich begonnenen Energiewende und dem herausragenden ingenieurtechnischen Knowhow sah die Welt ein mögliches Beispiel in Deutschland dafür, wie sich die Pro-Kopf-Emissionen ohne Verluste an Wohlstand und Wirtschaftskraft reduzieren lassen. In der internationalen Politik hat Deutschland sich seit der ersten Klimakonferenz 1995 in

Berlin, wie auch auf den weiteren Klimakonferenzen bis hin zu Paris, stark für den Klimaschutz engagiert, z. B. im Juli 2017 auf dem G20-Gipfel in Hamburg. In der aktuellen Politik hingegen hat die Bundesregierung beispielsweise das Erneuerbare-Energien-Gesetz zulasten der Erneuerbaren Energien novelliert, einen sozialverträglichen Ausstieg aus der Braunkohle aufgeschoben und in der EU gegen eine Verschärfung von Emissionsgrenzwerten oder wirksamere Ausgestaltung des Emissionshandels agiert.

Die Diskrepanz zwischen dem offiziellen Bekenntnis zum Klimaschutz und dem tatsächlich davon Abstand nehmenden politischen Handeln mag mit dafür verantwortlich sein, dass Klimawandel und Klimaschutz im politischen Diskurs wie auch im letzten bundesrepublikanischen Wahlkampf nur eine untergeordnete Rolle gespielt haben. Daher wurde die stärkere Beachtung wissenschaftlicher Fakten zum Klimawandel durch die Politik von Experten und unterstützenden Prominenten angemahnt, um zukünftigen Generationen ein lebenswertes und friedliches Dasein auf der Erde zu ermöglichen.

Die Entwicklung wissenschaftlicher Erkenntnisse zum Klimawandel
Bereits gegen Ende der 1960er Jahre verstärkte sich in der Wissenschaft die Besorgnis, dass der auf dem Mauna Loa auf Hawaii gemessene Anstieg der CO_2-Konzentration in der Atmosphäre bereits Veränderungen des globalen Klimas der Erde initiiert haben könnte (Zillman 2009). Dieser Einschätzung lag neben den nach dem Zweiten Weltkrieg zunehmend verbesserten und umfangreicheren klimatischen Beobachtungsdaten auch ein fundierteres Verständnis der globalen atmosphärischen Zirkulationsmuster und Austauschprozesse sowie des Treibhauseffektes zugrunde. Die Klimatologie war von einer beschreibenden zu einer physikalischen Wissenschaft geworden.

Der von der Wissenschaft dargestellte Zusammenhang zwischen zunehmender atmosphärischer CO_2-Konzentration, Treibhauseffekt und daraus zu erwartender allmählicher globaler Erwärmung rief bald Gegenpositionen auf den Plan. Anstatt eine Serie extrem kalter Winter anfangs der 1970er Jahre auf der Nordhalbkugel der natürlichen Klimavariabilität zuzuschreiben, wurde dies mit einer möglicherweise nahenden neuen Eiszeit in Verbindung gebracht und von einigen Medien als sensationelle Neuigkeit aufgegriffen. Eine Analyse der von Fachkollegen überprüften (*peer reviewed*) wissenschaftlichen Veröffentlichungen zeigte jedoch klar und zeitlich zunehmend einen überwältigenden Konsens der Fachwissenschaft zur durch Treibhausgase bewirkten globalen

Erwärmung, während nur vereinzelte Arbeiten eine kommende Eiszeit sahen (Peterson et al. 2008).

Dieser Konsens der Wissenschaft zur globalen Erwärmung wurde in Genf 1979 auf der Ersten Welt-Klimakonferenz der WMO deutlich und mündete in einer Deklaration an alle Nationen. Angesichts des alles durchdringenden Einflusses des Klimas auf die menschliche Gesellschaft in vielen Bereichen menschlicher Aktivitäten erscheint es für alle Nationen der Welt dringend geboten:
1. vollen Nutzen aus dem Wissen des Menschen zum Klima zu ziehen,
2. Schritte zu unternehmen, dieses Wissen wesentlich zu verbessern und
3. menschengemachte Klimaveränderungen mit möglicherweise nachteiligen Auswirkungen auf die Menschheit vorauszusehen und zu verhindern.

In diesem Sinne hat dann seit 1990 der IPCC (Intergovernmental Panel on Climate Change), bei uns oft als „Weltklimarat" bezeichnet, in bisher fünf Sachstandsberichten den Stand von Wissenschaft und Forschung zum Klimawandel zusammengestellt sowie für politische Entscheidungsträger verständlich zusammengefasst. Insbesondere auf diese Zusammenfassungen für die Politik wurde von der Politik zum Teil massiv Einfluss genommen, um einzelne Aussagen weniger dramatisch erscheinen zu lassen und so einen eventuellen Handlungsdruck zu reduzieren. Beschäftigt man sich aber mit den viele tausend Seiten umfassenden wissenschaftlichen Analysen, so werden Dringlichkeit und Bedarf politischen Handelns deutlich: Beim Klima hat die Menschheit ein ernstes Problem.

Houston, wir haben ein Problem

Der Satz, den Apollo13-Astronaut James Lovell am 13. April 1970 auf dem Weg zum Mond sagte, steht für den erfolgreichsten Fehlschlag der NASA. Zwar scheiterte die ursprünglich geplante Mondmission, aber es gelang die Rettung der Crew auf spektakuläre Weise. Auslöser des Problems war der Ausfall der Lebenserhaltungssysteme in der Apollo-Kapsel nach Explosion eines Sauerstofftanks. Leider haben wir als Menschheit neben der Atmosphäre der Erde nicht wie die Apollo-Crew in Gestalt der Mondlandefähre eine zusätzliche Rettungskapsel an Bord, falls die Lebenserhaltungssysteme unserer Atmosphäre durch die im erdgeschichtlichen Zeitmaß explosive Freisetzung von Kohlendioxid gestört werden sollten. Wer das bekannte Bild der im schwarzen All schwebenden blauen Erde mit seiner hauchdünnen Atmosphäre vor Augen hat, der erhält vielleicht eine Ahnung von der Verwundbarkeit dieses Lebenserhaltungssystems. Im Lichte belegter und überprüfter wissenschaftlicher Erkenntnisse lassen sich Ursachen, Zusammenhänge und mögliche Risiken dieser Bedrohung kurz und knapp und ohne Umschweife wie folgt beschreiben:

1. Der derzeitige Klimawandel verläuft im Vergleich zu historischen und erdgeschichtlichen Klimaveränderungen außergewöhnlich schnell. Mit mehr als 1 °C pro Jahrhundert ist die globale Erwärmung etwa zwanzigmal schneller als die nach der letzten Eiszeit.
2. Die Ursachen dafür sind anthropogene Treibhausgase, in erster Linie Kohlendioxid aus Verbrennungsprozessen. Andere Ursachen können definitiv außer Acht gelassen werden.
3. Bereits beim derzeitigen Klimawandel mit einer globalen Erwärmung von etwas über einem °C beobachtet man eine Vielzahl von Auswirkungen auf bewirtschaftete und naturnahe Ökosysteme sowie auf schadenswirksame Extremereignisse meteorologischer (Stürme), hydrologischer (Überschwemmungen) und klimatologischer Art (Dürren, Waldbrände).
4. Bei der Stärke tropischer Wirbelstürme oder bei großräumigen Hochwasserereignissen lässt sich der Zusammenhang mit der jetzigen Erwärmung bereits aufzeigen. Das heißt am Beispiel einer Flutkatastrophe, wie der in England 2000, dass Flutpegel und Abflüsse ohne die bisher global emittierten Treibhausgase deutlich niedriger ausgefallen wären.
5. Verstärkt sich der Klimawandel in den kommenden Jahrzehnten weiter, nimmt Hitzestress zu, Extremereignisse werden voraussichtlich häufiger und führen zu stärkeren negativen Folgen, z. B. durch Extremtemperaturen, Dürreperioden, Stürme und Überflutungen.
6. Risikoabschätzungen zeigen, dass durch eine Begrenzung der globalen Erwärmung auf deutlich unter 2 °C sich viele der Auswirkungen mit Hilfe von Anpassungs-, Vorsorge- und Katastrophenschutzmaßnahmen beherrschen oder wirksam begrenzen lassen.
7. Dieser Klimaschutzpfad zur Erhaltung der Lebensbedingungen für unsere Zivilisation ist technologisch und sozial verträglich machbar. Dazu sollten die Emissionen von Kohlenstoffverbindungen in die Atmosphäre möglichst bis 2020 einen Umkehrpunkt erreichen. Um diese Begrenzung der Erderwärmung zu erreichen, müssen 80 % der Kohle- und jeweils etwa

40 % der Öl- und Gasvorkommen im Boden bleiben. Die Investitionen in neue Technologien, wie sogenannte Erneuerbare Energien, Elektromobilität etc., dürften in der Größenordnung von 2 % der Bruttonationaleinkommen (BNE) liegen. Damit verbunden sind auf diesem Klimaschutzpfad neue Industriezweige, Arbeitsplätze und Wirtschaftswachstum.
8. Macht die Menschheit hingegen mit den Treibhausgasemissionen weiter wie bisher, wird der Weg in eine andere, risikoreiche Zukunft führen, mit wohl kaum noch beherrschbaren Katastrophen. Beispielsweise wird in einer 4-Grad-Welt voraussichtlich die Produktion von Nahrungsmitteln infolge von Hitze und Dürren in weiten Teilen der Welt einbrechen. Vor allem in Küstenregionen und Flussdeltas werden viele Menschen Opfer von Stürmen und Überschwemmungen werden. Millionen von Klimaflüchtlingen werden u. a. die Folge sein. Die materiellen Schäden der Katastrophen dürften weit über 5 % der BNE vieler Länder liegen, ein kritischer Wert für die volkswirtschaftliche Stabilität.

Diese populärwissenschaftliche Beschreibung des Klimawandels und seiner möglichen Auswirkungen macht deutlich, dass das Klimaproblem auch und vor allem ein Kommunikationsproblem ist. Werden schon die prognostizierten wirtschaftlichen Vorteile des Klimaschutzpfades bezweifelt, so werden mögliche Katastrophenszenarien schlichtweg als unverantwortliche Spinnerei durchgeknallter Wissenschaftler hingestellt. Die den Szenarien zugrunde liegenden Fakten werden dann gar nicht mehr zur Kenntnis genommen. Zahlenangaben wie „Millionen zukünftiger Klimaflüchtlinge" werden mit dem Hinweis auf die Unsicherheit von Prognosen angezweifelt, ohne zur Kenntnis zu nehmen, dass wir schon heute Millionen von Klimaflüchtlingen weltweit haben.

Nur am Rande sei hier angemerkt, dass es sich beim skizzierten Negativszenario keinesfalls um einen „Worst Case" handelt, den man sich auch nur mit fundierten Kenntnissen in Geologie und Erdgeschichte angenähert vorstellen kann. Wenn jemand zur Verharmlosung des jetzigen Klimawandels darauf hinweist, dass es schon früher Klimaveränderungen gegeben hat, so hat er wohl keine Ahnung davon, dass diese alles andere als harmlos für Flora und Fauna abliefen.

Wie sag ich's meinem Publikum?
Kenntnisse der Erdgeschichte oder allgemein naturwissenschaftliche Kenntnisse gehören in der Regel nicht zum politischen Handwerk und sind auch in den Medien eher die Ausnahme. Für Wissenschaftler ist es auch eher die Ausnahme, ihre Erkenntnisse Nichtwissenschaftlern

mitzuteilen, und das gilt nicht nur für die Klimaforschung. In der Kommunikation mit Fachkollegen werden neue Forschungsergebnisse in Fachjournalen in wissenschaftlicher Sprache und mittels Zahlen und Diagrammen in den wissenschaftlichen Diskurs eingebracht. Für den gesellschaftlichen Diskurs zum Klimawandel und anderen Umweltproblemen braucht es aber geeignetere Kommunikationsformen. Der verantwortungsbewusste Wissenschaftler fühlt sich angesichts erkennbarer Negativszenarien verpflichtet, die Gesellschaft davon in Kenntnis zu setzen, und muss dann feststellen, dass dies zwar kurzfristig auf Medieninteresse stößt, langfristig aber ein Hindernis für die Kommunikation mit der Gesellschaft ist. Die inzwischen vier Jahrzehnte vorgetragenen Warnungen aus der Wissenschaft haben mittlerweile keinen Neuigkeitswert mehr und wirken angesichts des, zumindest in Deutschland, immer noch angenehmen und fast ungestörten Alltagslebens eher lästig bis störend.

Wie der Soziologe Harald Welzer feststellt, können Menschen wahre Abgründe zwischen Wissen und Handeln legen. Sein Vorschlag: Die Wissenschaft sollte verstärkt die positiven Aspekte einer Transformation der Gesellschaft in ein postfossiles Zeitalter vermitteln. Der Ausstieg aus den fossilen Energieträgern ist vor allem auch von Nutzen für die Menschen und nicht nur für das Klima. Nach dem Motto: Eine autofreie Stadt wäre auch ohne Klimawandel eine gute Sache. Dieser berechtigte und gut gemeinte Hinweis lässt allerdings außer Acht, dass die Wissenschaft in unserer Gesellschaft den Außenseiter spielt, die Hauptrollen aber anderweitig besetzt sind. Ein Problem in der Vermittlung eines positiven Denk-und Handlungsanstoßes durch den Klimawandel besteht daher darin, dass die politisch einflussreichen Automobil-, Erdöl- und Kohleindustrien den Nutzen für den Menschen etwas anders sehen und sich entsprechend kontrovers an der Kommunikation zum Klima beteiligen.

Ein prominentes Beispiel für die gezielte Irreführung der Öffentlichkeit ist der texanische Mineralöl-Konzern ExxonMobil. Exxon hat eine eigene Forschungsabteilung zum Klimawandel und weist darauf hin, dass diese in zahlreichen in den Jahren 1977 bis 2014 erschienenen Fachpublikationen die Realität des Klimawandels und dessen Gefahren dargelegt hat. Die Wissenschaftshistorikerin Naomi Oreskes hat die Veröffentlichungspolitik von Exxon genauer unter die Lupe genommen und deren Doppelbödigkeit aufgezeigt. Während in 80 % der erwähnten und nur von wenigen Fachkollegen gelesenen Fachartikel der Klimawandel als real und menschengemacht anerkannt wird, hat Exxon zu gleicher Zeit bezahlte Meinungsartikel in großen Tageszeitungen publiziert, die die anthropogene Erwärmung in Zweifel ziehen, Texte die von einem Millionenpublikum gesehen wurden. Ein auch heute noch von Politikern und Medien in Deutschland gerne gebrauchtes irreführendes Bild wurde bereits 1997 von Exxon in der New York Times verbreitet. Dort wurde in einem Diagramm dargestellt, dass den 3–4 % anthropogenen Emissionen an Kohlendioxid 96–97 % an natürlichen Emissionen im Jahr gegenüberstehen, was bildlich deren Unerheblichkeit suggerieren soll. Würde es sich dabei um Kontobewegungen von Geld handeln, wäre jedem der Unterschied zwischen jeweils 96 % an ausbalancierten Einnahmen und Ausgaben und einem kontinuierlichen Posten von 4 % klar.

Sinn und Zweck des Zweifels an wissenschaftlichen Erkenntnissen

Zur etablierten Klimawissenschaft wurden und werden immer noch verschiedene Gegenpositionen von sogenannten Klimaskeptikern öffentlichkeitswirksam vertreten, zum Beispiel beim auch heute noch nicht ganz ausgerotteten Mythos einer kommenden Eiszeit. Dazu gehörte anfangs auch die Kritik an den ersten Klimamodellen, deren Rechenergebnisse in den 1980er Jahren die beobachteten Veränderungen der globalen Temperaturentwicklung tatsächlich noch nicht korrekt wiedergaben. Statt der beobachteten stagnierenden oder leicht abnehmenden Temperatur der erdnahen Atmosphäre im Zeitraum 1940 bis 1970 berechneten die Modelle eine leichte Erwärmung. Wesentlich für diese Abweichung war vor allem eine unzureichende Berücksichtigung des kühlenden Abschattungseffekts durch wolkenbildende Aerosole und anderer Luftverunreinigungen. Nachdem die Klimamodelle in den folgenden Jahren schrittweise mehr und mehr natürliche und anthropogene Komponenten des realen Klimasystems berücksichtigen konnten, stimmen beobachtete und berechnete Temperaturverläufe inzwischen gut überein. Dies ist ein Beispiel, wie sinnvolle Kritik als Teil guter Wissenschaft das Verständnis komplexer Wechselwirkungen im Klimasystem verbessern kann. Wissenschaftliche Erkenntnisse sind überprüfbar und werden auch überprüft.

Wie aber ist zu erklären, dass die gleichen Kritikpunkte immer noch in den Medien auftauchen, obwohl sie nicht mehr dem inzwischen verbesserten Stand der Wissenschaft entsprechen? Oder schlimmer noch, warum werden wissenschaftlich belegte Fakten in den Medien mit Behauptungen angezweifelt, die gar nicht oder offensichtlich fehlerhaft begründet sind? So hat beispielsweise ein durch viele populäre Bücher bekannt gewordener Biologe im Mai 2017 im Internetteil der Zeitung *Welt* behauptet, dass die globale Temperatur in den letzten eineinhalb Jahrzehnten nicht angestiegen sei. Auf welche Daten er sich dabei stützt, wird nicht verraten. Die mir bekannten wissenschaftlich belegten Datensätze zeigen stattdessen, dass die Folge der Jahre 2014, 2015 und 2016 jeweils neue Temperaturrekorde im Vergleich zu allen seit 1880 vorangegangenen Jahren aufweist.

Bei der Komplexität des nichtlinearen Klimasystems und den in ihrer Fülle auch für Experten oft nur schwer überschaubaren und durchschaubaren Forschungsergebnissen tun sich Laien, Journalisten und auch Wissenschaftler anderer Disziplinen schwer, korrekte von fehlerhaften oder gar verfälschten Daten und Argumenten zu unterscheiden. Diesen Umstand machen sich sogenannte Klimaskeptiker und Klimaleugner zu Nutze, um Zweifel an den Ergebnissen der Klimaforschung und der Seriosität der Klimaforscher zu säen. Insbesondere in den USA entstanden mehrere sogenannte Think Tanks wie das Heartland Institute, um gezielt klimaskeptische Gegenpositionen zur Klimaforschung zu verbreiten. Diese werden jährlich mit vielen hundert Millionen Dollar finanziert, u. a. durch den schon erwähnten Exxon-Konzern und die vorwiegend in der Fossilenergiebranche tätigen Milliardäre Charles G. Koch und David H. Koch von Koch Industries. Im Falle des bankrott gegangenen Kohleminenbetreibers Peabody Energy konnten die Zahlungsflüsse genau rekonstruiert werden. Da direkte Zuwendungen der Firmen in ihren Bilanzen auftauchen, sind diese inzwischen dazu übergegangen, dies durch den Umweg über Anwaltskanzleien zu verschleiern.

Die Methoden zur Verunglimpfung von Klimaforschung und Forschern haben sich über mehr als 40 Jahre auch bei anderen Umwelt- und Gesundheitsthemen bewährt, beispielsweise zur Schädlichkeit des Tabakrauchs, des Passivrauchens oder der Gefahren von Ozonloch und saurem Regen. Die Wissenschaftshistoriker Naomi Oreskes und Erik Conway machen diese Praktiken in ihrem hervorragend dokumentierten und fesselnd geschriebenen Buch *Merchants of Doubt*, Händler des Zweifels, deutlich. Vergleichsweise harmlos war noch der Versuch der Tabakindustrie, die öffentliche und wissenschaftliche Meinung zu manipulieren. Mit einem Netz von Instituten, etwa dem „Center for Indoor Air Research", sollten andere Ursachen für Lungenerkrankungen als Tabak in den Vordergrund gerückt werden und von der Industrie finanzierte Zeitschriften veröffentlichten bevorzugt Ergebnisse, die die Gefahren des Rauchens relativieren. Diese trotz besseren Wissens betriebene Verharmlosung und Leugnung der Gefahren führte in mehreren Gerichtsverfahren zu Milliardenstrafen für die Tabakindustrie. Auch hier kann es zu einer Parallele zu Leugnung der Gefahren des Klimawandels kommen. Die New Yorker Staatsanwaltschaft ermittelt inzwischen in dieser Sache gegen Exxon.

Bei den Klimaleugnern erscheinen Vorgehen und Methoden im Vergleich zu den Gefahren des Tabaks mindestens so skrupellos. Unterstützt von konservativen Stiftungen und Think Tanks, die Gelder von der Kohle- und Ölindustrie erhalten, und mit publizistischer Schützenhilfe von PR-Agenturen und Zeitungen wie dem *Wall Street Journal* werden Difamierungen und Fehlinformationen im öffentlichen Diskurs platziert. Lassen sich wissenschaftliche Befunde nicht wirkungsvoll genug in Zweifel ziehen, werden Wissenschaftler auch persönlich angegriffen und in ihrer beruflichen Existenz bedroht. Es wurden beispielsweise E-Mails von Klimawissenschaftlern gestohlen, um mit herausgegriffenen Zitaten einen künstlich hochgeschaukelten Skandal öffentlichkeitswirksam zu inszenieren, das „Climategate". Eine besonders hinterhältige Strategie hat der erwähnte Milliardär Charles Koch ersonnen. Lanciert wurde die Idee, dass die Klimaforscher keine Idealisten seien und die Gefährlichkeit des Klimawandels nur hochspielten, um Unmengen an Forschungsgeldern einzusacken. Abgesehen davon, dass sich die Forscher nicht persönlich bereichern und der überwiegende Teil staatlicher und privater Forschungsgelder in viele andere, auch militärische und nicht umweltbezogene Forschungen geht, was hier nicht kritisiert werden soll.

Für die aktiv an den Desinformationen beteiligten Industriefirmen mag das geschäftliche Interesse ein Motiv sein, was aber treibt auch Wissenschaftler und Journalisten dazu, sich an diesem Spiel zu beteiligen? Oreskes und Conway sehen in ihrem Buch die Ursache in der Prägung dieser Personen im gesellschaftlichen Klima des Kalten Kriegs. Sie verstehen sich als Kämpfer gegen Sozialismus und Kommunismus und ab den später 1960er Jahren als Fürsprecher individueller Freiheiten, die sie in den Vereinigten Staaten und im Westen vor allem von der Umweltbewegung bedroht sahen. Gesundheits- und Umweltschutz sind für diese „Freiheitsverteidiger" nur ein Vorwand, die Freiheit von Bürgern und Unternehmen immer mehr bürokratisch einzuschränken. Diese Händler des Zweifels benutzen bewusst ein irreführendes Bild von Wissenschaft als eines Unterfangens, das absolut gesichertes Wissen liefern soll und kann – und stürzen sich dann auf jede vermeintliche oder unvermeidbare Lücke, um Gesundheits- oder Umweltrisiken als unbewiesen hinzustellen. Dabei kommt ihnen entgegen, dass Öffentlichkeit, Medien und Politik mit der Arbeitsweise von Wissenschaft nicht vertraut sind. Ein wissenschaftlicher Sachverhalt besteht dann, wenn unter Experten ein breiter und immerfort überprüfter Konsens herrscht, der wie bei den

97 % der vom menschengemachten Klimawandel überzeugten Wissenschaftlern nicht durch Mehrheitsbeschluss, sondern durch skeptisch hinterfragten wissenschaftlichen Diskurs zustande kommt. Die Strategien der Leugnung, die vom Rauchen bis zum Klimawandel angewendet wurden, stellen generell einen funktionierenden Mechanismus moderner Gesellschaften in Frage: die Rolle naturwissenschaftlicher Expertise in politischer Entscheidungsfindung. Experten sind natürlich nicht unfehlbar, aber ihre wissenschaftliche Expertise ist nachprüfbar und faktenbasiert. Die Leugner stellen jedoch aus ideologischen und kurzsichtigen Gründen ein im Großen und Ganzen bewährtes System in Frage, das insbesondere beim Klimawandel in Anbetracht der hohen Komplexität, der Unsicherheit und des hohen Gefahrenpotentials für eine sichere und lebenswerte Zukunft unbedingt notwendig ist.

Zur relativ schleppenden gesellschaftlichen Reaktion auf die schon lange bekannten Feststellungen der Wissenschaft zum Klimawandel haben die Zweifel säenden Klimaleugner sicher beigetragen, aber warum ist unsere demokratische Gesellschaft so wenig in der Lage, zwischen belegten Fakten und unbewiesenen Fakes klar zu unterscheiden? Zur Klärung dieser Frage muss man die komplexen Beziehungen zwischen Wissenschaft, Gesellschaft und Politik beim Umgang mit dem Klimawandel wie auch allgemein mit der Umwelt näher betrachten. Wo liegen die Schwachpunkte?

Die ideologische Gefangenschaft der Politik
Woran mag es liegen, dass insbesondere beim Klimawandel mit seinem wissenschaftlich belegten Gefahrenpotenzial die Politik anscheinend unbeeindruckt von wissenschaftlichen Erkenntnissen agiert? Bei Shakespeares *Kaufmann von Venedig* heißt es: „Wäre tun so leicht als wissen, was gut zu tun ist, so wären Kapellen Kirchen geworden und armer Leute Hütten Fürstenpaläste." Das Tun wird in der politischen Willensbildung dadurch erschwert, dass viele auf unterschiedliche Weise besser wissen, was zu tun ist, ein offener Diskurs darüber aber kaum stattfindet. Theoretisch geht die Willensbildung vom Volke aus und die politischen Parteien wirken daran mit. In der Praxis findet der Prozess der Willensbildung über die in den Parlamenten vertretenen politischen Parteien statt und nur 50 % bis maximal zwei Drittel der zu Ober- und oberen Mittelschicht gehörenden wirtschaftlich starken Teile der Gesellschaft sind daran aktiv auf unterschiedliche Weise beteiligt. Ein wesentlicher Teil dieser Beteiligung erfolgt in den Parlamenten und Ministerialverwaltungen über Lobbyisten. Diese Lobbyisten bringen die unterschiedlichen Interessen verschiedener gesellschaftlicher Gruppierungen, Verbände und Organi-

sationen in den politischen Gesetzgebungs- und Ausführungsprozess ein. Dadurch wird der Politik einerseits notwendiges und sonst kaum verfügbares Fach- und Detailwissen vermittelt, andererseits verschleiert die in der Regel intransparente Form der Einflussnahme mögliche Verschiebungen vom Gemeinwohl zu partikulären Einzelinteressen. Finanzstarke Verbände, z. B. von Energiewirtschaft, Pharma- oder Automobilindustrie, haben stärkere Lobbyvertretungen als finanzschwächere wie Verbraucher- oder Umweltschützer. Ähnliches gilt tendenziell für den Einfluss auf die Berichterstattung in Medien und damit auf die öffentliche Meinungsbildung.

Der so in unserer westlichen Industriegesellschaft historisch etablierte Prozess politischer Willensbildung verletzt nicht nur den für eine Demokratie wesentlichen Gleichheitsgrundsatz, sondern zementiert Bestehendes zu Lasten möglicher innovativer, besserer und nachhaltiger Weiterentwicklungen. Eine Zukunft, die anders sein könnte als das Bestehende, wird ausgeblendet. Von den Elementen nachhaltiger Entwicklung, wie Ökonomie, Soziales und Ökologie, sind es zuallererst die bereits etablierten wirtschaftlichen Interessen von Unternehmen, die die politische Entwicklung bestimmen. In Europa, stärker als in den USA, spielen danach in zweiter Linie soziale Aspekte zur Abpufferung gesellschaftlicher Konflikte eine wichtige Nebenrolle. Umweltaspekte fielen in der Vergangenheit eher in die Rubrik hinderlicher bürokratischer Hemmnisse und Wachstumsbremsen. Einige spektakuläre Umweltkatastrophen haben jedoch dazu geführt, dass Vorsorge zur Begrenzung kritischer Schäden ernster genommen und die Vergesellschaftung damit entstehender Kosten nicht mehr allseits akzeptiert wird. Seitdem spielen Aspekte von Umwelt- und Naturschutz eine stärker werdende Nischenrolle. Das Gemeingut Umwelt dient aber weiterhin traditionell als nahezu kostenloses Rohstofflager und weitgehend frei verfügbare Abfalldeponie für privatwirtschaftliche Unternehmen. Diese Ausbeutung der Umwelt ist neben technisch-wissenschaftlichen Innovationen Triebkraft für die Wirtschaftswachstum genannte Dynamik.

Wissenschaft hat neben ihrer schöpferischen Nützlichkeit für die notwendigen technisch-wissenschaftlichen Innovationen aber noch eine andere Seite. Wissenschaft ermittelt eben auch, welche Schäden und volkswirtschaftlichen Kosten auf die Ausbeutung der Umwelt folgen. Die Verbrennung von Kohle führte beim berüchtigten englischen Smog zu tausenden Todesopfern. Die „Lösung" dieses Umweltproblems durch eine großräumige Verteilung der Abgase mit hohen Schornsteinen führte zu einem neuen Umweltproblem, dem Sauren Regen, dem wiederum nachträglich mit Entschwefelungsanlagen begegnet wurde. Es bleibt neben den die Gesundheit schädigenden Stickoxiden und Feinstaubemissionen das den Klimawandel antreibende Kohlendioxid. In dieser Tradition wirtschaftspolitischer Problemverschiebungen durch Scheinlösungen sollte in Deutschland die Braunkohleverstromung mittels der sogenannten CCS-Technik, durch CO_2-Abscheidung und Verpressung in unterirdischen Schichten, unbegrenzt fortgesetzt werden. Nachdem der Widerstand in der Öffentlichkeit dies verhinderte, wollte die Bundesregierung den Ausstieg aus der Kohle zum Schutze des Klimas einleiten. Dies wurde von Kohlelobby, Bergbaugewerkschaft und den Ländern mit Braunkohlevorkommen, Brandenburg, NRW und Sachsen, wirksam verhindert.

Die Politik scheint bei der Herausforderung durch den Klimawandel überfordert zu sein, da sie in dem dafür erforderlichen Willensbildungsprozess ideologisch befangen ist, in dem bestehende Wirtschaftsinteressen das politische Handeln stärker als das gesamtgesellschaftliche Gemeinwohl bestimmen oder gar als neue und nur schwer vermittelbare wissenschaftliche Erkenntnisse.

Der Klimawandel als Chance für Politik und Gesellschaft

Wenden wir den Blick von den mit einem ungebremsten Klimawandel verbundenen Risiken auf die Chancen, die die Begrenzung der globalen Erwärmung eröffnet. Der Wissenschaftliche Beirat der Bundesregierung Globale Umweltveränderungen (WBGU) hat in seinem Hauptgutachten 2011 „Gesellschaftsvertrag für eine Große Transformation" gezeigt, wie eine globale Transformation der Energiesysteme, die es erlaubt, alle Menschen mit moderner Energie zu versorgen und gleichzeitig die durch die Menschen verursachte Klimaerwärmung auf 2 °C zu begrenzen, technisch möglich und wirtschaftlich zu leisten ist. Deutschland hat das technische und wissenschaftliche Knowhow dafür und ist prädestiniert für eine zukünftige Vorreiterrolle, die mit nachhaltiger industrieller Produktion und Dienstleistung neue Arbeitsplätze schaffen und Wohlstand erhalten kann. Mit der Energiewende ist es besser als von vielen erwartet gelungen, dieses Potenzial und die damit verbundenen Chancen aufzuzeigen. Für die bei der Energiewende, wie generell bei Innovationen unvermeidlichen Fehler ist nicht rückwärtsgewandt zu fragen „Was war schuld?", sondern vorausblickend „Was kann man besser machen?" Die vom WBGU vorgeschlagene Transformation zu einer klimaverträglichen, nachhaltigen Gesellschaft ist ein zukunftsorientierter gesellschaftlicher Such- und Lernprozess. Er erfordert mehr Demokratie mit einer breiten Beteiligung der Zivilgesellschaft im Rahmen lokaler, nationaler und globaler Kooperation. Die Stärkung von Bildung und Wissenschaft ist dabei von zentraler Bedeutung.

Ziel der Transformation zur Nachhaltigkeit ist der Erhalt der natürlichen, wirtschaftlichen und sozialen Lebensgrundlagen für heutige und künftige Generationen. Dies ist nicht nur zur Begrenzung der Folgen des Klimawandels bedeutsam, sondern auch bei anderen, in Teilen der Bevölkerung angstbesetzten Problemen der Globalisierung, wie die zu erwartenden massiven Arbeitsplatzverluste in vielen Branchen infolge Automatisierung, Digitalisierung und Einsatz Künstlicher Intelligenz. Auch ein anderes Problemfeld fehlgeleiteter Globalisierung, Migration, Flüchtlinge und Einwanderung, kann besser angegangen werden. Kurz gesagt: Statt nur zu überlegen, wie wir Afrika besser helfen können, sollten wir damit anfangen, Afrika weniger zu schaden. Das sind neue Herausforderungen, die auch neue innovative Lösungen von Politik, Gesellschaft und Wissenschaft erfordern.

Wissenschaft und Forschung sind in diesem gesellschaftlichen Transformationsprozess gefordert, sich stärker einzubringen. Eine intensive und transparente Politikberatung durch unabhängige und fachlich ausgewiesene Experten könnte als Gegengewicht zu den an partikuläre wirtschaftliche Interessen gebundenen Lobbyisten verstärkt am Gemeinwohl orientierte Zukunftsvisionen ins Spiel bringen. Dies könnte sich an das Modell der Wissenschaftlichen Dienste des Bundestags anlehnen.

Literatur

Ekardt, F.: Soziale Gerechtigkeit in der Klimapolitik. Düsseldorf 2010.
Franziskus, P.: Enzyklika Laudato Si. Über die Sorge für das gemeinsame Haus. Stuttgart 2015.
Oberthür, S. & H. E. Ott: Das Kyoto-Protokoll: Internationale Klimapolitik für das 21. Jahrhundert. Berlin 2013.
Oreskes, N. & E. M. Conway: Merchants of doubt: How a handful of scientists obscured the truth on issues from tobacco smoke to global warming. London & Oxford 2011.
Peterson, T. C., W. M. Connolley & J. Fleck: The myth of the 1970s global cooling scientific consensus. In: Bulletin of the American Meteorological Society, Vol. 89, No. 9, 2008, S. 1325–1337.
Rahmstorf, S.: Alles nur Klimahysterie. Wie „Klimaskeptiker" die Öffentlichkeit verschaukeln und wirksame Klimaschutzmaßnahmen verhindern. In: Universitas H., No. 9, 2007, S. 895–913.
Schellnhuber, H. J.: Selbstverbrennung: Die fatale Dreiecksbeziehung zwischen Klima, Mensch und Kohlenstoff. München 2015.
SRU: Stellungnahme des Sachverständigenrats für Umweltfragen: Kohleausstieg jetzt einleiten. Berlin 2017.
Wissenschaftlicher Beirat der Bundesregierung Globale Umweltveränderungen WBGU: Welt im Wandel: Gesellschaftsvertrag für eine Große Transformation. Berlin 2011.
Weimann, J.: Die Klimapolitik-Katastrophe. Marburg 2008.
Zillman, J. W.: A History of Climate Activities. In: WMO-Bulletin, Vol. 58, No. 3, 2009, S. 141–150. https://public.wmo.int/en/bulletin/history-climate-activities (09.01.18).

Wann hören wir die Signale?
Ökosystemversagen, Ignoranz und die möglichen Folgen

Pierre L. Ibisch

> Die Funktionstüchtigkeit des globalen Ökosystems und seiner Bestandteile geht immer schneller verloren. Doch die Gesellschaft nimmt die Symptome entweder nicht zur Kenntnis oder nicht ernst. Ökosysteme werden nicht als arbeitende komplexe Systeme erkannt, sondern als Ressourcenlagerstätten ausgebeutet, verschmutzt, zerschnitten oder physisch zerstört. In bestimmten Regionen droht akutes Ökosystemversagen. Von ihnen könnten soziopolitische Schockwellen ausgehen, die gesellschaftliche Lernfähigkeit und Handlungsoptionen rasant schmälern. Dennoch und gerade jetzt: ein Plädoyer für eine ehrlichere und massivere Kommunikation der Umweltrisiken.

Einige Wochen vor der Bundestagswahl im Herbst 2017 thematisiert der SPIEGEL auf fünf Seiten seiner Wahlkampfberichterstattung den *Sommer der Stille* von Philip Bethge (SPIEGEL 2017). Mit Bezug auf Rachel Carsons Klassiker, der 1962 die weltweite Umweltbewegung erweckte (*Silent Spring*), wird trefflich die Situation der Ökosysteme Deutschlands beschrieben: „Fast zwei Drittel der natürlichen Lebensräume sind hierzulande in Gefahr"; „ausgerechnet das Land der Naturromantiker verliert seine Vielfalt"; „nicht nur in den Getreidegürteln der USA oder auf den Sojafeldern Brasiliens, sondern direkt vor der Haustür, in Deutschland, ist das Vogelkonzert fast verstummt, bleibt der Sommer weithin ohne Grillenzirpen und Schmetterlings-Torkelflug". Nicht nur der erfahrene Agrarökologe Teja Tscharntke, sondern auch Beate Jessel, die Präsidentin des Bundesamtes für Naturschutz, gehören zu den kompetenten Kronzeugen. Die von Carson beschriebene Dystopie wird Wirklichkeit, und im deutschen Wahlkampf kommt das Thema nicht vor. Der SPIEGEL-Artikel – welch Überraschung – ändert daran nichts. Während die Abendnachrichten immerzu eilfertig vermelden, ob sich das Geschäftsklima gar etwas eingetrübt habe oder die Börse auf die letzte Twitter-Nachricht des US-Präsidenten reagieren könnte, gibt es allenfalls anlässlich außergewöhnlicher Sonderveranstaltungen einige Kurznachrichten zum Zustand von Natur und Umwelt. Banken und die Automobilkonzerne sind systemrelevant, die Ökosysteme sollen einfach still ihre Arbeit tun.

Viel Stoff für abendfüllende Berichte zur Lage der Natur gäbe es durchaus. Eine Recherche mit Google Scholar, der Suchmaschine für wissenschaftliche Literatur, ergibt am 2. Oktober 2017 bei der Suche nach dem Begriff *ecosystems* seit 2017 über 29 100 Artikel, 26 400 zu *biodiversity*, 5730 zu *biodiversity loss*. Seit dem Jahr 1992, Zeitpunkt der großen Konferenz zu Umwelt und Entwicklung in Rio de Janeiro hat es 47 400 fachwissenschaftliche Artikel in englischer Sprache zum Thema Biodiversitätsverlust gegeben (die von der Suchmaschine erfasst werden). Die am meisten zitierten Beiträge (> 850 x) sind gemäß Google „Impacts of biodiversity loss on ocean ecosystem services; Biodiversity loss and its impact on humanity; Network structure and biodiversity loss in food webs: robustness increases with connectance; Biodiversity loss threatens human well-being; A global synthesis reveals biodiversity loss as a major driver of ecosystem change". 771 000 Artikel beschäftigen sich mit *climate change* und *biodiversity*. Alle diese Schriften in Zeitschriften wie *Nature, Science, Conservation Biology* und vielen anderen, welche von Wissenschaftlern jeweils über Jahre vorbereitet und durch Heerscharen von Gutachtern bewertet und verbessert werden, stellen ein Vielfaches der Literatur dar, die selbst vom fleißigsten Wissenschaftler jemals gelesen werden kann. Der Masse der Bevölkerung und den dieselbe repräsentierenden Politikern sind die erschlagenden Ergebnisse offenkundig schon lange nicht mehr nahezubringen. Die Menschheit versinkt ignorant in ihrem Fachwissen.

Die aktuelle Situation ist allerdings noch nicht hinreichend damit beschrieben, dass Umwelt- und Naturschutzpolitik politische Nicht-Themen sind und zur Verfügung stehendes Wissen nicht genutzt wird. Vielmehr werden jene Wissenschaftler, die angesichts der zahllosen Befunde Sorgen zur Tragfähigkeit der Ökosysteme äußern, zusehends des Alarmismus bezichtigt. Dies ist lange schon eine erprobte Strategie von Faktenleugnern und Berufsoptimisten, doch die Szene wächst und schafft es, immer umfangreicher und eindeutiger werdendes Wissen zu Problemen auszublenden. Gute Nachrichten liegen im Trend; „Früher war alles schlechter" – so eine grafisch kreative Rubrik auch im SPIEGEL. Autoren wie D. Dettling vom Zukunftsinstitut werden sogar eingeladen, einen Einführungsartikel für das Blatt *Forschung & Lehre* des Deutschen Hochschulverbandes zu schreiben, und verbreiten dort im Namen einer sogenannten Zukunftsforschung „Warum die Welt immer besser wird". Die Studie für den Club of Rome zu den Grenzen des Wachstums wird zur lächerlichen Untergangsprognostik, wie sie für das ängstliche Deutschland typisch sei; und: „Der Wohlstand wird in

Zukunft weiter wachsen"; [...] „aus Flüchtlingen werden Touristen". So schreiben Menschen über die Zukunft, die wohl noch nicht einmal die gegenwärtige Welt richtig erfasst haben. Auf die persönliche Nachfrage, ob er die Studie zu den Grenzen des Wachstums überhaupt selbst gelesen habe und wie gut er seine Kenntnis der ökologischen Literatur einschätze, antwortete Dettling dem Autor nebenbei mit Verweis auf zwei Zeitungsartikel (!): „Die Berichterstattung und Kritik zum Report der Grenzen des Wachstums ist Ihnen sicher bekannt."

Noch alarmierender als die Befunde zum Zustand des globalen Ökosystems ist also inzwischen, wie diese Gesellschaft glaubt, denselben ignorieren zu können. Wie lange geben uns die Ökosysteme Zeit, uns zu sortieren? Bis wir die Wege gefunden haben, das System, das uns trägt, wirklich zu ernst zu nehmen? Was wissen wir 2017/2018 – und was werden wir damit anfangen?

Ökologie: Bericht zur Lage des Haushalts der Natur

Entstehung und Funktionieren unserer Umwelt, des Erdökosystems, sind nicht systemrelevant – sie sind das System. Das große Ganze besteht aus unzähligen Teil-Ökosystemen, z. B. Wäldern, Savannen oder Feuchtgebieten. Diese wiederum umfassen verschachtelt-integrierte, komplexe, energiewandelnde und haushaltende Systeme, die ein hohes Maß der Selbstorganisation und -regulation erreicht haben. Ökosysteme funktionieren – unter Voraussetzung der permanenten externen Energieversorgung – allein durch die Interaktion ihrer wichtigsten Komponenten: Es sind die Lebewesen, welche Energie, Materie und Information austauschen. Ökosysteme verrichten Arbeit und wandeln Licht- und chemische Energie in organische Materie, die selbst nicht nur Lebensleistungen wie Stoffwechsel und Mobilität ermöglicht, sondern auch zum Baumaterial von immerzu neuen Arten und Lebensräumen wird. Das offene Erdökosystem ist ein wachsender Bioreaktor, der im Zuge der Evolution dank der aus dem Weltall heruntergeladenen und zeitweise festgehaltenen Sonnenenergie Lizenzen zur Teilhabe am Leben vergibt. Diese Lizenzen werden von Teilsystemen genutzt und weiter ausgestaltet – den Organismen, die sich selbst vervielfältigen und wandeln. Je länger die Nahrungsketten, je verzweigter die Nahrungsnetze, je größer die Vielfalt der Strategien, auch kleinste Portionen von Energie zu nutzen und festzuhalten und damit immer neue Ressourcen aufzuschließen, bevor diese Energie letztlich entwertet ist und nicht mehr für Arbeit genutzt werden kann, desto nachhaltiger das Leben.

Leben findet im Wesentlichen in einem vergleichsweise dünnen „Film" nahe der Erd- und Wasseroberflächen statt und hat seit Jahrmillionen die eigene Umwelt – wie etwa Atmosphäre und Klima – so beeinflusst, dass eine immer größere Produktivität, Widerstands- und auch Reparaturfähigkeit erreicht wurde (Ibisch 2016a). Zur Ökonomie dieses lebenden Bioreaktors gehört, dass erhebliche Anteile der eingefangenen Energie materialisiert sowie für lange Zeit abgelegt und Kreisläufen entzogen wird: Hier handelt es sich um fossile Biomassereste, die als Gas, Öl oder Kohle unter die Erde geraten. Im Laufe der Zeit wurden auf der Erde nicht nur Biomasse und Energie angehäuft, sondern in den Genomen der Arten vor allem auch Information über die vielfältigen Lösungen gespeichert, nachhaltig zu existieren.

Der Mensch ist ein Teil des globalen Ökosystems – er lebt in und von ihm. Wie bei jeglichen anderen Arten, die in Nahrungsnetze integriert sind, als Beute und Räuber auftreten sowie in Konkurrenz zu anderen Lebewesen um grundlegende Naturressourcen und Lebensraum wettstreiten, ergibt sich allein aus der Präsenz des Menschen eine Wirkung auf das Gesamtgefüge. Es ist auch nicht ein gänzlich neues Phänomen der Evolution, dass der Mensch als Ingenieur seinen Lebensraum nach seinen Bedürfnissen umgestaltet und erweitert. Außergewöhnlich ist allerdings die menschliche Nutzung von Feuer, Axt und sich auf unvorhersehbare Weise entwickelnde Technologien, die ihm erlaubten, in einigen wenigen Zehntausenden von Jahren in alle Regionen der Erde vorzudringen und der Natur einen immer größeren Anteil der Ressourcen für die eigenen Zwecke abzutrotzen. Im Zuge der kulturellen Evolution sind die Möglichkeiten der vergleichsweise jungen Tierart *Homo sapiens* vor allem in den letzten 150 Jahren schier explodiert, und aus der Beeinflussung immer weiterer lokaler Ökosysteme ist eine Veränderung des globalen Ökosystems geworden.

Die Tragik der bisherigen menschlichen Entwicklung liegt darin begründet, dass das Streben nach Emanzipation von den Unbilden der lokalen Ökosysteme dadurch erfolgreich wurde, dass wir sozusagen „weggeschlossene" und vor allem die fossil gespeicherte Energie mobilisieren. Dieser Prozess verändert nicht nur die Atmosphäre und damit das Weltklima, sondern diese *exosomatische* Energie verleiht dem Menschen buchstäblich Flügel und die physische Macht, im wahrsten Sinne des Wortes Berge zu versetzen. Die jüngste Periode der menschlichen Geschichte, vor allem das Zeitalter der Industrialisierung, kommt in geologischen Zeitmaßstäben regelrecht einer Explosion gleich – es handelt sich um die Verbrennung großer Mengen chemischer Energie, die über Jahrmillionen im lebenden System selbst und in fossilen Lagerstätten gespeichert worden ist. Entsprechend gründlich sind die Folgewirkungen für das Erdökosystem:

1. **Fortschreitende physische Zerstörung von Teilen des haushaltenden Bioreaktors:** Bevor die Menschen andere und komplexere Wirkungen auf die Ökosysteme entfalteten, begannen sie durch Jagd und Übernutzung bestimmte Arten zurückzudrängen oder auszurotten. Zunehmend gehen mehr Arten verloren; für große Organismen ist immer weniger Platz, aber auch kleineren Lebewesen wird das Habitat entzogen. Kritisch ist der Verlust von Strukturbildern (wie etwa Bäume oder Korallen), aber auch so genannten Schlüsselarten, die im Verhältnis zu ihrer Biomasse überragende regulierende Funktionen erfüllen. Beispiele sind Tierarten, die etwa für die Vermehrung anderer Arten oder das Nährstoffrecycling relevant sind. Wer hätte vor kurzem etwa gedacht, wie wichtig etwa Wale sind, um praktisch verlorengehende Nährstoffe aus den Tiefen des Meeres an die Oberfläche zurückzuholen und sie anderen Organismen wieder zur Verfügung zu stellen? Es sind insbesondere die komplexesten und biomassereichsten Systeme, die Wälder, welche degradiert, massiv zurückgedrängt und durch strukturell und funktionell einfachere ersetzt werden (Gebüsche, Grasland, Agrarflächen). Der Verlust intakter Waldflächen hat sich beschleunigt; allein in den tropischen Wäldern war er in den Jahren 2011–2013 dreimal so groß wie 2001–2003 (Potapov 2017). Auch die meisten anderen Ökosystemtypen sind von Degradation betroffen.

2. **Veränderung der physikalischen, chemischen und thermodynamischen Eigenschaften der Erdoberfläche, der Ozeane und der Atmosphäre:** Allein die Störungen der unbelebten Grundlagen der Ökosysteme sind äußerst mannigfaltig: Versiegeln, Abgraben und Umsetzen von Böden sowie Ent- und Bewässern, Aufstauen und Umleiten von Flüssen sind nur einige Beispiele. Es verändern sich zahllose, miteinander interagierende emergente Eigenschaften der strukturell veränderten Systeme und damit auch die Lebensbedingungen ihrer Komponenten. Dazu gehören z. B. Albedo und die Fähigkeit, Energie aufzunehmen bzw. zu speichern. Die Versauerung der Meere führt in Kombination mit der Erwärmung zum Rückgang von Artenvielfalt und Produktivität. Das chemische Verarbeiten von organischen Stoffen (v.a. Erdöl) führt zur Freisetzung von neuartigen ökosystemfremden Stoffen (z. B. Pestizide wie Glyphosat), die negativ auf die Lebens-

fähigkeit von Organismen wirken. Aus dem noch vor 70 Jahren kaum bekannten Plastik wurden bis 2017 6,3 Milliarden Tonnen Müll produziert, wovon ca. 79 % in der Umwelt landeten (Geyer et al. 2017). Auch den Ökosystemen „bekannte" Stoffe wirken problematisch, da sie in viel höheren Konzentrationen zugeführt werden (z. B. Stickstoffverbindungen/Nitrat). Unerwartete Effekte können auch durch Stoffgemische generiert werden.

3. **Unterbrechung und Verlust von Interaktionen lebender Systeme:** Abgesehen vom direkten Verlust von „Netzwerkern" (z. B. Bestäuber) sowie dem Unterschreiten für Reproduktion wichtiger kritischer Populationsdichten werden Wechselwirkungen zwischen Individuen und Arten auch durch Infrastruktur physisch unterbrochen (z. B. Ökosystemzerschneidung durch Straßen; Ibisch et al. 2016). Der Verlust von genetischer Rekombination reduziert genetische Diversität und damit die Lebens- sowie Anpassungsfähigkeit von Arten. Interaktionsnetzwerke werden auch durch das Einbringen von vorher nicht im System vorhandenen Arten belastet. Gerade erst beginnen wir zu begreifen, wie sehr Ökosysteme auch auf Vernetzung, Kooperation und Kommunikation bauen und nicht primär vom „Kampf ums Dasein" getrieben werden.

4. **Verlust von biologischer Vielfalt und ökosystemarem Wissen:** Mit dem beschleunigten Verlust von Individuen, Populationen und Arten gehen genetisch gespeicherte Informationen unwiderruflich verloren. Es ist ein Verlust von über lange Zeit erprobten Überlebens- und „Backup"-Lösungen, gesammelt in der Bibliothek des Lebens – wo aber die Information nicht verstaubt, sondern in den arbeitenden Systemen ständig aktualisiert wird.

5. **Steigerung der Verwundbarkeit gegenüber Störungen und Verlust von Anpassungs- bzw. Reparaturfähigkeit:** Die Reduktion von funktionellen Typen und Komplexität bedeutet eine geringere Selbstorganisation und -regulation. Durch Verlust großflächiger Ökosysteme wie Wäldern und Mooren ergeben sich multiple rückkoppelnde Klima-Effekte wie Verlust von Treibhausgasspeichern und -senken, Reduktion der klimatischen Pufferung und Veränderung von Wasserzufuhr und -rückhaltefähigkeit. Beschleunigter Klimawandel wirkt zusätzlich negativ auf die Funktionstüchtigkeit; er treibt die Desintegration von Systemen, die über längere Zeit funktioniert haben. Die Veränderung von Artenzusammensetzung, ökologischen Prozessen und Biomas-

sevorräten kann u. a. eine größere Empfindlichkeit gegenüber Extremtemperaturen oder eine leichtere Entzündbarkeit und stärkere Schäden durch Feuer bedeuten, die wiederum Treibhausgasemissionen antreiben, und so fort (Pecl et al. 2017).

Das globale Ökosystem leidet unter multiplem Stress. Je mehr Stresse in einem System zusammenkommen, desto größer wird das Risiko von abruptem bzw. beschleunigten Wandel oder gar Kollaps. In manchen Regionen der Erde sind die Ökosysteme schon länger und stärker verändert worden, was entsprechende starke Veränderungen von Funktions- und Leistungsfähigkeit mit sich bringt. Gewisse Ökosysteme haben regional oder auch global eine größere Bedeutung als andere. Beispielsweise sind die Wälder Amazoniens allein wegen ihrer Fläche und Produktivität sowie wegen der in ihnen bewegten Wassermassen für die kontinentale und globale Klimaregulation von herausragender Bedeutung. Den borealen Wäldern wiederum wird zugeschrieben, seit der letzten Eiszeit eine überaus klimastabilisierende Wirkung zu entfalten, indem sie die Nordhemisphäre in heißen Phasen abkühlen (durch organische Substanzen, die als Kondensationskerne zur Bildung von Sonnenlicht reflektierenden Wolken beitragen) und in eher kalten Zeiten aufwärmen (durch Absorption von Strahlungsenergie). Die Ozeane sind gigantische Senken für gebundenen Kohlenstoff, gelöstes Kohlendioxid und auch überschüssige Wärme.

Eine angemessene Quantifizierung der Bedeutung der einzelnen Systeme ist nicht möglich, zumal die verschiedenen Ökosysteme in erheblichem Maße miteinander wechselwirken. Das globale Erdsystem ist nicht nur sehr groß, sondern auch mit integrierter Redundanz und Mehrfachsicherungen von Systemfunktionen ausgestattet. Entsprechend langsam und zeitverzögert ist der Niedergang. Bis in die Mitte des vergangenen Jahrhunderts waren die Veränderungen nur selten für Menschen innerhalb ihrer Lebenszeit erfassbar – etwa wenn vormals sehr häufige Arten wie die Wandertaube plötzlich ausstarben. Doch vor allem in den letzten drei bis vier Jahrzehnten trat eine derartige Beschleunigung ein, dass sie zumindest aufmerksamen Beobachtern durchaus auffällt. Es handelt sich z. B. um extreme Wetterphänomene, aber auch Überflutungen, das Abschmelzen von Gletschern oder das Austrocknen uralter Gewässer wie dem Aral- oder Tschad-See, aber auch das Verschwinden vormals häufiger Arten und Lebensräume.

Dennis Meadows und seine Kolleg*innen haben 1972 mit ihrer Studie zu den Grenzen des Wachstums keineswegs die Zukunft vorhergesagt, wie uninformierte Kritiker immer noch glauben. Sie wollten uns vielmehr mit Hilfe extrem einfacher Berechnungen auf theoretische Weise ein hyperkomplexes System nahebringen. Mittlerweile hat die Menschheit die Gelegenheit, real entfesselte Synergieeffekte und Rückkopplungsschleifen des globalen Erdsystems zu beobachten und zu messen. Gerade der Klimawandel ist ein Lehrmeister, der uns beibringt, wie wenig vorhersagbar komplexe Systeme sind. Die meisten der oben beschriebenen menschlichen Wirkungen auf die Natur waren 1972 noch nicht (gut) bekannt; manche im Grunde noch nicht einmal vorstellbar. Ein gutes Beispiel für unser komplexitätsbedingtes Nichtwissen ist das Abschmelzen des polaren Eises, welches weitaus schneller erfolgt als von ersten Modellen projiziert.

Das globale Ökosystem ist nicht Kulisse oder Verfügungskapital für die menschliche Entwicklung, sondern ein dynamischer, Arbeit verrichtender Akteur. Ein multipel beschädigter Bioreaktor, von dem wir leben und der im Zuge beschleunigter Zerstörung und Klimawandel seine Leistungsfähigkeit weiter einbüßt. Ökosystemare Rückkopplungen und Synergiewirkungen rauben uns Handlungsoptionen und Zeit. Unterschätzen wir Komplexität und Ausmaß der aufziehenden Risiken?

Gefahr droht nicht von den Ökosystemen allein

Aktuell einflussreiche Ansätze, die uns vorgaukeln, wir könnten relativ genau vorhersagen, wann die komplexen Systeme ihre Arbeit versagen oder wie lange wir noch bestimmte Handlungsoptionen haben, können eine fatale Wirkung entfalten. Das 2-Grad-Ziel der Klimapolitik ist ein Lehrbeispiel. Inzwischen wird in Tonnen CO_2 ausgerechnet, wie viel Kohlenstoffkredit die Menschheit noch hat, ehe sie nicht mehr emittieren sollte, damit es genau auf eine Erwärmung von 2 °C gegenüber vorindustriellen Zeiten hinausläuft. Das ist nicht seriös. Kein Wissenschaftler kann garantieren, dass der Klimawandel genau ab einer globalen Erwärmung von 2 °C gefährlich wird (Ibisch & Hobson 2012) – eher mehren sich die Anzeichen, dass es viel früher passieren könnte. Entsprechend arbeiten viele Akteure schon seit der Pariser Klimakonferenz hektisch daran, den Politikern nunmehr ein 1,5-°C-Ziel nahezubringen. In jedem Falle täuschen diese Diskussionen eine Feinsteuerbarkeit des Klimas vor, die es nicht geben kann. Genauso problematisch sind die allüberall zitierten *Planetaren Grenzen*, die sich völlig richtig auf die Theorie komplexer Systeme stützen und uns vor unvorhersehbaren Kipp-Punkten warnen, aber leider bezüglich Visualisierung und Kommunikation zur Fehleinschätzung führen, ausgewählte und voneinander isoliert betrachtete Umweltprobleme könnten verlässlich bewertet werden (Ibisch 2016a). Im Moment können wir praktisch für kein Teilsystem postulieren, dass es sich noch „im grünen Bereich" befindet – allein weil wir nicht wissen, wann und wie es mitgerissen werden könnte, sobald zentrale und neuralgische Systeme wie Klimasystem oder Waldökosysteme bestimmte Schwellenwerte überschreiten. Immerhin haben uns die *planetaren Grenzen* einen neuen Diskurs zu den Grenzen des Wachstums beschert. Allerdings zeichnet sich noch nicht ab, dass aus diesem aufgefrischten Wissen um die Grenzen klügere Entscheidungen abgeleitet werden.

Wenn komplexe Systeme unter vielfachen Druck geraten, erhöht sich nicht nur das Risiko unvorhersehbarer Ereignisse und Krisen oder schlimmstenfalls Systemversagen. Sondern vor allem verschlechtert sich auch die Bewertbarkeit des Problems. Die schiere Masse des wachsenden Wissens zum Zustand der Erde und der zahllosen Komponenten des Erdsystems kann nicht mehr angemessen von individuellen Menschen rezipiert werden. Erst haben die Wissenschaftler die „normalen Bürger" abgehängt, inzwischen verstehen sie selbst nur noch kleine Facetten der Welt (und selbst ein Deutscher Hochschulverband bietet alternative Fakten feil; siehe oben). Bei allem lebenslangen Lernen sind wir verdammt, uns nur sehr kleine Ausschnitte des Weltwissens aneignen zu können und täglich neue blinde Flecken zu entwickeln. Dies führt leicht zur scheinbaren Widersprüchlichkeit der subjektiven Befunde, und die Vielfalt der interessengeleiteten Interpretationen führen zusammen zur babylonischen Verwirrung sogar unter Wissenschaftlern. In der Folge finden deren notwendigerweise nicht eindeutige Aussagen immer weniger Gehör bei Schlüsselentscheidungsträgern, von denen erwartet wird, sich immer schneller in einer immer komplexeren Welt zu orientieren und Problemlösungen vorzulegen. Es scheint auf ein großes Paradoxon der Neuzeit hinauszulaufen: Die Suche nach vermeintlich eindeutigen und einfachen Lösungen in einer hyperkomplexen Welt stürzt die immer noch um Aufklärung und Erleuchtung ringende Gesellschaft auf dem Höhepunkt ihres Wissens in ein postfaktisches Zeitalter.

Nur am Rande sei erwähnt, dass selbst die Lösung von Problemen auf diese Weise sehr schnell zur nächsten Krise führen kann. Klimaschutz und Energiewende treiben beispielsweise den Druck auf die Landschaft, eine weitere Intensivierung der Landwirtschaft und die Vergrößerung von interkontinentalen Stoffströmen (z. B. Importe von Biomasse für energetische Verwendung) (Ibisch 2016a). Plötzlich finden sich die Naturschützer im Widerstreit mit den Klimaschützern, Waldökologen hadern mit Forstwissenschaftlern, Landschaftsschützer mit Artenschützern und Prozessschützern ... – selbst Disziplinen, die sich eigentlich allesamt auf die Grundsätze der Nachhaltigkeit berufen, verhaken sich in Divergenzen.

Wie sieht die nicht vorhersagbare Zukunft aus?
Immer mehr Teilsysteme des Erdökosystems büßen ihre Funktionstüchtigkeit ein, kritische Massen und Dichten z. B. von Populationen werden unterschritten. Der Klimawandel trifft auf eine Biosphäre, die seit langen Zeiten keine vergleichbaren Bedingungen erlebt hat. In etlichen Regionen entstehen sogar neuartige Klimate. Die biologische Vielfalt wird sich in erheblichem Maße reduzieren und zugleich an Anpassungslösungen arbeiten; in Jahrmillionen denkend dürfen wir optimistisch sein. Kurzfristig ist aber vor allem entscheidend, wie es dem Menschen und seinen Landnutzungen ergehen wird. Was werden die Menschen nicht nur in *Sahelien*, sondern auch in *Aridistan* machen, wenn das Wasser wegbleibt und regional kritische landwirtschaftliche Systeme im Zuge von Dürren und Hitzewellen kollabieren? Was passiert, wenn Großstädte wie Lima, La Paz oder São Paulo nicht mehr hinreichend mit Trinkwasser versorgt werden können, weil Stauseen austrocknen, Flüsse versiegen und Gletscher abgeschmolzen sind? Wenn sich die Konflikte in Gebieten mit geringer ökologischer Tragfähigkeit verstärken und sich die Migrationsströme hin zu den verbleibenden Festungen des Wohlstandes vervielfachen? Wenn uns Konflikte und Kriege jegliche Ressourcen rauben, die eigentlichen Probleme zu bekämpfen?

Aus den kritischen Regionen, in denen Ökosystemversagen droht, vor allem ariden Gebieten, die von Bewässerungslandwirtschaft abhängen, könnten – wie schon jetzt aus dem Nahen Osten bekannt – soziopolitische Schockwellen ausgehen, die die Aufmerksamkeit der Weltgemeinschaft binden und die Problemlösungskraft von immer mehr Staaten lähmen könnten. Schon 1994 bezeichnete Kaplan die Umwelt als „feindliche Macht", die sich erhebt, Rache zu nehmen. Das war kein faires Bild, wenngleich wir tatsächlich gegen die Natur Krieg zu führen scheinen. Wie auch immer – Kaplans dunkle Vorahnung einer Zukunft der synergistisch entstehenden Anarchie und Unregierbarkeit in instabilen Regionen wurde und wird längst durch vielerlei dystopische Prozesse bestätigt (oder übertroffen).

Nicht allein die vom Krieg in Syrien ausgehende Migrationskrise in Europa zeigt uns, wie schnell über Jahrzehnte gewachsene Grundwerte in Frage gestellt werden und es selbst in den reichsten Staaten der Erde „ohne Not" zu schweren soziokulturellen und auch politischen Verwerfungen kommen kann. Die Veränderung des politischen Großklimas kann in kürzlich noch unvorstellbarer Weise zu Wissen(schaft)sfeindlichkeit und der weiteren Marginalisierung von ökologischen Themen führen. Die Auflösung „politischer Mitten" und der Verlust stabiler parlamentarischer Mehrheiten implizieren eine Verringerung der Optionen für unbequeme Entscheidungen im Sinne einer wirksamen Nachhaltigkeitspolitik (Ibisch 2016b). Dies ist derzeit nicht nur in Staaten wie den USA oder Polen zu beobachten, sondern selbst im von der „Neuen Rechten" verunsicherten Deutschland. Die Rückkehr von Blockbildung und Aufrüstung – wie derzeit durch die Verschlechterung des Verhältnisses Europas zu Russland getriggert – kann zudem mittelfristig finanzielle Ressourcen binden, die dringend für das Reparieren und Bewahren von funktionstüchtigen Ökosystemen benötigt werden.

Das Problem der Systemrelevanz, unsere Wahrnehmung im Jahre 2018 und die Risikokommunikation
Seit einigen Jahrhunderten erreichen Wissenschaftler, dass eine Mehrheit der Menschen eine kopernikanische Kränkung nach der anderen akzeptiert – die Erde ist nicht das Zentrum des Universums, sie ist keine Scheibe, der Mensch ist im Zuge der Evolution aus dem Tierreich hervorgegangen und ist mit den Affen direkt verwandt … Eine zentrale Einsicht scheint uns allerdings im 21. Jahrhundert besondere Schwierigkeiten zu bereiten: Der Mensch ist eine abhängige Komponente des globalen Ökosystems, und es gelten für ihn die fundamentalen Naturgesetze; weder kann er ein *Perpetuum mobile* erschaffen und die Gesetze der Thermodynamik außer Kraft setzen, noch kann er sich aus dem globalen Nahrungsnetz ausklinken. Wir kapieren die Systemrelevanz nicht. Weder ist ein unbegrenztes ökonomisches Wachstum auf Kosten der die menschliche Entwicklung tragenden natürlichen Systeme möglich, noch ist unsere Mitgliedschaft im globalen Ökosystem kündbar (Ibisch 2016b). Zudem lässt sich das komplexe Ökosystem nicht beliebig regeln und feinsteuern – und schon gar nicht, wenn gleichzeitig immer mehr Komponenten und Prozesse gestört oder zerstört werden. Tragischerweise scheint unsere Ignoranz sowohl mit dem technologischen Fortschritt zusammenzuhängen als auch mit der Unfähigkeit, des geschaffenen Wissensberges Herr zu werden.

Unser Blick auf die Funktionalität des globalen Erdsystems scheint verstellt. Selbst viele Naturschützer denken noch in phänomenologischen, ästhetischen und romantischen Kategorien. Dies ist historisch und kulturell gut erklärbar und bzgl. der resultierenden Motivation, „die Welt zu retten", auch großartig, aber dennoch im 21. Jahrhundert nicht mehr hinreichend. Das große, eine Mehrheit überzeugende Narrativ des funktionierenden Erdsystems, in dem es nicht reicht, einzelne Schäden isoliert zu betrachten und zu reparieren, muss noch entwickelt werden. Selbst in der Umweltbewegung und in der Umweltpolitik geben sich viele zentrale Akteure mit einzelnen Wirkungsbereichen zufrieden. Wir leben in einem hyperkomplexen, verschachtelt-integrierten System, doch weiterhin erlauben wir uns sektorielles Denken und fragmentiertes Handeln. Wann werden wir merken, dass man E-Mobilität nicht essen kann? Wann wird deutlich, dass nicht allein die sogenannte Dekarbonisierung der Wirtschaft uns aus der Krise führen kann, sondern dass wir dem uns versorgenden globalen Bioreaktor hinreichend viel Platz und intakte Komponenten bewahren müssen, damit er auch im längst eingeleiteten globalen Wandel langfristig seine Arbeit verrichtet?

In der Vergangenheit wurden umweltpolitische Wendemanöver in der Regel nur dann möglich, wenn es zu einem massiven Erschrecken kam (z. B. Luftreinhaltung und Waldsterbensdiskurs, Fukushima-Atomausstieg). Was ist, wenn wir der Bevölkerung zu wenig Informationen über den Zustand ihrer Lebensgrundlagen geben? Wir müssen nicht nur die gesellschaftliche Kompetenz im Risikomanagement verbessern, sondern auch die erkannten Risiken in noch stärkerem Maße politisieren sowie massiver und ehrlicher kommunizieren. Mehr oder weniger gebannt schaut ein Millionenpublikum täglich auf immer aufwändigere und unterhaltsamer moderierte Wetterberichte, die die klugen Moderatoren im Grunde massiv unterfordern. Wie wäre es mit einem täglichen Bericht zum Zustand von Klima und Natur in Kombination mit der Wettervorhersage? Wie wäre es mit einer permanenten Berichterstattung zum Zustand unseres Lebensraums und der Naturressourcen zwischen Börsenbericht und Tagesschau? Und regelmäßige Berichten zur neuesten Entwicklung von Umweltindikatoren auf allen Kanälen?

Es ist symptomatisch, dass wir permanent über die Werte von Aktien großer Konzerne informiert werden, die die meisten Menschen gar nicht besitzen – aber nicht darüber, wie viel wertvolles Ackerland erodiert ist oder unter Betonflächen verschwunden ist, wie viele Wälder gerodet wurden und gerade wieder verbrannten, wie viele Menschen gerade dürrebedingt ihre Ernte verloren haben, wie sehr Populationen von Tier- und Pflanzenarten geschrumpft sind, wie viele Tonnen Plastikmüll gerade wieder im Meer gelandet sind, dass gerade ein Minusrekord der Eisbildung auf unserem Planeten erreicht wurde und noch nie so wenig Schnee lag ... und so weiter und so fort. Ja, es ist richtig, diese Nachrichten kommen schon jetzt vor – aber auf Sonderseiten, in kleinen Spalten und in Nischenprogrammen. Es ist zu leicht, sie zu ignorieren. Niemand kann und sollte Medien zu Berichterstattung in bestimmten Formaten zwingen, aber wird der Bedarf von zivilgesellschaftlichen Akteuren und der Politik hinreichend deutlich gemacht? Wie eingangs erwähnt, greifen große Medien akute Themen wie etwa das Insekten- und Vogelsterben durchaus auf, aber nach bisheriger Presse-Logik sind die Themen dann auch für Monate oder Jahre verbraucht. Außerdem kommen die Durchhalteparolen im Gewand guter Nachrichten besser an. *Früher war alles schlechter, und die Zukunft wird gut, wenn wir nur fest daran glauben ...*

Also: Massive und ehrliche Umweltkrisen-Information ist bedeutsam, wird aber allein keine Wende herbeiführen. Bildung muss dringlichst unsere System- und Risikokompetenzen stärken, damit möglichst viele von uns in einem volatilen und komplexen Weltökosystem einen gewissen Überblick behalten und Kriseninformation besser einordnen können. Wissenschaftler*innen und Umweltverbände müssen um die Deutungshoheit kämpfen: Die Ökologie ist die einzige *Lehre des Haushalts* in diesem Weltsystem. Wenn die Ökologie uns hilft, die Bedingungen für dessen langfristige Funktionstüchtigkeit zu verstehen, verdient sie den Rang einer globalen Leitkultur. Zudem müssen Umweltbewegte gemeinsam mit der Politik einen neuen Umgang mit Wissen und Nichtwissen einüben, die eigenen blinden Flecken respektieren lernen, zu Ungewissheiten und Uneindeutigkeiten stehen und endlich das Vorsorgeprinzip im Angesicht der Unsicherheit begreifen. Wir müssen Alarmiertheit als Zustand der konstruktiven Wachsamkeit als Grundbedingung für eine effektive Transformation annehmen. Alarmiertheit ist nicht Alarmismus.

Literatur

Geyer, R., J. J. Jambeck & K. L. Law: Production, use, and fate of all plastics ever made. In: Science Advances, Vol. 3, No. 7, 2017, S. e1700782.

Ibisch, P. L.: Karbonisierung der Weltumweltpolitik oder ökosystembasierte Nachhaltigkeit? In: J. Sommer & M. Müller (Hg.): Unter 2 Grad?. Was der Weltklimavertrag wirklich bringt. Hirzel & Stuttgart 2016a, S. 89–103.

Ibisch, P. L.: Ökologie und Politik: Die Wachstumskrise entfaltet sich weiterhin. In: M. Richter & I. Thunecke (Hg.): Paradies now. André Gorz – Utopie als Lebensentwurf und Gesellschaftskritik. Sammlung kritisches Wissen Band 70. Mössingen 2017b, S. 83–102.

Ibisch, P. L. & P. R. Hobson: Blindspots and sustainability under global change: non-knowledge illiteracy as a key challenge to a knowledge society. In: Ibisch, P. L., L. Geiger & F. Cybulla (Hg.): Global change management: knowledge gaps, blindspots and unknowables. Sinzheim 2012, S. 15–54.

Ibisch, P. L., M. T. Hoffmann, S. Kreft et al.: A global map of roadless areas and their conservation status. In: Science, Vol. 354, No. 6318, 2016, S. 1423–1427.

Kaplan, R.: Coming anarchy. How scarcity, crime, overpopulation, tribalism, and disease are rapidly destroying the social fabric of our planet. In: The Atlantic, 1994: http://www.theatlantic.com/magazine/archive/1994/02/the-coming-anarchy/304670 (14.11.17).

Pecl, G., M. B. Araujo, J. D. Bell et al.: Biodiversity redistribution under climate change: Impacts on ecosystems and human well-being. In: Science, Vol. 355, No. 6332, 2017.

Potapov, P., M. Hansen, L. Laestadius et al. 2017. The last frontiers of wilderness: Tracking loss of intact forest landscapes from 2000 to 2013. Science Advances 3 (1), e1600821.

Das strahlende Risiko
Nukleare Anlagen in einer Welt zunehmender Konflikte

Veronika Ustohalova, Matthias Englert

> Der bewaffnete Konflikt in der Ukraine, Kämpfe in Pakistan, schwelende Konflikte mit Iran und mit Nordkorea – jede Krise ist anders, doch in all diesen Regionen stehen nukleare Anlagen. Durch die Folgen gewaltsamer Auseinandersetzungen kann es zur Freisetzung radioaktiver Stoffe kommen – mit entsprechend weitreichenden Folgen. Die Risiken müssen klar benannt und internationale Vereinbarungen zur Ächtung eines Angriffs auf nukleartechnische Anlagen getroffen werden.

Funktionierende Stromnetze, verfügbare Ersatzteile, qualifizierte Ausbildung von Personal, regelmäßige behördliche Prüfungen: Die Nutzung der Kernenergie bedarf einer umfangreichen institutionellen und materiellen Infrastruktur auf Basis stabiler innerstaatlicher und zwischenstaatlicher Verhältnisse, um den sicheren Betrieb nuklearer Anlagen zu gewährleisten. Konflikte gefährden diese Infrastruktur, etwa durch bewaffnete Angriffe und Sabotage. Gerade die Energieversorgung hat strategische Relevanz in militärischen Konflikten. Andere Unfallrisiken entstehen durch unbeabsichtigte Kollateralschäden – etwa wenn die Stromversorgung unterbrochen wird. Darüber hinaus müssen die Sicherheitskultur insgesamt und die institutionelle Kontrolle dauerhaft garantiert sein, was in Konflikten häufig nicht sichergestellt ist.

Trotz umfangreicher sicherheitstechnischer Infrastruktur und selbst unter stabilen staatlichen Randbedingungen bleibt ein hohes Risikopotenzial, wie die Reaktorunfälle in Tschernobyl (ehemalige Sowjetunion, heute Ukraine) und in Fukushima (Japan) belegen. Diese atomaren Katastrophen wurden durch menschliches Versagen oder Naturkatastrophen ausgelöst und hatten weiträumige Kontaminationen zu Folge, welche bis heute die Umwelt und betroffenen Menschen massiv beeinträchtigen. Was passiert aber mit der Gewährleistung nuklearer Sicherheit, wenn die friedlichen gesellschaftlichen Randbedingungen selbst erodieren?

In den letzten Jahrzehnten ist die Anzahl gewalttätiger Konflikte mit Toten und Verwundeten wieder angestiegen. Laut Konfliktbarometer des Heidelberger Institutes für internationale Konfliktforschung gab es im Jahr 2011 die meisten kriegerischen Konflikte seit dem Ende des zweiten Weltkrieges (Zeit Online 2012). Diese kriegerischen Konflikte betreffen auch solche Regionen, in denen Kernkraftwerke betrieben werden.

Bisher hat keine der militärischen Eskalationen in der Vergangenheit oder der Gegenwart zu einem Unfall in einer zivilen nuklearen Anlage geführt, jedoch sind historische und aktuelle Vorfälle mehr als beunruhigend. Die Verwundbarkeit nuklearer Anlagen in Krisengebieten und die damit verbundene erhöhte Wahrscheinlichkeit eines Unfalls mit den potenziell weitreichenden Folgen kann keineswegs ausgeschlossen werden. Nachfolgend soll dem Zusammenhang zwischen sub-, inner- und zwischenstaatlichen Konflikten und nuklearer Sicherheit nachgegangen werden.

Gefahrenpotenzial nuklearer Anlagen – nukleare Sicherheit

Nukleare Anlagen sind verwundbar. Das übergeordnete Ziel kerntechnischer Sicherheit ist daher die Verhinderung der Freisetzung radioaktiver Stoffe sowie Leben, Gesundheit und Sachgüter vor den Gefahren der schädlichen Wirkung ionisierender Strahlung zu schützen.

Der Begriff „nukleare Anlage" umfasst Einrichtungen des ganzen Brennstoffkreislaufs: nicht nur Kernreaktoren zur Energieproduktion oder Forschungsreaktoren, sondern auch Anlagen zur Brennstoffherstellung, zur Brennstoffbearbeitung (Wiederaufarbeitung) oder zur Abfallentsorgung. Das Gefahrenpotenzial der jeweiligen nuklearen Anlage beruht auf ihrem radioaktiven Inventar, also der Menge und der Art der sich dort befindenden radioaktiven Stoffe. In einem typischen Reaktor ist dies etwa der Uran-Brennstoff und die im abgebrannten Brennstoff enthaltenen Transurane und Spaltprodukte.

In 2017 wurden weltweit insgesamt 448 Reaktoren betrieben und 57 Reaktoren befanden sich in Bau (IAEA 2017). Weltweit gab es in 2015 insgesamt 25 Anreicherungsanlagen (5 in den USA, 4 in Russland, 1 in Deutschland), in welchen Natururan angereicht wird und 19 Wiederaufarbeitungsanlagen (BPB 2016). Die während des Betriebes dieser Anlagen entstandenen radioaktiven Abfälle, welche zum Teil hochradioaktiv und daher für den Menschen und die Umwelt besonders gefährlich sind, müssen unter Einhaltung strenger Strahlenschutzanforderungen zunächst oberirdisch zwischengelagert werden. Zur Zeit gibt es keine Endlager in tiefen geologischen Formationen für die hochradioaktiven Abfälle und die Planung sowie der Bau erfordert viele Jahrzehnte. Daher muss mit einer langfristigen oberirdischen Zwischenlagerung hochradioaktiver Abfälle gerechnet werden.

Um relevante nukleare Inventare zu schützen, müssen bestimmte Voraussetzungen nuklearer Sicherheit erfüllt sein. Es lassen sich zwei Bedeutungen nuklearer Sicherheit unterscheiden:

Anlagensicherheit und Anlagensicherung

Die Anlagensicherheit umfasst den sicheren Betrieb technischer Systeme und Komponenten, Betriebsabläufe und Personal. Sollte eine kritische Komponente wie etwa die Kühlwasserversorgung des Kerns versagen, muss ein funktionierendes Sicherheitssystem ein kritisches Versagen des Gesamtsystems verhindern und die Anlage in einen sicheren Zustand überführen können. „Ein zentraler Baustein für die Reaktorsicherheit sind [...] verschiedene Barrieren. [...] Sicherheitssysteme zielen daher darauf ab, die Funktion der Barrieren unter Einfluss verschiedener Ereignisse aufrecht zu erhalten. Dabei wird weltweit ein gestaffeltes Sicherheitskonzept angewendet, mit dem schwere Unfälle ausgeschlossen werden sollen." (Neles & Pistner 2012)

Das gestaffelte Sicherheitssystem einer Anlage bezieht sich streng genommen allein auf die technischen Systeme der Anlage selbst. Kerntechnische Anlagen sind jedoch in eine erweiterte sicherheitstechnische Infrastruktur eingebunden – ein System nuklearer Sicherheit. Zu dieser erweiterten Infrastruktur eines Kernkraftwerks gehören etwa das Stromnetz, Straßennetz, sowie die Verfügbarkeit und Qualität von Ersatzteilen, aber auch die Sicherstellung der Finanzierung. Beeinträchtigungen dieser erweiterten Infrastruktur haben meist keine raschen oder unmittelbaren Auswirkungen auf die Anlagensicherheit, können jedoch das Risiko für bestimmte Unfallabläufe erhöhen oder das Ergreifen von Maßnahmen im Falle eines Unfalls behindern. Dies ist der Fall auch wenn ein Kernkraftwerk abgeschaltet wird, weil sogenannte Nachzerfallswärme durch den weiter erfolgten radioaktiven Zerfall bei der Spaltung entsteht. Daher müssen die weitere Kühlung, der Betrieb und die gesamte erweiterte Infrastruktur zwingend aufrechterhalten werden. Ist dies nicht gewährleistet, erhöht sich das Risiko eines nuklearen Unfalls bzw. der Kernschmelze.

Ein typischer Fall ist der Reaktorunfall von Fukushima. Obwohl das Kernkraftwerk in Folge des Erdbebens abgeschaltet war, konnten aufgrund der Zerstörungen auf der Anlage und in der Umgebung nicht rechtzeitig und nicht ausreichend Hilfsmaßnahmen eingeleitet werden; Personal, Material und Ersatzteile standen nicht zur Verfügung. Aufgrund der Nachzerfallswärme kam es zur Kernschmelze.

Kommt es zu einem nuklearen Unfall, sind Notfallmaßnahmen und der Katastrophenschutz relevant. Dazu gehören neben einer Eindämmung der Freisetzung radioaktiver Stoffe vor Ort die Evakuierung und Information der Bevölkerung, Informationsbeschaffung, messtechnische Maßnahmen oder auch internationale länderübergreifende Kooperation.

Ein wesentlicher Bestandteil nuklearer Sicherheit ist die Anlagensicherung. Sie sorgt für die Maßnahmen des physischen Schutzes wie Wachen, Zugangskontrollen und Umzäunung, aber auch für die Sicherheitsüberprüfungen des Betriebspersonals und den Schutz vor Cyberattacken. Für die komplexen Anforderungen der Anlagensicherung ist die Funktionalität der zugehörigen erweiterten behördlichen Infrastruktur von zentraler Bedeutung. Viele der Funktionen haben Schnittstellen mit staatlichen Strukturen.

In der internationalen Politik gibt es daneben noch ein drittes Verständnis nuklearer Sicherheit. Gerade im englischen Sprachraum wird oft von „nuclear security" im Zusammenhang mit der internationalen Sicherheitspolitik gesprochen. Dies betrifft vor allem die Regelung des Zugangs zu Nuklearwaffen und die Kontrolle des Besitzes spaltbarer Materialien und Technologien zur Spaltmaterialproduktion durch internationale Verträge. Auch der Zugang und die Kontrolle radiologischer Strahlenquellen (z. B. in der Medizin) und deren Schutz sind reguliert.

Nukleare Sicherheit in Konflikten

Das System nuklearer Sicherheit ist ein elaboriertes und hochkomplexes Netzwerk aus technischen Komponenten, organisatorischen Prozessen und Institutionen, die reibungslos miteinander funktionieren müssen. Normale Unfälle (Perrow 1999) sind in solchen Systemen dennoch möglich und historisch in vielfältiger Weise aufgetreten. Die nuklearen Katastrophen von Fukushima und Tschernobyl waren die bisher schwersten Unfälle kerntechnischer Anlagen, aber bei weitem nicht die einzigen.

Konflikte, insbesondere gewaltsame Konflikte, können auf unterschiedlichen Wirkungspfaden auf dieses System nuklearer Sicherheit einwirken. Dies reicht von Schwächung verschiedener Teilsysteme durch erodierende staatliche Strukturen in einer politischen Krise oder in Folge von ökonomischem Verfall bis hin zu der unmittelbaren Zerstörung von Anlagenteilen oder Einrichtungen der erweiterten nukleartechnischen Infrastruktur in einem bewaffneten Konflikt durch Angriff oder durch Sabotage.

Um die Verwundbarkeit einer kerntechnischen Anlage zu bewerten, müssen der Konflikttyp, die Konfliktintensität und die zugehörigen Konfliktakteure klar definiert werden und für diese sicherheitsrelevanten Einwirkungspfade identifiziert werden. Je nach Konfliktintensität werden Konfliktakteure völlig unterschiedliche Konfliktmaßnahmen (z. B. Arbeitsverbot, Kleinwaffen, Artillerie) zur Verfügung haben bzw. die Motivation haben diese einzusetzen. Wie die Sicherheit kerntechnischer Anlagen durch Konflikte beeinträchtigt wird und welches Risiko sich ergibt, hängt von den spezifischen Eigenschaften des Konfliktes ab und den sich daraus ergebenden Wirkfaktoren und Wirkungspfaden auf das System nuklearer Sicherheit.

Die Konfliktforschung führt verschiedene Konfliktsystematiken ein. Zur Analyse der Beeinträchtigung nuklearer Sicherheit ist das Konfliktmodell des Heidelberger Instituts für Internationale Konfliktforschung (HIIK) besonders geeignet. Der methodische Ansatz des HIIK erlaubt es die historische Entwicklung von Konflikten und deren zentrale Akteure zu verfolgen und auf einer Karte darzustellen.

Intensitätslevel	Intensitätsbezeichnung	Gewaltgrad	Intensitätsgruppierung
1	Disput	Konflikte ohne Gewalt	Niedrige Intensität
2	Krise ohne Gewalt		
3	Krise mit Gewalt	Konflikte mit Gewalt	Mittlere Intensität
4	Begrenzter Krieg		Hohe Intensität
5	Krieg		

Abb. 1   Konfliktskala (in Anlehnung an HIIK 2016, S. 9)

Das Konfliktbarometer unterscheidet grundsätzlich zwischen nichtgewaltsamen und gewaltsamen Konflikten (Gewaltgrad) und stuft die Intensität der Konflikte mit Hilfe einer fünfstufigen Skala ein (siehe Abbildung 1). Nichtgewaltsame Konflikte der Intensität 1 (Dispute) werden ohne Gewaltanwendung ausgetragen. In Konflikten der Intensität 2 (nichtgewaltsame Krise) wird von einem der Akteure der Einsatz von Gewalt angedroht. Gewaltsame Konflikte der Intensität 3–5, also gewaltsame Krise, begrenzter Krieg und Krieg, involvieren den Einsatz von Gewalt.

Konfliktakteure können auf verschiedenen Ebenen operieren (staatliche sowie substaatliche Gruppen evtl. Einzelakteure) und über verschiedene Maßnahmen verfügen sowie völlig unterschiedliche Motivationen aufweisen. Die Motivation eines Konfliktakteurs wirkt sich z. B. auf die zu erwartende Frequenz möglicher Angriffe, Risikobereitschaft, Ziele und Intention und die verwendeten Mittel aus, aber auch auf unbeabsichtigten Auswirkungen (z. B. Versagen Wachschutz, Diebstahl etc.). Bestimmte Konfliktakteure sind relevanter als andere im Hinblick auf die nukleare Sicherheit.

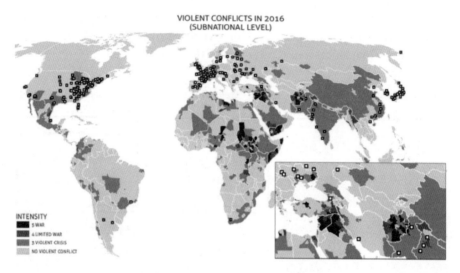

Abb. 2   Krisengebiete und die Kernkraftwerke (in Anlehnung an die HIIK 2016, S. 13)

Einen ersten visuellen Eindruck, welche nuklearen Anlagen von Konflikten betroffen sind, vermittelt Abbildung 2. In der globalen Karte des Konfliktbarometers des HIIK wurde die geographische Lage aller Kernkraftwerke dargestellt. Schon diese vereinfachende Betrachtung zeigt: Einige nukleare Anlagen weltweit befinden sich in Regionen, die von gewaltsamen Konflikten betroffenen sind.

Nukleare Anlagen im Konflikt – mögliche Szenarien
Schon im Fall eines nichtgewaltsamen Konflikts der Intensität 1 oder 2 (z. B. Staatskrise) verbunden mit einem ökonomischen Verfall ist die institutionelle Kontrolle sowie die Verfügbarkeit von Finanzmitteln erschwert. Das hat unmittelbare Auswirkungen auf die für die nukleare Sicherheitskultur zuständigen Organisationen und Gruppen. Bei der Eskalation eines Konflikts kann auch der Zugang zu Anlagen, zu Informationen oder zu internationaler Expertise, ebenso wie die Verfüg-

barkeit von Fachpersonal erheblich gestört sein. Auch die Zulieferung von Brennstoff, Verschleiß- und Ersatzteilen oder die technische und wissenschaftliche Betreuung der kerntechnischen Infrastruktur und die Ausbildung des Personals können betroffen sein. Das ist insbesondere ein Problem, wenn Hersteller und Zulieferer sich im Ausland befinden, womöglich in einem Land, das zur Konfliktpartei geworden ist, wie dies gegenwärtig zwischen der Ukraine und Russland der Fall ist. Auch die Fähigkeit eines Staates zur Beherrschung eines kerntechnischen Unfalls und seiner Folgen kann geschwächt werden oder verloren gehen und damit eine der Grundvoraussetzungen für einen sicheren Anlagenbetrieb.

Im Fall eines Gewaltkonflikts kann eine kerntechnische Anlage entweder selbst Schauplatz von Kampfhandlungen werden oder versehentlich bei benachbarten Kampfhandlungen getroffen werden. Eine kerntechnische Anlage oder die zugehörige Infrastruktur kann von innerhalb oder außerhalb gezielt sabotiert oder angegriffen werden. Radioaktives Material kann entwendet werden. Auch Sabotage durch einen Cybereingriff kann nicht ausgeschlossen werden.

Ebenso besteht die Möglichkeit, dass „kollaterale" Schäden direkt oder durch Fehlerfortpflanzung zu einem Unfall führen, ohne dass dies von den Kombattanten beabsichtigt ist. Die Energieversorgung ist strategisches Ziel in militärischen Auseinandersetzungen. Besonders relevant ist hierbei eine Unterbrechung der Stromversorgung des Kraftwerks durch einen Anschlag auf das Stromnetz, z. B. um gezielt die Stromversorgung einer befeindeten Region zu unterbrechen. In dem Fall muss den Akteuren nicht bewusst sein, dass zur Kühlung des Reaktors eine Stromzufuhr von außen aus dem Stromnetz erforderlich ist. Ist diese unterbrochen, muss diese Funktion durch mit Diesel betriebene Notfallkühlsysteme ersetzt werden. Das setzt wiederum ausreichende Vorräte von Diesel vor Ort voraus, welche bei einem längeren Stromausfall von außen nachgeliefert werden müssen. Je häufiger solche gefährdenden Szenarien vorkommen, desto wahrscheinlicher ist ein kerntechnischer Unfall. Sollte es zu einem kerntechnischen Unfall an einem Standort inmitten eines militärischen Konfliktes kommen, können darüber hinaus Notfallmaßnahmen von außen und Katastrophenschutz stark eingeschränkt sein, da die Sicherheit von Helfern nicht gewährleistet werden kann.

Lehren aus der Geschichte

Es ist intuitiv nachvollziehbar, dass sich das Risiko eines kerntechnischen Unfalls erhöht, wenn sich ein Kernkraftwerk oder eine andere nukleare Anlage in einer Kampfzone befindet. Weniger bekannt sind aber die komplexen Rückwirkungen, die Konflikte auf den sicheren Betrieb nuklearer Anlagen haben können. Eine beunruhigende Vielfalt von Szenarien ist vorstellbar und fand real statt. Die folgende Auswahl historischer und aktueller Beispiele von Konfliktszenarien und Akteurskonstellationen zeigt verschiedene Aspekte der Verwundbarkeit des Systems nuklearer Sicherheit. Sie demonstrieren die überraschende Unberechenbarkeit von Konflikten und ihrer Akteure.

Golfkriege: Angriffe auf das irakische Kernkraftwerk Osirak

Der Irak hat 1976 mit dem Bau des Kernkraftwerkes Osirak begonnen, das aus einem Reaktor und einem Forschungsreaktor besteht. Schon bald wurde dem Irak unterstellt, das in den Brennelementen des zivilen Kernreaktors enthaltene Plutonium diene einem militärischen Programm zu Herstellung von Atomwaffen. Im Zuge des ersten Golfkrieges griffen iranische Kampfflugzeuge den noch nicht mit Brennelementen beladenen Reaktor an, ohne ihn ernsthaft zu beschädigen. Ein Jahr später wurde der Reaktor durch einen gezielten israelischen Luftangriff zerstört. Die von den USA ausgeführten Luftangriffe während des zweiten Golfkrieges zerstörten das ganze Gelände. Diese Angriffe sollten ein vermutetes nukleares Waffenprogramm des Irak verhindern. Zum Zeitpunkt der Angriffe befand sich kein Kernbrennstoff in der Anlage. Die Golfkriege in der Region Irak-Iran sind ein Beispiel andauernder schwerer Auseinandersetzungen von einzelnen Gewaltkonflikten bis zum Krieg. Die Region war und ist im Brennpunkt strategischer Interessen von Nationen wie den USA, der Türkei, Israel oder Russland.

Jugoslawischer Bürgerkrieg: Bedrohung des Kernkraftwerks Krško

Das Kernkraftwerk Krško ist heute in Slowenien und gehört jeweils zur Hälfte Slowenien und Kroatien. Während des 10-tägigen Slowenien-Krieges im Juni 1991 wurde das Kernkraftwerk von drei jugoslawischen Kampfbombern überflogen. Mit dem Überflug wurde die Möglichkeit der Zerstörung des Reaktors angedroht und damit die Freisetzung des radioaktiven Inventars zur Abschreckung genutzt. Der Reaktor wurde vorübergehend heruntergefahren. Drei Monate später näherte sich die Front des Krieges innerhalb von Kroatien der slowenischen Grenze und in der Umgebung von Zagreb wurde gekämpft, nur etwa 40 km vom Kernkraftwerk entfernt.

Teilung der Tschechoslowakei: Neuordnung des Systems nuklearer Sicherheit

Im Zuge der Auflösung des Ostblocks kam es unter anderem zu politischen Spannungen in der Tschechoslowakei, welche in diesem Fall in eine friedliche Trennung beider Staaten mündete. Durch die Aufsplitterung der nuklearen industriellen Versorgungsnetzwerke der ehemaligen Sowjetunion und der Länder des Warschauer Pakts wurden jedoch einige sicherheitsbezogene Aspekte beim Betrieb und der Planung nuklearer Anlagen erschwert. Der Vertrag zur Abgabe abgebrannter Elemente der Mitgliedstaaten an die Sowjetunion wurde aufgelöst und eine neue Konzeption der Zwischen- und Endlagerung hochradioaktiver Abfälle war erforderlich. Der Betrieb und die Sicherheit der vier bis dahin tschechoslowakischen Kernkraftwerke Temelín, Dukovany, Mochovce und Bohunice musste entsprechend der territorialen Zugehörigkeit in den jeweiligen institutionellen und behördlichen Rahmen der neu gegründeten tschechischen und slowakischen Republik implementiert werden. Die bis dahin gemeinsam betriebenen bzw. geplanten Anlagen zur Zwischen- und Endlagerung radioaktiver Abfälle lagen plötzlich für den neuen slowakischen Staat im Ausland. Die in slowakischen Kernkraftwerken zwischengelagerten, aber aus tschechischen Anlagen stammenden Brennelemente mussten vom tschechischen Staat übernommen und Lagerkapazitäten geschaffen werden. Die gegenwärtig erfolgte sichere Stilllegung und der Rückbau einiger Kernkraftwerksblöcke in der Slowakei ist nur dank der massiven finanziellen Aushilfe seitens der Europäischen Union möglich (Schmidt et al. 2013).

Aktuelle Konflikte: Nukleare Sicherheit in Armenien und der Ukraine
Der Zerfall der Sowjetunion in den 1990er Jahren führte zum Zerfall des zentral organisierten Betriebs der in verschiedenen Sowjet-Ländern aufgebauten nuklearen Infrastruktur. Zusätzlich wurden viele Folgestaaten durch wirtschaftliche Krisen geschwächt und zu Brennpunkten verschiedener politischer, teilweise auch bewaffneter Konflikte.

Bergkarabach: Nukleare Abhängigkeiten im Krieg
Das armenische Kernkraftwerk Mezamor sollte nach den Beschädigungen durch ein Erdbeben im Jahr 1988 stillgelegt werden. Im gleichen Jahr brach allerdings im Zuge des Zerfalls der Sowjetunion der Konflikt um die Region Berg-Karabach zwischen Armenien und Aserbaidschan aus, der 1992 bis 1994 militärisch ausgetragen wurde. Auf Seiten Armeniens war Russland und auf Seiten Aserbaidschans die Türkei in den Konflikt involviert. Durch die wirtschaftliche und transporteinschränkende Blockade des Nachbarlandes Aserbaidschan und dessen Unterstützer Türkei kam es zu Energieknappheit in Armenien und ein Reaktorblock wurde 1996 wieder in Betrieb genommen. Zuvor wurden verschiedene Maßnahmen zur Verbesserung der Sicherheit durchgeführt und einige der gravierendsten Mängel mit ausländischer Hilfe, insbesondere aus

Russland, behoben. Im Fall eines Landes wie Armenien mit weit verbreiteter Korruption und geringer staatlicher Kontrolle wurde der Betrieb des Reaktors auch immer wieder zum außenpolitischen Werkzeug und eröffnete Möglichkeiten, Kontrolle über staatliche Instanzen auszuüben. Ohne den Konflikt wäre der Betrieb des Reaktors Mezamor schon aufgrund der erdbebengefährdeten Lage in der Region längst eingestellt.

Ost-Ukraine: Risiko für die kerntechnische Sicherheit

Im Jahr 2014 eskalierten die politischen Auseinandersetzungen in der Ukraine. Das Zentrum der bewaffneten Konflikte ist die Region Donbas in der Ostukraine, aber das ganze Land befindet sich in einer politischen und wirtschaftlichen Krise. In die transnationalen bewaffneten Auseinandersetzungen sind neben der ukrainischen Armee und separatistischen Milizen auch Söldner-Truppen und nationalistische Freiwilligen-Bataillone involviert (HIIK 2016). Im Hintergrund stehen Interessen verschiedener internationaler Akteure. Die Ukraine besitzt eine umfangreiche nukleare Infrastruktur mit einem erheblichen Anteil des nuklearen Erbes der ehemaligen Sowjetunion. Die Ukraine betreibt 4 Kernkraftwerke mit insgesamt 15 Reaktoren und kümmert sich um die Atomruine des verunglückten Blocks 4 am Kernkraftwerk in Tschernobyl. Das größte europäische Kernkraftwerk, die Mehrblockanlage Saporischschja mit sechs laufenden Reaktoren liegt nur ca. 150 km Luftlinie westlich der Kampfhandlungen in Donezk bzw. von der durch Russland annektierten Krim entfernt.

Die ukrainische Energieversorgung ist aufgrund ihrer zentralen strategischen Bedeutung bereits mehrmals Ziel von gewalttätigen Angriffen gewesen. Es kam zu gezielten Angriffen auf das elektrische Versorgungsnetz. Stromleitungen, Transformatoren und Verteilerstationen wurden mehrfach durch Beschuss beschädigt oder zerstört und mehrere Arbeiter kamen während Reparaturarbeiten ums Leben (Kovynev 2015).

Im November 2015 wurden mehrere Strommasten auf der Halbinsel Krim gesprengt. Der Betrieb des Kernreaktors Saporischschja wurde durch diesen Sabotageakt so stark beeinträchtigt, dass die staatliche Betreiberfirma Ukrenergo die Situation als hochgefährlich einstufte. In den Vorfall waren bewaffnete Gruppen von Krimtataren und Anhängern des „Rechten Sektors" involviert – einer radikal-nationalistischen ukrainischen Organisation, die einen paramilitärischen Zweig hat und als politische Partei auftritt. Es gab weiterhin den Versuch der Besetzung der Anlage durch 20 bewaffnete Aktivisten der Gruppierung „Rechter Sektor".

Die Überwachung und sichere Handhabung des umfangreichen radioaktiven Inventars in der Ukraine ist eine komplexe und langfristige Aufgabe und bedarf einer starken Aufsicht. Weder die Regierung noch die zuständigen Behörden haben die erforderliche vollständige Kontrolle über das radioaktive Material. Ein Beispiel ist etwa die Einführung eines Gesetzes unter den Auflagen des Internationalen Währungsfonds. Eine unbeabsichtigte Wirkung des Gesetzes, das ein Moratorium auf Umwelt- und andere Inspektionen beinhaltete, war, dass auch kerntechnische Inspektionen durch die Regulierungsbehörde nicht mehr veranlasst werden konnten, sondern mit dem Betreiber abgesprochen bzw. von diesem angefordert werden mussten. Durch eine solche Schwächung der erweiterten kerntechnischen Infrastruktur werden Sicherheitsreserven aufgezehrt.

Die finanzielle Situation des Betreibers der Kernkraftwerke in der Ukraine verschlechtert sich seit Jahren und es werden nicht ausreichend Investitionen für Sicherheitsmaßnahmen getätigt. Die bisher umgesetzten sicherheitstechnischen Maßnahmen im kerntechnischen Bereich werden nur durch massive finanzielle Unterstützung aus dem Ausland ermöglicht. Die bisher investierten Mittel und geleisteten Hilfszahlungen zeigen aber viel weniger Wirkung als erwartet (Ustohalova & Englert 2017), wie auch der europäische Rechnungshof berichtet (ECA 2016). Auch beim Neubau der Sicherheitsbauwerke in Tschernobyl kam es zu erheblichen Verzögerungen und Komplikationen.

Auch in Zukunft wird die Ukraine nicht in der Lage sein, ihre kerntechnische Infrastruktur ohne Hilfe nach modernsten Maßstäben sicher zu betreiben oder in einen sicherheitstechnisch verbesserten Zustand zu überführen. Internationale Unterstützung wird daher weiterhin dringend notwendig sein. Ein sinnvoller und notwendiger Schritt ist eine enge technische Zusammenarbeit zwischen europäischen, ukrainischen und russischen Experten.

Risikomanagement statt Tabuisierung

Kerntechnische Anlagen sind verwundbar und haben bei einer Freisetzung radioaktiven Materials ein extrem hohes Schadenspotenzial. Schon unter politisch stabilen Randbedingungen kommt es zu Fehlern beim Betrieb der Anlagen bis hin zu schwerwiegenden nuklearen Unfällen. Politisch-militärische Konflikte führen durch die gesellschaftlichen und wirtschaftlichen Folgen und erst recht unter Bedingungen eines bewaffneten Konfliktes zu einer massiven Erosion des Systems nuklearer Sicherheit. Kerntechnische Anlagen in einer Krisenregion sind dann einem stark erhöhtem Risiko einer nuklearen Katastrophe ausgesetzt, sei es durch gezielte militärische Handlungen, zufällige Ereignisse oder unbeabsichtigte Folgewirkungen. Nukleare Anlagen werden über viele Jahrzehnte betrieben und der Schutz des hochradioaktiven Abfalls muss über Jahrhunderte sichergestellt werden. Die Beispiele der Ukraine und Jugoslawiens – eigentlich die Geschichte des 20. und 21. Jahrhunderts – zeigen, dass die Annahme stabiler staatlicher Rahmenbedingungen als Voraussetzung kerntechnischer Sicherheit schnell wegfallen kann. In den letzten Jahren ist die Anzahl gewalttätiger Konflikte wieder angestiegen und Waffen bis hin zu moderne Waffensystemen sind verfügbarer. Heutige Konflikte sind häufig unübersichtlich, langwierig und involvieren unterschiedlichste vernetzte Akteure.

In einem Umfeld zunehmend polarisierter internationaler Beziehungen ist ein Umdenken notwendig, wie in Zukunft mit den nuklearen Risiken und dem nuklearen Erbe umgegangen werden muss. Die Frage ist, ob die derzeitige internationale Norm und entsprechende Regulierungsmaßnahmen ausreichen, eine beabsichtigte Freisetzung radiologischer Inventare zu verhindern. Bisher scheinen alle Staaten davon auszugehen, dass solche Aktionen ähnlich wie der Einsatz von Nuklearwaffen „schon nicht" stattfinden werden und dass radiologisches Inventar nicht als Waffe gebraucht oder damit gedroht wird. Aktuell sind gerade die Kernkraftwerke auf der koreanischen Halbinsel und im Nahen Osten besonders in Gefahr, sollten die dortigen Konflikte eskalieren. Statt auf ein unsichtbares Tabu zu vertrauen, müssen die Risiken klar benannt und internationale Vereinbarungen zur Ächtung eines Angriffs auf nukleartechnische Anlagen und zur Verhinderung konfliktbedingter nuklearer Unfälle getroffen werden.

Literatur

Bundeszentrale für politische Bildung (BPB): Atomkräfte weltweit 2015. In: Bundeszentrale für politische Bildung (BPB) & Bonn International Center for Conversion (BICC) (Hg.): Informationsportal Krieg und Frieden, 2015: http://sicherheitspolitik.bpb.de/ruestungskontrolle/infografiken-m7/m07-g01.

European Court of Auditors (ECA): EU assistance to Ukraine. Special Report, Luxembourg 2016: http://www.eca.europa.eu/Lists/ECADocuments/SR16_32/SR_UKRAINE_EN.pdf

Heidelberger Institut für internationale Konfliktforschung (HIIK): Conflict Barometer 2015. Disputes, non-violent crises, violent crises, limited wars, wars, 2015: https://www.hiik.de/de/konfliktbarometer/pdf/ConflictBarometer_2015.pdf.

Heidelberger Institut für internationale Konfliktforschung (HIIK): Konfliktskala, 2016: https://hiik.de/download/conflict-barometer-2016/.

International Atomic Energy Agency (IAEA): Power Reactor Information System PRIS, World Statistics, 2017: https://www.iaea.org/PRIS/WorldStatistics/UnderConstructionReactorsByCountry.aspx.

Kovynev, A.: Nuclear plants in war zones. In: Nuclear Engineering International 2015, S. 30–32.

Neles, J. M. & C. Pistner (Hg.): Kernenergie – eine Technik für die Zukunft? Berlin & Heidelberg 2012.

Perrow, C.: Normal Accidents: Living with High-risk Technologies. Princeton 1999.

Schmidt, G., V. Ustohalova & A. Minhans: Nuclear Decommissioning: Management of Costs and Risks, Policy Department D: Budgetary Affairs of European Parliament. Brüssel 2013.

Ustohalova, V. & M. Englert: Nukleare Sicherheit in Krisengebieten. Darmstadt 2017.

Zeit Online: Zahl der Kriege 2011 auf höchstem Stand seit 1945, 2012: http://www.zeit.de/politik/ausland/2012-02/kriege-anzahl-hiik?print.

Verantwortung für eine zukunftsfähige Gesellschaft
Das Memorandum der Gesellschaft für Nachhaltigkeit

Michael Müller, Peter Hennicke, Kai Niebert, Helmut Rogall, Jörg Sommer

> In einem aktuellen Memorandum der Gesellschaft für Nachhaltigkeit werden soziale, ökologische und ökonomische Prinzipien einer Transformation begründet. Die Autoren sind überzeugt, dass die Fixierung und Abhängigkeit der Politik vom wirtschaftlichen Wachstum überwunden werden muss, und entwickeln ein mittelfristiges Forderungs- und Maßnahmenpaket, das von der Dekarbonisierung der Wirtschaft bis zur Einführung einer Bürgerversicherung reicht.

Anfang der 1970er Jahre gründete eine Gruppe engagierter Umwelt- und Naturschützer um Konrad Lorenz, Horst Stern und Hubert Weinzierl die „Gruppe Ökologie". Es waren damals die Gründungsjahre der modernen Umweltpolitik, zu denen diese Vereinigung wichtige Impulse gab. 1972 legte die Bundesregierung die Grundprinzipien der Umweltpolitik fest: Verursacherprinzip, Vorsorgeprinzip und Kooperationsprinzip. Es begann eine Erfolgsgeschichte, die in den letzten Jahrzehnten zur Etablierung und zu einer breiten Anerkennung des Umweltschutzes führte. Dennoch hat es die Umweltpolitik bis heute nicht geschafft, zur zentralen Gestaltungspolitik in Wirtschaft und Gesellschaft zu werden.

Doch genau darum geht es in einer taumelnden Zeit, die neue Stabilität und neue Sicherheit braucht. Die Menschheit steuerte durch das permanente Überschreiten „planetarer Grenzen" (Rockström et al. 2009) (beim Klimawandel oder der Zerstörung der Biodiversität) auf einen *Tipping-Point* (Kipppunkt) zu, an dem die Entwicklung beschleunigen oder völlig umschlagen wird. Die volle Tragweite unveränderter Trends wird die Menschheit erst in einigen Jahrzehnten mit voller Wucht treffen, dann aber wird es zum Handeln zu spät sein. Synergistischen Gefahren, die sich aus der nachholenden Industrialisierung, dem anhaltenden Bevölkerungswachstum, den Klimaänderungen, der Verknappung von Ressourcen, dem denkbaren Zusammenbruch großflächiger Landwirtschaftssysteme und den geballten Umweltproblemen unregierbarer Metropolen ergeben, können negative Folgen auslösen, die jenseits unserer Vorstellungskraft liegen.

Seit einem Jahrzehnt kommt die Welt nicht aus dem Krisenmodus heraus: In seiner heutigen Form gerät der Sozialstaat an Grenzen, der Wirkungsraum der Demokratie wird geschwächt, der soziale Zusammenhalt ist gefährdet und die traditionelle Idee des Fortschritts ist fragwürdig geworden. Das Kräfteverhältnis zwischen Kapital und Arbeit verschiebt sich seit den 1980er Jahren zu Lasten sozialer und demokratischer Ziele. Aber noch immer wird die wohl größte Krise unserer Zeit, der Umgang mit den „Grenzen des Wachstums", verdrängt. Das muss vor dem Hintergrund der Globalisierung der Märkte und der Digitalisierung der Welt gesehen werden, die soziale Ungleichheiten verschärfen und die ökologische Tragfähigkeit der Erde überschreiten.

Die Menschen missachten planetare Belastungsgrenzen, die für ihr Leben essenziell sind. Die Erdsystemforschung zeigt auf, dass damit nicht nur die heutigen Ökosysteme der Erde gefährdet sind, sondern vor allem die Zukunft der Menschheit selbst. Daher wird für eine gute Zukunft eine Weichenstellung notwendig, die weit über Teilkorrekturen hinausgeht. Ausflüchte und Selbstgefälligkeit können wir uns nicht länger leisten, weder auf nationaler noch auf europäischer oder globaler Ebene. Eine deutsche Oase des Friedens und der Stabilität wird es in einer Welt der *Tipping-Points* nicht geben.

Die Internationale Stratigraphische Kommission (ICS) der Geowissenschaftlichen Vereinigung der Welt, die gleichsam das Kardinalskollegium der Erdgeschichte ist, hat ihr Urteil bereits gefällt. Paul Crutzens Vorschlag, die heutige Erdepoche „Anthropozän" zu nennen (Crutzen 2002), wurde intensiv geprüft und anerkannt. Der Mainzer Nobelpreisträger für Chemie hatte den Vorschlag im Jahr 2000 gemacht. Er beschreibt den Menschen sowohl als Verursacher der globalen Umweltzerstörung als auch in seiner Verantwortung für die Bewahrung der Ökosysteme.

Im Anthropozän ist die menschliche Zivilisation zum ersten Mal als Ganze gefährdet. Die Umweltschäden haben eine globale Dimension angenommen. Die Folgen der Naturzerstörung erreichen trotz des Aufstiegs der Umweltpolitik eine globale Dimension. Erderwärmung, Wetterextreme, Peak-Oil, Ernährungskrisen oder Umweltflucht bedrohen in aller Schärfe die Lebenssituation der Menschen. Und ein Ende ist nicht absehbar. An diesem Scheidepunkt sind grundlegende Reformen notwendig. Doch in der öffentlichen Debatte, auch im letzten Bundestagswahlkampf, hat die Umweltpolitik nur eine untergeordnete Rolle gespielt. Das war und ist fahrlässig, denn um es mit Erich Kästner zu sagen: „An allem Unfug, der passiert, sind nicht etwa nur die Schuld, die ihn tun, sondern auch die, die ihn nicht verhindern."

Die großen Herausforderungen des Anthropozäns, der neuen geologischen Erdepoche, waren kein Thema. Dabei werden heute ökologische Grenzen des Wachstums erreicht, weil die technisch-ökonomische Entwicklung nicht innerhalb der Tragfähigkeitsgrenzen unseres Planeten bleibt. Mit der weiteren Verschärfung des Klimawandels kollabieren Gesellschaften. Die Zeit billiger nuklearer und fossiler Energie und Rohstoffe, die das Schmiermittel für die bisherigen Formen von Wachstum und Beschäftigung waren, geht zu Ende. Verteilungskonflikte und Ressourcenkriege drohen.

Zwar betonten im Wahlkampf die Spitzenvertreter aller Parteien, dass unsere Gesellschaft vor großen Herausforderungen stünde, aber konkret wurden sie nicht. Sie redeten unbestimmt von einem tiefgreifenden Wandel, aber es blieb unklar, was sie damit meinten und um was es ihnen dabei ging. Das verstärkt unsere Befürchtung: Die Politik steckt sie in einer tiefen Interpretations- und Orientierungskrise, sie „verflüssigt sich", wie Zygmunt Baumann schreibt: „Das Hauptsymptom der Unordnung ist das heftige Unbehagen, das wir empfinden, wenn wir außerstande sind, die Situation richtig zu deuten und zwischen Alternativen zu wählen" (Baumann 2005).

Tatsächlich prallen heute zwei Epochen zusammen, die Menschheit steht mit mehr als einem Bein in einer neuen Ära. Die Alternative heißt: Entweder wird unser Jahrhundert zu einem Jahrhundert globaler Gewalt und erbitterter Verteilungskämpfe oder es kommt zu einer sozial-ökologischen Transformation, deren Weg und Ziel eine nachhaltige Entwicklung ist (Hauff 1987). Um einen Kollaps zu verhindern, muss die Politik die Gestaltungsfrage stellen.

Unsere Überzeugung ist: Es muss zu einer weitergehenden Einmischung der Umwelt- und Sozialbewegung kommen, nicht nur in den Fragen der Naturzerstörung. Das Anthropozän verlangt eine neue Qualität politischer Gestaltung, menschlicher Verantwortung und gesellschaftlicher Solidarität. Umweltpolitik muss Gesellschaftspolitik werden, sie kann nur Erfolg haben, wenn soziale, ökonomische und politische Krisen gemeinsam gelöst werden. Alles andere wäre ein moralisches Versagen, für das es trotz der dunklen Seiten des letzten Jahrhunderts wahrscheinlich kein historisches Beispiel gäbe. Die Krisen der heutigen Gesellschaft liegen nämlich darin, dass es keine mutigen Konzepte gibt, die den Herausforderungen von Klimawandel, Armut, Ungleichheit, Energie und Biodiversität mit einer ganzheitlichen Vision des menschlichen Fortschritts begegnen.

Uns eint deshalb die kompromisslose Bereitschaft, weit über den Horizont des wirtschaftsliberalen Kapitalismus hinauszublicken. Unsere Gesellschaft und die Europäische Union brauchen die Rückkehr zu einer explizit „utopischen Denkweise" (Mike Davies), um alternative Formen und Konzepte zu entwickeln und zu erproben, die uns von der wirtschaftspolitischen Ideologie des Marktradikalismus befreien, die keine Zukunft haben kann. Um nicht zum Komplizen einer Wirklichkeit zu werden, der letztendlich die Menschheit zum Opfer fallen würde, hat die „Gesellschaft für Nachhaltigkeit (GfN)", die an der Berliner Hochschule für Wirtschaft und Politik angesiedelt ist, eine Initiative für ein Memorandum für eine nachhaltige Politik in Wirtschaft und Gesellschaft gestartet. Es wurde in einem intensiven Diskussionsprozess mit vielen KollegInnen im Umfeld der Gesellschaft für Nachhaltigkeit und des Netzwerkes Nachhaltige Ökonomie unter dem Titel „Unsere Verantwortung für eine zukunftsfähige Gesellschaft" erarbeitet und von 52 Erstunterzeichnern aus Umweltverbänden und Wissenschaft unterstützt. Es zeigt aus ökologischer Perspektive eine Alternative zum heutigen Stillstand auf.

Das Memorandum beschreibt das Notwendige und wie es machbar wird, nicht das scheinbar nur Machbare, das weit hinter dem Notwendigen zurückbleibt. Wir verstehen uns als *„neue" Gruppe Ökologie*, die heute aber nicht mehr um die grundsätzliche Anerkennung des Umwelt- und Naturschutzes kämpfen muss, sondern sich die Frage stellt: Wie müssen eine Wirtschaft und eine Gesellschaft ausgestaltet werden, die sozial gerecht und ökologisch verträglich sind? Eine nachhaltige Ökonomie, in der alle Produkte und Produktionsprozesse nach den Managementregeln des nachhaltigen Wirtschaftens gestaltet werden müssen. Darum geht es in dem Memorandum, das im Internet unter der Adresse *www.gfn-online.de/memorandum-2017* abrufbar ist.

Zentrales Ziel des Manifestes ist es, für eine sozial-ökologische Transformation „oppositionelle" Denkschulen, die sich mit unterschiedlichen methodischen und thematischen Schwerpunkten als plurale, keynesianische, marxistische oder nachhaltige Ökonomie herausgebildet haben, zu einer Gegenbewegung zusammenzuführen. Es soll dazu beitragen, eine kulturelle Hegemonie über den seit den 1980er Jahren vorherrschenden Marktradikalismus zu gewinnen. Das ist überfällig, denn der Marktradikalismus hat in wichtigen Bereichen die Probleme erzeugt oder verschärft, die zur Finanz-, Armuts- und Umweltkrise geführt haben. Er ist völlig untauglich für das Zeitalter des Anthropozäns und macht sogar die Selbstvernichtung der Menschheit denkbar.

Allerdings kann es auch kein Zurück zu den bisherigen Konzepten von Wachstum und Fortschritt geben, die instrumentell auf die quantitative Entfaltung der Produktivkräfte verengt wurden und sich von eigenen Zielen entfernt haben. Das geht nicht mehr in einer Welt von fast acht Milliarden Menschen, zumal die Ideengeber der europäischen Moderne sich vor zwei Jahrhunderten nicht vorstellen konnten, mit welchen ökologischen Problemen es die heutige Menschheit zu tun hat.

Für uns heißt das: Eine risikofreiere, bessere Zukunft liegt in unserer Hand. Deshalb halten wir an der Grundidee der europäischen Moderne, der Emanzipation des Menschen, fest. Wir sind davon überzeugt, dass eine nachhaltige Entwicklung möglich wird. Ein Leben auf Kosten der Um-, Mit- und Nachwelt ist nicht nur unmoralisch, es ist auch ökonomisch irrational. Eine lebenswerte, nachhaltige Zukunft erfordert mehr Emanzipation des Menschen, sie braucht eine aufgeklärte, freie und solidarische Gesellschaft. Die Demokratisierung und Dekarbonisierung der Wirtschaft sind eine Frage der menschlichen Verantwortung, soll es nicht zu Gewalt, Krisen und Naturkatastrophen kommen.

Zehn Forderungen

Unter Transformation versteht das Memorandum einen gesellschaftlichen Prozess, der die heutige, nicht zukunftsfähige Wirtschaft zu einer nachhaltigen Ökonomie umbaut. Mit der heutigen Art des Wirtschaftens sind die Herausforderungen des Anthropozäns nicht zu bewältigen. Der Umbau ist dringend, er muss etappenweise in relativ kurzer Zeit gelingen. Eine entscheidende Voraussetzung ist dafür der gestaltende Staat, eine starke Zivilgesellschaft, eine polyzentrische Governance, mehr Demokratie und Beteiligung auf allen Ebenen. Dafür sind rechtliche und politische Leitplanken notwendig, ohne die es keine gerechte und gute Zukunft geben kann. Und nur wenn die Politik eine sozial-ökologische Perspektive aufzeigt, wird unsere Gesellschaft nicht den vergifteten Stimmungen nationalistischer oder extremistischer Bewegungen überlassen.

Das Memorandum geht von zehn Kernforderungen aus, die in der nächsten Legislaturperiode möglichst umgesetzt, zumindest in Gang gesetzt werden sollen. Sie stellen auch die Verbindung zu den 17 globalen Zielen für eine nachhaltige Entwicklung in der Agenda 2030 der Vereinten Nationen her (UN-Generalversammlung 2015):

1. Die Dekarbonisierung der Wirtschaft zum Schutz des Klimas, der Natur und der Menschheit. Bis 2050 muss eine 100-Prozent-Versorgung mit Erneuerbaren Energien eine nachhaltige Energieversorgung gewährleisten. Hierzu fordern wir als Zwischenziele

einen sozialverträglichen Ausstieg aus der Kohleverstromung bis 2030 und eine Umstellung der fossilen Mobilität bis 2035, die durch eine Effizienzrevolution, die Abschaffung aller nicht-nachhaltigen Subventionen, Bonus-Malus-Anreizsysteme, ökologische Steuerreform sowie ordnungsrechtliche Instrumente gefördert werden.
2. Erneuerbare und nicht-erneuerbare natürliche Ressourcen dauerhaft schützen. Im Rahmen des Umbaus zum nachhaltigen Wirtschaften muss sichergestellt werden, dass nicht mehr erneuerbare Ressourcen verbraucht werden als entstehen. Der Verbrauch nicht-erneuerbarer Ressourcen muss stetig gesenkt und absolut von der wirtschaftlichen Entwicklung entkoppelt werden. Hierzu bedarf es politisch-rechtlicher Instrumente wie Ressourcensteuern oder Bonus-Malus-Anreizsysteme, die den Verbrauch senken und die Kreislaufwirtschaft sowie eine nachhaltige Ökonomie fördern.
3. Eine ökologische Landwirtschaft und die Vitalisierung des ländlichen Raums. Weder in der EU noch in unserem Land wird die Landwirtschaft ökologischen Kriterien gerecht. Wir fordern einen Ausstieg aus den Agrarfabriken, eine massive Verringerung des Stickstoffeintrags, die Stärkung der ökologisch-nachhaltigen Landwirtschaft, eine Neuausrichtung der europäischen Agrarpolitik und eine Orientierung am Erhalt der Kulturlandschaft, der Biodiversität und des Tierwohls.
4. Ein umfassendes sozial-ökologisches Investitions- und Innovationsprogramm der öffentlichen Hand. Mithilfe eines Sonderprogramms des Bundes sollen vor allem die Kommunen in die Lage versetzt werden, ihre Mittel in den Ausbau der Kinderbetreuung, der Schulen und Hochschulen, der Familien sowie anderer Dienste im Jugend-Bildungs-, Gesundheits- und Pflegedienst um mindestens 20 % zu erhöhen. Zudem brauchen wir ein Förderprogramm für eine ökologische Infrastruktur, in der es nicht um die Sanierung der bestehenden, sondern zur grundlegenden Modernisierung der öffentlichen Dienstleistungen kommt. Auch deshalb darf es nicht zu einer Erhöhung der Verteidigungsausgaben kommen.
5. Stärkung und Sanierung der Staatsfinanzen – auch zur Herstellung von mehr Verteilungsgerechtigkeit. Stärkung der staatlichen Handlungsfähigkeit durch eine Reform des Steuersystems, das eine gerechtere Einkommens-, Vermögens- und Erbschaftssteu-

er sowie eine ökologische Finanzreform beinhaltet. Dazu müssen die Höchstsätze für die Einkommensteuer angehoben werden, die Freigrenzen für die Erbschaftssteuer gesenkt und Öko-Steuern auf fossile Energien und Produkte eingeführt werden, deren konkrete Höhe sich am Carbon-Footprint orientiert. Zudem müssen ökologisch und sozial schädliche Subventionen überprüft und abgebaut werden.

6. Regulierung der Banken und des Finanzsektors – er muss dienen statt beherrschen. Einführung einer globalen Finanztransaktionssteuer, bei der die EU eine Vorreiterrolle übernehmen sollte, Einführung von Nachhaltigkeitskriterien für Kapitalanlagen und die Austrocknung von Steueroasen sowie die deutliche Erschwerung der Kapitalflucht.

7. Steuerung des Arbeitsmarktes nach den Bedürfnissen der Beschäftigten. Hierzu sollten schrittweise der Mindestlohn erhöht, die Leiharbeit massiv eingeschränkt, neue Formen der Wirtschaftsdemokratie eingeführt und prekäre Beschäftigungsverhältnisse beschränkt werden.

8. Grundlegende Reform des Aktienrechts sowie der Geld-, Finanz- und Währungspolitik. Um den Wachstumszwang und das Gewinnmaximierungsprinzip zu mindern, wird eine (Wieder-)Aufteilung der Aktien in Namens- und Inhaberaktien oder die Umwandlung der Aktiengesellschaften in Stiftungen gefordert. Weiterhin sollte in einem neuen Aktiengesetz eine Bindung der Vorstände an zentrale wirtschaftspolitische Ziele wie Beschäftigung und Transformation zum nachhaltigen Wirtschaften aufgenommen werden.

9. Chancengleichheit in Leben und Arbeit sowie Sicherung menschenwürdiger Standards für Alle. Im Rahmen eines umfassenden Investitionsprogramms soll auch auf die Erhöhung der Standards in Bildung und Ausbildung, in der Chancengleichheit der Geschlechter sowie der Chancengleichheit für Menschen mit Behinderung und Menschen mit Migrationshintergrund geachtet werden. Zur Sicherung menschenwürdiger Standards bei Krankheit, Alter, Pflege und Arbeitslosigkeit wird die Einführung einer Bürgerversicherung gefordert.

10. Stärkung der Kommunen. Wir fordern eine Stärkung der Kommunen als gestaltende Kraft. Sie können zu Stätten der Hoffnung werden, weil sie ein wichtiger Ausgangspunkt sind, mehr Demo-

kratie zu verwirklichen und Alternativen für ein gutes Leben und eine Generationengerechtigkeit zu entwickeln.

Das Memorandum wird getragen von der Überzeugung, dass von Deutschland und Europa eine Politik der Hoffnung für einen neuen sozial-ökologischen Fortschritt ausgehen kann. Auch deshalb wollen die Unterzeichner, dass der europäische Einigungsprozess weitergeht und die deutsche Politik ihn mit Initiativen für eine nachhaltige Entwicklung vorantreibt. Wir haben den Optimismus, dass eine sozial-ökologische Transformation möglich wird.

Unser Weg: Eine sozial-ökologische Transformation

Die Langfassung des Memorandums beschreibt ausführlich die absehbaren ökologischen, ökonomischen und sozial-kulturellen Risiken des 21. Jahrhunderts. Die derzeitige relative Stabilität der deutschen Wirtschaft darf nicht darüber hinwegtäuschen, dass das traditionelle Modell des Industrialismus seinen Höhepunkt überschritten hat. Die deutsche Wirtschaft und die deutsche Politik haben viele der Krisenherde mitverursacht. Aber ohne eine sozial-ökologische Transformation ist es ein Wohlstand auf Abruf. Selbst die heute noch relativ abgesicherten Mittelschichten sind gefährdet.

Wir können den vorherrschenden Kurs verändern, wenn in allen Bereichen der Gesellschaft die Einsicht wächst, dass wir das Regime der Kurzfristigkeit beenden und zu einer nachhaltigen Entwicklung kommen. Unsere Gesellschaft kann zu einem Vorreiter für einen neuen Fortschritt werden, wenn es zu Konzepten der gemeinsamen Eindämmung der sozialen *und* ökologischen Gefahren kommt. Ein erster wichtiger Schritt wäre die Anhebung der öffentlichen Investitionsquote durch eine ökologische Modernisierung der Infrastruktur, was nicht nur die Lebensverhältnisse in Deutschland verbessert, sondern auch die Wettbewerbsfähigkeit auf den ökologischen Leitmärkten der Zukunft stärkt (Schumpeter 1961). Das Ziel ist es, nicht nur Innovationen zu fördern, sondern dafür auch einen sozial-ökologischen Selektionsmechanismus zu entwickeln, der die Felder der Zukunft schnell entwickelt.

Dazu gehören beispielsweise die Verkehrswende, der Umbau weg von der autogerechten Stadt, der ökologische Stadtumbau, der Ausstieg aus der industriellen Landwirtschaft und ein umfassendes Programm zur Ressourceneffizienz und damit zur Senkung des Materialkostenanteils. Auch eine kreditfinanzierte staatliche Anschubfinanzierung wäre sinnvoll, die durch dabei induzierte private Investitionen einen hohen Multiplikatoreffekt erzielen und dadurch eine hohe Selbstfinanzierung ermöglichen kann, zum Beispiel bei der beschleunigten energetischen

Sanierung im Gebäudebestand. Das ist ein weitaus besserer Weg als die unkonditionierte Selbstblockade durch die sogenannte Schuldenbremse. Im Gegenteil: Die ökologische Modernisierung ist die wirksamste Strukturpolitik, die auch Europa aus der Krise herausführen kann. Der Klimaschutz, die Stoffpolitik und die Energie- und Verkehrswende sind die besten Treiber in die Zukunftsfelder einer ökologischen Kreislaufwirtschaft. Die sozial-ökologische Transformation verbindet Nah- und Fernziele miteinander. Nahziel sind Umbaustrategien, die politisch anschlussfähig, kurzfristig umsetzbar und sozial verträglich sind. Sie richten sich auf das Fernziel einer von Ausbeutung des Menschen und der Natur freien Wirtschafts- und Gesellschaftsordnung. Die Leitidee der Nachhaltigkeit ist aber nur dann umsetzbar, wenn

- die planetaren Grenzen eingehalten werden;
- die Industrieländer mit einem nachhaltigen Wirtschaften beginnen;
- es zu einer intra- und intergenerativen Gerechtigkeit kommt;
- eine Revitalisierung der Städte und des ländlichen Raums vorangetrieben wird;
- mehr Demokratie und Beteiligung verwirklicht werden.

Das Ziel ist eine Welt, in der es „weder Mangel noch Überfluss" (Fromm 1976) gibt. Schritte zu dieser konkreten Utopie wird es aber nur geben, wenn es zu einer neuen kulturellen Hegemonie für eine sozial-ökologische Transformation kommt. Eine erfolgreiche Energiewende ist ein zentraler Treiber, ein gesellschaftliches Experimentierfeld und der Lackmustest für die Reformfähigkeit unserer Gesellschaft.

Die Autoren und Unterzeichner des Memorandums sind überzeugt, dass die Fixierung und Abhängigkeit der Politik vom wirtschaftlichen Wachstum überwunden werden muss, zumal der heutige Arbitragekapitalismus zu Lasten der Um-, Mit- und Nachwelt wirtschaftet.

Zuletzt beschreibt das Memorandum in den drei Dimensionen ein mittelfristiges Forderungs- und Maßnahmenpaket, das von der Dekarbonisierung der Wirtschaft bis zur Einführung einer Bürgerversicherung reicht. Insgesamt wirbt es für eine radikalen und langfristigen gesellschaftlichen Umbau. Aber damit muss heute begonnen werden.

Literatur

Baumann, Z.: Moderne und Ambivalenz. Neuausgabe. Hamburg 2005.
Crutzen, P. J.: Geology of mankind. In: Nature, Vol. 415, 2002, S. 23.
Hauff, V.: Unsere Gemeinsame Zukunft. Greven 1987.
Rockström, J. et al.: A safe operating space for humanity. In: Nature, Vol. 461, 2009, S. 472–475.
Schumpeter, J. A.: Konjunkturzyklen. Göttingen 1961.
UN-Generalversammlung: Transformation unserer Welt: die Agenda 2030 für eine nachhaltige Entwicklung. New York 2015.

Neue Aufklärung für die Volle Welt
Die Zukunftsagenda des Club of Rome

Ernst Ulrich von Weizsäcker

> In seinem ersten, weltweit beachteten Bericht *Die Grenzen des Wachstums* zur Lage der Menschheit warnte der Club of Rome bereist 1972 vor dem Kollaps des Weltsystems. Seitdem hat sich viel verändert. Heute verfügen wir über genügend neues Wissen für die erforderlichen Veränderungen zum Erhalt unserer Welt. Sehr wohl sind laufende Trends aufzuhalten und sind wir in der Lage, bestimmte Philosophien und Überzeugungen ad acta zu legen. Somit können wir uns auf eine aufregende Reise in die Zukunft machen. In seinem neu erschienenen Bericht formuliert der Club of Rome die Agenda für alle gesellschaftlich relevanten und möglichen Schritte der nächsten Jahre und fordert eine „neue Aufklärung für die Volle Welt".

Herman Daly, Begründer der „Ökologischen Ökonomie", hat die Unterscheidung zwischen der Leeren Welt und der Vollen Welt geprägt (Daly 2015). Das rasante, meistens exponentielle Wachstum nach dem Zweiten Weltkrieg hat diese eklatante Unterscheidung hervorgebracht. Kein Zweifel: Heute leben wir in der Vollen Welt.

In der Leeren Welt waren Jagd, Fischfang, Waldrodung und Bergbau normal, kleinteilig und gar nicht anstößig. In der heutigen Vollen Welt sieht das ganz anders aus. Fischfang in den Ozeanen ist heute meistens Raubbau. Will man auf Dauer Fischfang möglich machen, muss man den heutigen Fischfang begrenzen und nicht etwa ausdehnen. Jeder Kundige weiß das, aber unsere Mentalität hat sich kaum geändert. Alle großen Religionen und die meisten Wirtschaftsdoktrinen stammen aus der Leeren Welt.

Seit einigen Jahren benutzt man für die „Volle Welt" ein neues Wort: das Anthropozän. Wir hatten in den letzten 60 Millionen Jahren, dem Erdzeitalter des Tertiär, eine Abfolge von geologisch gut unterscheidbaren Zeiten: das Eozän, das Oligozän, das Miozän, das Pliozän, das Pleistozän und das Holozän. Und dann kam die Erkenntnis, ausgelöst durch den Nobelpreisträger Paul Crutzen, dass inzwischen die vom Menschen gemachten Veränderungen auf unserem Planeten Erde alles andere dominieren. Und für diesen neuen Zustand prägte er den Begriff Anthropozän.

Auch früher gab es große Naturforscher, Aristoteles, Avicenna (Ibn Sina), Linné, Darwin oder Einstein. Für sie war, sofern sie das Wort kannten, das Holozän die Realität und die Spezies Mensch darin eine zwar spektakuläre, aber völlig in die Natur eingebettete Erscheinung. Die Zeit ist vorbei. Eine Zahl kann diese Aussage dramatisch illustrieren. Man kann das Gesamtgewicht der auf dem Lande lebenden Wirbeltiere in drei Kategorien einteilen: uns Menschen, die von uns Menschen gehaltenen Haus- oder Nutztiere und die Wildtiere. Wenn man das Gesamtgewicht auf die drei Kategorien prozentual aufteilt, kommt heraus, dass wir Menschen etwa 30 % ausmachen, unsere Haus- und Nutztiere 67 %, und für die Wildtiere bleiben 3 % (WSPA 2008).

Da soll es uns nicht wundern, wenn wir für das Anthropozän eine neue Philosophie brauchen, die geeignet ist, das Überleben der Menschheit zu sichern und hierfür das Überleben der Natur zu garantieren, die uns das Leben überhaupt erst möglich macht. Sehr vieles, was in der Leeren Welt noch eine Selbstverständlichkeit war, ist heute stark gefährdet.

Eine neue Aufklärung

Auch die Aufklärung des 17. und 18. Jahrhunderts war ein Kind der Leeren Welt. Zwar sah schon Descartes die Menschen als die Meister und Besitzer der Natur, aber zu seiner Zeit und der späteren Zeit von Immanuel Kant, David Hume oder Jean-Jacques Rousseau war die Natur noch groß, „leer" und ungefährdet. Die Aufklärung hatte durchaus auch wichtige Komponenten der Naturforschung und der Inbesitznahme von Natur, aber, wie eingangs erwähnt, konnten Fischfang und Bergwerke schon aus quantitativen Gründen noch keineswegs als zerstörender Raubbau an der Natur angesehen werden. Und die Naturforschung der Aufklärung war auch der Überwindungen von Aberglauben (von Engeln im Himmel und Teufeln in der Hölle) gewidmet sowie der Nützlichkeit für Ärzte, Handwerker und Seefahrer. Die Aufklärung war damals ein Segen für die Menschheit.

Jedoch ist das alles heute eine fast schon romantische Vergangenheit. Das Anthropozän hat das Überleben vieler uns tragender natürlicher Gegebenheiten in schwerste Bedrängnis gebracht. Die alten Denkmuster müssen fundamental überdacht und mutmaßlich verändert werden! Kurz: Für die Volle Welt brauchen wir eine *neue Aufklärung*.

Diese recht revolutionäre Forderung steht im Zentrum des neuen Club-of-Rome-Berichts mit dem Titel *Wir sind dran* (von Weizsäcker & Wijkman 2017). Man startet mit dem ehrerbietigen Lob auf die Enzyklika *Laudato Sí* von Papst Franziskus. Auch er fordert ein neues Denken für

„unser gemeinsames Haus", für die Erde. Er geißelt – überzeugend – einen auf Geiz und Expansion aufbauenden Kapitalismus als Gefahr für das Gemeinsame Haus.

Wir setzen nach und untersuchen die Kernaussagen von drei Ikonen der Ökonomie: Adam Smith, David Ricardo und Charles Darwin. Alle drei, scheint uns, haben zu ihrer Zeit das Richtige gesagt, das Richtige für die Leere Welt und unter allerlei Bedingungen, die heute gar nicht mehr gegeben sind.

Adam Smith hatte die geniale Eingebung, dass der Eigennutz der Bäcker und Schneider und der Händler zum Wohle der Gemeinschaft gereicht. Die „unsichtbare Hand" sorgte dafür, dass Eigennutz dem Gemeinwohl dient. Aber Smith konnte noch fraglos davon ausgehen, dass die geographische Reichweite des so entstandenen Handels, des „Marktes", noch kleinräumig war, jedenfalls eher kleiner als die des Staates und des von ihm gesetzten Rechtes. Diese Bedingung ist heute überhaupt nicht mehr gegeben. Der Markt, vor allem der Finanzmarkt, ist heute global, während das Recht in der Hauptsache national ist. Und so hat der Kapitalmarkt angefangen, die Staaten zu beeinflussen, um nicht zu sagen zu erpressen, ihre Regeln zu ändern, dass sich das Kapitel dort wohlfühlt, weil es richtig schöne Kapitalrenditen erreicht. Lieblingsthema: Steuern senken für die auf hohem Rosse daherkommenden Investoren.

David Ricardo hat noch angenommen, dass das Kapital (damals hauptsächlich das produktive Kapital, d.h. die Fabriken oder Äcker) ortsfest blieb. Nur die Waren und die Händler wanderten über die Grenzen. Und der so beschaffene Außenhandel erzeugte *komparative* Vorteile" und nützte allen Beteiligten. Heute dagegen ist es fast ausschließlich das (Finanz-)Kapital, das – praktisch mit Lichtgeschwindigkeit – um den Globus saust, die Realwirtschaft lenkt und erpresst und sich zugleich vor den Steuerbehörden unsichtbar macht. Es entstehen *absolute* Vorteile und entsprechende Nachteile. Empörung kommt auf bei den Verlierern, den lokalen Produzenten und den dort Beschäftigten, und bei den braven Steuerzahlern. Diese schamlose Entwicklung mit Ricardo zu rechtfertigen ist unmöglich!

Charles Darwins Denken über den Wettbewerb der Arten wird frivol in Anspruch genommen für das Niederreißen aller Handelshemmnisse, auf dass ein weltweiter Wettbewerb aller gegen alle die Evolution zum Besseren beschleunige. Nein, würde Darwin da sagen: Barrieren sind geradezu eine Voraussetzung für die Entwicklung der beeindruckenden Artenfülle gewesen. Klimatische Unterschiede und Barrieren, Gebirge und Gewässer ließen Vegetationszonen und lokale Spezialisierungen entstehen, die ihrerseits die Basis für die vielen Millionen von Tier- und Pflanzenarten waren. Das Niederreißen von Barrieren bedeutet *Vernichtung* von Vielfalt, während Darwins Evolutionslehre die laufende *Vermehrung* von Vielfalt erklären konnte. Und der genetische Mechanismus der Dominanz von Erbmerkmalen über „rezessive" Spielarten schützte die Letzteren vor der Ausrottung. Solche Schutzmechanismen für „schwächere" Spielarten waren ein Segen für die Vermehrung und den Erhalt von Vielfalt, die in Notzeiten unversehens gebraucht wurde, um auf neue Herausforderungen elegant zu antworten.

Zusammengefasst: Die drei aufklärerischen Ikonen im 18. und 19. Jahrhundert werden für eine primitive Sorte von Kampf der Starken gegen die Schwachen in Anspruch genommen, welche die genialen Verfasser der aufklärenden Schriften nie im Sinn gehabt hatten.

Eine neue Aufklärung muss insbesondere einer uralten Tugend wieder zur Geltung verhelfen, der Tugend der Balance. Bei Adam Smith ist es die Balance zwischen Staat und Markt; bei David Ricardo die Balance zwischen Handel treibenden Staaten; und bei Charles Darwin zwischen dem heutigen Erfolg mit dem Reichtum von zukünftigen Optionen. Die Autoren von *Wir sind dran* gehen aber viel weiter. Sie fordern die Balance zwischen Mensch und Natur, zwischen Kurzfrist und Langfrist, zwischen Leistungsanreiz und Gerechtigkeit, zwischen Staat und Religion, oder zwischen der linken und der rechten Gehirnhälfte. Unsere Zivilisation braucht weniger Rechthaberei und mehr Balance! Das ist auch eine Lehre für das „westliche" Denken, wo die Rechthaberei gedeiht gegenüber dem östlichen Denken, wo das Yin- und Yang-Symbol die Balance widerspiegelt.

Der Club of Rome bleibt aber nicht in der Philosophie stehen, sondern wird politisch konkret, in Sachen Klima, Kreislaufwirtschaft und Finanzmarktregulierung. Will man die gewünschte Wohlstandsentwicklung etwa im Sinne der 17 Sustainable Development Goals der UN-Nachhaltigkeitsagenda mit den natürlichen Grundlagen gemeinsam pflegen, muss man die Ressourcenproduktivität absolut dramatisch steigern. Tut man es nicht, kommt man immer auf das Dilemma, dass wir fünf oder mehr Erdbälle bräuchten, um sieben oder mehr Milliarden Menschen (in der Vollen Welt) zu einem hohen Wohlstand zu bringen. Doch bei einer Ideologie, dass Energie, Wasser und Land für alle „bezahlbar", d.h. billig verfügbar sein müssten, zerstört man den unerlässlichen Anreiz, der zur drastischen Erhöhung der Ressourcenproduktivität führen würde. Die

Staaten sind aufgefordert, durch geeignete Preissignale den Fortschritt in der richtigen Richtung zu lenken.

Die Staaten alleine können das nicht schaffen. Sie sind angewiesen auf das Mitmachen der Zivilgesellschaft, der Investoren, der Bildungsinstitutionen. Überall muss das Bewusstsein gepflegt werden, dass wir in einer verdammt Vollen Welt leben und dass das von uns eine Abkehr von bequemen Denkmustern aus der Leeren Welt erfordert. Die Staaten wiederum müssen lernen, sich als Partner statt bloß als Rivalen zu benehmen.

Ein Kapitel in *Wir sind dran* sieht vor, dass in jedem Staat ein „Kohabitationsministerium" geschaffen wird, dessen Aufgabe es ist, Felder zu bezeichnen und zu entwickeln, deren Pflege dem eigenen Land und einer größeren Zahl von anderen Ländern Nutzen bringt. In der EU haben wir so etwas ja schon im Ansatz: Die für europäische Angelegenheiten zuständigen Ministerien sollen ja gerade die Synergien, nicht die Rivalitäten zwischen den EU-Staaten suchen und ausbauen. Hier tut sich ein großer Abstand zwischen dem jungen Europa und den verkalkten Doktrinen des auf ewige Rivalität fixierten gegenwärtigen US-Präsidenten auf. Seien wir froh in Europa, dass wir hier schon weiter sind, übrigens auch in einem balancierteren Verständnis von Charles Darwin!

Literatur

Daly, H.: Economics for a Full World. Essay for the Great Transition Initiative. Boston 2015.
von Weizsäcker, E. U. & A. Wijkman: Wir sind dran. Was wir ändern müssen, wenn wir bleiben wollen. Gütersloh 2017.
World Society for the Protection of Animals (WSPA): Eating our Future. The environmental impact of industrial animal agriculture. London 2008.

Transformabilität als Ergebnis einer neuen Aufklärung
Wie Denken die Welt verändert und warum wir heute groß umdenken sollten

Maja Göpel

> Die Diskussion über eine Große Transformation wird oft sehr strukturell und technisch geführt und ähnelt darin der Diskussion über Nachhaltigkeit. Transformabilität (transform ability) von Gesellschaften hängt aber nicht primär von effizient gestalteten Technologien und Institutionen ab, sondern von den richtungsweisenden Begründungen, mit denen Menschen diese Technologien und Institutionen kreieren. Um die allgegenwärtigen Transformationen Richtung Nachhaltigkeit zu wenden, brauchen wir daher eine neue Aufklärung, die richtungsweisende Begründungen an den wissenschaftlichen Kenntnisstand des 21. Jahrhundert anpasst.

Menschen sind kreative und sinnsuchende Wesen. Wir lieben es, zu lernen, Rätsel zu lösen und zu gestalten. Wir suchen nach Verständigung und Verständnis. Wir sind erzählende und reflektierende Wesen, die in einer Welt der Geschichten leben. Als Individuum entwickelt jeder Mensch eine persönliche Sicht auf die Dinge, anhand derer wir Urteile und Entscheidungen treffen. Als soziale Wesen verwenden wir normative Kodizes und einen kanonisierten Alltagsverstand, um diese Entscheidungen gegenüber anderen zu vertreten. Im politischen Raum schließlich herrschen die großen gesellschaftlichen Erzählungen und Paradigmen, die als Referenzrahmen für angemessenes oder rationales Handeln gelten und damit auch das Gefühl von einer Schicksalsgemeinschaft kreieren. Der gigantische Entwicklungsfortschritt unserer Spezies liegt nicht zuletzt genau darin begründet, dass koordinierte Routinen, ausdifferenzierte Arbeitsteilung, komplexe Institutionen und bahnbrechende Innovationen über eine erzählerische Begründung ihrer Sinnhaftigkeit funktionieren – und dass Ergebnisse dokumentiert, verglichen sowie systematisch bewertet werden. Ideen und Erfahrungen spielen Hand in Hand in menschlicher Entwicklung; Theorie und Praxis bilden 2 Seiten einer Medaille.

Krisenhaft wird es deshalb immer dann, wenn die erzählerischen Begründungen nicht mehr mit den dokumentierten Erfahrungen übereinstimmen. Genau das durfte der Club of Rome 1972 erleben, als der Bericht *Grenzen des Wachstums* die Grundfesten der großen gesellschaftlichen Vorstellung der letzten 250 Jahre in Frage stellte: Der Idee, dass unbegrenzter materieller Wohlstand für alle möglich sei, wurde die Grundlage entzogen (Meadows et al. 1972). Was mit Rachel Carsons *Der Stumme Frühling* (1962) schon beschrieben worden war, bestätigten nun Computermodelle. Weder ist die Erde ein endloses Reservoir von Ressourcen, das den Menschen für immer neuere Höhenflüge der Produktion zur Verfügung steht, noch lässt sich jede aufgebrauchte Ressource durch andere ersetzen. Sichtbar wurde, auch durch das Bild der Erde aus dem Weltall, ein blau-grüner Planet vernetzter Systeme des Lebens.

Diese Dokumentationen und Auswertungen lagen ungefähr diametral zu den bisher dominanten Geschichten der Naturbeherrschung und des technologischen Ersatzes von natürlichen Stoffen.

Diese extraktivistischen Geschichten hatten ihren Ursprung, wie Ernst Ulrich von Weizsäcker in diesem Band ausführt, in Zeiten einer „leeren" Welt (Hermann Daly) mit etwa 1 Milliarde Menschen und scheinbar endlos verfügbarer Natur. Doch das 17. und 18. Jahrhundert ist nicht zu vergleichen mit einer „vollen" Welt, in der nun schon über 7 Milliarden Menschen leben und der Pro-Kopf Konsum sich vervielfacht hat.

Mit den extraktivistischen Geschichten und ihrem Weltbild waren und sind auch starke Interessen und Privilegien verknüpft. Nicht zuletzt, weil eine Geschichte ohne Grenzen oder planetare Leitplanken (WBGU 2011) es Gesellschaften erlaubt, die Verteilungsfrage zu umschiffen: Solange es immer mehr von Allem geben wird, können aktuelle Ungleichverteilungen als Übergangszustände gelten. Heute jedoch sind die Dokumentationen von planetaren Veränderungen und von langfristiger, struktureller Ungleichheit so erfahrbar geworden, dass die sinnschaffende und Legitimation stiftende Wirkung der Erzählung des unendlichen Wachstums verloren gegangen ist. Auch wenn die Akrobaten des Finanzsystems und der Digitalisierung noch dran festhalten: Die Medaille ist zerbrochen.

Transform-Abilität als Fähigkeit menschlicher Systeme

Zeiten zerbrochener Medaillen, in denen etablierte Erzählungen und persönliche Erfahrungen nicht mehr übereinstimmen, werden von Psychologen als kognitive Dissonanzen beschrieben. Die Soziologie würde einen Vertrauensverlust diagnostizieren, durch den das eher unhinterfragte Funktionieren einer Gemeinschaft und ihrer Institutionen in

Frage gestellt wird. Die politökonomische Transformationsforschung widmet sich der Ebene großer gesellschaftlicher Erzählungen und beschreibt diese Zeiten als strukturelle Krise. Zum einen sehen sich die etablierten Prozesse der Produktion und des Konsums mit zunehmenden Herausforderungen konfrontiert. Die Wirtschaft ist mit schwindenden Ressourcen und abnehmender Regenerationsfähigkeit der Ökosysteme konfrontiert, gekoppelt mit einem zunehmend volatilen und fragilen Finanzsystem, das die Ungleichheitstendenzen eindrucksvoll verstärkt. Zum anderen schwindet der Glaube daran, dass diese Herausforderungen mit ein paar optimierenden Anpassungen in den Griff zu kriegen sind. Business as Usual (BAU) ist schlicht keine Option mehr. Was bisher als normal, unhinterfragt und gegeben akzeptiert wurde, kommt auf den Prüfstand. Die Rufe nach radikalen statt inkrementellen Veränderungen werden häufiger – und die nach einem Zurückdrehen der Geschichte womöglich auch. Das bestehende System ist im Stress.

Doch aus Perspektive der Transformationsforschung ist eine solche fundamentale Infragestellung die Voraussetzung für radikalen Wandel. Denn der Vorstellungsraum von dem, was sich verändern muss, schlägt vom Aus-der-Box-Denken in ein Über-die-Box-Denken um. Die Box selbst braucht eine andere Form: „Eine Transition ist ein Prozess des fundamentalen und irreversiblen Wandels der Kultur, der (institutionellen) Strukturen und Praktiken einer Gesellschaft. [...] Transitionen sind das Ergebnis einer Ko-Evolution von ökonomischen, kulturellen, technologischen, ökologischen und institutionellen Entwicklungen auf unterschiedlichen Ebenen." (Dutch Research Institute for Transitions, DRIFT, 2017)

Das klingt komplex und ist es auch. Solche Veränderungen sind nicht in 10 Jahren getan. Die Nachhaltigkeitsagenda ist bereits 45 Jahre alt und erst jetzt fühlt es sich so an, als sei der Stress im System hoch genug, dass sie tatsächlich in ihrer Radikalität ernst genommen wird. Doch birgt die Lesart komplexer Systeme auch ein emanzipatorisches Potenzial, braucht es doch viele verschiedene Interventionen oder Innovationen unterschiedlicher Qualität (technologisch, ökonomisch, ökologisch, institutionell, kulturell). Daher muss nicht auf „die Politik" oder „die Wirtschaft" gewartet werden. Charles Leadbeater und Geoff Mulgan vom britischen Innovations-Think-Tank Nesta fassen folgende Charakteristika transformierter oder innovierter Systeme zusammen (2013):

- Neue Ideen, Konzepte und Zielsetzungen
- Neue Gesetze und Regulierungen
- Neue Koalitionen für den Wandel

- Geänderte Metriken und/oder Messinstrumente
- Geänderte Machtverhältnisse
- Geänderte oder neue Technologieausbreitung und -entwicklungen
- Neue Fähigkeiten, ggf. sogar neue Berufe
- Institutionen und Akteure, die den Wandel (weiter) vorantreiben

Was dabei auffällt, ist natürlich, dass die ganzen neuen und geänderten Dinge nicht vom Himmel fallen, sondern von Menschen erschaffen wurden. Menschen als sinnsuchende, Rätsel lösende, gestaltende und erzählende Akteure wirken auf vielen Ebenen in Richtung Transformation – oder auch in Richtung Stabilisierung des Status Quo.

Denn obgleich unsere Welt dinghaft daherkommt, so ist sie doch – wie die Ökologie schon lange formuliert – ein fortlaufender Reproduktionsprozess, in dem Menschen Leben sind, das Leben will, inmitten von Leben, das Leben will (Albert Schweitzer). Dafür gehen wir Beziehungen ein und schaffen Prozesse, die sich dann in ihrer Gesamtheit als sich selbst stabilisierende Systeme oder Strukturen manifestieren. Das ist einerseits praktisch, weil vieles unhinterfragt und aufeinander abgestimmt läuft. Andererseits entstehen dadurch genau die Pfadabhängigkeiten, die es so schwer machen, transformative Veränderungen in die Tat umzusetzen – selbst dann, wenn sich die Auswirkungen dieser Prozesse auf das Ökosystem als katastrophal erweisen.

Hinzu kommt der einschränkende Effekt, den das, was wir Realität nennen (von Lateinisch *res*, Ding), auf die Sinnsuche, Imagination und Wissensbestände der diesen Kreislauf reproduzierenden Menschen hat. Unsere Freiheit ist immer von den Rahmenbedingungen, in denen wir leben, beeinflusst. Karl Marx hat das in typisch pessimistischer Perspektive zusammengefasst: „Die Tradition aller toten Geschlechter lastet wie ein Alp auf dem Gehirne der Lebenden." (1972, S. 115) Die reflexive Transformationsforschung sucht das Potenzial darin, sich dieser Effekte von Wirklichkeit (von Lateinisch *actualitas*, *actus*, Taten) und erzählerischer Verarbeitung von Wirklichkeit bewusst zu werden. Besonders groß ist dieses Potenzial eben genau dann, wenn ein reibungsloses Fortschreiben der Pfadabhängigkeiten auch aus strukturellen Gründen ins Stocken gerät.

Diese strukturellen Krisen sind allerdings im Empfinden eher beunruhigend und hochpolitisch. Und die Transformationsforschung kann keine extrapolierenden Prognosen vom Verlauf der Veränderungen liefern, sondern lehnt diese Anforderung an Wissenschaft als unrealistisch ab. Es herrscht aber Einigkeit darüber, dass die Fähigkeit von Systemen,

Transformationen erfolgreich zu meistern, eine Voraussetzung für ihre langfristige Existenz ist. Der Begriff der Transform-Abilität fasst dies zusammen und wurde von einem Wissenschaftlerteam um Frances Westley herum definiert als „die Fähigkeit, unbekannte Anfänge zu kreieren, aus denen sich eine völlig neue Form des Lebens entwickelt, wenn die gegebenen ökologischen, ökonomischen und sozialen Voraussetzungen das aktuelle System unhaltbar machen" (2011, S. 763).

Zurück zu unserer geschichtenerzählenden Spezies gedacht, finden sich hier zwei sehr spannende Punkte für den Umgang mit strukturellen Krisen. Zum einen beinhaltet Transformabilität eines Systems die Fähigkeit, auf Probleme und Schocks so zu reagieren, dass die grundlegenden Funktionen des Lebens schnell wiederhergestellt werden können – wenn auch möglicherweise in einer anderen Form. Dieser reaktiven Fähigkeit widmet sich der Diskurs um Resilienz, und die Natur ist oft Anschauungsobjekt, um wichtige Prinzipien für das Design resilienter Systeme zu beschreiben. Als grobe Daumenregel ließe sich zusammenfassen, dass zentrale Funktionen wie die Nahrungsversorgung im besten Fall relativ unabhängig (Dezentralität) von mehreren Einheiten (Redundanz) und in diversen Ausprägungen (Diversität) erfüllt werden sollten. Damit bleibt der Pool möglicher Lösungen für plötzlich veränderte Bedingungen groß, und wenn ein Teil des Systems getroffen wird, können andere Teile in relativer Autonomie weiter funktionieren. Auch ist die Agilität im sich dann verändernden Zusammenspiel höher, wenn Netzwerkstrukturen statt pyramidaler Hierarchien existieren. Eine Strategie der Stärke der einzelnen Glieder und der Widerstandskraft des Systems, da das Risiko gestreut wird.

Durch Übertragung dieser Erkenntnisse auf unsere heutigen Gesellschaften können wir mit Erstaunen feststellen, wie stark die auf Effizienz und Geschwindigkeit getrimmte Globalisierung der Wirtschaft die Zentralisierung von Funktionsleistungen, die Konzentration von Anbietern und die Homogenisierung der Angebote erhöht hat. Im Resultat sind unsere Volkswirtschaften heute fragil und ohne viel Handlungsspielraum in ihrer Gestaltung, wenn nicht „systemische Krisen" ausgelöst werden sollen. Allein diese reaktive Lesart von Transformabilität birgt also schon einen Arzneischrank von Ideen für einen Resilienz-steigernden Umbau gesellschaftlicher Strukturen und Institutionen.

Doch der zweite Punkt der Transformabilität ist die eigentliche Voraussetzung dafür, dass dieser Umbau funktionieren kann. Denn die Fähigkeit, unbekannte Anfänge zu kreieren, hängt von den Menschen ab, die daran beteiligt sind und beobachten, wann ein System seine Tragbarkeit zu verlieren droht, sowie sich entsprechende unbekannte Anfänge ausdenken und mit ihnen experimentieren. Diese pro-aktive und die Zukunft antizipierende Lesart ist also eine sozio-kulturelle, durch die im besten Fall Krisen vermieden werden können. Im World Social Science Report 2013 wird sie als Futures Literacy bezeichnet: „die Fähigkeit der Menschen, sich Zukünfte vorstellen zu können, die nicht auf versteckten, unhinterfragten und manchmal fraglichen Annahmen zu vergangenen oder heutigen Systemen basieren" (ISSC & UNESCO 2013, 69). Die zentrale Umsetzungsidee ist wiederum die der Reflexion: „die systematische Herausstellung von solchen blinden Flecken, um in der Imagination unbekannter Zukünfte sowie der kritischen Auseinandersetzung mit Aktivitäten in der Gegenwart mit neuen Formulierungen (frames) experimentieren zu können" (ibid).

Sozio-kulturelle Anteile von Transformabilität umfassen also einen fortlaufenden Lernprozess, um in der gesellschaftlichen Geschichtsschreibung Tunnelblicke zu vermeiden und Verfallsdaten von guten Ideen rechtzeitig zu Identifizieren. Erfolgreich umgesetzt, wirkt Futures Literacy also zum einen wie ein Frühwarnsystem und zum anderen wird der Möglichkeitsraum für potenzielle Lösungen und ihre Träger systematisch weit gehalten.

Die Technikfolgen-Abschätzung des Bundestages (TAB) beispielsweise erwähnt die prägende Kraft der Gegenwart auf die Zukunft in ihren Berichten. Visionen, Erzählungen, Szenarien, Simulationen etc. haben zwar „einen Inhalt in Form von Vorstellungen über zukünftige Entwicklungen, beruhen jedoch ausschließlich auf gegenwärtigen ‚Inputdaten' wie Wissen, Interessen, Annahmen und Werten. Wie das erste mit dem zweiten zusammenhängt, ist meist nicht transparent" (Grunwald 2012, 26).

Hier gezielt Transparenz und Reflexion einzubauen, würde natürlich nicht alle Krisen vermeiden. Doch es würde helfen, dass diese weniger strukturell werden. Frühere Hinterfragung von Grundannahmen und mehr Kreativität im Möglichkeitsraum stärken Transformabilität. Weniger Auseinanderklaffen von Erzählungen und Erfahrungen erhält das Vertrauen in die Funktionsweise gesellschaftlicher Institutionen und reduziert kognitive Dissonanz. Damit steigt die Fähigkeit und Bereitschaft, unbekannte Ansätze auch vor Eintritt der Krise zu testen. Nach 45 Jahren nicht ausreichend transformativer Nachhaltigkeitsagenda liegt hier ein riesiges Potenzial menschlicher Emanzipation und Evolution.

Wie Futures Literacy eine neue Aufklärung bedingt

Die letzte strukturelle Krise mit der aktuellen Tiefe wird manchmal mit der Renaissance (Ian Golding, 2016) und häufig mit der Aufklärung (Messner 2015, Göpel 2016, Weizsäcker et al. 2017) in Verbindung gebracht. Diese Epochen liegen zwei Jahrhunderte auseinander und lassen sich grob unterteilen in die Infragestellung der großen gesellschaftlichen Geschichten (15. und 16. Jahrhundert) und in die sich herauskristallisierende Neudefinition (17. und 18. Jahrhundert). In der Renaissance sorgte der Buchdruck für eine demokratisierende Informationsdokumentation und -verbreitung, während neue wissenschaftliche Möglichkeiten nicht nur zentrale Grundannahmen wie den Platz des Planeten im Universum in Frage stellten, sondern auch die Erzählungen der Kirche.

Die Aufklärungsphase ist dann wiederum dadurch gekennzeichnet, dass sich ein neues Weltbild verstetigt und entsprechend neue Gruppierungen in der Gesellschaft an Einfluss gewinnen, die sogenannte Bourgeoisie mit ihren Intellektuellen, Kaufleuten und Industriellen. Auch neue Institutionen wie Nationalstaaten und ein umfassendes Geld- und Kreditsystem werden neu geschaffen, der Kapitalismus und die liberale Demokratie nehmen über die folgenden Jahrhunderte eine dialektische Zusammenarbeit auf.

Und wo stehen wir heute? Ian Golding fasst in seinem Buch *Die Zweite Renaissance* (2016) zusammen, „die gebildeten Menschen der ersten Renaissance veränderten in Anpassung an die neuen Herausforderungen ihre geistige Landkarte der Welt, und zwar vollkommen. Hier liegt noch ein gutes Stück des Weges vor uns" (S. 351). Das ist bestimmt richtig, und doch bildet sich ein zunehmender Konsens heraus, welche Ideen und Erzählungen nicht mehr in eine Welt mit 7–10 Milliarden Menschen passen, deren Schicksale mit denen der ökologischen Systeme und ihrer Lebewesen direkt verwoben sind. Aus meiner Perspektive finden wir eine Reihe ganz zentraler blinder Flecken in dem außerdem sehr dominanten ökonomistischen Verständnis von Mensch, Natur und gesellschaftlicher Entwicklung. Viele der dort zentralen Konzepte sind immer noch im wissenschaftlichen Ergebnis der ersten Aufklärung verhaftet, als wir noch 1 Milliarde Menschen hatten und endlos unergründete Natur. Die Tabelle in Abbildung 1 fasst eine kleine, aber zentrale Auswahl von methodologischen Zugängen und analytischen Konzepten dieser Ökonomie zusammen, die Futures Literacy dringend auf den Prüfstand stellen sollte.

Zurückversetzt in das 17. und 18. Jahrhundert lassen sich die methodologischen Zugänge in der linken Spalte natürlich als Innovation und

Befreiungsschlag verstehen. Das Ziel des Liberalismus war es, abergläubische wie theologische Geschichten über die Beschaffenheit der Welt und die Beschränkungen durch Naturgewalten zurückzudrängen.

Die Welt verstehen durch ...	Menschliche Bedürfnisse ausgedrückt als ...	Natur ausgedrückt als ...
... Division in Einzelteile	**Nutzwert** durch Konsumpreise	**Naturkapital** durch Ressourcenpreise
... Quantifizierung & Monetarisierung	**Zahlungsbereitschaft**	**Marktpreise**
... Fortschreibung von Akkumulation	**Mehr Glück** durch mehr Konsum	**Mehr Wachstum** durch mehr (effizientere) Ausbeutung
... Vergleichen und Klassifizieren	**Kosten-Nutzen** Denken	**Kapitalsubstituierbarkeit** Denken
Effekte auf die Gestaltung der Welt:	Blind gegenüber realen Qualitäten der Entwicklungen	

Abb. 1   The Great Mindshift (Göpel 2016, S. 55)

Inspiriert von den vielen neuen Möglichkeiten des Messens und der Kraft der fossilen Energien hat sich im Durchbruch der industrialisierten Massenproduktionsverhältnisse auch eine mechanistisch-additive Erzählung des Fortschritts durchgesetzt. Dabei wurde die Sicherung von Privateigentum ein Ausdruck der Befreiung von kirchlichen oder aristokratischen Geschichten und Institutionen der Kontrolle, Produktion und Verteilung. Stattdessen würde die unsichtbare Hand der Märkte Investitionen und Vergütungen immer dahin leiten, wo der meiste Mehrwert geschaffen wird, und Innovationen dort anreizen, wo Ressourcen knapp und damit zu teuer werden. Preissignale werden das zentrale Steuerungsinstrument und das sich rasant verbreitende Papiergeld zentrale Messgröße von Erfolg und Fortschritt. Die Erzählung des endlosen Wachstums war geboren und mit ihr die Legitimierung der selbstbezogenen Interessensverfolgung: In der Summe würde das allen Beteiligten nützen, da Wettbewerb die Gesellschaft vorantreibt. Und im Übrigen seien Menschen nun mal so.

Die erste Aufklärung und ihre Polit-Ökonomen haben, so fasst es Karl Polanyi in seinem Buch *The Great Transformation* zusammen (1944), damit einen Tunnelblick zementiert, in dem Menschen, Natur und Geld als „fiktive Waren" betrachtet und in der Folge auch als solche behandelt werden. Die übergeordnete Erzählung, dass die gesamte Gesellschaft einem großen Marktsystem gleichen solle, hat die Ko-Kreation von Prozessen und Institutionen genauso beeinflusst wie die sozialen Kodizes und einen Alltagsverstand, in dem Begriffe wie Arbeitsmarkt, Humankapital oder Kulturwirtschaft nicht groß hinterfragt werden. Auch individuell testen wir immer mal wieder unseren Marktwert, wobei multiple Apps helfen, unsere Produktivität und Performance noch weiter zu steigern – durch die vielen Likes und Ratings in den „sozialen" Medien können wir uns dabei sogar kontinuierlich mit anderen vergleichen. Die Gehaltsgier von Managern sowie systematische Steuerhinterziehung von denen, die sowieso schon zu viel haben, gehen als natürliches Verhalten von Menschen durch. Im Zweifel ist „die Politik" Schuld, da sie Schlupflöcher lässt.

Die Moderne und insbesondere die neoklassische Ökonomie des 20. Jahrhunderts haben dieses Weltbild der Marktgesellschaften und die dazu passende Erzählung des Homo oeconomicus bis in die Modellierung und Messung von „Entwicklung" der Welt fortgeschrieben. Auf diesen Modellen und Zahlen basieren Kosten-Nutzen-Abwägungen politischer Entscheidungsträger (wieviel BIP Einbuße darf die Vermeidung von frühzeitigem Tod durch verschärfte Abgasregeln kosten?) und mit ihnen werden ganze Länder als „entwickelt" oder „am wenigsten entwickelt" klassifiziert. Die zentralen Konzepte hinter diesen Modellierungen, wie in der Tabelle rechts dargestellt, bieten aber leider kein tieferes oder differenziertes Verständnis von den Phänomenen, die sie angeblich beschreiben und denen sich die Nachhaltigkeitsagenda seit jeher verschrieben hat: die Befriedigung menschlicher Bedürfnisse in Einklang mit der Erhaltung der begrenzten natürlichen Ressourcen. Weder steigender monetär gemessener Nutzwert (also eigentlich der Tauschwert) noch monetär gemessenes Naturkapital sagen viel über das Wohlergehen der Menschen oder den Zustand der Ökosysteme aus. Dafür braucht es viele andere geistige Landkarten.

Das 21. Jahrhundert als Epoche heroischer Demut
Dankenswerterweise hat die Wissenschaft des 21. Jahrhunderts bereits vieles im Köcher, um diesen Tunnelblick auf menschliche Entwicklung zu ersetzen. Soziologie, positive Psychologie, Glücksforschung und Neurowissenschaften stellen die ökonomistischen Grundannahmen ebenso in Frage wie die Ökologie, Quantenphysik und Forschung zu Erdsystemen wie komplexen Systemen allgemein. Sie zeichnen ein Bild der Mensch-Mensch-Natur-Beziehungen, das eine radikale Alternative zur mechanistisch-additiven Akkumulationsvision in der obigen Tabelle bietet.

Ein großer gemeinsamer Nenner ist die systemische Betrachtung der Welt, in der Elemente und ihre Qualität nicht ohne den Kontext und die Verbindungen, in die sie eingebettet sind, verstanden werden können. Auch können diese Verbindungen nicht einfach gelöst und einzelne Elemente ersetzt werden, ohne dass sich die Dynamik des Systems verändert: „Naturkapital" ist weit mehr als eine Ansammlung von Ressourcen, die frei ab- und aufgebaut werden können. Resiliente Strukturen brauchen ein systemisches Verständnis von Effizienz und nicht eines, das einzelne Prozesse auf maximalen Output und damit auch maximale Fragilität trimmt. Beschleunigung und Vermehrung sind nicht per se positive Attribute, sondern mögliche Stellschrauben für eine optimale Entwicklung von Systemen, die in beide Richtungen funktionieren sollten. Die Glücksforschung zeigt auf, dass neben den überlebensnotwendigen Grundbedürfnissen vor allem der relative Wohlstand im Verhältnis zu anderen und das Gefühl der Teilhabe an Gesellschaft und Gestaltbarkeit des eigenen Lebens zur Zufriedenheit beitragen. Umgekehrt weisen Studien in Gesellschaften mit weniger Ungleichheit bessere Gesundheitswerte und weniger Kriminalität auf (siehe eine Zusammenfassung dieser Befunde in *The Great Mindshift* 2016, Kapitel 3).

Futures Literacy unter Rekurs auf die Wissenschaft des 21. Jahrhunderts würde also so einige Annahmen über die Beschaffenheit heutiger Systeme in Frage stellen und dabei auch das Verhältnis von Zielen und Mitteln wieder zurechtrücken. Die ökonomistische Wachstumserzählung für eine leere Welt hat bei dieser wichtigen Unterscheidung den Faden verloren und Mittel oft zum Ziel erklärt: Das BIP-Wachstum ist das inzwischen wohl prominenteste Beispiel, aber auch endlose Steigerungen von Produktivität und Wettbewerbsfähigkeit gelten heute als sakrosankte Ziele für gelingende Entwicklung – alles natürlich gemessen in monetären Größen, bei denen Sozialstandards und Umweltschutz als Kosten zu Buche schlagen. Oft wird die Mittel-Agenda von den Akteuren radikal vorangetrieben, die von ihr profitieren. Gern kommt sie als Strukturzwang daher.

Und natürlich treibt das sozio-ökologisch-technische System, wie es heute existiert, Akteure in diese Richtung. Natürlich gäbe es Friktionen in den Abläufen von Investition, Produktion und Konsum, wenn sie zu schnell zu stark geändert würden – die Panik vor einer Finanzkrise zeigt das deutlich. Trotzdem ist heute auch deutlich, dass diese Mittel im Kontext einer vollen Welt ihre ursprünglichen Ziele torpedieren: Frieden und Bedürfnisbefriedigung für alle 9 Milliarden geht auf einem begrenzten Planeten nicht genauso wie auf einem vermeintlich endlosen mit 1 Milliarde Menschen. Immer mehr aus allen rauspressen wird vielleicht noch Renditen steigern, aber nicht zu Glück führen, sondern zu Überarbeitung, Stress und nicht selten Qualitätsverlust.

Und so, wie die erste Renaissance sich auf Grund neuen Wissens und zu deutlicher Diskrepanzen zwischen Erleben und Erzählungen Bahn gebrochen hat, so beobachten wir das heute auch zunehmend – über Sektoren und Kulturen hinweg. Bewegungen wie Transition Towns oder Ökodörfer, Unternehmensnetzwerke wie die Gemeinwohlökonomie, Städte, Regionen oder auch Staaten, die das BIP durch andere Messgrößen ergänzen oder ersetzen wollen, oder eine wachsende Allianz von Banken und Investoren, die mit Geld Sinn anstatt nur finanzielle Rendite stiften wollen. Auch die Initiativen um Bildung und Forschung für Nachhaltige Entwicklung bekommen einen neuen, transformativ-innovativen Anstrich, in dem das transdisziplinäre Arbeiten und der Umgang mit multiplen Perspektiven und Werten einen genauso wichtigen Anteil einnimmt wie das Experimentieren und in Netzwerken Arbeiten.

Der Auftrag der nächsten Jahrzehnte wird darin liegen, diese Disziplinen, Sektoren und Kulturen übergreifenden Infragestellungen und Abweichungen im Sinne einer zweiten Aufklärung weiter auszuformulieren und durch ein radikales inkrementelles Update unserer Prozesse, Institutionen und Pfadabhängigkeiten zu begleiten. Radikal in der Tiefe der Hinterfragung des Status Quo und der Suche nach blinden Flecken und damit in der Imagination dessen, wie das Gute Leben in einer vollen Welt aussehen und gestaltet werden kann. Inkrementell in der Einsicht, dass der Umbau komplexer und verstrickter Pfadabhängigkeiten Zeit und Geschick braucht, wenn nicht zu viel Abwehr erzeugt und die strukturellen Funktionen zwar transformiert werden, aber dabei möglichst nicht implodieren sollen.

Die nächsten Dekaden lassen sich daher als eine Epoche heroischer Demut bezeichnen, in der Transformabilität aus der Kombination strukturell-institutioneller wie sozio-kultureller Innovationsfähigkeiten entsteht und sich im Idealfall gegenseitig bestärkt. Beide sind getragen von einer Erneuerung der uns orientierenden und koordinierenden Geschichte(n) über gute Entwicklung und wie sie in einem komplex verflochtenen Netz von Leben organisiert werden kann.

Platz für Helden gibt es dabei wahrlich genug, angefangen werden kann überall und sofort. So lässt sich die persönliche Sicht auf die Dinge relativ schnell hinterfragen und ggf. ändern, sowie mit ihr die Urteile und Entscheidungen, die wir treffen. Darüber zu sprechen und andere Begründungen für mein Handeln zu geben, wird normative Kodizes und auch den kanonisierten Alltagsverstand nicht unberührt lassen. Sätze wie „das war schon immer so" oder „ist so nicht vorgesehen" werden zunehmend albern und ein freundliches „worum geht es denn eigentlich?" kann den Dialog auf die Ebene der Referenzrahmen für angemessenes oder auch rationales Handeln heben.

Natürlich ändern sich Institutionen und Strukturen nicht allein durch Nachfragen. Transformationen sind hochpolitische Prozesse. Es gibt immer verschiedene Ideen und Interessen bezüglich bester Lösungen und oft ungleiche Machtverhältnisse. Aber Nachfragen sind die Grundlage von Futures Literacy und erweitern den Möglichkeitsraum. Sie machen neue, vielleicht völlig ungeahnte Koalitionen möglich. Die Avantgarde der zweiten Aufklärung findet sich nicht in einem bereits existierenden institutionellen Kontext, sondern quer zu Sektoren, ministeriellen Hoheitsgebieten und regionalen Grenzen vernetzt. Laut Golding besteht „der erste mutige Akt" darin, „eine langfristige Perspektive zu verfolgen, die sich auf das übergeordnete Gesamtbild konzentriert". Die Nachhaltigkeitsagenda bietet sich hier sehr gut an. Weiter, so Golding, helfen die Tugenden Ehrlichkeit, Wagemut und Würde (2016, S. 359). Und je deutlicher die Krisen des Status Quo, desto dogmatischer wirkt die Litanei der alten Erzählung, desto spannender und befreiender sind die alternativen Geschichten und Experimente. Liberalismus 2.0. Wir sind soweit.

Literatur

Carson, R.: Der Stumme Frühling. München 1962 (2012).
Meadows, D., D. Meadows, E. Zahn & P. Milling: Die Grenzen des Wachstums. Bericht des Club of Rome zur Lage der Menschheit. München 1972.
WBGU, Wissenschaftlicher Beirat der Bundesregierung Globalisierung und Umweltveränderungen: Welt im Wandel: Gesellschaftsvertrag für eine Große Transformation, Hauptgutachten. Berlin 2011.
DRIFT: Definition von der Institutswebseite, 2017: https://drift.eur.nl/about/transitions/ (10.01.18).
Leadbeater, C. & G. Mulgan: Systems Innovation. Discussion Paper, London 2013: http://www.nesta.org.uk/sites/default/files/systems_innovation_discussion_paper.pdf (10.01.18).
Marx, K. & Engels, F.: Werke, Band 8, Der achtzehnte Brumaire des Louis Bonaparte. Berlin/DDR 1972.
Messner, D.: A social contract for low carbon and sustainable development: Reflections on non-linear dynamics of social realignments and technological innovations in transformation processes. In: Technological Forecasting & Social Change, Vol. 98, No. 9, 2015, S. 260–270.
Westley, F., P. Olsson, C. Folke, T. Homer-Dixon, H. Vredenburg, D. Loorbach, J. Thompson, M. Nilsson, E. Lambin, J. Sendzimir, B. Banerjee, V. Galaz, S. van der Leeuw: Tipping toward sustainability: Emerging Pathways of transformation. In: AMBIO, Vol. 40, No. 7, 2011, S. 762-780.
ISSC and UNESCO: World Social Science Report 2013: Changing Global Environments. Paris 2013.
Grunwald, A.: Technikzukünfte als Medium von Zukunftsdebatten und Technikgestaltung, Karlsruher Studien Technik und Kultur. Karlsruhe 2012.
Göpel, M.: The Great Mindshift. How A New Economic Paradigm and Sustainability Transformations Go Hand in Hand, 2016: http://www.greatmindshift.org (10.01.18).
Golding, I. & Kutarna, Chris: Die Zweite Renaissance. Warum die Menschheit vor dem Wendepunkt steht. München 2016.
Weizsäcker, E. U. & W. Anders: Wir sind dran. Gütersloh 2017.
Polanyi, K.: The Great Transformation. The political and economic origins of our time. New York 1944 (1973).

Der anthropogene Code
Von der Notwendigkeit einer sozial-ökologischen Transformation

Michael Müller, Jörg Sommer

> Die neue geologische Erdepoche des Anthropozäns rückt die Umweltkompatibilität von Wirtschaft und Gesellschaft in den Fokus. Umweltpolitik muss zur Gesellschaftspolitik werden. Nachhaltigkeit wird möglich, wenn wir heute zu einer sozial-ökologischen Transformation kommen. Ob das gelingt, hängt entscheidend davon ab, dass die Umweltbewegung eine Vordenker- und Vorreiterrolle einnimmt – in der Gesellschaft und in der Politik.

Ist Ökologie out, obwohl der Klimawandel katastrophale Wetterextreme in immer kürzeren Abständen produziert? Obwohl planetare Grenzen, die für das menschliche Leben essentiell sind, bereits überschritten werden? Obwohl im Regenerationskreislauf der Natur der Welterschöpfungstag bereits Ende Juli im Jahr 2017 erreicht wurde? Hat die Umweltpolitik ihren Höhepunkt überschritten, obwohl sich alle Parteien pflichtbewusst dazu bekennen? Oder überfordert die Globalisierung der Umweltschäden die nationale Politik? Sind wir überhaupt in der Lage, die in der Zukunft absehbaren großen Herausforderungen schon proaktiv in der Gegenwart zu bewältigen, wie es das Vorsorgeprinzip verlangt? Diese Fragen richten sich nicht nur an die Parteien, sondern an die Gesellschaft insgesamt und besonders an die Umweltbewegung. Welche Rolle und welche Ausrichtung muss sie einnehmen, damit es zu einer sozial-ökologischen Transformation unserer Gesellschaft kommt?

Die Diskrepanz zwischen Wissen und Handeln

Der erschreckende Widerspruch zwischen Wissen und Handeln zog sich durch den Bundestagswahlkampf 2017. Auch in der Europäischen Union und ihren Mitgliedsländern oder in den Medien spielten Umweltpolitik und Nachhaltigkeit – wenn überhaupt – nur eine untergeordnete Rolle. Fakt ist: Die Umweltgefahren spitzen sich zu, aber sie werden verdrängt.

Wenn Zukunftsfragen überhaupt eine Rolle spielten, wurden düstere Hinweise auf den Rückstand Deutschlands bei der Digitalisierung von Wirtschaft und Gesellschaft gegeben. Der versäumte Ausbau der Breitbandnetze wurde ins Zentrum gestellt, nicht aber der ökologische Umbau und schon gar nicht die sozial-ökologische Transformation. Natürlich spüren auch die Parteien den Wind der Veränderung und die sich in der Gesellschaft ausbreitende Verunsicherung, der auch durch Europa zieht und zum Aufstieg der nationalistischen Parteien beiträgt. Die Windmaschinen werden sogar angefacht, denn die politischen Auseinandersetzungen werden auf Stimmungen reduziert. Doch Politik muss die Analyse der Zusammenhänge, die Deutung längerfristiger Entwicklungstrends und die Durchsetzung struktureller Reformperspektive sein. Das ist das, was Politik eigentlich ausmachen muss.

Die Kanzlerin forderte im Wahlkampf eine ernsthafte Debatte über die großen Aufgaben, vor denen unser Land stünde. Was aber meinte sie damit? Ihr Fazit: „Ich sehe nicht, dass ich was falsch gemacht habe." Martin Schulz beschwor zu Recht das Thema Gerechtigkeit, doch die zentrale Zukunftsaufgabe, soziale und ökologische Gerechtigkeit miteinander zu verbinden, wurde von ihm nicht gefordert. Die FDP prangerte die Rückstände bei der Digitalisierung der Wirtschaft an, von deren Beseitigung das Schicksal unseres Landes abhinge, und forderte die „marktkonforme" Anpassung. Ist es nicht der Markt, der vor allem im ländlichen Raum versagt? Die Grünen stellten die Bekämpfung des Klimawandels als ihr großes Anliegen heraus, aber auch sie trugen zur immanenten Krise der Umweltpolitik bei, denn eine ganzheitliche Vision eines neuen Fortschritts war von ihnen nicht zu hören. Die Linkspartei glaubte auch in diesem Wahlkampf, sich durch Abgrenzung vor allem von der SPD profilieren zu können. Und bei der AfD kandidierten auf den Listen nicht nur unbelehrbare „Klimaskeptiker", auch den Atomausstieg will sie rückgängig machen.

Noch nie war der Wahlkampf zum Deutschen Bundestag so inhaltsleer wie 2017. Wir kommen seit einem Jahrzehnt nicht aus dem Krisenmodus heraus und ein Ende scheint nicht in Sicht. Dabei spielt die wahrscheinlich größte Herausforderung unserer Zeit – das Erreichen oder gar das Überschreiten der Grenzen des Wachstums mit den entsprechenden Folgen – nicht nur keine Rolle, sondern wird immer mehr verdrängt. Aber es geht um nicht weniger als um einen Epochenwechsel, der

1. anerkannt werden muss,
2. mehr als eine Ergänzung der bisherigen Politik mit einigen Teilkorrekturen erfordert,
3. mehr Demokratie notwendig macht und
4. zu einer sozial-ökologischen Transformation führen muss. Wirtschaftliches Wachstum wird jedoch noch immer zum goldenen Kalb gemacht. Die alte nationalstaatliche Wachstumsgesellschaft trifft auf die Globalisierung der Märkte, vorangetrieben nicht zuletzt durch die Digitalisierung der Welt. Immer deutlicher wer-

den die Grenzen sozialer Ungleichheit und in der Belastung der natürlichen Lebensgrundlagen überschritten. Obwohl wir längst mit mehr als einem Bein in einem neuen Zeitalter stehen, bleiben unsere Weltzugänge, Denkweisen und Organisationsformen der alten Zeit verhaftet, deren Zenit längst überschritten ist.

Das neue Zeitalter: das Anthropozän

Die Erde ist ein ruheloser Planet. Kontinentalplatten verschieben sich, Gebirgszonen werden aufgefaltet, die globalen Ströme der Ozeane deszendieren. Die Chemie und Dynamik der Troposphäre, das Klimasystem und die Biodiversität unterliegen einem permanenten Wandel. Böden erodieren, Wüsten breiten sich aus. Seit der Industriellen Revolution ist der Mensch als treibende Kraft geologischer Veränderungen hinzugekommen. Die Erde ist aber nicht nur ein ruheloser, sondern heute auch ein geplünderter Planet (Bardi 2013). Hinzugekommen ist die „Geologie der Menschheit" (Crutzen 2002).

Bald acht Milliarden Erdbewohner legen Monokulturen an, betonieren und versiegeln die Böden, rotten Tier- und Pflanzenarten aus, begradigen Flüsse, entfischen die Meere, plündern die Rohstoffe. Mehr als drei Viertel der eisfreien Landflächen existieren nicht mehr in ihrem ursprünglichen Zustand, tropische Wälder verschwinden in beängstigendem Tempo, in anderen Weltregionen werden im großen Stil boreale Wälder abgeholzt. An vielen Strandregionen besteht feiner Sand bereits zu 40 % aus Plastik. Hinzu kommen Chemikalien in der Pflanzen- und Tierzucht, im Haushalt oder in der Material- und Holzbehandlung, die Erzeugung von Chlororganika, PVC-Produkten und Aluminium, radioaktiver Fallout oder Flugasche. Die Gentechnik greift in das Erbgut der Lebewesen ein und macht die biochemische Manipulation des Lebens möglich Das alles hinterlässt tiefe Spuren in der Biosphäre.

Seitdem die Stoffumwandlung im industriellen Maßstab betrieben wird, hat sich das Verhältnis Mensch–Natur qualitativ verändert. Die Menschheit plündert mit ihren technisch-ökonomischen Möglichkeiten in kurzer Zeit die über Jahrmillionen aufgebauten Lager der Natur aus, natürliche Kreisläufe werden geöffnet und die Senken überlastet. Während sich in den letzten Jahrtausenden die Menschen vor der Macht der Natur schützen mussten, kehrt sich mit den globalen Umweltproblemen das Verhältnis nunmehr um, wie die *Erdsystemforschung* belegt.

Durch die „imperiale Wirtschafts- und Lebensweise" (Brand & Wissen 2017) der industriellen Zivilisation, die tief im politischen, ökonomischen und kulturellen Alltagsverständnis der Menschen im globalen Norden wie zunehmend auch im globalen Süden verankert sind, haben die Umweltschädigungen eine globale Dimension erreicht. Da sie gleichsam „natürlich" für den Zustand der Erde geworden sind, gefährden sie die Zukunft der Menschheit. Sie sind nämlich nicht kompatibel mit den Ökoystemen. Deshalb: Im Anthropozän müssen wir den Ernstfall denken, die Selbstvernichtung der Menschheit, um ihn zu verhindern.

Für die ramponierte Erde haben die Menschen aber keinen Ersatz: „Wir waren im Begriff Götter zu werden, mächtige Wesen, die eine zweite Welt erschaffen konnten, wobei uns die Natur nur die Bausteine für unsere neue Schöpfung zu liefern brauchte. [...] Deren Errungenschaften uns zu dem Glauben (verleitete), die neue Freiheit werde schließlich allen Mitgliedern der Gesellschaft zugute kommen, wenn die Industrialisierung nur in gleichem Tempo voranschreite" (Fromm 1976). Nun folgt die Ernüchterung.

Der anthropogene Code

Vor diesem Hintergrund machte im Jahr 2000 der Mainzer Nobelpreisträger für Chemie Paul J. Crutzen – zeitgleich auch der amerikanische Gewässerbiologe Eugene F. Stoermer – den Vorschlag, unsere geologische Erdepoche *Anthropocene* zu nennen. Die Menschheit ist in den letzten Jahrzehnten zu einem entscheidenden Faktor im Erdsystem geworden. Für das menschliche Leben werden mit der Globalisierung der Umweltschädigungen Grenzen in der Belastbarkeit überschritten. Denn im Anthropozän wird nicht nur die Natur geschädigt, sondern vor allem die Zukunft der Menschen selbst.

In der geologischen Periodisierung folgt das Anthropozän auf das Holozän, das sich über die letzten 12 000 Jahre erstreckte und in dem sich die menschliche Zivilisation entwickeln konnte. Die einzige handlungsrelevante Option muss heißen, Wirtschaft und Gesellschaft schnell in einen Zustand zu bringen, „der mit dem Leben der Menschen kompatibel ist – und zwar dadurch, dass die Produktionssysteme der heutigen Weltgesellschaft kompatibel (werden) mit den Ökosystemen der Erde" (Land 2017). Davon sind wir jedoch weit entfernt. Die sozial-ökologische Gestaltung der Transformation muss zur Grundlage in Politik und Gesellschaft werden.

Der Begriff des Anthropozäns verweist auf die Menschen als Verursacher ökologischer Katastrophen und will aber zugleich klar machen, dass es (zumindest heute noch) an ihnen selbst liegt, sie zu verhindern. Von daher verfolgt Crutzen mit seinem Vorschlag ein doppeltes Ziel. Um die sonst absehbare Katastrophen zu verhindern

1. beschreibt er die veränderte geo-ökologische Wirklichkeit im Erdsystem, die er nicht nur in der Wissenschaft debattieren will,

sondern die vor allem in Politik und Gesellschaft hingetragen werden soll, und
2. plädiert er für eine neue, langfristige Verantwortungsethik und ein neues Verständnis von Fortschritt.

Die Umweltkompatibilität der Weltgesellschaft

Der Maßstab für die Modernisierung von Wirtschaft und Gesellschaft, die durch Ausdifferenzierung, Rationalisierung, Beschleunigung und Internationalisierung vorangetrieben wird, muss die *Umweltkompatibilität der Weltgesellschaft* sein. Sie ist kein physikalischer oder ökonomischer Standard, sondern wird von der Lebensfähigkeit des Menschen bestimmt. Eine Alternative als die Beachtung der Tragfähigkeit der Ökosysteme gibt es nicht, denn das menschliche Leben ist nur ihnen angepasst. Deshalb müssen die Produktionssysteme und Konsumweisen so organisiert werden, dass sie in der Bandbreite der heutigen Lebensformen bleiben. Andernfalls würden sie unsere Existenzbedingungen untergraben. Deshalb müssen wir den anthropogenen Code in der Entwicklung von Wirtschaft und Gesellschaft einhalten.

Doch der Widerspruch zwischen dem enorm wachsenden Wissen über die sozialen und ökologischen Gefahren und dem alltäglichen Handeln wächst noch immer. Selbst der anthropogene Klimawandel, der nicht zu bestreiten ist, wird nicht gebremst. Seit der Verabschiedung des Klimarahmenvertrages auf dem Erdgipfel 1992 in Rio de Janeiro, mit dem sich die Weltgemeinschaft verpflichtet hatte, keine schwerwiegenden Störungen am Klimasystem zuzulassen, nimmt der Ausstoß wärmestauender Gase, vor allem von Kohlendioxid (CO_2), weiter stark zu. Die Anreicherungen in der Troposphäre führen wiederum zu heftigen Reaktionen im Klimasystem. Wetterextreme nehmen zu, ebenso die Ausbreitung von Dürregebieten oder das Abschmelzen der Gletscher. Auch die Zerstörung der Biodiversität hat ein globales Ausmaß angenommen. „Sowohl die Aussterbewahrscheinlichkeit pro Art als auch die absolute Abnahme der Artenzahlen (ist heute) zwischen 1000 und 10 000-mal größer als vor dem Eingreifen der Menschen." (Wilson 1992)

Freilich geht es nicht nur um naturwissenschaftliche Erkenntnisse, sondern auch um kulturelle und gesellschaftspolitische Herausforderungen. Daher hat die Neubenennung in Anthropozän nicht nur eine analytische, sondern auch eine hohe politische, wirtschaftliche und gesellschaftliche Bedeutung. Damit stellen sich grundlegende Fragen, insbesondere die *Verlässlichkeit tradierter Denkwerkzeuge:* Was bedeuten die Herausforderungen für die emanzipatorischen Ideen der europäischen Moderne, für Gerechtigkeit und Gleichheit, Aufklärung und Vernunft,

Freiheit und Verantwortung? Wie können angesichts der ökologischen Grenzen des Wachstums heute Fortschritt und Menschenwürde gesichert werden? Ist der ökologische Umbau im Rahmen einer Kapitalverwertungsökonomie möglich? Wo liegen die Hemmnisse und Blockaden für eine nachhaltige Entwicklung, die als wichtigste Antwort auf die Herausforderungen der „ungleichen, überbevölkerten, verschmutzten und störanfälligen Welt" (Hauff 1987) gilt?

Die sozial-ökologische Transformation

Die sozial-ökologische Gestaltung der Transformation muss zur Grundlage in Politik und Gesellschaft werden. Die entscheidende Ursache für das neue geologische Zeitalter des Anthropozäns liegt in der Entbettung der Wirtschaft aus gesellschaftlichen, heute aus sozialen *und* ökologischen Bindungen. Die Folgen gefährden nicht nur die Natur als solche, sondern vor allem die Natur für uns, für die Menschen. Die Natur wird sich, wie die Erdgeschichte zeigt, den veränderten Bedingungen anpassen, die menschlichen Gesellschaften dagegen würden schnell untergehen.

Das Anthropozän spitzt die Fragen nach Gerechtigkeit, Verantwortung und Freiheit zu. Für eine optimistische Antwort auf die Herausforderungen des Anthropozäns, die aus unserer Sicht möglich ist, setzen wir auf die historische Erfahrung aus politischer Gestaltung und der Bereitschaft und dem Willen zu Veränderungen. Dafür muss aber dem öffentlichen Wohl auf Dauer die Priorität vor privatem Reichtum eingeräumt und Politik und Gesellschaft auf den Pfad der Nachhaltigkeit gebracht werden.

Kreative Ideen, das Wissen um Zusammenhänge und die Fähigkeit zu Solidarität und Gegenseitigkeit machen eine innovative sozial-ökologische Transformation möglich. Die Stärkung des „Humankapitals" ist die wichtigste Ressource der Zukunft für ein nachhaltiges Deutschland in einem nachhaltigen Europa. Die technologischen Potenziale für die Dekarbonisierung sind vorhanden, wir müssen auch die Möglichkeiten neuer Geschäfts- und Finanzierungsmodelle für eine sozial-ökologische Transformation nutzen. Dafür brauchen wir einen neuen Gesellschaftsvertrag.

Im ersten Schritt geht es um eine Konkretisierung der vier großen „I"s (WBGU 2016):
1. die Neuausrichtung und Förderung von Innovationen,
2. die sozial-ökologische Modernisierung der Infrastruktur,
3. ein umfassendes Investitionsprogramm für Sanierung und Schutz der Umwelt sowie

4. die soziale Inklusion der Gesellschaft durch mehr Chancengerechtigkeit und Teilhabe. Das Ziel ist, soziale Rechte und ökologische Standards innerhalb der Grenzen zu organisieren, in denen sich Technik und Ökonomie ohne Ausbeutung des Menschen und der Natur entfalten können. Dafür müssen die Grenzen des heutigen Erdsystems akzeptiert werden, um die Existenzgrundlagen der Menschheit zu sichern (Messner 2013).

Dagegen kann das kapitalorientierte Management, das die globale Wirtschaft in den letzten Jahrzehnten angetrieben hat, keine Zukunft haben. Mehr Beteiligung, Bildung und Förderung sind notwendig. Im Sinne von Immanuel Kant, dass der Mensch ein vernünftiges Wesen ist, setzen wir auf ein Handeln aus guten Gründen: „Handle nur nach derjenigen Maxime, durch die du zugleich wollen kannst, dass sie ein allgemeines Gesetz werde." (Kant 1900) Nur durch die Fähigkeit der Menschen, die Idee des Fortschritts mit der ökologischen Tragfähigkeit der Erde und einem fairen sozialen Interessenausgleich zu verbinden, wird eine wirtschaftliche und gesellschaftliche Ordnung möglich, die der Endlichkeit der natürlichen Ressourcen gerecht wird. Das erfordert einen Wandel von der Dominanz des Geldes hin zu einer inter- und intragenerativen Solidarität.

Das Anthropozän erfordert nicht nur eine „ökologische Ergänzung" der bisherigen Ordnung in Politik, Wirtschaft und Gesellschaft, sondern weit mehr: schnellstmöglich eine Logik des Bewahrens, der Langfristigkeit und der Schließung von Kreisläufen. Die Ideengeber der europäischen Moderne konnten sich nicht vorstellen, welche Gefahren mit der Entfaltung der Produktivkräfte für die Natur verbunden sein können, die sogar die Frage nach der Überlebensfähigkeit der Menschheit stellen. Die Wende zur Bewahrung der Gemeinschaftsgüter ist überfällig und durch die soziale und ökologische Gestaltbarkeit der Gesellschaft auch möglich.

Bisher gibt es allerdings nur wenige Konzepte „einer ganzheitlichen Vision des menschlichen Fortschritts" (Davies 2010). Ihr Ziel ist eine Weltgemeinschaft, die angesichts der begrenzten natürlichen Ressourcen und der ungleichen Verteilung sozialer Lebenschancen auf Dauer „weder Mangel noch Übermaß kennt" (Linz 2012). Diese Formel erfordert materielle Teilhabe für alle, aber gleichzeitig eine maßvolle Ressourcennutzung, die künftigen Generationen ihre Lebenschancen sichert. Die Menschen müssen solidarisch den anthropogenen Code bewahren und dafür weitreichende Entscheidungen treffen: „Was wollen wir wachsen sehen, was nicht? Was muss schrumpfen?"

Vier Voraussetzungen einer sozial-ökologischen Transformation sind eng miteinander verbunden und teilweise bereits als Dimensionen der Nachhaltigkeit beschrieben worden:
1. Die technische Effizienzsteigerung, die in den letzten Jahren beachtliche Erfolge erzielt hat, aber weit hinter dem zurückblieb, was möglich ist. Bisher hat eine *Effizienzrevolution*, die eine deutliche absolute Senkung des Material- und Ressourceneinsatzes erfordert, nicht stattgefunden, vor allem nicht im Verkehrssektor.
2. Die *Konsistenz* setzt auf Technologien und Verfahren, die dauerhaft ökologisch verträglich sind, indem sie die Produktionskreisläufe schließen. Dazu gehört insbesondere ein Ausbau der erneuerbaren Energien, die und deren Infrastruktur schneller als bisher ausgebaut werden müssen.
3. Das Konsumverhalten der Gesellschaft ist eine wichtige Größe für eine Entkoppelung. *Suffizienz* wird zwar häufig als „Verzichtsideologie" diffamiert, aber es geht um ein sozial und ökologisch bewusstes Verhalten und eine verantwortliche Mäßigung unter Anerkennung absoluter Grenzen. Fest steht, dass ohne Suffizienz die Klimaschutzziele nicht zu erreichen sind. Der Rebound-Effekt würde die Effizienzgewinne kompensieren.
4. Die *Stärkung der öffentlichen Güter*, damit es zu mehr Gemeinwohl und zu einer gerechten Verteilung von Chancen und Lasten kommt.

Anthropozän bedeutet: Umweltpolitik muss zur Gesellschaftspolitik werden. Nachhaltigkeit wird möglich, wenn wir heute zu einer sozial-ökologischen Transformation kommen. Ob das gelingt, hängt entscheidend davon ab, dass die Umweltbewegung eine Vordenker- und Vorreiterrolle einnimmt – in der Gesellschaft und in der Politik.

Literatur

Bardi, U.: Der geplünderte Planet. München 2013.
Brand, U. & M. Wissen: Imperiale Lebensweise. Zur Ausbeutung von Mensch und Natur im globalen Kapitalismus. München 2017.
Crutzen, P. J.: Geology of mankind. In: Nature, Vol. 415, 2002, S. 23.
Davies, M.: Wer baut die Arche. Berlin 2010.
Fromm, E.: To Have or to Be?. New York 1976.
Hauff, V.: Unsere Gemeinsame Zukunft. Greven 1987.
Intergovernmental Panel on Climate Change (IPCC): Sachstandsberichte AR 1–5. Genf (verschiedene Jahrgänge).
Kant, I.: Ausgabe der Preußischen Akademie der Wissenschaften. Berlin 1900.
Land, R.: Ist der ökologische Umbau der modernen Weltgesellschaft im Rahmen einer Kapitalverwertungsökonomie möglich? Manuskript 2017.
Linz, M.: Weder Mangel noch Übermaß. München 2012.
Messner, D.: Willkommen im Anthropozän. In: Politische Ökologie. Baustelle Zukunft. München 2013.
Wilson, E. O.: Ende der biologischen Vielfalt. Heidelberg, Berlin & New York 1992.
Wissenschaftlicher Beirat für globale Umweltveränderungen (WBGU): Sondergutachten Entwicklung und Gerechtigkeit durch Transformation: Die vier großen I. Berlin 2016.

Der „grüne" Fortschritt ist gescheitert
Nachhaltige Transformation und die Wachstumsfrage

Niko Paech

> Gegen das lückenlose Wachstumsbündnis – die vermutlich größte aller großen Koalitionen – kann derzeit keine Nachhaltigkeitspolitik durchgesetzt werden. Mehrheitsfähig ist deshalb nur eine „Green Growth"-Strategie, die den Kollaps jedoch nicht aufzuhalten vermag, zumal wirtschaftliches Wachstum nicht von Naturzerstörung entkoppelt werden kann. Aus diesem Dilemma führt nur die autonome Verbreitung postwachstumstauglicher Lebensführungen und Versorgungsmuster.

Dem Vernehmen nach besteht weitreichender Konsens darüber, dass eine nachhaltige Entwicklung als zivilisatorische Überlebensagenda unumgänglich ist. Allerdings geht mit der politischen und medialen Karriere eines Schlüsselbegriffs nicht selten seine Trivialisierung einher. Ganz gleich wie großkalibrig die derzeit proklamierten Entwicklungsprogramme oder Strategieentwürfe auch sind, wohlklingende Nachhaltigkeitsbekundungen fehlen darin nie. Sie werden mit-genannt, mit-erwähnt, mit-aufgeführt, um möglichst ohne zu stören neben jeder sonstigen Intention platziert werden zu können. Durch diese Eingemeindung, jedoch zum Preis seiner Aushöhlung, hätte sich der Nachhaltigkeitsdiskurs absehbar sanft zu Tode gesiegt, wäre nicht ein überwunden geglaubter Debattenphönix seiner nie wirklich erkalteten Asche entstiegen: Die Wachstumskritik. Unversöhnlicher denn je stehen sich nunmehr zwei Nachhaltigkeitsauffassungen gegenüber, deren bislang dominante darauf zielt, die notwendige ökologische Entlastung unter sozialpolitische oder ökonomische Vorbehalte zu stellen. Darauf gründet das als „Green Growth" etikettierte Versprechen, kosmopolitische und konsumorientierte Lebensführungen unangetastet zu lassen, zumal technische Innovationen hinreichend seien, um das Klima- und andere Umweltprobleme zu lösen.

Diese Fortschrittsorientierung ist nicht nur gescheitert, so die erste hier vertretene These, sondern hat diverse neue Schadensdimensionen überhaupt erst entstehen lassen, wie gerade die als Erfolgsstory gehandelte deutsche „Energiewende" eindrucksvoll zeigt (Paech 2016). Folglich überrascht es kaum, dass konträre Konzepte wie jene einer „Postwachstumsökonomie" (Paech 2008 & 2012) oder „Degrowth"-Strategie (D'Alisa, Demaria & Kallis 2016) zunehmend Beachtung finden. Der damit einhergehende paradigmatische Wechsel würde sich jedoch nicht nur in veränderten Gegenwartsanalysen und programmatischen Inhalten niederschlagen, sondern landläufige Vorstellungen von politisch gestaltbaren Übergängen geradezu auf den Kopf stellen. Denn eine politische „One-size-fits-all"-Toolbox, deren Methoden und Instrumente je nach Stimmungslage in den Dienst einer wachstumskritischen oder wachstumsbasierten Transformation gestellt werden können, existiert unter demokratischen Bedingungen nicht.

Politikinstrumente, die auf der Prämisse beruhen, das ohne Wirtschaftswachstum nicht zu stabilisierende Wohlstandmodell ließe sich technisch von ökologischen Schäden entkoppeln, konstituieren diverse Dilemmata. Einerseits lassen sich mit Programmen, die niemandem Einschränkungen zumuten, Mehrheiten gewinnen. Andererseits sind sie ökologisch wirkungslos, insoweit sich die ihnen zugrundeliegende Entkopplungsthese als zunehmend unhaltbar erweist. Demgegenüber wäre eine Postwachstums- oder Degrowth-Politik zwar hochgradig wirksam, aber definitiv nicht zumutungsfrei. Sie müsste den Ober- und Mittelschichten deutliche Reduktionsleistungen im Konsum- und Mobilitätsbereich abverlangen, was wiederum gleichbedeutend damit ist, keine Wählermehrheit auf sich vereinigen zu können. Aber wenn alles, was mehrheitsfähig ist, früher oder später in den Abgrund führt, während wirksame Maßnahmen nicht mehrheitsfähig sind, enden die Gestaltungsmöglichkeiten demokratischer Politikinstanzen. Bevor ein Ausweg aus diesem Dilemma begründet werden kann, bedarf es eines geschärften Verständnisses der noch immer weitgehend ignorierten Sackgassen, in denen Konzepte einer ökologischen Modernisierung feststecken. Dazu sollen die folgenden Darlegungen beitragen.

Nachhaltigkeitspolitik unter Wachstumsvorbehalt
Viele der politischen Instrumente, die im Nachhaltigkeitskontext vorgeschlagen und diskutiert werden, entstammen der tradierten Umwelt- und Wohlfahrtsökonomik (Pigou 1920). Dazu zählen monetäre Anreizsysteme wie Umweltsteuern, Verschmutzungslizenzen oder Subventionen, die das Güterpreisverhältnis zugunsten nachhaltigerer Alternativen verändern und somit die Nachfrage verlagern sollen. Ähnliche Effekte werden öffentlichen Investitionen und staatlichen Förderprogrammen zugetraut. Weitaus stringentere Maßnahmen erstrecken sich auf Genehmigungspraktiken, Ge- oder Verbote, Auflagen oder Mengenrestriktionen und Quoten. Derartige Eingriffe suggerieren eine hohe

Wirksamkeit, weil sie die Handlungsfreiheit der adressierten Akteure einschränken, doch auch sie wurden stets damit begründet und unter dem Vorbehalt angewandt, dass hinreichend adäquate Alternativen verfügbar sind, um die zu vermeidenden Optionen problemlos, vor allem ökonomisch zumutbar substituieren zu können. Diese Prämisse gilt erst recht für „weiche" Maßnahmen, wie etwa freiwillige Verpflichtungen, Aushandlungsprozesse, (Multi-)Stakeholderdialoge sowie Beratungs-, Informations- oder Bildungsangebote. Besondere Beachtung erfährt seit einiger Zeit das sog. „Nudging" (Sunstein & Thaler 2008). Es stellt darauf ab, bisherige Handlungsmuster unverbindlich und – im Gegensatz zu Verboten und Anreizsystemen – sanktionsfrei zugunsten erwünschter Alternativen umzulenken; Konsumenten sollen lediglich sanft „angestupst" werden. Theoretisch basiert dieses Vorgehen auf der „Behavioral Economics" (Kahneman & Tversky 1979), die sich, gestützt auf Erkenntnisse der kognitiven Psychologie, vom klassischen Rationalitätsparadigma abgrenzt.

Ganz gleich, an welchen dieser oder davon abgewandelter Instrumente sich die Debatte über geeignete Nachhaltigkeitspolitiken orientiert, definitiv nie vorgesehen war und ist, dadurch die weitere Expansion der Güterproduktion – genauer: die unbegrenzte Steigerung materieller Freiheiten – auch nur vorsichtig zu hinterfragen. Nachhaltigkeitsstrategien waren und sind mit der Logik einer „ökologischen Modernisierung" bzw. eines „grünen" Wachstums verwoben: Nicht die Reduktion von Wohlstandsansprüchen, sondern deren gewandelte Befriedigung mittels ökologisch effizienter oder konsistenter Substitute bildet die Richtschnur, denn nur so lassen sich zumutungsfreie Problemlösungen versprechen. Um nun dabei über den naheliegenden Verdacht erhaben zu sein, sich lediglich den niederen Instinkten konsum- und kosmopolitisch ausgerichteter Wähler anbiedern zu wollen – was gebildete Individuen beleidigen oder intellektuell unterfordern könnte –, bedarf es eines ideologischen Überbaus, der das (grüne) Expansionsparadigma mit aufgeklärter Vernunft in eins setzt. Zwei Interpretations- bzw. Glaubensschemata haben sich dabei besonders bewährt, nämlich erstens die Bedürftigkeit und zweitens der Fortschritt.

Garant dafür, selbst in den reichsten Konsumdemokratien ständig neuen Bedarf an Produktion und Einkommen proklamieren zu können, ist das Zusammenspiel zwischen Innovationsdynamiken und einem egalitären Gerechtigkeitsverständnis, das dazu verhilft, vormals auskömmliche Güterausstattungen in relative Armut umzudefinieren. Unternehmerische und wissenschaftliche Kreativität gebären laufend neue technische Möglichkeiten, um mittels Konsum, Mobilität und Bequemlichkeit höhere Ebenen der materiellen Selbstverwirklichung, mithin symbolische Distinktionsgewinne oder höhere „Einnahmen an Aufmerksamkeit" (Franck 1998) zu erzielen. Kaum werden diese Optionen von einer Minderheit aufgegriffen, die sich damit abhebt, ertönt auch schon die Klage, wie ungerecht es sei, andere davon auszuschließen. So gelingt es, Menschen auf jedem beliebigen Ausstattungsniveau weiterhin als „Mängelwesen" (Gehlen 1940) betrachten zu können. Soziale Vergleichsmaßstäbe, anhand derer sich Individuen als bedürftig einstufen lassen, können so grenzenlos emporgeschraubt werden. Dies spiegelt sich in einer relativierten Armutsdefinition wider. „Arm", „armutsgefährdet", „prekär", also bedürftig ist demnach bereits, wer im Zuge von Innovationsschüben lediglich geringere Einkommenszuwächse verzeichnen konnte als der gesellschaftliche Durchschnitt.

Die solchermaßen ständig aufs neue konstruierten Gerechtigkeitslücken mobilisieren ein Industriesystem, das Einkommens- und Versorgungsquellen für die Abgehängten erschließen soll, damit Smartphones, Autos, Häuser, trendkonforme Textilien, Weltreisen etc. für den Massenkonsum verfügbar und erschwinglich werden. Aber die hierzu entfesselten Materialschlachten hetzen einem gerechten Ausgleich hinterher, der sich als davon eilendes Ziel entpuppt. Denn zwischenzeitlich brandet die nächste Innovationswelle auf, die abermals Konsumpioniere und somit neue soziale Differenzen auf den Plan ruft. So mündet der Gerechtigkeitswettlauf zwischen Hase und Igel in eine nie endende Aufwärtsspirale. Hirsch (1976) hat dargelegt, wie auf diese Weise vormals akzeptierte Lebensstandards und damit einhergehende soziale Positionen relativiert, letztlich sogar degradiert werden. Das ursprünglich auf die materielle Sphäre gemünzte Phänomen der „schöpferischen Zerstörung" (Schumpeter 1934) erschüttert eben nicht minder den sozialen Zusammenhalt. Die gesellschaftliche Position derjenigen, die mit den Nutznießern neuer, zumal überlegen wirkender Selbstverwirklichungsinszenierungen nicht mithalten können, wird entwürdigt.

Ein Kierkegaard zugeschriebener Aphorismus lautet: „Das Vergleichen ist das Ende des Glücks und der Anfang der Unzufriedenheit." Mittels digitaler Kommunikation sowie überbordender Mobilität werden Menschen zu Trägern von Wohlstandssymbolen, die jeden geographischen Winkel infiltrieren. So potenziert sich die beständige Aufdeckung interpersoneller und -kultureller Differenzen weit über innergesellschaftliche Verhältnisse hinaus. Wenn infolge erodierender Grenzen und invasiver Mobilität alles mit allem durch Personen-, Güter- und Datenströme verbunden ist, konkurriert unweigerlich auch alles mit allem. Die Bewohner des globalen Südens sind schutzlos einem latenten Modernisierungsvergleich ausgesetzt. Als chronische Verlierer wird ihnen vor Augen geführt, wie entwicklungsbedürftig sie gemessen am europäischen und nordamerikanischen Ideal sind. Was vormals sinnstiftend und materiell hinreichend war, wird nunmehr als demütigend empfunden und seiner möglichst baldigen Überwindung anheimgestellt – entweder durch technisch-ökonomische Nachrüstung oder die Flucht ins vermeintliche Wachstumsparadies.

Wer sich gegen diese „schöpferische Zerstörung" der kulturellen Unterschiede wendet, die vormals grundlegend für stabile Orientierungen und ein Leben in Würde trotz genügsamerer Begleitumstände waren, findet sich im Jenseits des politisch Aussätzigen wieder. Im modernen Diesseits gilt indessen die Maxime, dass alles, was sich mit noch so großem Interpretationsaufwand als sozialer Unterschied identifizieren lässt, durch eine nachholende Expansion der hierzu nötigen materiellen Mittel auszumerzen ist, so sehr dieses Unterfangen auch an den Sisyphos-Mythos erinnert. Oder etwa gerade deshalb?

Insoweit nämlich mit jedem Wachstumsschub bestimmte Konsumenten ihren Status verbessern können, was sich zulasten der relativen Position anderer auswirkt, werden letztere zur politischen Rechtfertigung weiteren Wachstums. Dies ist die Basis einer nie versiegenden Rückkopplungsdynamik, deren Ursache und Folge ökonomisches Wachstum ist. Dabei liegt ein spezifisches (sozial-)politisches Verständnis zugrunde, wonach eine als wünschenswert betrachtete soziale Nivellierung durch die Ausdehnung der verfügbaren Möglichkeiten (Positivsummenspiel) anstelle einer Umverteilung der vorhandenen Möglichkeiten (Nullsummenspiel) zu erreichen ist. Diese „Steigerungslogik" (Gross 1994) verallgemeinert das dominante Entwicklungsprinzip moderner Konsumgesellschaften. Gesellschaftspolitik speist sich im Wesentlichen aus einer permanenten Suche nach und Aufdeckung von sozialen Differenzen, die in den Imperativ ihrer Beseitigung durch zusätzliches Bewirken und Steigern transformiert werden. So erhält jegliches politische und – vor allem – wirtschaftliche Agieren eine nie versiegende, weil sich selbst verstärkende Legitimation. Wachstum erzeugt Differenzen, deren Tilgung – ganz gleich auf welchem Niveau – neues Wachstum notwendig macht.

Betörend an dieser Entwicklungslogik ist, dass sie ein klassenübergreifendes Bündnis der Wachstumswilligen hervorbringt. Es sind Gebildete und Besserverdiener, die von jedem Innovations- und Wachstumsschub zuerst und am reichhaltigsten profitieren, folglich neue Standards für jene Güterausstattungen setzen, die nunmehr erforderlich für eine angemessene Teilhabe sind. Indem sich die kapitalismuskritisch und für Gerechtigkeit engagierten Kräfte an genau diesen Wohlstandssymbolen der gehobenen Klassen orientieren – woran sonst ließe sich „Ungerechtigkeit" bemessen? –, übernehmen sie nicht nur die kulturellen Werte ihres politischen Gegners, also des „Klassenfeindes", sondern streiten für dasselbe ökonomische Ziel: Wachstum. So verschmelzen linke, grüne und neo-liberale Positionen.

Der „grüne" Fortschritt ist gescheitert
Gegen das lückenlose Wachstumsbündnis – die vermutlich größte aller großen Koalitionen – kann derzeit keine Nachhaltigkeitspolitik durchgesetzt werden. Mehrheitsfähig ist nur eine „Green Growth"-Strategie. Damit hängt die Vermeidung des ökologischen Kollapses, auf den derzeit alles zustrebt, an einem seidenen Faden: Gemäß dieser Logik muss es gelingen, wirtschaftliche Expansion, also Steigerungen des Bruttoinlandsproduktes (BIP), von jeglicher Naturzerstörung zu entkoppeln. Die Beschwörung des hierzu nötigen Fortschritts konstituiert neben der beständigen Konstruktion neuer menschlicher Bedürftigkeit (siehe oben) die zweite Dimension der Wachstumsideologie. Allerdings hätten die unzähligen Versuche, Steigerungen des materiellen Wohlstandes durch „grüne" Innovationen ökologisch zu entschärfen, kaum spektakulärer scheitern können. Und dies ist kein vorübergehendes oder zufälliges Versagen der Fortschrittsbestrebungen, sondern unvermeidlich. Warum?

Steigerungen des BIP setzen *zusätzliche Produktion* voraus, die als Leistung von mindestens einem Anbieter zu einem Empfänger übertragen werden muss und einen Geldfluss induziert, der *zusätzliche Kaufkraft* entstehen lässt. Der Wertschöpfungszuwachs hat somit eine materielle Entstehungsseite und eine finanzielle Verwendungsseite des Einkommenszuwachses. *Beide* Wirkungen wären ökologisch zu neutralisieren, um die Wirtschaft ohne Verursachung zusätzlicher Umweltschäden wachsen zu lassen. Mit anderen Worten: Selbst wenn sich die Entstehung einer geldwerten und damit BIP-relevanten Leistungsübertragung technisch jemals entmaterialisieren ließe – was mit Ausnahme singulärer und kaum hochskalierbarer Laborversuche bislang nicht absehbar ist –, bliebe das Entkopplungsproblem dennoch solange ungelöst, wie sich mit dem zusätzlichen Einkommen beliebige Güter finanzieren lassen, die nicht vollständig entmaterialisiert sind. Beide Entkopplungsprobleme sollen kurz beleuchtet werden.

Entstehungsseite des BIP: Materielle Rebound-Effekte

Wie müssten Güter beschaffen sein, die als geldwerte Leistungen von mindestens einem Anbieter zu einem Nachfrager übertragen werden, deren Herstellung, physischer Transfer, Nutzung und Entsorgung jedoch aller Flächen-, Materie- und Energieverbräuche enthoben sind? Bisher ersonnene Green-Growth-Lösungen erfüllen diese Voraussetzung offenkundig nicht, ganz gleich ob es sich dabei um Passivhäuser, Elektromobile, Ökotextilien, Photovoltaikanlagen, Bio-Nahrungsmittel, Offshore-Anlagen, Blockheizkraftwerke, Smart Grids, solarthermische Heizungen, Cradle-to-Cradle-Getränkeverpackungen, Carsharing, digitale Services etc. handelt. Nichts von alledem kommt ohne physischen Aufwand, insbesondere neue Produktionskapazitäten, Distributionssysteme, Mobilität und hierzu erforderliche Infrastrukturen aus, was somit zu einer weiteren materiellen Addition führen muss, solange sich daraus wirtschaftliches Wachstum speisen soll. Aber könnten die „grünen" Produkte den weniger nachhaltigen Output nicht einfach ersetzen, anstatt addiert zu werden, so dass im Saldo eine ökologische Entlastung eintritt? Diese Strategie scheitert in zweierlei Hinsicht.

Erstens würde es nicht ausreichen, nur Outputströme zu ersetzen, solange der hierzu zwangsläufig nötige Strukturwandel mit einem Zuwachs an materiellen Bestandsgrößen und Flächenverbräuchen (wie bei Passivhäusern oder Anlagen zur Nutzung erneuerbarer Energien) einhergeht. Die bisherigen Kapazitäten und Infrastrukturen wären zu beseitigen. Aber wie könnte die Materie ganzer Industrien, Gebäudekomplexe oder etlicher Millionen fossil angetriebener Pkw (um sie durch E-Mobile zu ersetzen) und Heizungsanlagen (um sie durch Elektro- oder solarthermische Anlagen zu ersetzen) ökologisch neutral verschwinden?

Zweitens könnte das BIP nicht systematisch wachsen, wenn jedem grünen Wertschöpfungsgewinn ein Verlust infolge des Rückbaus alter Strukturen entgegenstünde. Dies lässt sich exemplarisch an der deutschen „Energiewende" nachzeichnen. Die momentan von der Green-Growth-Gemeinde bestaunten Wertschöpfungsbeiträge der erneuerbaren Energien entpuppen sich bei genauerer Betrachtung als Strohfeuereffekt. Nachdem nämlich die vorübergehende Phase des Kapazitätsaufbaus abgeschlossen ist, reduziert sich der Wertschöpfungsbeitrag auf einen Energiefluss, der vergleichsweise geringe Zuwächse des BIP verursacht und nicht beliebig gesteigert werden kann – es sei denn, die Produktion neuer Anlagen wird ohne Begrenzung fortgesetzt. Aber dann nehmen die schon jetzt unerträglichen Landschaftszerstörungen entsprechend zu.

Daran zeigt sich ein unlösbares Dilemma vermeintlich „grüner" Technologien: Insoweit auch diese niemals zum ökologischen Nulltarif zu haben sind, verlagern sie Umweltschäden nur in eine andere physische, räumliche, zeitliche oder systemische Dimension, in der früher oder später eben andere Wachstumsgrenzen erreicht werden. Entsprechend unbrauchbar sind die Versuche, Entkopplungserfolge empirisch zu belegen, zumal Verlagerungseffekte kaum berechenbar sind: Wie lassen sich CO_2-Einsparungen mit Landschaftszerstörungen saldieren?

Verwendungsseite des BIP: Finanzielle Rebound-Effekte
Selbst wenn entmaterialisierte Produktionszuwächse je möglich wären, müssten die damit unvermeidlich korrespondierenden Einkommenszuwächse ebenfalls ökologisch neutralisiert werden. Aber es erweist sich als schlicht undenkbar, den Warenkorb jener Konsumenten, die das in den „grünen" Branchen zusätzlich erwirtschaftete Einkommen beziehen, von Gütern freizuhalten, in deren globalisierte Produktion fossile Energie und andere Rohstoffe einfließen. Würden Personen, die in den Branchen (vermeintlich) „grüner" Produktion beschäftigt sind, keine Eigenheime bauen, nicht mit dem Flugzeug reisen, kein Auto fahren und nicht übliche Konsumaktivitäten in Anspruch nehmen – und zwar mit steigender Tendenz, wenn das verfügbare Einkommen wächst? Ein zweiter finanzieller Rebound-Effekte droht, wenn grüne Investitionen den Gesamtoutput erhöhen, weil nicht zeitgleich und im selben Umfang die alten Produktionskapazitäten zurückgebaut werden (die gesamte Wohnfläche nimmt durch Passivhäuser zu, die gesamte Strommenge steigt durch Photovoltaikanlagen), was tendenzielle Preissenkungen verursacht und folglich die Nachfrage erhöht. Es ist nicht einmal auszuschließen, dass davon der fossile Sektor mitprofitiert. Ein dritter finanzieller Rebound-Effekt tritt ein, wenn Effizienzerhöhungen die Betriebskosten bestimmter Objekte (Häuser, Autos, Beleuchtung etc.) reduzieren.

Finanzielle Rebound-Effekte ließen sich vermeiden, wenn die Einkommenszuwächse abgeschöpft würden – aber damit würde gleichsam das Wachstum verhindert. Und überhaupt: Was könnte absurder sein, als Wachstum zu generieren und dann die damit intendierten Einkommenssteigerungen zu neutralisieren? Die Behauptung, durch Investitionen in grüne Technologien könne ein ökologisch verträgliches Wirtschaftswachstum ermöglicht werden, ist also nicht nur falsch, sondern kehrt sich ins genaue Gegenteil um: Grüne Technologien haben allein unter der Voraussetzung eines nicht wachsenden BIPs überhaupt eine Chance, die Ökosphäre zu entlasten. Und dies ist nicht einmal eine hinreichende Bedingung, weil die materiellen Rebound-Effekte (siehe oben) ebenfalls einzukalkulieren sind.

Es mangelt an Übung und genügsamer Lebenspraxis

Wenn eine Entkopplung systematisch versagt, entspricht es weniger einem ethischen Imperativ als einer mathematischen Konsequenz, dass nur die Abkehr vom Wachstum als Lösung verbleibt – mehr noch: Die industrielle Wertschöpfung und fossile Mobilität wäre in den Konsumgesellschaften derart zu reduzieren, dass die Ressourcenverbräuche pro Kopf auf ein ökologisch global übertragbares Niveau sinken. So impliziert das Zwei-Grad-Klima-Ziel bei weltweiter Gleichverteilung der damit kompatiblen Gesamtmenge an CO_2-Emissionen ein individuelles Budget von maximal ca. 2,5 Tonnen pro Jahr. Tatsächlich liegt dieser Wert in Deutschland bei merh als 11 Tonnen. Die Folgen eines damit unvermeidlich einhergehenden Rückbaus an Industrieproduktion und Verkehr dringen zwangsläufig direkt oder indirekt bis zur individuellen Ebene durch und müssen dort durch Selbstbegrenzung aufgefangen werden. Ebenso nötig sind auf Subsistenz basierende Versorgungsleistungen. Die dafür aufzubringende Genügsamkeit ist keine Frage der Einsicht oder bekundeten Intention. Sie setzt Disziplin und hinreichend eingeübtes Können voraus.

Aber je höher das aktuelle Fremdversorgungsniveau ist, desto mehr wird die Rückkehr zu global übertragbaren Mobilitäts- und Konsummustern als Entbehrung empfunden. Situationen, die den bislang beanspruchten Komfort vermissen lassen, rufen die Angst hervor, an bescheideneren Daseinsformen mangels hinreichender Belastbarkeit und manueller Fertigkeit zu scheitern. Zu meistern wäre überdies nicht nur das Gefälle zwischen dem bisherige Komfortniveau und einer postwachstumstauglichen Lebensführung, sondern auch die Konfrontation mit den Erwartungen und Normalitätsvorstellungen des sozialen Umfeldes. Entsprechende Beziehungskonflikte, Scham- und Ausgrenzungsgefühle lassen sich nur schwer bewältigen oder ertragen. Die hierzu nötige Disziplin erweist sich als unvereinbar mit den dominierenden Freiheitsvorstellungen und antiautoritären Erziehungsidealen.

Zudem müsste manches von dem, was vormals bequem von außen bezogen wurde, durch selbsttätig zu erbringende Subsistenzleistungen ersetzt werden. Die nötigen Kompetenzen – etwa im Bereich handwerklicher, landwirtschaftlicher und andere körperlicher Verrichtungen – mussten auf dem Weg in einen alles umfassenden Konsumismus systematisch aufgegeben werden. Ihre Aufrechterhaltung hätte stetige Übung erfordert, die nicht zum Nulltarif zu haben ist. Übung lässt sich nicht digitalisieren oder delegieren, sondern muss selbsttätig ausgeführt und wiederholt werden. Hierzu muss eine individuelle, nicht beliebig vermehrbarer Ressource aufgeboten werden, nämlich Zeit. Aber die ist knapp, so dass sie einer unerbittlichen Verwendungskonkurrenz ausgesetzt ist. Wird sie verausgabt, um durch Akademisierung und spezialisierte Arbeit Einkommen zu generieren, mit dem die Bequemlichkeiten eines modernen Lebens finanziert werden, besteht erstens nicht die Möglichkeit und zweitens kein Anlass, Versorgungspraktiken jenseits industrieller Fremdversorgung durch Übung zu bewahren.

Was in einer überfrachteten Konsumumgebung an eigener Kompetenz übrig bleibt, besteht bestenfalls noch in einem müheloses Dahingleiten auf uniformierten Benutzeroberflächen, so als sei das erfüllte Leben gleichbedeutend mit einem allgegenwärtigen Touchscreen. „Lebenserleichternde" Automatisierung befreit von der Notwendigkeit, etwas Substanzielles zu beherrschen. So wird eine Virtuosität des Nicht-Könnens kultiviert. Sie fokussiert darauf, ständig neue Ansprüche zu begründen, für unabdingbar zu erklären und deren Erfüllung mit nur minimalem eigenem Einsatz auszulösen. Die Kuriositäten eines derartigen Programms der individuellen Verkümmerung lassen sich überall besichtigen. Wenn das Recht auf Hilflosigkeit als gesellschaftlicher Fortschritt zelebriert wird, erzwingt die damit herangezüchtete Abhängigkeit umso mehr äußeres Wachstum an Leistungszufuhr – mit allen stofflichen Anhängen, versteht sich. Heerscharen global umherirrender Versorgungsfälle ziehen nicht nur den obligatorischen Rollkoffer, versehen mit trophäenartigen Airline-Banderolen, hinter sich her, sondern auch eine zunehmend anspruchsvollere Produktionskette.

Wie psychisch belastbar sind die Insassen einer derartigen Bequemokratie? Wenn der Flieger ausfällt, die Tankstelle den Benzinpreis erhöht, das Handy keine Verbindung hat, der Supermarkt geschlossen ist, dem Kaffee das Verwöhnaroma fehlt oder die Haushaltshilfe den Gehweg nicht gefegt hat, ist der Spaß vorbei. Inmitten organisierter Bedürftigkeit verlieren Konsumhypochonder die Fassung. Jede Lücke oder Verzögerung innerhalb einer als Normalzustand etablierten Rundumversorgung gilt als Zumutung. Die Letztere verkörpert den Antichristen moderner Fortschrittsverheißungen. Doch strandet der Imperativ beständiger Zumutbarkeitssenkungen in einer Paradoxie: Technologische und ökonomische Exzesse, durch die jede körperliche Unbequemlichkeit ausgerottet werden sollen, senken zugleich die Toleranzgrenzen. So wird indirekt das Potenzial jener Situationen, die vormals erträglich waren, nun aber als Zumutung empfunden werden, ins Unermessliche gesteigert. Deshalb wären digitalisierte und kosmopolitische Mittelschichten mit nichts so überfordert wie ausgerechnet mit dem, was am nötigsten wäre: eine ökologisch integre Lebensführung.

Jenseits des „grünen" Wachstums ist die Politik handlungsunfähig

Der moderne, üblicherweise gewählte Ausweg, um unangenehme Reduktionserfordernisse über einen politischen Blitzableiter – etwa das EEG – an eine innovative Technologie und zugleich damit neu entstehendes, nunmehr dafür zuständiges wirtschaftliches Teilsystem abzuführen, ist aufgrund der systematisch scheiternden Entkopplung versperrt. Angesichts dieser Sachlage könnten politische Programme, Gesetzeswerke oder andere formale Institutionen – sofern sie tatsächlich eine ökologische Entlastung herbeiführen sollen – allein darin bestehen, ruinöse Lebenspraktiken mit materiellen Restriktionen zu versehen, also den Wählern Anspruchsmäßigungen aufzuerlegen. Allerdings ist auch dieser Weg versperrt: Wie wahrscheinlich ist es, dass die Insassen der wattierten Komfortzone eine Politik akzeptieren, die ihnen genau das zumutet, wogegen sich sämtliche sozialen Entwicklungsstränge seit dem zweiten Weltkrieg gestemmt haben, nämlich Mäßigung? Transformationen, die reduktive Leistungen voraussetzen, scheitern überdies weniger an mangelnder Aufklärung oder Intention als an nicht eingewöhnter Belastbarkeit und Genügsamkeit.

Marxistische oder kapitalismuskritische Positionen innerhalb des Postwachstumsdiskurses suggerieren zuweilen, dieses Dilemma ließe sich als „Machtfrage" oder Verteilungsproblem lösen, indem die Reduktionsleistungen höheren Einkommensgruppen zugewiesen werden, so dass die Mehrheit verschont bleibt. Aber es ist schon lange keine Elite mehr, die das Gros der Ressourcen verbraucht. In aktuellen Konsumdemokratien und vielen Schwellenländern ist es umgekehrt nur noch eine verschwindend kleine Elite, die nicht über ihre ökologischen Verhältnisse lebt, weil Flugreisen, Elektronik und andere Konsumgüter erschwinglich geworden sind. Deshalb müsste sich jede auch noch so bemüht gerechte Postwachstumspolitik zwangsläufig mit demokratischen Mehrheiten anlegen. Dass die zusehends hedonistisch geprägten Mittelschichten auch nur daran denken können, sich einer politisch veranlassten Entzugskur zu unterwerfen, setzt voraus, die notwendigen Praktiken der Genügsamkeit, Sesshaftigkeit und graduellen Selbstversorgung erst eingeübt zu haben.

Politischen Entscheidungsträgern würde es als grobe Verantwortungslosigkeit angelastet, vollends von industrieller Fremdversorgung abhängige Individuen mit Begrenzungen zu traktieren, denen sämtliche

Alltagspraktiken entgegenstehen, die parteiübergreifend seit jeher als sozialer Fortschritt zelebriert und forciert wurden. Die Systemlogik vorherrschender Konsumdemokratien gleicht einem Überbietungswettbewerb: Wer verspricht glaubhaft die meisten Freiheits- und Wohlstandszuwächse für möglichst viele Menschen? Deshalb sind wachstumskritische Zukunftsentwürfe, deren Umsetzung von politischen Weichenstellungen abhängig ist, aussichtslos. Keine demokratisch gewählte Regierung eilt einem reduktiven Wandel voraus, sondern bestenfalls hinterher, um kein Risiko einzugehen. Der Mut zu einer Postwachstumspolitik setzt glaubwürdige Signale für die Bereitschaft und Fähigkeit der Gesellschaft voraus, den unvermeidlichen Strukturwandel auszuhalten.

Fazit: Autonome Rettungsboote anstelle eines Rettungsplans für die Titanic
Das modernistische Ideal einer „grünen" Wohlstandsgesellschaft, die sich kraft technischen Fortschritts ökologisch gestalten lässt, ist unvermeidbar fehlgeschlagen. Aber damit ist weitaus mehr als nur die Politik eines grünen Wachstums gescheitert, nämlich zugleich die grundsätzliche Möglichkeit, über staatliche Programme oder gesetzliche Rahmenbedingungen, die einer demokratischen Mehrheit bedürfen, eine (mehr als nur symbolische) Transformation einzuleiten. Ohne technische Entkopplung kann die Politik nur – in welcher Form auch immer – durch oktroyierte Begrenzung und Reduktion ökologische Entlastungseffekte herbeiführen, die sich umso spürbarer auf die Lebensbedingungen der Wählermehrheit auswirken, je weiter sich diese kulturell und empirisch von einer ökologisch zukunftsfähigen Daseinsform entfernt hat.

Bis heute war und ist keine Partei oder politische Initiative, die reduktive, lebensstilrelevante Maßnahmen fordert, in irgendeinem Parlament vertreten. Der Ruf nach politischen Programmen, durch die sich Nachhaltigkeitsdefizite tilgen lassen, erinnert daher an einen Hund, der den Mond anbellt. Solange die gegenwärtige Wohlstandskultur vorherrscht, kann politisch nur mehrheitsfähig sein, was ökologisch ins Desaster führt. Dies mit Aufklärungs- oder Wissensdefiziten zu begründen, um weitere vermeintlich innovative Bildungsprogramme zu fordern, zählt zu den tragischen Fehleinschätzungen des Nachhaltigkeitsdiskurses. Nicht nur die Bildungspolitik im Allgemeinen hat versagt. Auch die sog. „Umweltbildung" oder „Bildung für nachhaltige Entwicklung" unterwirft sich längst einem technikaffinen und kosmopolitischen Daseinsmodell, das aufgrund maßloser Mobilitätsansprüche ökologisch ruinöser nicht sein könnte. Mit dem „Akademisierungswahn" (Nida-Rümelin 2014) werden jene basalen Fähigkeiten und Praktiken verdrängt, die eine suffiziente, sesshafte und an moderner Subsistenz orientierte Lebensführung ermöglichen. Dies lässt sich durch keine noch so bemühte Integration additiver Nachhaltigkeitsinhalte ausgleichen. Die Bildungsindustrie setzt bestenfalls akademisierte und politisierte Weltverbesserer frei, deren theoretische Nachhaltigkeitskompetenz zum symbolischen Ersatz für gelebte, also empirische Nachhaltigkeit geworden ist.

Wenn überhaupt noch eine Option existiert, proaktiv auf eine reduktive Anpassung des Wohlstandsmodells hinzuwirken, bevor dieses krisenbedingt unfreiwillig transformiert wird, dann nur jenseits mehrheitsfähiger Nachhaltigkeitspolitiken und Bildungsprogramme. Denn die zeitgenössische Ökonomie ähnelt einem manövrierunfähigen Ozeanriesen, der genauso unrettbar ist wie einst die Titanic. Ratsam wäre es daher, autonome Rettungsboote zu entwickeln, die sich unterhalb des politischen Radars dezentral und kleinräumig gestalten lassen. Dies bedeutet, sich vom „Die-Menschen-dort-abholen-wo-sie-sind"-Diktum abzuwenden und jene Minderheiten der Zivilgesellschaft anzusprechen, die für einen Wandel zum Weniger erreichbar sind.

Daraus ergäben sich zwei Chancen, nämlich erstens: Postwachstumstaugliche Lebensstile können schon jetzt ein wenn auch vorläufig noch begrenztes Verbreitungspotenzial entfalten. Indem diese von Pionieren glaubwürdig und sichtbar praktiziert werden, führt bereits ihre pure Existenz zu einer Konfrontation. Wenn es gelingt, ökologisch übertragbare Subkulturen in Nischen zu stabilisieren, kann damit die Tragfähigkeit alternativer Daseinsausprägungen kommuniziert werden. Sie kann gemäß einer „sozialen Diffusion" (Rogers 1995) sukzessive von jenen frühen Adoptern aufgegriffen werden, die dazu längst fähig und willens waren, einen individuellen Wandel jedoch mangels sozialer Anknüpfungspunkte und imitierbarer Praxisbeispiele bislang nicht vollzogen haben. Zweitens entstünde ein Vorrat an abrufbereiten Praktiken – etwa im Sinne der von Beuys so bezeichneten „sozialen Plastiken" –, auf die zurückgegriffen werden kann, wenn Krisen dies nahelegen oder erzwingen. Möglichst viele Individuen resilient, d.h. robust gegenüber ökonomischen Strukturbrüchen werden zu lassen, um in einem heraufziehenden Zeitalter der reduzierten Wohlstandsansprüche ein würdiges Dasein meistern zu können, dürfte die dringendste Vorsorgemaßnahme darstellen.

Eine derartige Strategie der horizontalen Vervielfältigung postwachstumstauglicher, auf mikroökonomischer Ebene gestaltbarer Versorgungsformen erfüllt das Kriterium, weder von politischen Mehrheitsentscheidungen abhängig zu sein noch technischer Innovationen oder voluminöser Finanzquellen zu bedürfen. Somit könnten viele, sich in

Reallaboren vernetzende Individuen vergleichsweise voraussetzungslos damit beginnen, zukunftsfähige Lebensführungen einzuüben. Sie könnten glaubwürdig vorführen, dass ein Dasein, welches pro Kopf und Jahr durchschnittlich nicht mehr als 2,5 Tonnen CO_2 verursacht, nicht nur durchführbar, sondern sogar von hoher Lebensqualität ist. So würden viele der heuchlerischen Alibis als gegenstandslos entlarvt, die eine Transformation verhindern.

Literatur

D'Alisa, G., F. Demaria & G. Kallis: Das Degrowth-Handbuch. München 2016.
Gehlen, A.: Der Mensch. Seine Natur und seine Stellung in der Welt. 13. Auflage. Wiesbaden 1940, 1997.
Gross, P.: Die Multioptionsgesellschaft. Frankfurt a. M. 1994.
Franck, G.: Die Ökonomie der Aufmerksamkeit: Ein Entwurf. München 1998.
Hirsch, F.: Social Limits to Growth. Cambridge 1976 (erschienen in deutscher Übersetzung als „Die sozialen Grenzen des Wachstums" im Jahr 1980, Reinbek).
Kahneman, D. & A. Tversky: Prospect theory. An analysis of decision under risk. In: Econometrica, Vol. 47, No. 2, 1979, S. 263–291.
Nida-Rümelin, J.: Der Akademisierungswahn. Hamburg 2014.
Paech, N.: Regionalwährungen als Bausteine einer Postwachstumsökonomie. In: Zeitschrift für Sozialökonomie, Vol. 45, No. 158–159, 2008, S. 10–19.
Paech, N.: Befreiung vom Überfluss. Auf dem Weg in die Postwachstumsökonomie. München 2012.
Paech, N.: Mythos Energiewende: Der geplatzte Traum vom grünen Wachstum. In: Etscheit, G. (Hg.): Geopferte Landschaften – Wie die Energiewende unsere Umwelt zerstört. München 2016, S. 205–228.
Pigou, A.: The Economics of Welfare. London 1920.
Rogers, E. M.: Diffusion of Innovations. New York 1995.
Schumpeter, J.: Theorie der wirtschaftlichen Entwicklung. Berlin 1934.
Thaler, R. H. & C. R. Sunstein: Nudge. Improving Decisions about Health, Wealth, and Happiness. London 2008.

Scheitern an der Mobilität?
Ohne politischen Mut und Konfliktbereitschaft keine neue Mobilität

Reinhard Loske

> Für das schleppende Vorankommen der Verkehrswende ist neben der anhaltenden Automobilfixierung der deutschen Politik auch die strukturelle Unterfinanzierung der öffentlichen Verkehrsträger und ihrer Infrastrukturen verantwortlich. Dabei ist eine erfolgreiche Verkehrswende ein entscheidender Faktor für das Erreichen der Klimaziele und hat große Auswirkungen auf eine zukunftsfähige Gestaltung unserer Wirtschafts- und Lebensweise.

Von den in Deutschland oft proklamierten „grünen" Wenden, der Energiewende, der Agrarwende und der Verkehrswende, ist momentan nur die erstgenannte auf einem einigermaßen erfolgversprechenden Pfad. Zwar gibt es auch an der Energiewende eine Menge zu kritisieren, etwa das zu geringe Tempo beim Kohleausstieg, die nur mangelhaften Preisanreize zur Vermeidung von Kohlendioxid durch den Emissionshandel, die Vernachlässigung des Wärmesektors oder die Halbherzigkeit der Energiesparanstrengungen im Gebäudebereich, aber es lässt sich trotz dieser Defizite doch von einer mindestens tendenziell richtigen Politikausrichtung sprechen.

Das ist bei der Agrarwende und der Verkehrswende überhaupt nicht der Fall. Im Gegenteil: Beide sind einstweilen weit davon entfernt, in den Zielerreichungskorridor umwelt- und klimapolitischer Ziele zu gelangen. Beide sind stark von einem extremen Lobbyismus geprägt, wovon Glyphosat- und Dieselskandal nur die jüngsten traurigen Beispiele sind. Und beide sind dadurch gekennzeichnet, dass Unternehmensinteressen (etwa der Chemie- und der Automobilindustrie) zunehmend unvereinbar werden mit Gemeinwohlinteressen wie jenen an guter Luft, sauberem Wasser, gesunden Nahrungsmitteln, stabilem Klima, biologischer Vielfalt sowie ökologischer Produktivität und Regenerationskraft.

Auf dem Spiel steht hier nicht weniger als die Frage nach staatlicher Handlungsbereitschaft und -fähigkeit gegenüber potenten ökonomischen Interessen. Ist die Politik gewillt und in der Lage, das Gemeinwohl höher zu gewichten als wirtschaftliche Partikularinteressen? Hat sie den Mut, dem fatalen Prinzip „Privatisierung der Gewinne bei Sozialisierung der Kosten" einen Riegel vorzuschieben? Ist sie bereit, Langfristziele gegenüber Gegenwartsinteressen auf eine Weise zur Geltung zu bringen, die das Prädikat „nachhaltig" verdient?

In diesem Beitrag soll es um die Verkehrswende gehen, ein Konzept, das am Berliner Institut für ökologische Wirtschaftsforschung (IÖW) schon Mitte der neunziger Jahre eine erste Fundierung erfuhr (Hesse 1994) und seither auf vielfältigste Weise vertieft, präzisiert und qualifiziert wurde (Rammler 2014; Agora Verkehrswende 2017). Thematisch geht es hier gleichermaßen um den Personen- wie den Güterverkehr, um Verkehrsvermeidung, Verkehrsverlagerung (von straßen- auf schienengebundene, von privaten auf öffentliche, von motorisierten auf nicht-motorisierte Verkehrsmittel, von individuellen auf gemeinschaftliche Nutzungsformen wie Car, Ride oder Bike Sharing) sowie um effizientere, emissionsärmere und langfristig sogar emissionsfreie Verkehrstechnik. Und nicht zuletzt geht es um die Zukunft der Infrastrukturen, auf welchen der Verkehr fließt.

Was wir momentan im Hauptstrom der Politik und in vielen Massenmedien erleben, ist eine enorme Trivialisierung des Verkehrswende-Konzeptes, was sich vor allem im Bundestagswahlkampf 2017 deutlich zeigte. Es konnte der Eindruck entstehen, Verkehrspolitik beschränke sich darauf, möglichst schnell das (selbstfahrende) Elektroauto einzuführen und den Verbrennungsmotor abzulösen. Dabei rankte sich der Streit bei genauerem Hinsehen letzten Endes lediglich um die Frage, ob dies sehr bald durch ein Verbot des Verbrennungsmotors (Bündnis 90/Die Grünen: ab 2030) oder erst langsam und ohne festen Endtermin geschehen solle (Alexander Dobrindt, CSU, ehedem Verkehrsminister, während der Jamaika-Verhandlungen: „Schwachsinns-Termin abräumen!"). Interessant war, dass beide Seiten ihre Position mit dem Argument begründeten, man wolle nur das Beste für die deutsche Automobilindustrie und den Automobilstandort Deutschland. Um Fragen von Verkehrsvermeidung oder Verkehrsverlagerung ging es im Bundestagswahlkampf praktisch nicht. Der Rahmen (neudeutsch: das *Framing*) war gesetzt: Alle wollen nur Gutes für das deutsche Auto, nämlich dass auch in Zukunft so viele wie möglich davon gebaut und in alle Welt verkauft werden! Eine neue Form des deutschen Automobil-Patriotismus war geboren. Grundsatzkritik am Automobilismus? Nein Danke!

Diese Einseitigkeit der Debatte wird von vielen Bürgerinnen und Bürgern kritisch gesehen. Sicher, wir (oder die meisten von uns) sind auf verschiedenerlei Weise in die Widersprüchlichkeiten der (auto-)mobilen Gesellschaft verstrickt und viel, vielleicht zu viel unterwegs. Aber dass die Zukunft der gesamten Mobilität sich nicht auf die Frage reduzieren lässt, welche Art von Motor die Autos bewegt und ob wir denn demnächst überhaupt noch selbst lenken müssen, leuchtet den meisten Menschen unmittelbar ein. Verstopfte Innenstädte, übervolle Straßen, Verkehrslärm, Unfallgefahren, hoher Ressourcenverbrauch für die Automobil-Hardware, Naturzerstörung durch Flächenversiegelung und landschaftszerschneidende Verkehrstrassen, all diese Probleme für Mensch und Umwelt werden durch E-Autos nicht oder nur zu einem kleinen Teil wirklich berührt. Wo „Verkehrswende" drauf steht, sollte deshalb auch „Verkehrswende" drin sein – und nicht nur Motorenaustausch für die weiterhin automobile Gesellschaft. Bevor wir uns nachfolgend der Frage zuwenden, woran es liegt, dass im Verkehrssektor bislang kaum Fortschritte in Sachen Nachhaltigkeit erzielt wurden, und was denn nun zu tun wäre, sollen hier deshalb mindestens die Umrisse einer Verkehrswende skizziert werden, die diesen Namen wirklich verdient.

Nimmt man die Verkehrswende ernst, so muss sie faktisch in Teilwenden zerlegt werden, die miteinander verwoben sind, aber auch als separate Handlungsfelder markiert werden können: die Raumordnungswende, die Stadtmobilitätswende, die Wirtschaftswende, die Infrastrukturwende, die Verhaltenswende und die Technikwende.

Raumordnung
Aus einer räumlichen Ordnungsperspektive ist es zentral, dass das Induzieren von Zwangsverkehren begrenzt wird. Das Prinzip der funktionalen Durchmischung von Räumen, also die weitgehende Integration der Lebensbereiche Wohnen, Arbeiten, Lernen, Einkaufen und Erholung, sollte konsequent als Leitbild dienen, wobei Qualitätsziele wie der Lärmschutz natürlich zentral sind (Loske 2005). Überflüssige Wege können so entfallen. Im Nahraum lassen sich Wege nicht oder schwach motorisiert zurücklegen. Letztlich geht es um die Frage, ob allein ökonomische Dynamiken sowie daraus resultierende Wanderungsbewegungen und Mobilitätsbedarfe die Raumordnung bestimmen oder ob politische Planung mindestens die Grobrichtung des gesellschaftlich Gewollten vorgeben kann. Wer letztgenannten Anspruch aufgibt oder erst gar nicht erhebt, kann den Verkehrsanfall nur noch so nehmen, wie er kommt, und versuchen, ihn irgendwie technisch und organisatorisch zu optimieren.

Stadtentwicklung
Die Frage der Gestaltbarkeit betrifft die ländliche wie die städtische Mobilität gleichermaßen, aber die urbanen Räume sind natürlich die Hotspots, in denen sich die Verkehrsprobleme ballen: vom Lärm über die Luftschadstoffe bis hin zu den Zerschneidungs- und Versiegelungsef-

fekten des Straßenverkehrs. Die politische Prioritätenliste für die Stadtverkehrswende ist deshalb eindeutig: Stadt- und Bauleitplanung als Verkehrsminimierungsplanung, Stärkung und Ausbau des öffentlichen Personennahverkehrs als Rückgrat des städtischen Verkehrssystems, Verbesserung der Bedingungen für Fuß- und Radverkehre, Zurückdrängung des Autos in der Stadt durch Parkraumbewirtschaftung bei gleichzeitiger Schaffung von Alternativen, die vom ÖPNV über Car Sharing, Bike Sharing und Ride Sharing bis zur Schnittstellenoptimierung zwischen den einzelnen Verkehrsträgern reichen, um Übergänge zwischen ihnen zu erleichtern (z. B. Park & Ride, Car und Bike Sharing Stationen an Bahnhöfen und ÖPNV-Haltepunkten, Fahrradmitnahmemöglichkeiten in Bus und Bahn). Auch im Bereich der City-Logistik sind straßenverstopfende Kleintransporter und Lkw sicher nicht der Weisheit letzter Schluss, zumal Alternativen existieren (zur Nedden 2017).

Wirtschaftliche Arbeitsteilung
Das führt zu der fundamentalen Frage nach dem Zusammenhang von Wirtschaft und Verkehr. Aus einer Nachhaltigkeitsperspektive rücken dabei drei Aspekte in den Vordergrund: die zunehmende Vertiefung industrieller und räumlicher Arbeitsteilung, die gesellschaftlichen Kosten des Verkehrssystems und die Folgen von Digitalisierung und neuen Geschäftsmodellen für Wirtschaftsverkehre und deren immense Beschleunigung. Die Protagonisten der Verkehrswende plädieren schon seit langem dafür, die weitere Vertiefung der Arbeitsteilung, die sich verkehrsmäßig vor allem in Form explodierender Container- und Luftfrachtverkehre, lärmender Schienengüterverkehre bei Nacht sowie „rollender Warenlager" auf den rechten (und zunehmend auch mittleren) Spuren unserer Autobahnen abbildet, zu begrenzen. Ihr Repertoire reicht dabei von Transportpreisen, die die „ökologische Wahrheit" sagen, also die gesellschaftlichen Kosten durch Ökosteuern einschließen, bis zu strikten Lärmschutzregelungen durch Tempolimits oder zeitliche Verkehrsbeschränkungen (etwa Nachtflugverbote).

Das Gros der Wirtschaftsunternehmen und die Logistikbranche verfolgen hingegen keineswegs verkehrsvermeidende Strategien der Regionalisierung, sondern im Gegenteil verkehrsinduzierende Flexibilisierungs- und Globalisierungsstrategien. Sie verlangen nach neuen und „bedarfsgerecht" ausgebauten Autobahnen, rund um die Uhr geöffneten Airports und Containerterminals, möglichst tief ausgebaggerten Flüssen und Häfen für die Containerriesen, der Zulassung von Gigalinern („Monstertrucks"), möglichst umfassenden Ausnahmen vom Wochenend-Fahrverbot für Lkw und einem weitgehenden Verzicht auf

Tempolimits. Hinzu kommen seit geraumer Zeit die Bedürfnisse der Unternehmen des Versandhandels und ihrer Kunden, die zu einer weiteren Zerfaserung von Verkehrsströmen und zu allseits erhöhtem Zeitdruck führen. Bislang hat sich der deutsche Staat in seiner Güterverkehrspolitik fast ohne Einschränkung am letztgenannten Paradigma orientiert. Das kann nicht so bleiben, wenn die anspruchsvollen Klimaschutzziele erreicht werden sollen.

Infrastrukturen
Verkehr findet auf Infrastrukturen statt, auf Straßen, Schienenwegen, Flüssen, Flughäfen und in Seehäfen. Nimmt man zu diesen physischen Verkehren noch die unsichtbaren Flüsse von Strom und Daten durch die hierfür vorgesehenen Netze hinzu, welche für das Verkehrswesen immer relevanter werden, so lässt sich leicht erkennen, dass Infrastrukturpolitik in höchstem Maße nachhaltigkeitsrelevant ist. Wer die Verkehrswende will, muss sich also mit der nachhaltigen (Um-)Gestaltung von Infrastrukturen befassen. Die diesbezüglichen Hauptforderungen der Verkehrswende-Protagonisten lauten: Schwerpunktsetzung der Verkehrsinvestitionen im Bereich der öffentlichen Verkehre; Umlenkung der Straßenverkehrsinvestitionen vom Neubau zur Bestandserhaltung und Sanierung; Schaffung von leistungsfähigen Infrastrukturen für den Radverkehr und guten Bedingungen für den fußläufigen Verkehr; Beendigung der Subventionierung von Flussvertiefungen und Regionalflughäfen; engere Kooperation der deutschen und europäischen Seehäfen, um ruinösen Wettbewerb zu vermeiden; angemessene Nachtruhe an Flughäfen; Sektorenkopplung zwischen dem Energie- und dem Verkehrssektor, um „grüne" Elektrifizierungsstrategien im Verkehr zu fördern; Gestaltung der Digitalisierung auf eine Weise, die zur vollen Ausschöpfung ihrer Nachhaltigkeitspotenziale führt und Monopolisierungsstrategien von Google, Facebook & Co. bekämpft.

Verhaltensmuster
Freilich sind nicht alle Verkehre wirtschaftsinduziert, also das letztlich erzwungene Ergebnis von ökonomischen Dynamiken und Flexibilitätsanforderungen des Arbeitsmarktes. Ein großer, ja der größte Teil des Verkehrs ist der sogenannte Freizeitverkehr, der aufs Engste mit Lebensstilen und Konsumpraktiken korrespondiert. Es geht deshalb auch um einen Einstellungswandel in Sachen privater Mobilität. Politik kann diesen nicht verordnen, weshalb sie sich mit direkten Lebensstilempfehlungen vernünftigerweise zurückhält, aber sie kann zur Förderung einer maßvollen Mobilitätskultur einiges beitragen: die Lebensquali-

tät in Städten und Gemeinden so fördern, dass die Menschen sich vor Ort wohlfühlen und nicht bei jeder sich bietenden Gelegenheit in den Kurzurlaub aufbrechen, den „Konsumismus" in seine Schranken weisen und entkommerzialisierte sowie beruhigte öffentliche Räume schaffen, finanzielle Anreize zu umweltgerechter Mobilität geben (Loske 2015).

Technik
Bleibt die Technikfrage. Sie ist wichtig, sogar sehr wichtig. Aber es ist ein großer Trugschluss, zu glauben, die Verkehrswende sei ausschließlich eine technische Angelegenheit. Wenn man den Hauptstrom der gegenwärtigen verkehrspolitischen Debatte verfolgt, dann könnte man leicht den Eindruck gewinnen, das selbstfahrende und von erneuerbaren Energien angetriebene Elektroauto sei die (Er)Lösung. Selbst wenn die offenen Fragen zu selbstfahrenden Elektroautos einmal zurückgestellt werden, etwa die nach Batterie- und Ladetechnik, nach Stromverfügbarkeit und Ressourcenbeanspruchung, nach Fußgängersicherheit und Cyberattacken, so ist doch evident, dass auch diese Autos Straßen und Parkplätze brauchen, erhebliche (Roll)Geräusche erzeugen und Unfälle verursachen können. Es mag ja sein, dass es in Richtung Elektromobilität und autonomes Fahren geht, obwohl es noch vor gar nicht langer Zeit hieß, dem Wasserstoffauto und der Brennstoffzelle gehöre die Zukunft. Aber bei der Verkehrswende müssen wir grundsätzlich Abschied nehmen von dem Glauben, es gebe die eine „Durchbrecher-Technologie", die uns aller Sorgen entledigt. Es gibt sie nicht. So gesehen ist die derzeitige Idealisierung von Elektroautos und selbstfahrenden Autos eher der Versuch, die Dominanz des Automobils festzuschreiben, statt endlich einzusehen, dass Mobilitätspolitik mehr ist: praktische Lebensgestaltung, Technik und Gesellschaftspolitik (Rammler 2017).

Gründe für das bisherige Scheitern der Verkehrswende
Nun zu der Frage, warum die Verkehrswende in Deutschland nur so schleppend vorankommt und bislang alles in allem nicht gelingt. Die Gründe dafür sind ohne Zweifel vielfältig, jedoch sind einige besonders offenkundig, vor allem die Willfährigkeit großer Teile der Politik gegenüber den Interessen der Wirtschaft im Allgemeinen und der Automobilindustrie im Besonderen. Wer verfolgt hat, wie sich die Bundesregierungen aller Couleur in Brüssel stets dafür eingesetzt haben, die deutsche Automobilindustrie vor anspruchsvollen Emissionsstandards zu bewahren, der konnte auch nicht mehr wirklich erstaunt sein, mit welcher Selbstgewissheit und Selbstverständlichkeit diese Branche bei der Reduzierung und Messung von Schadstoffemissionen unisono gelo-

gen und betrogen hat (Lobbycontrol 2017). Wer sich sicher ist, die Politik stets auf seiner Seite zu haben und mit Lobbyinteressen fast unbegrenzt durchzudringen, der wähnt sich in einem Klima des allgemeinen Wohlwollens und neigt dazu, seine Gewinninteressen mit Gemeinwohlinteressen gleichzusetzen. Hier muss in der Politik ein fundamentaler Einstellungswandel stattfinden, in dessen Zentrum Gemeinwohlinteressen zu stehen haben. Für die Glaubwürdigkeit von Politik gibt es kaum etwas Verheerenderes als die Einschätzung großer Teile der Bevölkerung, sie diene vor allem den Interessen machtvoller Industriebranchen und ordne diesen Interessen die Gesundheits- oder Verbraucherschutzbedürfnisse der Öffentlichkeit unter.

Die schützende Hand
Dabei ist die spannende Frage, ob die schützende Hand, die die Politik über die Automobilindustrie hält, dieser am Ende wirklich hilft. Wahrscheinlicher ist es, dass die Weigerung der Politik, der Automobilindustrie ökologisch etwas abzuverlangen, dieser letztlich sogar eher schadet und ihre internationale Wettbewerbsfähigkeit schwächt statt sie zu stärken. Reichliches Anschauungsmaterial für diese These bietet die jüngere Geschichte des Verhältnisses von Staat und Elektrizitätswirtschaft in Deutschland. Auch die großen Stromkonzerne konnten sich lange Zeit sicher sein, dass der Staat seine schützende Hand über sie hält und sich ihre Interessen direkt zu eigen macht. Heute stehen sie mit dem Rücken an der Wand und drohen, in den Strudeln der neuen Energiewelt unterzugehen.

Ob der Automobilindustrie das gleiche Schicksal droht wie den großen Stromkonzernen, ist noch nicht ausgemacht. Manches deutete bislang darauf hin, dass sie lernfähiger ist, sich etwa dem Car Sharing, der Verkehrsträgerkooperation und der Elektromobilität öffnet, aber durch die Dieselaffäre, den Emissionsbetrug und die kartellähnlichen Absprachen hat dieses Bild doch erhebliche Kratzer bekommen. Schaffen die Konzerne es, von Autobauern zu Mobilitätsdienstleistern zu werden? Schaffen Sie es, sich gemeinsam mit den Kommunen an nachhaltige Stadtverkehrskonzepte zu machen, ohne ihre gewohnte Dominanz auszuspielen? Schaffen Sie es, den für Deutschland schlicht zutreffenden Ausspruch zu akzeptieren, weniger Autos seien besser als mehr Autos, und neue Geschäftsmodelle zu entwickeln, die sich konsequent am Prinzip „Nutzen statt besitzen" ausrichten? Das sind offene Fragen. Jedenfalls sollte die Automobilindustrie nicht den gleichen Fehler machen, wie die Stromkonzerne ihn gemacht haben, und darauf setzen, dass die Politik die „alte Verkehrswelt" auf immer und ewig bewahren kann. Sie kann es nicht. Und vor allem: Sie sollte es nicht.

Zu wenig Geld für öffentliche Verkehrssysteme
Für das schleppende Vorankommen der Verkehrswende ist neben der anhaltenden Automobilfixierung der deutschen Politik auch die strukturelle Unterfinanzierung der öffentlichen Verkehrsträger und ihrer Infrastrukturen verantwortlich. Im unlängst verabschiedeten Bundesverkehrswegeplan 2030 etwa fließt immer noch deutlich mehr Geld in den Straßenbau (50 %) als in die Finanzierung der Schiene (40 %). Und das, obwohl allseits bekannt ist, dass für die Beseitigung der größten Engpässe bei den Bahnknoten erhebliche Zusatzmittel benötigt würden. Als verkehrspolitische Fehlentscheidung der Bundesregierung muss auch der Beschluss gelten, die Mittel im Rahmen der Gemeindeverkehrsfinanzierung bis 2025 einzufrieren. Es ist nicht glaubwürdig, im Klimaschutzprogramm die große Bedeutung des öffentlichen Personennahverkehrs zu betonen, dessen Ausbau aber faktisch für die nächsten acht Jahre zu deckeln.

Wo bleibt der politische Mut?
Als dritter und letzter und eher allgemeiner Grund für das vorläufige Scheitern der Verkehrswende soll hier der grassierende Mangel an politischem Mut genannt werden. Man fragt sich, warum „heiße Eisen" wie eine Fortsetzung der ökologischen Steuerreform oder ein generelles Tempolimit auf Autobahnen nicht angefasst werden, obwohl sie doch einen großen Klimaschutzeffekt hätten und das Verkehrssystem „verschlanken" könnten. Häufig ist dann das Argument zu hören, für solcherlei Zumutungen werde man vom Wahlvolk abgestraft und lande im politischen Abseits. Aber diese Ausrede ist wohlfeil, und vor allem ist sie sachlich falsch. Als die rot-grüne Bundesregierung 2002 zur Wiederwahl stand, lagen drei Jahre voll aggressivster Hasskampagnen gegen die Ökosteuer hinter ihr – und dennoch wurde sie wiedergewählt, auch weil sie klimapolitisch etwas (wenn auch unzureichendes) vorzuweisen hatte. Mittlerweile tritt sogar die OECD für ein *carbon pricing* ein, nur in Deutschland ruht die Debatte. Es herrscht eine Art Angststarre.

Und auch beim Thema Tempolimit wird gern die Mär kultiviert, „die Menschen" wollten einen solchen Eingriff in ihr Recht auf „freie Fahrt" nicht, obwohl Umfragen doch immer wieder ein sehr differenziertes Bild zeigen. Es gibt viele vernünftige Argumente für ein generelles Tempolimit, von der Verkehrssicherheit über den Klimaschutz bis zur Tatsache, dass Fahrzeuge, die auf niedrigere Spitzengeschwindigkeiten ausgelegt sind, wesentlich ressourcenleichter und energieeffizienter gebaut werden können als die heute dominierenden Kolosse, auch SUV genannt. Man kann als Politiker nicht sicher sein, dass die Auseinandersetzung über ein Tempolimit risikofrei ist. Mit Anfeindungen aller Art ist zu rechnen. Aber sich für den zivilisatorischen Fortschritt einer Befriedung des Verkehrssystems einzusetzen ist ein sinn- und ehrenvoller Einsatz, selbst wenn man den Kampf mit den Lordsiegelbewahrern des Status quo verlieren sollte. Und man könnte die Sache ja auch mal ironisch angehen: Glaubt im Ernst jemand, dass es dann, wenn das selbstfahrende Elektroauto wirklich kommt, noch um quietschende Reifen, schnittige Überholmanöver und „freie Fahrt für freie Bürger" geht?

Fazit

Wir reden zwar viel von der Verkehrswende, haben aber noch gar nicht richtig mit ihr begonnen. Zwar gibt es gerade in den Städten vielversprechende und positive Beispiele, vom starken ÖPNV über hohe Radverkehrsanteile bis zu einladenden und verkehrsarmen öffentlichen Räumen (von Lojewski 2017), aber bei den großen Stellschrauben geht die Politik noch immer den falschen Weg: Automobilfixierung, kritiklose Infrastrukturexpansion, Fehlallokation von Finanzmitteln, Nicht-Internalisierung gesellschaftlicher Kosten in die Mobilitätspreise und weitgehender Verzicht auf räumliche Planung und ordnungspolitische Instrumente. Solange sich diese Grundorientierung nicht ändert, wird der Verkehrssektor keinen relevanten Beitrag zur Nachhaltigkeitswende leisten.

Positiv formuliert: Wenn die Politik der Automobilindustrie endlich anspruchsvolle Umweltziele vorgibt, in der Infrastrukturpolitik schienengebundene, öffentliche und nicht-motorisierte Verkehre gegenüber dem motorisierten Individualverkehr konsequent begünstigt, Kohlendioxidemissionen stärker besteuert und Landschaftsversiegelung und -zerschneidung beendet, Verkehrsträgerkooperation fördert und den Straßenverkehr konsequent entschleunigt, dann kann sie einen bedeutenden Beitrag zur Nachhaltigkeit unserer Gesellschaft und unserer Volkswirtschaft leisten.

Wo ist die politische Koalition, die sich traut, diesen ökologisch-gemeinwohlorientierten Weg konsequent zu beschreiten? Die Argumente liegen auf dem Tisch. Was jetzt not tut, ist konsequentes politisches Handeln.

Literatur

Agora Verkehrswende: Mit der Verkehrswende die Mobilität von morgen sichern. Berlin 2017.
Hesse, M.: Verkehrswende. Ökologisch-ökonomische Perspektiven für Stadt und Region. Marburg 1994.
Lobbycontrol: Bundesregierung bevorzugt die Autoindustrie, 2017: https://www.lobbycontrol.de/2017/09/lobbykontakte-bundesregierung-bevorzugt-die-autoindustrie/ (4.12.2017).
Loske, R.: Die politische Ökologie der Infrastrukturen. In: Loske, R. & R. Schaeffer (Hg.): Die Zukunft der Infrastrukturen. Intelligente Netzwerke für eine nachhaltige Entwicklung. Marburg 2005.
Loske, R.: Politik der Zukunftsfähigkeit. Konturen einer Nachhaltigkeitswende. Frankfurt am Main 2016.
Rammler, S.: Schubumkehr – Die Zukunft der Mobilität. Frankfurt am Main 2014.
Rammler, S.: Volk ohne Wagen: Streitschrift für eine neue Mobilität. Frankfurt am Main 2017.
Von Lojewski, H.: Verkehrswende und Mobilitätspolitik – der Beitrag der Städte und Regionen. In: InfrastrukturRecht, Vol. 14, No. 10, 2017, S. 229–232.
Zur Nedden, M.: Alle reden von der Energiewende – Wo bleibt die Verkehrswende? Anmerkungen aus Sicht der Stadtentwicklung. In: InfrastrukturRecht, Vol. 14, No. 10, 2017, S. 32–36.

Ernährungssicherheit durch Ernährungssouveränität?
Zur Ernährung einer wachsenden Weltbevölkerung

Franz-Theo Gottwald

> Der wünschenswerte Zustand, Ernährungssouveränität für alle Menschen zu schaffen, wurde ursprünglich von La Via Campesina, einem weltweiten Zusammenschluss von Kleinbauern- und Landarbeiterorganisationen, vorgedacht. Mittlerweile wird dieses Leitbild zu einer zukunftsfähigen Versorgung auch wachsender Bevölkerungen von einer Vielzahl von Bauernvereinigungen und NGOs unterstützt.

Ernährungssicherheit wäre idealtypisch dann erreicht, wenn alle Menschen, zu jeder Zeit, ökonomisch und leiblich Zugang zu ausreichenden, sicheren und nahrhaften Lebensmitteln hätten. Wenn die für ein aktives und gesundes Leben nötigen Nährstoffe der gesamten Menschheit zur Verfügung stünden und die kulturell gewachsenen Ernährungsgewohnheiten bzw. Ernährungspräferenzen frei gewählt bzw. aus eigener Kraft bedient und befriedigt werden könnten, dann wäre sogar eine gewisse Ernährungssouveränität erreicht (FAO 2006; Windfuhr & Jonsén 2005).

Ernährungssouveränität würde im Vollsinn dann erreicht sein, wenn jede Nation, Region oder Kommune ein einklagbares Recht (verfassungsmäßig) zugestanden bekommen hätte, ihre eigene Fähigkeit zu entwickeln, Lebensmittel so zu produzieren, dass für alle Menschen im entsprechenden Hoheitsgebiet ein guter Versorgungsgrad erreicht wäre; dabei würden die kulturelle Vielfalt, der Erhalt des kulinarischen Erbes und eine Vielzahl von Produktionsmethoden, die koexistieren können müssten, weitere Maßstäbe einer auszugestaltenden Ernährungssouveränität sein (Windfuhr & Jonsén 2005) (Petrini 2007). Dies hieße unter anderem, dass selbst in wirtschaftlichen und/oder klimabedingten Krisenzeiten ständig bevölkerungsseitig Zugang zu qualitativ ausreichender Nahrung bestünde und dass auch andere die Ernährungssicherheit beeinflussende Ressourcen, wie sauberes Wasser und schadstoffarme Luft, vorhanden sein müssten. Schließlich müssten ein zivilisiertes Maß an Gesundheitsvorsorge sanitärer Art und eine angemessene Krankenversorgung gewährleistet sein (FAO 2006).

Ernährungssicherheit durch Ernährungssouveränität zu schaffen, bedeutet also die gesellschaftlich-politische sowie die politisch-ökologische Herstellung von Produktions- und Konsumverhältnissen, die einer zivilgesellschaftlich selbstbestimmten Agrar- und Ernährungswirtschaft sowie einer selbstbestimmten Ernährungskultur Zukunft schaffen würden.

Wo steht die Welt bei der Hungerbekämpfung?
Der wünschenswerte Zustand, Ernährungssouveränität zu schaffen, wurde ursprünglich von La Via Campesina, einem weltweiten Zusammenschluss von Kleinbauern- und Landarbeiterorganisationen vorgedacht (1996). Mittlerweile wird dieses Leitbild zu einer zukunftsfähigen Versorgung auch wachsender Bevölkerungen von einer Vielzahl von Bauernvereinigungen und NGOs unterstützt. Dazu gehören das Slow Food Movement genauso wie Landfrauenvereinigungen weltweit, bäuerliche Erzeugergemeinschaften, das Fair Trade Movement mit einer Vielzahl von kirchlichen und religiösen Organisationen. Aber auch nationale Konsumentenvereinigungen, welche in Südostasien besonders stark sind, Konsumentenschutzvereinigungen und Einkaufsgenossenschaften werden dazu gezählt. Sie alle setzen sich für die Förderung einer nachhaltigen, häufig ökologischen Landwirtschaft ein und für den Vorrang von lokaler bzw. regionaler Produktion zur Ernährung der Bevölkerung. Ferner kämpfen sie alle für ein Land- bzw. Bodenrecht, das einen offenen Zugang zu Boden, aber auch zu Wasser, Saat- und Zuchtgut gewährleistet. Außerdem setzen sie sich für ein Recht ein, sich vor billigen Lebensmittelimporten zu schützen, ebenso für Preise, die sich an den Produktionskosten ausrichten, und für ein verfassungsmäßig verankertes einklagbares Recht auf Nahrung.

Sie wissen zudem um den Stand der Hungerbekämpfung, der bislang weltweit erreicht wurde. Sie sind sich bewusst, dass sich die Vereinten Nationen – nach vielen vorangegangenen Versuchen – im Jahr 2000 erneut mit dem First Millennium Development Goal die Aufgabe gestellt haben, den prozentualen Anteil der Hungernden bis 2015 zu halbieren. Und weltweit gesehen ist dies auch gelungen. 72 von 129 untersuchten Staaten haben dieses Ziel erreicht. 29 Staaten haben die Anzahl der Hungernden halbiert (FAO 2015). Trotzdem gibt es aber derzeit weltweit gesehen noch knapp 800 Millionen Menschen, die hungern. Dazu kommen mangelernährte Menschen, deren Anteil sich auf etwa zwei Milliarden beläuft. Das heißt, dass ihnen entweder weniger als 1800 Kalorien am Tag zur Verfügung stehen oder dass es ihnen wegen einer unzureichenden Nahrungsaufnahme an Proteinen, Vitaminen oder Mineralstoffen mangelt (WHH et al. 2016).

Besonders von Hunger betroffen ist Afrika, wo 2016 insgesamt 20 % der Bevölkerung unter Hunger litten. Im mittleren Afrika sind es sogar bis zu 41,3 %. Auch Asien ist mit 12 % der Gesamtbevölkerung stark von Hunger betroffen (FAO 2015). Hingegen liegt der Anteil der Hungernden in den USA, in Europa und im Norden Asiens unter fünf Prozent. Länder, in denen 15–30 % der Gesamtbevölkerung Hunger leiden, befinden sich ausschließlich in Afrika, Südasien und vereinzelt in Lateinamerika. Länder mit einem Anteil von über 35 % befinden sich ausschließlich in Afrika (WFP 2015).

Meistens kommen Hunger und Mangelernährung in ländlichen Räumen vor. 80 % der Hungernden leben dort, zwei Drittel davon sind Kleinbauern (Kotschi 2004). Aber auch in den Slums der Großstädte, in Ballungsgebieten weltweit und insbesondere in den sogenannten Entwicklungsländern lebt ein Großteil der Hungernden bzw. Mangelernährten.

Die Frage bleibt also, ob angesichts der schnell wachsenden Weltbevölkerung der Ansatz der Ernährungssicherung durch Ernährungssouveränität einen zügig umsetzbaren Weg entwickeln helfen könnte, hier bessere Abhilfe zu schaffen, als es das Leitbild einer weiteren Industrialisierung und Globalisierung zur Ernährungssicherung zu versprechen scheint.

Was steht Ernährungssouveränität entgegen?
Gerade die industrialisierten Länder arbeiten an der weiteren Durchsetzung ihres auf freiem Handel, offenen Märkten und Exportstrategien fußenden Ansatzes zur Befriedigung der Basisbedürfnisse Essen und Trinken. Ihr Leitbild für die Ernährung einer wachsenden Weltbevölkerung orientiert sich an Intensivierung, Automation, Kapital und Wissensintensität (Löwenstein 2011). Es ist ein technisch hochentwickelter, maschinenbasierter, auf weitere Konzentration, Patente und Produktionsfortschritte setzender Ansatz (Gottwald & Krätzer 2014).

Dieser Ansatz kann sich auf die Erfolge der Grünen Revolution berufen. Mit neuen, technisch gestützten und wissenschaftlich erprobten Anbautechniken, Pflanzensorten und Tierzucht auf Höchstleistung sowie durch die industrielle Herstellung und den weltweiten Einsatz von synthetischen Düngemitteln sowie von Pestiziden (Fungizide, Herbizide, Insektizide) konnten die Erträge landwirtschaftlicher Erzeugung um ein Vielfaches gesteigert werden. Von 1950 bis 2000 haben sich z. B. die Getreideerträge weltweit beinahe verdreifacht.

In den Industrieländern ist mit dem Produktionsfortschritt eine Strukturveränderung einhergegangen. Immer weniger Landwirte und landwirtschaftliche Betriebe ernähren immer mehr Menschen. Konnte ein Landwirt in Deutschland 1949 zehn Menschen ernähren, so sind es heute über 130. Im selben Zeitraum hat sich die Zahl der Erwerbstätigen in der Landwirtschaft von knapp 5 Millionen auf etwas mehr als eine halbe Million verringert (Deutscher Bauernverband 2012).

Der Produktionsfortschritt hat ferner zur Konzentration großer Nutztierbestände in wenigen Regionen der Welt geführt. Diese Nutztierbestände sind auf einen gut organisierten globalisierten Futtermittelhandel angewiesen. Dies zeigt sich an den Handelsströmen für Sojabohnen. China hat die EU bereits als größter Importeur abgelöst: Es importiert über 80 Millionen Tonnen Soja pro Jahr, die EU zum Vergleich etwa 35 Millionen Tonnen (Forum Bio- und Gentechnologie e. V. 2017).

Deutschland allein führt jährlich knapp vier Millionen Tonnen Sojafuttermittel ein; das entspricht etwa 2,4 Millionen Tonnen Rohprotein. Es ist stark von Sojaimporten aus Nord- und Südamerika abhängig. Um diese Mengen zu erzeugen, müssen große Mengen synthetische Düngemittel und Pflanzenschutzmittel erzeugt werden. Auch in diesem Feld haben sich in den letzten Jahren eine starke Konzentration und damit eine große Abhängigkeit ergeben. Die Umsätze von Agrarchemie-Konzernen wie Bayer/Monsanto, DuPont/Dow, BASF und ChemChina steigen an. Sie vertreiben zumeist sowohl das Saatgut als auch die zum Anbau notwendigen Pestizide (Heinrich Böll Stiftung et al. 2017: S. 20 f.). Seitens der Verarbeiter und Markenhersteller zeigt sich schließlich ein ähnliches Bild der Verdichtung: Die großen Lebensmittelkonzerne führen auf globaler Ebene ein Sortiment, dass von Getränken in flüssiger und Pulverform, Nutrition- und Gesundheits-Produkten, Milchprodukten und Speiseeis, Fertiggerichten über Süßwaren und Wasserprodukten bis hin zu Heimtierfutter reicht.

Diese nach industriellen Logiken gestaltete Entwicklung zur Ernährungssicherung wird nicht zuletzt durch ständig wachsende Lebensmittelhändler wie Wal-Mart, Lidl, Carrefour oder Metro angetrieben.

In der Tierzucht, der Saatgutherstellung, der Pestizidherstellung sowie dem Getreidehandel herrscht höchste Konzentration vor, die der Ernährungssouveränität eindeutig entgegen arbeitet. Diese Konzentration hat vielfältige soziale, ökologische, ökonomische und kulturelle Folgen für die Zukunft der Ernährungssicherung. Sie führt zu globalisierten Diäten – McDonald's mit 36 000 Restaurants in ca. 120 Ländern hat hier paradigmatischen Charakter. Sie bringt einen Kompetenzverlust in Wissen um Erzeugung und Nahrungszubereitung sowie bei Lager- und Kochtechnik für breite Kreise der Weltbevölkerung mit sich und soll auch zu einem Wachstum ernährungsbedingter Krankheiten (Herz-Kreislauf, Adipositas, Diabetes) führen (Koerber et al. 2012).

Darüber hinaus geht sie anbauseitig mit Bodenerosion, Verlust der (Agrar-)Biodiversität, Überfischung, Abwanderung von Landbevölkerung in die (Slums der) Städte einher, ferner mit einer Verschmutzung der Weltmeere, des Grundwassers und der Luft (Herren 2016). Schließlich bringt sie das Phänomen der Landnahme mit sich. Hierzu schreibt FIAN (Food First Information Action Network), eine für das Menschenrecht auf Nahrung kämpfende basisorientierte internationale Menschenrechtsorganisation:

„*Landgrabbing* (Landraub oder Landnahme) bezeichnet eine Entwicklung der letzten Jahre, in der sich internationale Agrarkonzerne, Banken oder Pensionskassen und nationale Eliten Landflächen von tausenden bis über eine Millionen Hektar Land sichern. Globale Schätzungen sprechen von etwa 50 Millionen bis 220 Millionen Hektar Land. Zum Vergleich: Die gesamte EU hat etwa 180 Millionen Hektar Ackerland.

So wurde ländlichen Gemeinden in den letzten Jahren regelrecht der Boden unter den Füßen weggezogen, die Möglichkeit Nahrung für sich selbst und den Verkauf anzubauen genommen und damit das Menschenrecht auf Nahrung verletzt. In hunderten Fallstudien wurden mittlerweile diese negative Auswirkungen und Menschenrechtsverletzungen dokumentiert.

Regierung und Investoren versuchen Landnahmen als Strategien der Armutsbekämpfung und Entwicklung des ländlichen Raums zu verkaufen. Fakt ist jedoch, dass neben massiven Menschenrechtsverletzungen wie brutalen Vertreibungen oder Zerstörungen von Reisfeldern auf den neuen Megaplantagen sehr viel weniger Menschen Arbeit finden als vorher in den bäuerlichen Strukturen. Viele Betroffene sind gezwungen in die wachsenden Slums der Städte abzuwandern und dort tagtäglich ums Überleben zu kämpfen." (FIAN 2015)

Ohne Bodenverfügbarkeit für Bauern, ohne ein Recht auf Land, das auch kleineren Familienbetrieben Zugang zu Boden ermöglicht, wird es jedoch keine Ernährungssouveränität geben.

Trotzdem: Nachhaltige Ernährung durch mehr Souveränität sichern

Zweifelsohne spielt der Mensch, sei es als Bauer oder Bäuerin, sei es als Lohnarbeiter auf dem Land oder als handwerklich-technischer Verarbeiter, als Händler und Konsument von Nahrung, in den beschriebenen industriellen Konzentrationsprozessen derzeit keine souveräne Rolle. Er ist nicht der in seiner Würde unantastbare Souverän, also Entscheider über die Zukunftspfade zu seiner Ernährungssicherheit.

Vielmehr entscheiden der technologische Fortschritt, das Investitionskapital und die (meist ungerechten) Handelspraktiken (Export- bzw. Importregelungen) sowie die Kaufkraft, die durch das monetäre Tageseinkommen bestimmt wird, und der soziale Status des Bildungsniveaus darüber, was es zu essen und zu trinken gibt. Diese nur in Teilen selbstverschuldete Unmündigkeit gälte es in verschiedener Hinsicht aufzubrechen, wenn denn – komplementär zur industriellen Fremdversorgung mit ihren hohen Kollateralschäden – ein souveräner, selbstbestimmter Pfad im je eigenen sozio-kulturellen Gewordensein gefunden werden soll, wie sich Mensch im 21. Jahrhundert ernähren wollen sollte.

Zwei Transformationen oder Wenden würden zu einer Mitbestimmung über die Zukunftspfade für eine nachhaltige, also generationengerechte, klimaverträgliche und wirtschaftlich belastbare Lösung beitragen. Sie sind politisch als Agrar- und Ernährungswende bezeichnet worden sowie mehrfach auch wissenschaftlich durchdacht:

Angesichts der Vielzahl von Veröffentlichungen hierzu, die seit der sogenannten BSE-Krise zu diesen beiden aufeinander bezogenen Wenden in Erzeugung und Konsum von Lebensmitteln entstanden sind, kann man also nicht davon sprechen, dass es kein hinreichendes Wissen um diese beiden Transformationen gäbe (Herren 2016; Fischler & Gottwald 2008; Alt 2001; Künast 2002; Lutzenberger & Gottwald 2001). Auch hat die Veröffentlichung des sogenannten Weltagrarberichts die Grundlagen für eine demokratische, soziale und ökologisch vertretbare politische Gestaltung vorbuchstabiert, bei der der Wunsch und Wille der meisten Menschen, mit moralisch gutem Gewissen zu essen und zu trinken, also zivilgesellschaftliche Souveränität, Berücksichtigung fände.

Agrarwende würde in diesem Zusammenhang bedeuten, dass es eine Pluralität von agrartechnisch bestimmten Praxen des Landbaus und der Tierhaltung gäbe, die koexistieren könnten. Eine umweltverträglichere und nachhaltigere Agrarproduktion würde im Zentrum der Agrarwende stehen: an die Landschaft angepasst, regenerativ und schonend, was die Boden- und Wasserqualität anginge, und dabei dem Gebot der Produktivität folgend, also energieeffizient und inputoptimiert, sowie eine an den Standort angepasste Erzeugung von Pflanzen und Tieren für den menschlichen Nährstoffbedarf.

Ein in der heutigen Debatte zur Agrarwende zu wenig berücksichtigtes Kriterium für die Nachhaltigkeit der Transformation ist allerdings die Pluralität der Praxen, also der guten fachlichen Arbeit mit dem Lebendigen in der Landwirtschaft. Gemeinhin wird zwischen industrieller, konventioneller, ökologischer und indigener Landbaupraxis unterschieden, die jedoch in absehbarer Zukunft dank des technologischen Fortschritts immer weniger koexistieren können werden.

Zur Erklärung: Landwirtschaftliche Betriebe können neben ihrer Größe nach dem Grad ihrer Spezialisierung, nach extensiver und intensiver Landwirtschaftsform, dem Grad der Wahrung des natürlichen Gleichgewichts und dem Grad der Nutzung von Biotechnologie differenziert werden. Neben den herkömmlichen kleinbäuerlichen und in den Entwicklungsländern auch traditionell geprägten landwirtschaftlichen Betrieben finden sich konventionelle, ökologische und industrielle Formen der Landwirtschaft. Die traditionell und ökologisch ausgerichteten Betriebe weisen zumeist einen geringen Grad von Spezialisierung auf.

Der Ökolandbau unterscheidet sich insbesondere durch den Verzicht auf chemische Pflanzenschutzmittel, synthetische Düngemittel und den Nicht-Einsatz von Gentechnik vom traditionellen Landbau, wo diese Hilfsmittel, wenn auch in geringerem Umfang als in der konventionellen Landwirtschaft, durchaus genutzt werden können. Die Nutzflächen werden im Ökolandbau wie im traditionellen Anbau zumeist extensiv und anhand der klassischen Fruchtfolgewechsel bewirtschaftet. Dies trifft immer weniger auf konventionelle Betriebe zu. Sie bewirtschaften zur Ertrags- und Leistungssicherung das Land vermehrt intensiv, zunehmend mit Monokulturen und unter steigendem Einsatz von Dünge- und Pflanzenschutzmitteln, auch wenn in geringerem Ausmaß als die industriell geprägten landwirtschaftlichen Großbetriebe. Letztere sind wesentlich stärker spezialisiert, weisen einen hohen Maschineneinsatz auf und nutzen darüber hinaus die Biotechnologie mit all ihren Facetten zur Produktionssteigerung (Gottwald & Klopp 2017).

Hierbei handelt es sich jedoch um eine grobe Unterteilung, da es weltweit gesehen, eine Vielzahl von Anbaupraxen gibt, die regional bewährt zur souveränen Ernährung beitragen. Dazu gehören Agroforst-Systeme, permakulturelle Anbausysteme, genauso wie die derzeit sich etablierenden Urban-Farming-Systeme, Vertical-Gardening-Praxen, hydroponische Ansätze und vieles mehr.

Die für Ernährungssouveränität notwendige Übertragung des überlebenswichtigen Prinzips der Biodiversität auf die Agrarwende würde bedeuten, dass die Menschheit die Vielzahl von Anbausystemen für Nahrung bewusst pflegen und ausbauen würde. Dazu gehörte ein gemeinsam zwischen dem Norden und dem Süden des Planeten aufzubauendes Investitionsprogramm, das alle agrar-ökologischen Entwicklungsbemühungen in diesen unterschiedlichen Anbaupraxen befördern würde.

Dazu gehörte auch die politische Arbeit an Rechtsregimen, die jeder Monopolisierung oder technologischen Verunmöglichung von Koexistenz der Praxen in ihrer Vielfalt den Kampf ansagte. Das globale Hungerproblem ließe sich im Sinne einer derartigen Agrarwende nur lösen, wenn über die FAO z. B. gezielt daran gearbeitet würde, die Mitgliedstaaten darin zu instruieren, einen ökologisch und sozial ausgewiesenen Rechtsrahmen zu entwickeln, also eine öko-soziale Agrarpolitik zu betreiben. Ohne eine solche Politik, die Teil der vielfach geforderten „Weltinnenpolitik" (geprägt von Carl Friedrich von Weizsäcker, 1970) wäre, kann eine nachhaltige, an Regionalität, Ökologie und sozialen Praxen ausgerichtete, plurale, regenerative Landwirtschaft nicht weiter entwickelt werden (Gottwald 2017).

Für eine solche Agrarwendepolitik bedarf es aber, wie oben angesprochen, einer zweiten Wende, einer Ernährungswende. Auch hierzu gibt es zahlreiche Publikationen (Greenpeace 2017; Institut für Welternährung 2017). Sie alle zeigen, dass es auf Konsumebene darum gehen müsste, Verantwortung für eine nachhaltige Ernährungspraxis zu übernehmen. Eine nachhaltige Befriedigung von Ernährungsbedürfnissen heutiger und zukünftiger Generationen würde voraussetzen, dass gesellschaftlich neu auf die Qualität der Ernährungsvorsorge eingegangen würde. In Bildungsprozessen und an den vielen Orten, wo gemeinschaftlich Außer-Haus gegessen wird, könnten neue Kompetenzen bei den Verbrauchern aufgebaut werden, die ihre Souveränität stärken würden, also ihre Fähigkeit, vorausschauend und vorsorgend über die Befriedigung ihrer Ess- und Trinkbedürfnisse zu entscheiden (Gottwald & Boergen 2013). Hierzu gibt es eine Vielfalt guter Beispiele, wie in Kantinen oder Einrichtungen der Gemeinschaftsversorgung für eine Ernährungswende gewirkt wird (Bundesvereinigung der Deutschen Ernährungsindustrie 2015; Langer & Schmidt-Wagon 2013).

Aber nicht nur in Deutschland kann man auf Erfolge einer Ernährungswende blicken. Das Belo-Horizonte-Food-Security-Programm ist ein Beispiel aus dem globalen Süden, wie kommunale und regionale Ernährungssicherung durch eine kluge politische Gestaltung von Elementen einer Agrar- und Ernährungswende gelingen kann.

„Die brasilianische Stadt Belo Horizonte ist weltweiter Pionier in der Gesetzgebung für universale Nahrungssicherheit. Das kommunale Gesetz Nr. 6.352, verabschiedet am 15. Juli 1993, ist dem Konzept der Nahrungssouveränität verpflichtet: Jedem Bürger steht ausreichend gute und nachhaltig produzierte Nahrung zu. Produktion und Vertrieb werden so geschützt, gefördert und reguliert, dass dieses Ziel erreicht werden

kann. Vertreter aus Zivilgesellschaft, Kirchen und Wirtschaft wurden in einen Rat berufen, der die Stadtverwaltung bei der Umsetzung unterstützt:
- Durch die Förderung lokaler Märkte wird der Austausch zwischen lokalen Produzenten und Konsumenten gefördert, was die Preise verringert und Nahrungssouveränität erhöht.
- Die öffentliche Beschaffung von Nahrungsmitteln für kostenlose Schulessen und subventionierte Restaurants erfolgt gezielt, so dass die lokale Produktion von gesunder Nahrung gefördert werden kann, wodurch gleichzeitig Arbeitsplätze geschaffen werden.
- Die gesamte Bevölkerung wird über das Recht auf Nahrung, günstige Anbieter, gute Ernährung und Möglichkeiten zum Eigenanbau in Stadtgärten aufgeklärt.
- Bei ausgewählten Grundnahrungsmitteln wird der Markt dahingehend reguliert, dass das Recht auf gesunde, gute Nahrung für alle Bürger garantiert wird.

Kosten: Weniger als 10 Millionen US-Dollar jährlich, etwa 2 % des Haushalts der Stadt. Gleichzeitig wurde die Kindersterblichkeit um 60 % reduziert, Unterernährung um 75 %. Die Zahl in Armut lebender Menschen wurde um 25 % reduziert, die lokale Wirtschaft wächst. 40 % der Bevölkerung profitieren direkt von dem Gesetz. 40 % der Einwohner von Belo Horizonte essen häufig nährstoffreiches Obst und Gemüse; im brasilianischen Durchschnitt sind es 32 %. 2 Millionen Kleinbauern haben Zugang zu Krediten, 700 000 zum ersten Mal in ihrem Leben." (WFC 2009)

Soziale, ökologische und ökonomische Werte wollen in den neuen Transformationsparadigmen des 21. Jahrhunderts gemeinsam weiter entwickelt und gestaltet werden. Das Nachhaltigkeitsparadigma wirkt dafür integrativ, kooperativ und nimmt die Akteure als Souveräne ihres Lebens ernst. Es intendiert, aus dem Entweder-Oder-Denken des alten Paradigmas herauszufinden.

So kann es bei der Ernährungssicherung in Zukunft nur darum gehen, Produktionssteigerung und Ernährungssouveränität zusammenzubringen, die nächste Grüne Revolution als ökologische Intensivierung zu gestalten, die bestehenden Marktstrukturen gemeinsam zu verändern, also rechtlich verbindlich zu rahmen (mittels Technikrecht, Patentrecht und Bodenrecht sowie einer Stärkung von Verbraucherschutz, Tierschutz, Umweltschutz, Landschaftsschutz), um bestehende Machtasymmetrien abzubauen und keine neuen entstehen zu lassen.

Literatur

AgrarAttac: Die Zeit ist reif für mehr Ernährungssouveränität, 2013: http://www.xn--ernhrungssouvernitt-iwbmd.at/wp-content/uploads/2014/01/Broschuere_ES_2.Auflage_WEB.pdf (22.9.2017).
Alt, F.: Agrarwende jetzt. München 2001.
Deutscher Bauernverband: Situationsbericht 2012/13, Berlin 2012: http://www.bauernverband.de/12-jahrhundertvergleich (22.9.2017).
Heinrich-Böll-Stiftung, Rosa-Luxemburg-Stiftung, Bund für Umwelt und Naturschutz Deutschland, Oxfam Deutschland, Germanwatch & Le Monde diplomatique: Konzernatlas. Daten und Fakten über die Agrar- und Lebensmittelindustrie. Paderborn 2017.
Bundesvereinigung der Deutschen Ernährungsindustrie: Der Deutsche Außer-Haus-Markt, 2015. https://www.bve-online.de/themen/branche-und-markt/ausser-haus-markt (22.9.2017).
Food and Agriculture Organization of the United Nations: The State of Food Insecurity in the World. Meeting the 2015 international hunger targets: taking stock of uneven progress. Rom 2015.
Food and Agriculture Organization of the United Nations: Food Security. In: Policy Brief, No. 2, 2006: http://www.fao.org/forestry/13128-0e6f36f27e0091055bec28ebe830f46b3.pdf (22.9.2017).
FIAN Deutschland e.V.: Landgrabbing: Investitionen in den Hunger, 2015: https://www.fian.de/themen/landgrabbing (10.01.18).
Fischler, F. & F.-Th. Gottwald: Ernährung sichern – weltweit. Ökosoziale Gestaltungsperspektiven. Bericht an die Global Marshall Plan Initiative. Hamburg 2008.
Forum Bio- und Gentechnologie e.V.: Sojabohnen. Die großen Handelsströme, 2017: http://www.transgen.de/lebensmittel/1049.futtermittelimporte-europa-sojabohnen-gentechnik.html (10.01.18).
Gottwald, F.-Th.: Weg vom ‚Welt-Spitzen-System-Tier'. In: Heinrich-Böll-Stiftung (Hg.): Wirtschaft im Zukunftscheck. So gelingt die Grüne Transformation. München 2017, S. 17–36.
Gottwald, F.-Th. & I. Boergen: Essen und Moral. Beiträge zur Ethik der Ernährung. Marburg 2013.
Gottwald, F.-Th. & N. Klopp: Industrielle, konventionelle, traditionelle und ökologische Landwirtschaft in ethischer Perspektive. In: Brüssel, C. & V. Kronenberg (Hg.): Von der sozialen zur ökosozialen Marktwirtschaft. Wiesbaden 2017, S. 73–81.
Gottwald, F.-Th. & A. Krätzer: Irrweg Bioökonomie. Kritik an einem totalitären Ansatz. Berlin 2014.
Greenpeace Deutschland e.V.: Kursbuch Agrarwende 2050. Ökologisierte Landwirtschaft in Deutschland, Frankfurt am Main 2017: https://www.greenpeace.de/sites/www.greenpeace.de/files/publications/20170105_agrarwende_2050_lf.pdf (22.9.2017).
Herren, H.: So ernähren wir die Welt. Zürich 2016.
Institut für Welternährung: Deutschland auf dem Wege zur Ernährungswende, 2017: http://www.institut-fuer-welternaehrung.org/projekt-ern%C3%A4hrungswende (22.9.2017).
Koerber, K. v., T. Männle & C. Leitzmann: Vollwert-Ernährung. Konzeption einer zeitgemäßen und nachhaltigen Ernährung. Stuttgart 2012.
Kotschi, J.: Mehr Ökologie, weniger Hunger. In: Politische Ökonomie, Vol. 90, München 2004, S. 59–61.
Künast, R.: Klasse statt Masse. Die Erde schätzen, den Verbraucher schützen. München 2002.
Langer, G. & L. Schmidt-Wagon: Qualitätsstandards in der Außer-Haus-Verpflegung, 2013: https://www.vis.bayern.de/ernaehrung/ernaehrung/ernaehrung_allgemein/qualitaetsstandardsausserhaus.htm (22.9.2017).
Löwenstein, F.: Food Crash. Wir werden uns ökologisch ernähren oder gar nicht mehr. München 2011.
Lutzenberger, J. & F.-Th. Gottwald: Wege aus der Ernährungskrise. Frankfurt 2001.
Petrini, C.: Gut – sauber – fair. Grundlagen einer neuen Gastronomie. Wiesbaden 2007.
Welthungerhilfe e.V., International Food Policy Research Institute, Concern Worldwide & United Nation: Welthunger-Index 2016. Die Verpflichtung, den Hunger zu beenden. Washington, D.C., Dublin & Bonn 2016.
Windfuhr, M. & J. Jonsén: Food Sovereignty. Towards Democracy in Localized Food Systems. Bourton-on-Dunsmore 2005.
World Food Programme: Zero Hunger, 2015: http://www1.wfp.org/zero-hunger (22.9.2017).
World Future Council: Celebrating the Belo Horizonte Food Security Programme. Future Policy Award 2009: Solutions for the Food Crisis. Hamburg 2009.

Epilog

Frühling 2043
Auf dem Weg zu einer ökologischen und gerechten Gesellschaft

Pierre L. Ibisch, Maja Göpel, Jörg Sommer

> So wie sich die Welt im letzten – vom JAHRBUCH ÖKOLOGIE begleiteten – Vierteljahrhundert dramatisch und beschleunigt gewandelt hat, werden sich auch die Ökosysteme und Gesellschaften in den zukünftigen 25 Jahren deutlich verändern. Gleich, welche Vokabel man zur Bezeichnung unseres globalisierten Wirtschaftsmodells verwendet, ob westliche Industriegesellschaft oder Kapitalismus, eines ist absehbar: Es ist an seine Grenzen gelangt. Aber wie werden Produktion, Philosophie und Politik in 2043 aussehen?

Prognosen sind stets gefährlich. Zum einen treten sie mit schöner Regelmäßigkeit nicht ein, schon gar nicht im prognostizierten Tempo. Zum anderen gibt es in aller Regel noch mindestens eine abweichende Prognose, die sich auf eine andere Lesart der Welt stützt. Als Konsequenz blüht der unschöne politische Kollateralschaden des Defätismus auf. Aktuell erleben wir dies in der Klimadebatte. Wenn der Klimawandel ohnehin käme, so hören wir zunehmend, täten wir nicht gut daran, aufzuhören, weitere Milliarden in dessen Bekämpfung zu investieren und uns stattdessen auf das vorzubereiten, was ohnehin nicht mehr zu verhindern sei? Und würde es im Übrigen für uns Mitteleuropäer nicht ohnehin gar nicht so dramatisch werden?

Wer sich also, mit aller wissenschaftlicher Sorgfaltspflicht, auf das Formulieren von plausiblen Szenarien einlässt, spielt mit doppeltem Risiko: Er kann daneben liegen und sich der Lächerlichkeit preisgeben, oder er kann mit ihrer Prognose dazu beitragen, dass das Vorhergesagte nicht eintritt, weil es tatsächlich zur gesellschaftlichen Reaktion kommt. So haben die Warnungen vor dem Waldsterben in den 1980er Jahren zu erheblichen Anstrengungen in der Luftreinhaltung geführt, was ohne Zweifel positiv auf den Wald gewirkt hat. Aber ein Szenario kann auch bewirken, dass am Ende etwas passiert, was vielleicht noch zu verhindern gewesen wäre, hätte es nur frühe Warnungen gegeben.

Wie also über Zukunft schreiben, ohne der Versuchung zu erliegen, als Prognostiker in „Propheten-Allüren" hineinzurutschen (Radkau 2017, 432)? Indem wir den Zukunftsraum öffnen, uns aber der einen, großen Prognose mit Universalitätsanspruch enthalten. Stattdessen bieten wir zwei (von unendlich vielen möglichen und realistischen) Zukunftsszenarien an, die sich zwar in ihren Ergebnissen fundamental unterscheiden, von uns aber als durchaus ähnlich wahrscheinlich eingeschätzt werden. Da wir in einer hyperkomplexen Welt mit vielen Rückkopplungsschleifen sowie zeit- und ortsversetzten Zusammenhängen leben, gibt es bei keinem der beiden Szenarien die eine große Schlüssel-Entscheidung, wenngleich wir wissen, wie einzelne Ereignisse überraschende Wendungen erzeugen können. Historisch sind diese großen Hebel allerdings um ein Vielfaches seltener als gemeinhin angenommen. Vielmehr sind es viele zusammenwirkende und systemisch vernetzte Entwicklungen, Trends und zudem auch Zufälligkeiten, die der Entwicklungsdynamik Schwung in die eine oder andere Richtung geben.

Um Zukunftsräume aus der Perspektive komplexer Systeme zu öffnen, bedarf es also einer guten Portion heroischer Demut. Trotz Abdanken der großen Hebel und Steuerungsphantasien bleiben wir uns doch bewusst, dass Menschen nicht nur in der Vergangenheit die Erde unumkehrbar verändert haben, wie es die Ausrufung des Zeitalters des Anthropozäns eindrucksvoll verdeutlicht. Wir beeinflussen sie auch weiter. Und hier liegen sowohl eine Chance als auch unsere Verantwortung: Zu den exklusivsten Eigenschaften des *Homo sapiens* gehört die Fähigkeit, logisch zu denken, zu antizipieren und Konsequenzen vorauszuahnen, selbst wenn wir sie nicht immer verhindern können. Wir machen Geschichte. Ein durchwachsener und sehr lohnenswerter Prozess.

Wie also vorgehen? „Himmel-Hölle-Szenarien sind keine echten Alternativen, und: Vorsicht mit Apokalypsen! [...] Andererseits, zumal in einer utopieresistenten Gesellschaft: Vorsicht mit dem „Utopie"- und dem „Apokalypse"-Vorwurf" (Radkau 2017, S. 437). Eigentlich kann man es wohl nur falsch machen, zumal in einer Zeit, in der die Gesellschaft nicht zur Kenntnis nimmt oder keine salonfähige Antwort darauf weiß, dass die globalen Ökosysteme in einem schlechteren Zustand und vielfältigeren Bedrohungen ausgesetzt sind, als noch vor kurzem projiziert wurde (vgl. Ibisch, in diesem Band). Nebenbei ein Phänomen, das der Zukunftshistoriker Radkau in mutmaßlicher Unkenntnis der ökologischen Primärliteratur komplett verkennt (nur Josef Reichholf lesen reicht hier leider nicht aus; Radkau 2017, S. 406, 415 ff.).

Zukunftsräume aufmachen ist also der Versuch, Treiber und Getriebene der aktuellen Trends so zu beschreiben, dass Strukturzwänge als Entscheidungsprozesse lesbar werden. Des einen Utopie mag dann des anderen Apokalypse sein, aber Prognosen in Handlungsabfolgen zu übersetzen, holt das Defätistische aus dem Politischen, das abwartende Belächeln der späten Folge in den aktuellen Moment des Verhaltens. Über Zukunftsgestaltung zu denken, zu schreiben, zu sprechen und auch zu streiten, bleibt Pflicht und Chance zugleich.

Szenario 1: Das große Nichts in einer „Vollen Welt"
Unser erstes Szenario zeichnet ein düsteres Bild einer Zukunft, die wir nicht wollen können; aber sie ist überhaupt nicht unwahrscheinlich, sie basiert auf der Fortschreibung von Trends, die sich bereits jetzt abzeichnen. Also schauen wir uns um im Frühjahr 2043.

Die vor Jahrzehnten ausgerufene Große Transformation hin zu einer nachhaltigen Gesellschaft beschränkte sich auf die Bemühungen, ältere Technologien und fossile Energieträger durch bessere Technologien und erneuerbare Energien zu ersetzen. Die Menschheit wächst in weiter steigendem oder zumindest hohem Tempo, wie vor Jahrzehnten projiziert. Weiterhin wächst das Verlangen nach dem westlich-modernen Lebensstil, obwohl er nur noch von Eliten gelebt wird. Während die führenden westlichen Industrienationen mehr schlecht als recht – und weit langsamer als in internationalen Prozessen ausgehandelt – an Energiewende und CO_2-Reduktion laborieren, werden neue Industrienationen die Reduktionen mehr als ausgleichen. Alle Effizienzgewinne wurden von vielfältigen Rebound-Effekten aufgefressen. Elektrifizierung und Digitalisierung treiben industriellen Stoffumsatz, globalen Transport und Mobilität mit ihren raumgreifenden Auswirkungen in ungeahnte Höhen.

Nicht nur die ökologischen, sondern auch die überaus gestressten sozialen Systeme befinden sich im Niedergang. Der Prognostiker George Friedman lag 2007 mit seiner eher militaristischen und US-zentrierten Analyse des 21. Jahrhunderts zumindest in dieser Hinsicht richtig: Die 2040er Jahre sind von starken geopolitischen Spannungen geprägt, allenthalben wird von einer Vorkriegszeit gesprochen, wobei davon ausgegangen wird, dass die Kämpfe überwiegend weltraumgestützt erfolgen werden. Tatsächlich ist Südosteuropa völlig destabilisiert; die Türkei ist als Verbündeter Chinas und zentraler Knotenpunkt der „Neuen Seidenstraße" zu einer Regionalmacht im Nahen Osten und Nordafrika geworden. Den Umweltwandel hatte Friedman übrigens weitgehend ausgeblendet, und es ist deutlich geworden: Selbst die im Jahr 2017 veröffentlichte CIA-Prognose zum Jahr 2035 (NIC 2017) basierte zwar auf jahrelangen Recherchen und interdisziplinären Ansätzen und schloss explizit auch Aspekte des Klima- und Umweltwandels ein, hatte aber dennoch vor allem die Rolle der Degradation der Ökosysteme unterschätzt.

Man erinnert sich an die vielen Schriften zu Beginn des Jahrhunderts. *Die Erde schlägt zurück* (Hutter & Goris 2009) – die *Frage der historischen Schuld* geht um: Hätte man dieses Risiko nicht zumindest den westlichen Gesellschaften rechtzeitig deutlicher machen müssen? Die erfolglose Initiative aus dem Jahr 2010, Ökozid als internationales Verbrechen zu verfolgen, ist wieder aufgegriffen worden. Die Landwirtschaft ist in mehreren Trockengebieten Afrikas, Asiens und Europas nach einer viele Jahre anhaltenden Dürre zusammengebrochen, die Wasservorräte etlicher Regionen sind aufgebraucht; auf die Wasserkrise folgt eine Energiekrise. Weite Bereiche der Mittelmeerregion sind kaum mehr bewohnbar, schon im Frühjahr brennen tausende Hektar Wald. Die Wirtschaft mehrerer Länder in Zentralasien ist dürrebedingt kollabiert, Ökoflüchtlinge versuchen u. a. in den Nachfolgestaaten der Russischen Föderation unterzukommen. Auf mehreren Kontinenten wird versucht, Flüsse umzuleiten oder Trinkwasser aus niederschlagsreichen Gebieten mit Pipelines in Dürregebiete zu führen, um Bewässerungslandwirtschaft aufrechtzuerhalten. Sauberes Süßwasser wird das neue Erdöl, und Länder wie Schottland und Norwegen verdienen gut mit internationalem Wasserhandel. In verschiedenen Bergregionen mehrerer Länder werden wertvolle bewaldete Wassereinzugsgebiete von bewaffneten Einheiten bewacht.

Die Landwirtschaft in Deutschland hat sich stark gewandelt. Nach dem Einbruch von Getreide- und Fleischimporten werden Photovoltaikkraftwerke auf Ackerflächen abgerissen, Energieholzplantagen sowie Mais- und Ölsaatfelder nunmehr wieder für die Nahrungsmittelproduktion genutzt. Obstbauern haben die nach dem Aussterben praktisch aller Bestäuber zusammengebrochene Produktion dank intelligenter Bestäubungsdrohnen teilweise wieder aufgenommen. Nach einem massiven Absterben von Laubbäumen vor wenigen Jahren hat die Forstwirtschaft im Rahmen von Notprogrammen große Gebiete mit nordamerikanischen und südosteuropäischen Nadelbäumen aufgeforstet, die allerdings nur mühevoll gegen Waldbrände verteidigt werden können.

Die neue mitteleuropäische Föderation muss jedes Jahr größere Summen in die Grenzsicherung und die Terrorismusbekämpfung investieren. Die Überwachung aller öffentlichen Räume durch vernetzte Kameradrohnen hat eine neue Dimension angenommen. Dank Gesichtserkennung kann jeder Mensch individuell verfolgt werden. In mehreren Ländern ist eine Digitalo-Diktatur installiert worden. Auch in den liberaleren Staaten werden die individuellen Bewegungsmuster der Menschen mit den unvorstellbaren Datenmengen aus dem *Internet of things* abgeglichen. Zusammen mit den Instrumenten des *Digital nudging* hat sich eine unheilvolle Mischung ergeben, zumal die Unterscheidung zwischen wahren Nachrichten und am Computer generiertem bzw. manipuliertem Bild- und Tonmaterial fast nicht mehr möglich ist. Es herrscht regelrecht ein Kampf um Deutungshoheit, aber die Massen haben den Glauben an unabhängige Nachrichten und politische Entscheidungen völlig verloren.

Nach heftigen sozialen Unruhen und Plünderungen in fast allen großen deutschen Städten wurde ein dauerhaftes Versammlungsverbot verhängt. Anstehende Wahlen wurden auf unbestimmte Zeit verschoben. In etlichen Metropolen sind in der Peripherie Elendsviertel entstanden. In besonderem Maße sind von der Verelendung ältere Menschen betroffen, da die Rentenzahlungen nicht mehr ausreichen, ihre Bedürfnisse zu befriedigen. Die Viertel der gehobenen Mittelschicht wurden zu von bewaffneten Kräften bewachten Wohnparks ausgebaut. Die Lebenserwartung in Europa ist erstmals nach einem Jahrhundert dramatisch gefallen.

All diese Entwicklungen erhöhen den Druck auf unsere gesellschaftlichen Strukturen. Schon in den 2010er Jahren verloren demokratische Institutionen, Akteure und Prozesse massiv an Unterstützung und ihre Ergebnisse an Akzeptanz. Die Schwerfälligkeit, mit der demokratische Gesellschaften auf Herausforderungen reagierten, machte sie anfällig. Rufe nach mehr direkter Demokratie wurden gehört. Strittige Entscheidungen immer mehr in – zunehmend digitalisierte – Volksabstimmungen oder vergleichbare Entscheidungsverfahren transformiert. So rangen die politischen Institutionen um mehr Akzeptanz, bewirkten jedoch das Gegenteil: Sie marginalisierten ihre Bedeutung weiter und förderten zugleich tiefe gesellschaftliche Zerwürfnisse.

In den 20er und 30er Jahren zementierten sich soziale Disparitäten weiter, immer autonomere, ideologische, religiöse und ethnische Subkulturen entwickelten eigenständige Systeme und entzogen sich dem gesellschaftlichen Konsens. Verschärft werden diese Entwicklungen weiterhin durch immer dramatischere Migrationsbewegungen, ausgelöst durch Ressourcenknappheit, weiter eskalierende Konflikte und die immer noch relativ hohe Attraktivität westlicher Lebensstandards.

Nach der Unabhängigkeit Kataloniens und Schottlands droht weiteren Nationalstaaten der Zerfall; der Übergang ihrer Autorität erfolgt zumeist nicht an übergeordnete, noch weiter „entfremdete" Institutionen. Viel wahrscheinlicher ist ein Rückfall in kleinstaatenähnliche Gebilde. Moderne, hochvernetzte Wirtschaftsformen lassen sich so kaum aufrechterhalten, was zum Niedergang der Produktivität führt. Transnationale Konzerne wollen dieser Entwicklung nicht weiter tatenlos zusehen, sondern selbst staatsähnliche Strukturen in ihrem Einflussbereich schaffen, die, eine Ironie der Geschichte, für viele Menschen trotz erheblicher Einschränkung der persönlichen Freiheiten ob ihrer relativen Sicherheit und Versorgungsgarantien überaus attraktiv sind. Der Trend wurde von der indischen Vision der *Smart Cities* angestoßen, die wie abgeschirmte und gut bewachte staatliche Wohlstands-Inseln als kleinstaatenähnliche exklusive Wohn- und Arbeitsparks entwickelt und schließlich privatisiert wurden. Wohngenehmigungen werden entsprechend strenger Anforderungen erteilt (Verdienstbescheinigungen, Kreditwürdigkeit, Bildungsabschluss, Führungszeugnis). Servicepersonal wird nach strengen Sicherheitsprüfungen temporär zugelassen und engmaschig überwacht.

Nicht am Ende der Geschichte, aber am Ende unseres Szenario-Horizonts 2043 könnten die „Vereinigten Staaten von Google" mit „Amazonlandia" und der „Republik General Tesla Motors" um wertvolle Bodenschätze, Energie, Wasser sowie qualifizierte Bürger ringen, während gleichzeitig private Armeen ihre hoch befestigten Grenzen gegen Millionen abgehängter Migranten und Habenichtse verteidigen. Auf Kapitalverbrechen steht nicht Gefängnis, sondern die Aberkennung der Bürgerrechte (und Abschiebung); wer Kinder möchte, kann sich genetisch optimierten Nachwuchs von staatlichen Stellen designen lassen – allerdings erst nach Unterzeichnung eines Leasingvertrages, in dem bereits die spätere Ausbildung und Anschlussverwendung des Kindes geregelt wird.

Die eine, gute Zukunft gibt es nicht – dann nehmen wir die andere
Szenario 1 beschreibt eine Zukunft, die wir nicht wollen, eine, die nur schwer zu denken ist. Doch undenkbar ist sie nicht. Und die düstersten Aspekte von Weltkriegen, Massenepidemien, Ölversiegen kommen nicht vor. Wer eine solche Zukunft nicht will, sollte sich eine alternative, gute, lebenswerte Zukunft ausmalen – und auf sie hinarbeiten. Vor allem für die heute lebenden Kinder und Jugendlichen ist von zentraler Bedeutung, Mut fassen zu können, sich aktiv mit der Zukunft zu beschäftigen und ermächtigt zu werden, sich schon in jungen Jahren wirkungsvoll einzubringen. Ein heute 14-Jähriger hat verständliche und legitime Wünsche:

Ein Brief an mich selbst

Boy Leon Ibisch
Irgendwo
Im Jahr 2043

Eberswalde, Jahreswechsel 2017/18

Hiermit sende ich mir Grüße aus der Vergangenheit in das Jahr, in dem ich meinen 40. Geburtstag feiern möchte, 2043. Wie sich die Welt in den nächsten 25 Jahren entwickeln wird, lässt sich von niemandem vorausahnen, nichtsdestotrotz möchte ich mich dazu äußern, wie eine Welt aussehen sollte, in der ich gerne leben würde.

Krieg und Konflikte existieren seit dem Anbeginn der Menschheit und trotzdem hoffe ich, dass sich die verschiedenen Konfliktherde in naher Zukunft beruhigen werden und die Menschen aller Kontinente frei von Angst vor Terror, Krieg und Kriminalität leben können. Ein zwar unwahrscheinliches, aber dennoch erstrebenswertes Ziel, welches nur erreicht werden kann, wenn die Staaten näher zusammenrücken. Denn bei allem, was wohl kommen wird, ist es sicherlich für kein Land wünschenswert, allein dazustehen.

Ebenso wie dies zur Herstellung eines Weltfriedens notwendig ist, so auch für eine Bekämpfung des Klimawandels. Ich würde mir wünschen, auch in 25 Jahren noch halbwegs normal leben zu können, ohne Hungersnöte, Dürren, und weitere Naturkatastrophen, wie sie leider bereits jetzt in anderen Teilen der Erde zu beobachten sind. Mein Wunsch wäre, dass der Zustand unseres Planeten auch im Jahr 2043 und lange darüber hinaus noch in einem solchen Maße stabil ist, dass möglichst viele Menschen in der Lage sind, ein Leben zu führen, das sich zu leben lohnt. Für Deutschland und die ganze Welt wünsche ich mir, dass unsere Wälder und andere Ökosysteme erhalten bleiben. Darüber hinaus, dass neue Wege entdeckt werden, unsere Umwelt, Vergangenheit und Zukunft besser zu verstehen.

Wie blicke ich 2043 auf die letzten Jahrzehnte zurück? Im Zorn, traurig oder zufrieden? Ehrlich gesagt fände ich es sehr unfair, wenn man es allein meiner Generation überlassen würde, die Probleme in Zukunft endlich ernsthaft anzugehen. Allerdings bin ich auch der Meinung, dass man uns bereits im jungen Alter die Möglichkeit geben sollte, an unserer Zukunft selbst mitzuwirken. Dafür braucht es sowohl Veränderungen in der Politischen Bildung in der Schule als auch neue Wege für die Jugendlichen, sich einbringen zu können.

Auf eine gute Zukunft, heute und 2043

Boy Ibisch

Wie realistisch ist die wünschenswerte Zukunft angesichts der nicht zu leugnenden Trends? Wir können und wollen hier kein utopistisches Szenario mit Verheißungscharakter liefern, aber wir können über eine mögliche Zukunft nachdenken, die nicht die beste denkbare, aber eine lebenswerte ist. Wie es aussieht, müssen Regeln, Strukturen, Ideologien und Prozesse überwunden werden, die seit der Aufklärung unser Verständnis von Gesellschaft definieren. Wir müssen das umsetzen, was in verschiedenen neueren Schriften zu einer Neuen Aufklärung in einer ‚vollen Welt' dargelegt wird (Göpel in diesem Jahrbuch; Göpel 2016; von Weizsäcker & Wijkman 2017).

Zentrale Säulen des Umdenkens für nachhaltige Zukunftspfade bedienen sich der Öko-Logik als Leitbild – Ökologie als *Leitkultur der nachhaltigen Entwicklung*:

- von materialistisch-quantitativem zu relational-qualitativem Verständnis von Bedürfnissen
- von extraktivem zu regenerativem Umgang mit Ressourcen
- von monetären zu multi-dimensionalen Messgrößen von Entwicklung und Fortschritt
- von Konkurrenz und Wettbewerb zu symbiotischer Kooperation und systemischer Integration
- von Monokultur zu Diversität auf Grundlage von Austausch, Rekombination und Innovation
- von effizienter zentraler Organisation zu resilienten dezentralen und holarchischen Netzwerken
- von mechanisch-linearem Denken zu adaptivem Denken in komplexen Systemen und dem kompetenten Umgang mit Unsicherheit und anderen Formen des Nichtwissens.

Ergänzender Flügel dieses Leitbildes ist Gerechtigkeit, nicht nur als moralischer Imperativ, sondern auch als integraler Bestandteil von gesunden und kooperierenden Systemen. Rückkopplungsschleifen und Diversität wirken sonst nur schwach.

Szenario 2: Die Zwei Faktor Vereinbarung

Denkbar ist im Jahr 2043 durchaus auch eine Gesellschaft, die die Herausforderung der Zukunft angenommen hat, weil die Menschheit sich ideologie- und religionsübergreifend auf die zwei zentralen Faktoren für eine erfolgreiche Transformation geeinigt hat: Ökologie & Gerechtigkeit.

Wir hatten schon in den 2020er Jahren nicht mehr die Wahl, uns eine beliebige Zukunft zu wünschen bzw. zu gestalten. Viele Weichen waren gestellt. Der Klimawandel schritt fort, obwohl nach Jahren der Unsicherheit das Pariser Abkommen beherzt umgesetzt wurde. Es wurden konsequent Mittel für die Klimawandelanpassung bereitgestellt. Dadurch ergaben sich neue Märkte und Möglichkeiten, aber auch zahllose Einschränkungen. Die globale geopolitische Lage ist immer unübersichtlicher geworden, aber die europäischen und deutschen Impulse für eine neuartige internationale Kooperation und Solidarität werden allgemein wertgeschätzt. 5 % der deutschen Wirtschaftsleistung fließen in Fonds für nachhaltige Entwicklung, welche ärmeren Ländern zugutekommen.

Besonders hart wurde Deutschland durch das Aus der Automobilindustrie um 2030 getroffen. Während der ein Jahrzehnt andauernden Wirtschaftskrise schrumpfte der Wohlstand – wie er konventionell gemessen wurde – deutlich. Mobilität und Reisen, aber auch der Konsum von Unterhaltungselektronik sowie Kleidung zeigten starke Rückgangsraten. Allerdings trug das frühzeitige und konsequente Umsteuern hin zu Nachhaltigkeitstechnologien aller Art für Ökolandbau, Energiegewinnung und alternative Mobilität schnell Früchte. Die schwere Krise hat auch eine auf Gemeinwohl fokussierende Veränderung der Verfassung und Gesetzgebung befördert. Der Natur wurden nach südamerikanischem Vorbild in der Verfassung eigenständige Rechte eingeräumt, zudem wurde eine starke Verpflichtung integriert, im Interesse der zukünftigen Generationen zu handeln.

Energie und Lebensmittel sind teuer geworden, aber für alle in hinreichendem Maße verfügbar. Die überwiegend regional organisierte Lebensmittelwirtschaft wird von einer ungeahnten Welle der ökologischen Intensivierung getragen. In Deutschland bislang kaum bekannte Agroforstsysteme und Multicropping-Systeme herrschen schon auf 20 % der Flächen vor. Die Humusvorräte sind auf 50 % der landwirtschaftlichen Fläche deutlich gewachsen. Weite Teil der Bevölkerung sind in Gruppen solidarischer Landwirtschaft oder urbanen Gärtnerns aktiv. Die nationale Strategie für eine ökosystembasierte nachhaltige Entwicklung hat dafür gesorgt, dass bewirtschaftete Flächen mit Naturvorrangflächen vernetzt sind, die vor allem regulierende Ökosystemleistungen bereitstellen. Es gibt z. B. Kühl- und Überflutungsschutzwälder, die in land- und forstwirtschaftliche Flächen integriert werden. Landschaftsökosysteme werden mit der komplexen Zielsetzung der Optimierung von klimatischer Pufferung, Förderung der Biodiversität, Kohlenstoffspeicherung und Wasserrückhaltung bewirtschaftet.

Besonders stark haben sich die Städte gewandelt. Durch eine stringente Politik der Nachverdichtung der Städte wurden neue Raumressourcen erschlossen und die massive Flächenversiegelung im periurbanen Raum gestoppt. Eine besondere Bedeutung kam dem Umbau der Gebäude zur

Steigerung von Energieeffizienz bzw. Energiegewinnung zu. Seit 2020 müssen Neubauten Netto-Energieaktivhäuser sein. Die Städte wurden zudem als Lebensraum durch effektive Architektur und die gleichzeitige massive Schaffung von Stadt- und Dachgärten sowie funktionalen Grünanlagen als grüne Korridore und Frischluftschneisen aufgewertet. Bei der Schaffung von *Ecopolis*-Prototypen wurde auch eine aktualisierte Form der Thünen'schen Ringe entwickelt, die eine effektive, ökologisch effiziente, technisch machbare und sozial akzeptierte Bereitstellung von versorgenden, regulierenden und kulturellen Ökosystem- und Sozialleistungen garantiert (u. a. Lebensmittel, Energie, Erholung, Unterhaltung, Gesundheit, Verwaltung). Eine bleibende Herausforderung ist weiterhin, die urbanen Kinder in Stadtwaldkindergärten und sogenannten *Stadtwildnisgebieten* trotz der Omnipräsenz der digitalen Medien und Ablenkungen für ökologische Zusammenhänge zu sensibilisieren und sie überhaupt auch grundlegend *öko-emotional* zu initialisieren.

Verkehrssysteme werden weiterhin systematisch umgestaltet – im Nahverkehr sind sind flexible, autonome Schienenfahrzeuge sowie auch neuartige pedalgetriebene Gondeln wichtig, während zahlreiche Automobilstraßen zurückgebaut werden. Die Verabschiedung vom massenhaften und schnellen Individualfernverkehr und globalen Gütertransport ist schwergefallen, aber wird zusehends als wichtige Bedingung für nachhaltige Entwicklung anerkannt.

Der Umbau des politischen Systems wurde besonders durch die *Zukunftsfraktion* geprägt. Ein Drittel der Parlamentarier haben die verfassungsmäßige Verpflichtung, einzig im Interesse zukünftiger Generationen zu entscheiden. Sie werden durch ein ausgeklügeltes Wahlsystem bestimmt, welches zivilgesellschaftlich kontrolliert wird. Das Zukunftsministerium koordiniert das neue System der *Adaptiven Governance* und die Umsetzung des Transformationsgesetzes. Die Ökologie- und Zukunftsministerin verfügt ebenso wie der Minister für gutes Leben über einen großen Anteil des Haushalts.

Neuartige und starke Bevölkerungsbeteiligung ist eine zentrale Säule von Verwaltung und Politik. Eine ab 2020 angelaufene Initiative sowie durch das neu geschaffene Bundesamt für Beteiligung massiv geförderte und partizipativ arbeitende *180-Grad-Think-Tanks* bemühen sich um ein systematisches Durchforsten überkommener Konzepte, Ansätze, Strategien und Gesetze mit dem Ziel der Good Governance. Hier wird Raum für Ansätze mit entgegengesetzter Ausrichtung geschaffen, um Pfadabhängigkeiten aufzubrechen. Die systematische Einbeziehung neuer methodischer Ansätze in Forschung und Lehre (unter Berücksichtigung unwahrscheinlicher Zukunftsszenarien sowie der weiteren Entwicklung und konsequenten Anwendung von *Best-/Worst-case-backcasting*-Techniken) sowie umfassend geförderte *Zukunftslabore* und *Transformationsdesign-Labore* haben die erwartete Wirkung erzielt und stehen für systemische Innovationsschübe in Staat und Gesellschaft.

Weite Teile der Bevölkerung sind durch umfassende Mitwirkungsmöglichkeiten und die Vielzahl kreativer Methoden, die schon Schüler*innen frühzeitig erlernen, befähigt, sich verantwortlich und wertebasiert in der Gesellschaft mit ihrer alles dominierenden Digitallandschaft zu positionieren, sowie beflügelt und motiviert, sich für das Gemeinwohl einzusetzen. Dazu trägt auch bei, dass nicht nur eine völlig neuartige Ethikbildung einen starken Diskurs zu Gerechtigkeit und Solidarität als Gegenmodell zu ausgrenzenden Identitäten entstehen ließ, sondern auch ein reformiertes Sozialsystem diese Prinzipien konkret umsetzt. Als zentrale Errungenschaft ist zu bewerten, dass trotz der fortschreitenden Bedeutung der Robotik, der Künstlichen Intelligenz und des entsprechenden Abbaus traditioneller Arbeitsplätze allen Bürger*innen sinnvolle und Autonomie ermöglichende Beschäftigung angeboten werden kann. Eine deutliche gesellschaftliche Aufwertung haben alle Bereiche erfahren, die sich dem Wohlergehen der Menschen und der Entwicklung solidarischen Verhaltens widmen – dazu gehören u. a. die Kinderbetreuung, Bildung, die Pflege und das Gesundheitswesen.

Die Forschungspolitik folgt den Empfehlungen der Forschungswende und sorgt für einen starken Fokus auf nachhaltige Entwicklung – nicht nur im produktiven Bereich, sondern vor allem auch mit vielen Programmen zur Erprobung alternativer sozialer Systeme und Regierungsformen sowie neuartigen Bildungskonzepten. Dabei wird nicht einseitig auf Digitalisierung gesetzt, sondern der Mensch mit seinen vielfältigen Bedürfnissen steht im Vordergrund. Die Steuerung der explosionsartigen Digitalisierung und der Entwicklung bzw. Anwendung von künstlicher Intelligenz wurde schon vor Jahren vom Nationalen Ethikrat angemahnt und auch beherzt angegangen, doch sie bleibt eine Herausforderung.

Es gibt viele Wege in die bessere Zukunft

Die hier vorgestellten zwei Szenarien sind ebenso unrealistisch wie denkbar. Eines ist gewiss: Die reale Zukunft wird anders verlaufen. Wichtig ist die Erkenntnis: Wir können, ja, wir müssen sie gestalten. Die Notwendigkeit, möglichst viele Pfadabhängigkeiten zu erkennen und zu durchbrechen, sollte dabei unser grundsätzliches Denken leiten – ebenso wie ein ausgeprägtes Risiko- und Zukunftsbewusstsein. Gleichzeitig müssen wir sehr kurzfristig Formate schaffen, die vielen Menschen ermöglichen, komplex, quer und völlig neu über die Zukunft zu nachzudenken. Mehr Partizipation in allen Bereichen der Gesellschaft erzeugt Aufbruchstimmung und Zukunftsbegeisterung. Da bedarf es Angebote für alle Altersklassen. Dies können finanziellen Anreize für persönliche *Zukunfts-Sabbaticals* sein, ebenso wie unkomplizierte Förderungsmöglichkeiten für innovative Ideen zur Förderung der sozial-ökologischen Transformation. In Schulen und Hochschulen wird nicht nur die aktive Teilnahme an Zukunfts-Projektwerkstätten für erfolgreiche Abschlüsse verbindlich, sondern innovative Initiativen werden mit angemessenen Anreizen belohnt.

Für diese ersten Maßnahmen ist die Gesellschaft bereits heute reif. Wer hätte nicht Lust auf ein Zukunfts-Sabbatical, wenn doch die maximale Arbeitszeit für alle im Zuge der Digitalisierung ohnehin weniger wird? Würde eine offene Abstimmung über die Vorteile einer Begrenzung der maximalen Ungleichheit in Vergütung und Vermögen nicht ohne Probleme durchkommen? Den gewonnenen Zeitwohlstand können wir online in virtuellen Welten verdaddeln – oder aber dafür nutzen, die aufregende Reise der Zukunftsgestaltung in der realen Welt anzunehmen. Sicher sind auch Hybride denkbar – solange der ökologische Fußabdruck sinkt, soziale Inklusion hochgehalten wird und der Faktor Zufriedenheit durch kollaborative Gestaltung steigt, ist *alles im grünen Bereich*.

Ohne ein großes Umdenken in der Art, wie wir leben, produzieren, konsumieren und regieren wollen, werden die Trends ökologischer Überlastung und sozialer Spaltung nicht verschwinden. Die viel besungene Digitalisierung wirkt hier bisher als Verstärker und nicht als Disruptor. Wenn es um „weniger" in einem Teil der Welt geht, so bedeutet das, dass es ein „mehr" in den Teilen geben kann, wo die Menschen heute noch hungern. Suffizienz als zentrales, wenn auch bisher marginalisiertes Konzept der nachhaltigen Entwicklung verspricht genau das: genug. Für alle. Für immer.

Das ist eine radikale und doch positive Botschaft. Der Weg dahin wird weder schmerz- noch krisen- oder konfliktfrei sein. Aber wir können uns auf die Herausforderungen vorbereiten, um größtmöglichen Schaden abzuwenden und sie als Chance zu nutzen. Wir können sie logisch ableiten und antizipieren, um alternative Lösungen möglichst schnell aufzubauen und den implodierenden alten Strukturen entgegenzusetzen.

Diversität, Dezentralität und Redundanz in der Bereitstellung wichtiger Funktionen wie Nahrung, Energie, Wasser, Behausung, Geld,

Kleidung, medizinischer Versorgung und funktionierenden Produktionsstrukturen sowie Bildung sind elementar. Genauso wichtig ist das Ringen um Vertrauen in die gemeinsame Zukunftsgestaltung. Kooperieren, Teilen und Transformieren funktionieren dann mit relativer Freiwilligkeit, wenn die Notwendigkeit erkannt und die Verteilung von Pflichten und Vorteilen, Kosten und Nutzen sowohl gerecht als auch verlässlich gewährleistet erscheint. Den Blick aus der kurzfristigen und ökonomisch dominierten Kosten-Nutzen-Logik zu heben und auf ganzheitlich und langfristig gefasste Risikohierarchien zu richten, ist dafür eine unerlässliche Bedingung.

Mehr oder weniger funktionierende Gesellschafts-, Wirtschafts- und Finanzsysteme haben wir in der Geschichte schon etliche kreiert, aber ein funktionierendes globales Ökosystem wurde uns als Lebensraum nur einmal zur Verfügung gestellt.

Literatur

Göpel, M.: The great mindshift. How a new economic paradigm and sustainability transformations go hand in hand. Wuppertal 2016.

Friedman, G.: Die nächsten hundert Jahre. Die Weltordnung der Zukunft. Frankfurt a. M. & New York 2009.

Goris, E. & C. Hutter: Die Erde schlägt zurück – Wie der Klimawandel unser Leben verändert, Szenario 2035. Droemer-Knaur. München 2009.

National Intelligence Council 2017. Die Welt im Jahr 2035. Gesehen von der CIA und dem National Intelligence Council. Das Paradox des Fortschritts. München 2017.

Radkau, J.: Geschichte der Zukunft. Prognosen, Visionen, Irrungen in Deutschland von 1945 bis heute. München 2017.

von Weizsäcker, E. U. & A. Wijkman: Wir sind dran. Club of Rome: Der große Bericht: Was wir ändern müssen, wenn wir bleiben wollen. Eine neue Aufklärung für eine volle Welt. Gütersloh 2017.

Wie weiter?

Die Beiträge in diesem Jahrbuch zeigen vor allem eines: Wir wissen sehr genau, wo wir in der globalen Umweltpolitik heute stehen. Wir wissen auch recht genau, welches Handeln dringend angesagt wäre. Aber wir haben keine Ahnung, ob sich dieses Handeln in naher Zukunft durchsetzen kann.

Klare Wissenschaftler, engagierte Umweltaktivisten, mutige Politiker und visionäre Unternehmer gibt es. Es gibt aber auch Beharrungskräfte und Pfadabhängigkeiten, antiquierte, aber profitable Wirtschaftsmodelle, zunehmende populistische Trends bis hin zur kompletten Leugnung ökologischer Herausforderungen.

Es gibt also auch weiterhin gute Gründe für kritische Publikationen und engagierte Diskurse zu allen Facetten ökologischen Handelns. Gute Gründe Weiterführung – und Weiterentwicklung des JAHRBUCH ÖKOLOGIE.

In den vergangen 25 Jahren haben sich Herausforderungen, Themen, Erkenntnisse und Akteure der Umweltpolitik verändert. Das JAHRBUCH ÖKOLOGIE hat diese Veränderungen begleitet, ist sich aber konzeptionell treu geblieben. Doch reicht dieses Konzept auch für die kommenden 25 Jahre aus?

Welche Themen, welche Formate, welche Autorinnen und Autoren, welche Zielgruppen sollte das JAHRBUCH ÖKOLOGIE im Fokus haben? Darüber diskutieren wir leidenschaftlich im Herausgeberkreis. Darüber wollen wir uns aber auch mit unseren Leserinnen und Lesern austauschen.

Wir laden Sie deshalb ein, an unserem Diskurs teilzunehmen. Die Möglichkeit dazu bieten wir aktuell auf der Internetseite des Jahrbuches:

www.jahrbuch-oekologie.de

Wir freuen uns über Ihre Vorschläge, Themen, Kritiken und Überlegungen; wir werden darauf antworten und gerne darübe mit Ihnen diskutieren. Unser Ziel ist es, das JAHRBUCH ÖKOLOGIE so zu gestalten, dass es auch die nächsten 25 Jahre einen wertvollen Beitrag zu ökologischem Denken und Handeln leisten kann.

Mit Ihrer Unterstützung kann uns dies gelingen.

Die Herausgeber

Autorinnen und Autoren

Prof. em. Dr. Wilhelm Barthlott; langjährig als Professor und Direktor am Nees-Institut für Biodiversität der Pflanzen der Rheinischen Friedrich-Wilhelms-Universität Bonn tätig; Forschungsschwerpunkte: Biodiversitätsforschung, Systematik, Ökologie und Evolution von Blütenpflanzen, Biologische Grenzflächen und Bionik.

Dr. Matthias Englert; Senior Researcher im Bereich Nukleartechnik & Anlagensicherheit am Öko-Institut e. V. in Freiburg; zuvor langjähriger Mitarbeiter der Interdisziplinären Arbeitsgruppe Naturwissenschaft Technik und Sicherheit (IANUS) an der TU-Darmstadt.

Dr. Maja Göpel; Generalsekretärin des Wissenschaftlichen Beirats der Bundesregierung Globale Umweltveränderungen (WBGU); vormals Leiterin des Berliner Büros des Wuppertal Instituts; Mitglied des Club of Rome; Mitherausgeberin des JAHRBUCH ÖKOLOGIE.

Prof. Dr. Franz-Theo Gottwald; forscht und lehrt zur Umweltethik am Albrecht Daniel Thaer Institut für Agrar- und Gartenbauwissenschaften an der Humboldt-Universität Berlin; Vorstand der Schweisfurth-Stiftung München.

Prof. em. Dr. Dr. Hartmut Graßl; ehem. Direktor des Max-Planck-Instituts für Meteorologie in Hamburg und emeritierter Professor der Universität Hamburg; früherer Direktor des Weltklimaforschungsprogrammes in Genf.

Prof. em. Dr. Wolfgang Haber; früherer Professor für Landschaftsökologie an der TU München in Freising-Weihenstephan; Forschung und Lehre zur Ökologie der Landnutzung, Landschaftsentwicklung und Naturschutz.

Prof. em. Dr. Peter Hennicke; ehem. Präsident des Wuppertal Instituts; em. Professor an der Universität Wuppertal.

Prof. Dr. Pierre L. Ibisch; Professor für Nature Conservation an der Hochschule für nachhaltige Entwicklung Eberswalde; Mitherausgeber des JAHRBUCH ÖKOLOGIE.

Prof. Dr. Kurt Jax; stellvertretender Leiter des Departments Naturschutzforschung am Helmholtz-Zentrum für Umweltforschung (UFZ) in Leipzig; Professor für Ökologie an der Technischen Universität München.

Prof. Dr. Claudia Kemfert; Leiterin der Abteilung Energie, Verkehr, Umwelt am Deutschen Institut für Wirtschaftsforschung; Professorin für Energieökonomie und Nachhaltigkeit an der Hertie School of Governance.

Heike Leitschuh; Diplom-Politologin; Autorin, Beraterin und Moderatorin für nachhaltige Entwicklung; Mitherausgeberin des JAHRBUCH ÖKOLOGIE.

Prof. Dr. Reinhard Loske; Inhaber des Lehrstuhls für Politik, Nachhaltigkeit und Transformationsdynamik an der Universität Witten/Herdecke; ehem. MdB und bremischer Senator für Umwelt, Verkehr, Bau und Europaangelegenheiten; Mitherausgeber des JAHRBUCH ÖKOLOGIE.

Michael Müller; langjähriges MdB, u. a. ehem. parlamentarischer Staatssekretär im Umweltministerium und Vorsitzender der Kommission Lagerung hoch radioaktiver Abfallstoffe; Vorsitzender der Naturfreunde Deutschland; Mitherausgeber des JAHRBUCH ÖKOLOGIE.

Dr. Carsten Neßhöver; Generalsekretär des Sachverständigenrates für Umweltfragen (SRU); ehem. Mitarbeiter und stellvertretender Leiter des Departments Naturschutzforschung an dem Helmholtz-Zentrum für Umweltforschung in Leipzig.

Prof. Dr. Kai Niebert; Leiter des Lehrstuhls Didaktik der Naturwissenschaften und der Nachhaltigkeit an der Universität Zürich; Gastprofessor an der Fakultät Nachhaltigkeit der Leuphana Universität Lüneburg und Präsident des Deutschen Naturschutzringes.

Dr. Steffi Ober; Initiatorin und Leiterin der Zivilgesellschaftlichen Plattform Forschungswende; langjährige Tätigkeit für den Naturschutzbund NABU; dort zuständig für die Themen Ökonomie und Forschungspolitik.

Michael Otto; Vorsitzender des Aufsichtsrates der Hamburger Handels- und Dienstleistungsgruppe Otto (GmbH & Co KG).

Prof. Dr. Niko Paech; apl. Professor an der Universität Siegen im Masterstudiengang Plurale Ökonomik; Forschungsschwerpunkte: Postwachstumsökonomik, Klimaschutz, nachhaltiger Konsum, Sustainable Supply Chain Management, Nachhaltigkeitskommunikation und Innovationsmanagement.

Prof. Dr. Helmut Rogall; lehrt und forscht im Bereich Nachhaltige Ökonomie an der Hochschule für Wirtschaft und Recht Berlin; Initiator und Koordinator des Netzwerks Nachhaltige Ökonomie.

Prof. em. Dr. Dr. Udo E. Simonis; em. Professor für Umweltpolitik am Wissenschaftszentrum Berlin für Sozialforschung (WZB); langjähriger Mitherausgeber des JAHRBUCH ÖKOLOGIE.

Jörg Sommer; Sozialwissenschaftler und Publizist; Vorsitzender der Deutschen Umweltstiftung und Direktor des Berlin Institut für Partizipation; Mitherausgeber des JAHRBUCH ÖKOLOGIE.

Prof. Dr. Manfred Stock; seit seiner Gründung 1992 am Potsdam-Institut für Klimafolgenforschung (PIK) in verschiedenen Funktionen tätig, u. a. von 1993 bis 2002 als Stellvertretender Direktor.

Prof. Dr. Andreas Troge; ehem. Umweltreferent im Bundesverband der Deutschen Industrie und langjähriger Präsident des Umweltbundesamtes.

Dr. Veronika Ustohalova; seit 2008 im Öko-Institut im Bereich „Nukleartechnik & Anlagensicherheit" als Senior Researcher tätig; Arbeitsschwerpunkte: Strahlenschutz und nuklearer Notfallschutz, Radioökologie, Aspekte der kerntechnischen Sicherheit in Krisenregionen.

Prof. Dr. Ernst Ulrich von Weizsäcker; Co-Präsident des Club of Rome; früherer Präsident des Wuppertal Instituts für Klima, Umwelt, Energie; Mitherausgeber des JAHRBUCH ÖKOLOGIE.

Prof. Dr. Hubert Weiger; Professor an der Universität Kassel für Naturschutz und nachhaltige Landnutzung; seit 2002 Vorsitzender des BUND Naturschutz in Bayern (BN) und seit 2007 Vorsitzender des Bundesverbandes des BUND.

Joachim Wille; langjähriger Redakteur, Ressortleiter und Reporter bei der „Frankfurter Rundschau". Seit 2012 arbeitet er als freier Autor für die FR, das Onlinemagazin klimaretter.info und andere Publikationen.